「教授」と呼ばれた男
坂本龍一とその時代

佐々木 敦

筑摩書房

「教授」と呼ばれた男

目次

はじめに——「坂本龍二」と私

二〇二三年四月二日、日曜日の夜九時過ぎ、私は新宿某所で夕食を摂(と)っていた。ふとスマートフォンに目をやると、契約しているニュース・アプリから通知が届いていた。そこには「坂本龍一の死」が報じられていた。私はスマホから一瞬目を逸(そ)らし、小さく深呼吸をしてからもう一度、その画面を凝視した。

見間違いではなかった。坂本龍一が、坂本さんが、逝ってしまった。記事には数日前の三月二八日に亡くなったとあった。享年七一。ガンとの闘病が伝えられていたとはいえ、早過ぎる死というほかない。私は突然の訃報に接した動揺と、ずいぶん前から覚悟していた時がいよいよ訪れたのだという、どこか穏やかでさえある気持ちの両方を感じていた。哀しみは不思議なほど込み上げてこなかった。少なくともその時点では。ただ、坂本さんのややくぐもったあの印象的な声や、少し舌足らずな話し方や、謎かけをしているみたいな悪戯(いたずら)っぽい表情や、いつもいつでも驚くほどに自然体だった佇(たたず)まいが、俄(にわ)かに脳裏に蘇ってきた。しかし、それら記憶の中の「坂本龍一」の映像／音像は、もうかなり以前のものだった。

私は一九九〇年代前半から二〇〇〇年代の終わりまで、主としてその時々のニューアルバムにかんする取材で、時には半ばプライベートで、たびたび坂本さんと会って話す機会があった。そのほとんどはレコード会社のセッティングによるインタビューだったが、それ以外にも坂本さんがMCを務めるラジオのスペシャル番組のゲストに呼んでいただいたり、自分で編集発行していた雑誌の企画でニューヨークの自宅兼スタジオにお邪魔して、食事をしながらゆっくりお話を伺ったこともあった。また、私が主宰している音楽レーベルHEADZからデビューした□□□（クチロロ）というポップ・ユニットが、坂本さんがエイベックス内に設立したレーベル「commmons」に二〇〇六年に移籍したので、音楽ライターとしての仕事とは別の接点もあった。

だが二〇一〇年代以降は、私が音楽ジャーナリズムから次第に距離を置くようになったこと、ちょうどその頃から坂本さんのリリース・ペースがスローダウンしていったこともあって、自然とお目にかかる機会がなくなってしまった。おそらく面と向かって話したのは、アルバム『out of noise』（二〇〇九年）がリリースされたタイミングでのインタビューが最後だったのではないか。その後、メールのやりとりは時折あったものの、結局亡くなるまでに一度も会わず（会えず）じまいだった。したがって私は、坂本龍一の晩年を直接的にはほぼまったく知らない。もちろん、作品や活動はチェックしていたが、坂本さんと直に会って話すことができたのは、もうひと昔以上も前のことなのだ。

しかしそれでも、私はこれから「坂本龍一」を、いくらかの時間をかけて、自分なりに論じてみたいと思う。私にそんな資格があるのかどうかはわからない。けれどもしかし、私はいま、ひょっとしたら他の誰とも違う、自分だけが描き出せる「坂本龍一の肖像」があり得るのではないかという仄(ほの)かな予感、いや、ほとんど確信めいたものを感じているのである。もちろん、それは単なる勘違いや、やみくもな思い込みに過ぎないのかもしれないし、実際にやってみなければ、書き出してみなければ、何がどうなるのかはわからない。

だが私は、ここにこうして、私の「坂本龍一論」を始めようと思う。それは何よりもまず私自身が、坂本龍一とは「誰」だったのか、いや、坂本龍一とは「何」であったのかを、あらためて考えてみたいと思っているからだ。「坂本龍一」という不世出の音楽家の、膨大で多種多様な作品群と、強固な一貫性と数々の矛盾や逆説を併せ持つその人生には、魅惑的な秘密が、解かれるべき謎が、開かれていない扉が、今なお無数に存在していると思うからだ。そしてまた、二〇世紀が半周を回って間もなく生まれ、二一世紀が最初の四分の一に達するよりも前に途絶した彼の七一年の生が、折々の時代の空気や、その時々の――「音楽」や「芸術」や「文化」などと呼ばれている領域には留まらない、だがそれらと複雑な饗応(きょうおう)を交わしている――さまざまな情況と、いかなる関係を切り結んでいたのかを、自分なりに確認してみたいと思うからだ。

むろん私にやれることは限られている。私が「坂本龍一の人生」に見出すことができるもの、私が「坂本龍一の音楽」から聴き取ることができるものが、まったくもってありきたりで凡庸な、私以外にとっては取るに足らない瑣事(さじ)でしかないという可能性は、じゅうぶん過ぎるほどある。しかしそれでも、やってみたいと思うのだ。蛮勇（あるいは無意味な徒労？）に終わっても構わないというドン・キホーテ的な覚悟がなければ始められない冒険への道程が、ひとりの人間の眼前にふと立ち現れることがある。そして「坂本龍一」とは、一片の疑いもなく、めくるめく「冒険」そのものではないだろうか？

私の「耳」を通した坂本論を

じつを言えば、私は坂本さんが逝ってしまうよりも前から「坂本龍一論」を書いてみたいと思っていた。

二〇二三年一月一七日、坂本さんの七一回目の、そして最後になった誕生日に、今のところは坂本龍一のラスト・アルバムである『12』がリリースされた。その六日前の一月一一日には、イエロー・マジック・オーケストラ＝ＹＭＯの盟友、高橋幸宏が、幸宏さんが、脳腫瘍から併発した誤嚥性肺炎によって亡くなっていた（それはある意味で坂本さん以上に思いがけない最期だった）。私はリリース日に届いた『12』を繰り返し聴きながら、以前からアイデアとしては持っていた「坂本龍一論」を、そろそろ実現させなくてはならないと考えた。物書きになって三五年（私の商業誌デビューは一九八八年）、これまで複数のジャンルを経めぐりながら何冊も本を出してきたが、私はモノグラフィと呼べる書物をほとんど書いてこなかった。書名に固有名詞を冠した本は、ジャン＝リュック・ゴダールを論じた『ゴダール原論』（二〇一六年）と『筒井康隆入門』（二〇一七年）だけで、音楽では『「4分33秒」論』（二〇一四年）があるが、これはジョン・ケージのあまりにも有名な無音ならぬ無演奏の曲「4分33秒」のみを一冊丸ごと論じた本なので、まともな「ジョン・ケージ論」とは到底言えない（「4分33秒」と坂本龍一の関係については追って述べることになるだろう）。

だがしかし、自分もそれなりの年齢になってきて、あとどれだけ仕事ができるのか、なんとはなしに考えることがあり、つまり自分の人生の終幕がぼんやりとではあれ仄見えてきて、これからひとりの表現者について一冊の本を書くとしたら、それはいったい誰だろうかと徒然に考えてみた時に、音楽家で真っ先に思い浮かんだのが、他ならぬ坂本龍一だった。もちろん、相手にするには巨大過ぎるとは思ったし、自分ごときの手に負えるような存在ではないこともよくよくわかっていたが、それでもやはり、やるのなら坂本さんしかいない、と思った。だがそう思いはしても、実際にそれをやるのかどうか、やることになるとしてもいつや（れ）るのかについては、漠然とした感覚しか抱いていなかった。要するに、いつかやれたらいいな、とか、やれる時が来たらやるかもしれないな、という程度でしかなかったのだ。

だが『12』を聴きながら、前作『async』（二〇一七年）から約六年ぶりとなる、自らの生命を賭けた闘病生活の只中で制作したニュー・アルバムのリリース日を、自分の生まれた日に設定するということが、坂本さんにとって間違いなく一種の「祈り」でもあったのだろうと思うと、いてもたってもいられなくなった。そこで私は「坂本論」について、前よりもはるかに真面目に、具体的に考え始めた。

まず私は、微に入り細を穿った包括的で総合的な「評伝」は、自分のや（れ）ることではないと思った。坂本龍一（やYMO）にかんする広義のバイオグラフィ、本人による発言集や対談本の類いはすでに何冊も出版されているし、今後も続々と出てくるに違いない。そして二冊の重要な「自伝」がある（この二冊は今後、大いに参照させてもらうことになるだろう）。地道で綿密な取材や調査に基づく坂本龍一ヒストリー、時間と労力を費やして多数の記録や資料を渉猟したトータルな評伝をものする能力を持った書き手なら、私よりもはるかに適任の方が何人もいる。そもそも私には、まだ一度も聴いたことのない「坂本龍一の曲」が数え切れないほどあるし、それらがどれだけあるのかさえわかっていないのだ。

私にできそうなことは、私がしたいと思うのは、もう少し別のことである。いてもたってもいられなくなった私は、こんなアイデアを思いついた。『12』というアルバム・タイトルにちなんで坂本龍一のディスコグラフィから一二枚のアルバムを選び、それらを一枚ずつ論じてゆく、むろんそれだけではなく、その前後や関連する諸作にも言及しつつ、デビュー作『千のナイフ』から『12』までに流れた半世紀もの時間に点線を引くように辿ってゆく、それをもって「坂本龍一論」とする、というものである。網羅的な作家論や完璧な評伝を目指すのではなく、敢えて一二枚に限定したアルバムをじっくりと聴き直すことによって、いわば自分の「耳」を通した坂本論をやってみようということだ。

私は早速、このアイデアを或る月刊雑誌に持ち掛けてみた。アルバム一枚につき連載一回分で全一二回＝一年間で終了し、その後単行本化する、という企画だった。我ながら良いアイデアだと思ったのだが、残念ながらその雑誌の編集長は首を縦に振らなかった。それにはそれなりの納得できる理由があったのだが、私はゴーサインが出るとばかり思っていたので出鼻をくじかれ、正直がっかりしたものの、これはまだ機が熟していないということなのだろうとすぐに思い直して、そのアイデアはとりあえず封印しておくことにしたのだった。

ところが、それから一カ月ほどが過ぎた二月の終わりに『芸術新潮』から突然、原稿依頼があった。坂本龍一特集を企画しているのだが、坂本さんのアルバムから一二枚を選んでディスク・レビューを執筆してもらえないか、というのである。私は非常に驚いた。連載を断った雑誌の編集長から話が伝わったのかとも思ったが、それは違っていた（いちおう付記しておくと、その雑誌と『芸術新潮』の版元はまったく別の会社である）。雑誌の連載と特集の企画はもちろん違うが、大袈裟に言えば運命のような気がした。むろん実際には、誰しも考えることは同じ、ということなのだろうが。

私は依頼を引き受け、それから約一カ月ほどかけて坂本龍一の音盤から一二枚を選び、何度も聴き直して、レビューを書き上げて『芸術新潮』に送稿した。その時、坂本さんはまだ存命中であり、担当の編集者によれば特集の企画にもかかわっているということだった。ところが、それから程なくして坂本さんは帰らぬ人となり、結果的に『芸術新潮』二〇二三年五月号は追悼特集号になってしまった。偶然の導きとはいえ、私はこのタイミングで「坂本龍一の12枚のディスク・レビュー」を書けてよかったと思っている。

私はあれから何度も考えた。坂本さんは、私が書いた一二枚のアルバム・レビューを読んでくれただろうか、読めただろうか、と。たぶん読めなかった、読まなかっただろう。そんな余裕はなかったはずだ（そんなことをする時間があるなら、他にすべき／したいことが幾らでもあっただろう）。だが私は、これは正直に述べるが、あのレビューをまず第一に坂本龍一に読んでもらうべく書いたのだ。

少なくとも読まれる可能性があるということ、そしてそれが「坂本龍一」について書いた自分の文章を坂本さんが読む最後の機会になるかもしれないということを私は強く意識しつつあれを書いた。私は今でも、坂本さんに読んでもらいたかったと思っている。いや、私はいま綴っているこの文章だって、できることなら坂本さんに読んでほしい、そう思いながら書いている。

二人の「坂本」

「坂本龍一の死」が公表された四月二日の夜に、まず中日新聞から、次いで朝日新聞から追悼コメントの依頼があった。それは思いがけないことだった。先に述べたように、私はもうずいぶん長らく坂本龍一にかかわる仕事をしていなかったからだ。『async』の時には何か書いたと思うが、今やすっかり音楽ジャーナリズムから遠ざかってしまった私は、『12』も普通にAmazonで購入して聴いたのだ。「世界のサカモト」の追悼記事で自分に声が掛かるとは考えてもみなかった。戸惑いつつもそれぞれ電話で記者の質問に答え、すぐに記事が公開された。その時に思ったことをただそのまま話しただけだったが、特に朝日の記事はかなり多くの人に読まれ、おそらくはそれが呼び水となって、追悼関係の仕事が連続して舞い込んだ。そして複数の出版社から「坂本龍一論を書きませんか」というオファーを頂戴した。

坂本さんがこの世界からいなくなるよりも前から私は彼について一冊の本を書きたいと思ってい

たのだから、それは願ってもない話ではあったが、率直に言えば多少とも複雑な思いがあったのも事実である。いちばん読んでほしい人がこの世からいなくなったことによって、それを書くことが可能になっただなんて、なんだか詐欺を働いているような気がした。しかし、本を書くことだけは決めていた。熟考の末、私は一〇年以上前に一冊の本（『未知との遭遇』という私にとってはとても重要な本）を一緒に作った旧知の編集者からの依頼に応えることにした。

最初のアイデア通り「坂本龍一の12枚のアルバム」のロング・ヴァージョンをやることも考えたが、短いレビューとはいえ一度やってしまったことだし、私は長編論考としての「坂本龍一論」の構想をいちから練り直してみることにした。そして考えたのが、この「「教授」と呼ばれた男——坂本龍一とその時代」である。本論は、「12枚」よりはオーソドックスなスタイルで、坂本龍一の歩みを辿ってゆくことになるだろう。それは一見すると「評伝」のような装いを纏（まと）うことにもなるだろう。

だがしかし、私の企図はちょっと違う。私の坂本論は、客観的なヒストリーにも、私的なメモワールにも定位することはなく、だが両者の要素をいずれも含みつつ書き進められてゆくことになるだろう。これはアカデミックな研究や論文ではないし、かといってファンによる信仰告白にもならなければ（そもそも私は「坂本龍一のファン」なのだろうか？　わざわざ言うようなことでもないが、坂本さんに限らず私は誰かの「ファン」であったことはない）、マニアックな蘊蓄（うんちく）や知識を開陳するつもりもない（し、その能力もない）。

敢えて名前を与えるとすれば、これは「批評」である。私は私なりのやり方で「坂本龍一」を批評してみたい。ここでの「批評」とは、対象の存在理由を問い直し、そこに潜在する可能性を押し開くことである。私がしたいのは、坂本龍一がいつどこで何をしたのかという歴史的な検証でもなければ、何らかの意味で彼の認識や主張を代弁しようとすることでもない。かといって私個人の思いの丈を吐露するだけに終わらせるつもりもない（そんなことに読者は興味を持たないだろう）。私にとって坂本龍一とは、いわば二重の存在である。「坂本龍一」と「坂本さん」。もちろん、この二人の「坂本」は一個の実体に重ね合わされている。私は彼の二重の——しばしば相矛盾することもある——存在様態を行きつ戻りつしつつ、坂本龍一について考えてゆくことになるだろう（すでにこの文章にも二つの呼び方が混在している）。

そこでキーワードとなるのが、題名にも冠した「教授」という呼称である。追悼コメントや寄稿文にも何度か書いたことだが、私は坂本龍一という人を、彼がその場にいるといないとにかかわらず、一度も「教授」とは呼ばなかった。いつでも「坂本さん」だった。坂本龍一のニックネームとして誰もが知る「教授」は、高橋幸宏が付けたものである。ＹＭＯ結成以前、幸宏さんがはじめて会ったとき、坂本龍一はまだ東京藝術大学の大学院に在籍していた。当時は大学院生のミュージシャンは非常に珍しかったので、幸宏さんは坂本さんを「教授」と呼ぶことにした。

つまりそれは愛称であり、坂本龍一をそう呼ぶ人々にとっては敬称でもあるわけだが、私が他人をあだ名で呼ぶのが苦手ということだけでなく、このあまりにも世間に行き渡った呼称を口にすることが、坂本龍一を或る一定のイメージに閉じ込めてしまうような気がして、どうしてもそう呼べなかった。気にし過ぎというか、私の自意識過剰であることはわかっていたが、私には「教授」が、

「坂本龍一」からも「坂本さん」からも遠く感じられたのだ。

もちろん坂本さん自身にとっても、それはもはや特に深い意味などない、ごく自然な呼び名になっていたのだと思うが、私は自分の坂本論を始めるに当たって、この些細な違和感を大事にしたいと思う。坂本龍一を「世界のサカモト」でも「教授」でもなく、表現と作品と言説と行動の複雑な束から成る「坂本龍一」と、限られた機会ではあれ自分が直接に対峙することがあった、姿形と声と表情を持った、ひとりの生身の人間としての「坂本さん」の交錯において批評すること、「教授」ではなく「教授と呼ばれた男」の肖像を描き出すこと、本論の基本姿勢は、おおよそこのようなものである。

『ぼくはあと何回、満月を見るだろう』は、文芸雑誌『新潮』の二〇二二年七月号から翌二三年二月号まで全八回連載され、この年の六月に単行本として上梓された、坂本龍一の「決定的自伝」(同書オビ文より)である。坂本さんと長年親交があった編集者の鈴木正文による一連のインタビューをもとにしたもので、同じく鈴木氏が聞き手を務めた『音楽は自由にする』(二〇〇九年)の姉妹編的な位置付けの一冊である。

坂本さんが生まれた一九五二年から二〇〇八年までの歩みを駆け足で振り返ったのが『音楽は自由にする』だが、続く『ぼくはあと何回、満月を見るだろう』はそれ以後を扱っている。単行本に付された鈴木氏の「著者に代わってのあとがき」によると、インタビューは二〇二二年の二月二日から一〇月一二日にかけて断続的に行われた。連載が決まったのは二〇二一年の一二月二三日だったと鈴木氏は記しているので、急ピッチで進められた企画だったと言ってよい。それは坂本さんの病状の進行とも関係していたのだろう。鈴木氏の長文の「あとがき」は、坂本さんの一人称で綴られた本文とはまた別に、坂本龍一の最後の日々を生々しく伝えている。その姿は、読み進めることが苦しくなるほど痛ましい。だが「自伝」を語る／書くことは坂本さんの意志でもあっただろう。彼には言っておきたいことが、言い残すべきことが山ほどあったのだ。

しかし、それらを「坂本龍一からの最後のメッセージ」に収斂させることは今はしないでおきたい。確かに『ぼくはあと何回、満月を見るだろう』は、まぎれもない遺言の書である。『音楽は自由にする』と決定的に違うのは、過去を回想する坂本さんの現在に死の影が射していたということだ。この本で彼は自らの最期を常に意識しながら語っている。この意味で『ぼくはあと何回、満月を見るだろう』は、『音楽は自由にする』の単なる続編ではない。ひとが過去を顧みるのはその時々の現在においてでしかあり得ない。つまり回想される過去には常に回想している現在が滲んでいる。坂本さんは『ぼくはあと何回、満月を見るだろう』の続きがありえないことをわかっていた。回想される過去が、回想している現在に追いついたあと、その先の時間がもはやほとんど存在していないということをよくよくわかっていた。

だが、だからこそ、この切実なメモワールを、「教授」からのラスト・メッセージとしてのみ受け取るのではなく、豊かな細部と謎めいた余白に満ちた、けっして読み終えることのできない書物として、あの美しい『ロラン・バルトによるロラン・バルト』に倣って「坂本龍一による坂本龍一」とでも呼ばれるべき本として、何度でも読み返す必要がある。私の坂本龍一論は、彼自身による二冊の「自伝」に必要に応じて随時立ち寄りつつ、坂本龍一／坂本さんの七一年の生を、私なりに、あくまでも批評的に辿ってゆくことになるだろう。

「親友」カールステン・ニコライ

『ぼくはあと何回、満月を見るだろう』の「主人公」はもちろん「坂本龍一」だが、たびたび登場する重要な人物のひとりに、アルヴァ・ノトことカールステン・ニコライがいる。現代アートと電子音楽の二つのジャンルで活躍する、というよりも二つの領域の交点と言ってよい旧東ドイツ出身のアーティスト／ミュージシャンのことを、坂本さんは本の中で何度も「親友」と呼んでいる。カールステンのことが最初に言及されるのは、『ぼくはあと何回、満月を見るだろう』の第一章「ガンと生きる」の「友達という存在」という節である。

「ぼくは昔から、「自分には友達がいない」というのが口癖でした」と坂本さんは言う。そこで二〇年ほど前に「友達」の定義を考えてみた。「自分が本当に困った瞬間」に「真っ先に電話できるのが友達だろう」というのが、そのときの定義だった。「そして今回、自らの死に直面して改めて、相談したいと思えるひとを数えてみました」。するとすぐに何人か思いつき、自分にも友達がいたことがわかって、「それだけで自分は幸せだ」と感じた。そのうちのひとりがカールステン・ニコライだった。

最初の出会いは、彼が池田亮司くんと一緒に、青山のスパイラルでライブをしたときだと思います。カールステンは強面な顔つきをしていて、作る音楽も思いきり前衛的なポストモダンのスタイルだけど、「おとっつぁん」と呼びたくなるような、家族思いの気持ちのいい性格なんですね。それで、会ったその日から仲良くなりました。

（『ぼくはあと何回、満月を見るだろう』）

私はここを読んで嬉しくなった。なぜならそのライブは、私がプロデュースしたものだったからだ。坂本さんは過去のインタビューでもカールステンとの出会いについて語っている。

坂本龍一（以下、坂本）１９９８年秋に青山スパイラルホールで開催された「EXPERIMENTAL EXPRESS 1998」というイヴェントにカールステンたちが参加していたとき、ダムタイプの池田亮司さんに紹介していただいて、お会いしたのが始まりです。ぼくがカールステンの音楽を聴くのは、そのときが初めてでした。90年代のテクノ系かなと予想していたんですが、彼は当時のドイツテクノの流行から自分独自のスタイルをつくり上げていました。

（「出会いから20年、坂本龍一とAlva Notoが語るイメージなき創造の立地点」『WIRED』二〇一八年七月二一日
https://wired.jp/2018/07/21/sakamoto-alvanoto-sonar2018/）

「EXPERIMENTAL EXPRESS 1998」は、私の事務所ＨＥＡＤＺがゲーテ・インスティトゥート

東京の依頼を受けて企画制作したライブ・イベントで、一九九八年一〇月一六日と一七日の二日間にわたり東京・青山のSPIRAL HALLで開催された。出演者は、オヴァル、トーマス・ケーナー&ポーター・リックス、ノト、ユルゲン・レーブレ、クリストフ・シャルル、池田亮司。この時点ではカールステンはアルヴァ・ノトではなくノトと名乗っており、これが初来日だった。

　アーティストの人選も私が担当したのだが、当時はまだ新人と言ってよい存在でありながら、サイン・ウェイヴ（純正音）のみを使った硬質の電子音響作品でにわかに注目されていたカールステン・ニコライを日本に招聘（しょうへい）するのは、このイベントにおける私の野心のひとつだった。当日は現場が大変過ぎて坂本龍一が来ているとスタッフから聞いてもご挨拶さえできなかったが、結果として坂本さんとカールステンのその後の四半世紀に及ぶ友情のきっかけを作ったのだと思うと、深い感慨を禁じ得ない。「坂本龍一」と、九〇年代半ばから二〇〇〇年代の前半にかけて疑いなく国際的な音楽シーンの先端を走っていた、アルヴァ・ノトや池田亮司を筆頭とする「電子音響」派については、後の章で詳しく述べるつもりである。

坂本龍一が生きた時間

　たとえばこのように、坂本龍一が生きた時間と私自身の過去は、直接的な経験以外にも、あちこちで交差している。そしてそれは坂本龍一の表現と作品、彼の発言、彼のアティチュード、彼のアクティヴィティとも、さまざまな関係を結んでいる。そこには、変わってゆくことと変わらぬものが、常に両方ある。

音楽に限らず、ジャンルを問わず、あらゆる「作品」は、いわば二通りの時間を持っている。それが産み落とされた、誕生した時と、誰かがそれを体験=鑑賞する時。「12枚のアルバム」は私が最初に考えたのとは別のかたちで実現することになったが、私が坂本龍一の或る曲を聴くとき、それは私にとって常に現在であり、しかしその曲にはそれが生まれた時が刻印されているのだから、ある意味で私は二つの時間の距離と隔たりを聴いているのだ。

『ぼくはあと何回、満月を見るだろう』の「友達という存在」の次の節には「時間の疑わしさ」という見出しが付けられている。「音楽は時間芸術だと言われます。時間という直線の上に作品の始点があり、終点に向かって進んでいく。だから時間はぼくにとって長年の大きなテーマでした」と坂本さんは言う。

それでも自分自身が健康だった頃は、どこか時間の永遠性や一方向性を前提としていたところがあったのですが、生の限定性に直面した今、これまでとは違った角度から考え直す必要があるのではないかと感じています。

(『ぼくはあと何回、満月を見るだろう』)

坂本龍一は「時間」について再考するために、「アリストテレスから始まり、アウグスティヌス、カント、ハイデガー、ベルクソン、そして現代の物理学者らが時間について語ったこと」を読みあさり、そして「ニュートンが唱えた「絶対時間」の概念は間違っている」という気づきを得る。「時間は言ってみれば脳が作り出すイリュージョンだ」というのが、坂本さんの差し当たりの「結論」だった（同前）。時間は（私たちの脳の中にしか）存在しない。それは死は存在しないということと、どこか似ているのではないか。音楽家にとって（あらゆる芸術家にとって）、時間とは最大のテーマであり、すべての試みと営みの大前提であり、どこまで行っても最後に立ちはだかる巨大な壁である。それは坂本龍一にとっても同じだったし、余命宣告を受けたあとはますますそうだった。

そもそも『ぼくはあと何回、満月を見るだろう』という題名自体、ひとりの人間が持ち得る時間の有限性を、その残酷さを表している。この言葉は、坂本龍一が音楽を手がけたベルナルド・ベルトルッチ監督の『シェルタリング・スカイ』（一九九〇年）のラストで、原作者でもあるポール・ボウルズが（自分の小説からそのまま引用して）口にするものだが、坂本さんはこの印象的な台詞を我が事として受け止め直し、最期のメモワールのタイトルに採用した。

だが、この映画のサントラを手がけたときの坂本龍一は四〇歳にもなっていなかったのだ。その時点では、彼は自分があと何回、満月を見るだろうと問うことはなかったはずだ。仮に問うてみたとしても、その答えは「数え切れない」だっただろう。そして実際、それから数え切れないほど満月は昇り、坂本龍一も何度もそれを見たに違いない。だが、それはほんとうは数えられる回数だった。それは無限ではなかった。そして彼が満月を見た回数は、もう増えることはない。

『12』の曲順に秘められた哲学

『12』に収められた全一二曲の曲名は全て年月日になっている。「20210310」「20211130」「20211201」といった具合に。それはその曲が録音された日付を示している。基本的に一曲目から時系列順に並べられているのだが、一〇曲目の「20220307」と一一曲目の「20220404」と一二曲目の「20220304」では、日付順になっていない。二〇二二年四月四日が、このアルバムの最後の録音日である。普通に考えればその日に録音した曲を最後に置くはずだが、なぜだか坂本龍一はそうしなかった。「20220404」のあと、ちょうど一カ月時間が巻き戻って、アルバムは二〇二二年三月四日の日付のある曲で終わるのである。

これはどういうことだろうか？　一枚のアルバムとして聴いた際の構成、一二曲の流れを吟味した結果、この三曲は入れ替えたほうがよいという判断がなされただけで、他に意味などないのかもしれない。確かに「20220304」は一二曲中もっとも短い曲であり、コーダ（終曲）に相応しい。だがしかし、私はこうも思うのだ。坂本龍一は、いちばん最後に録音された曲をアルバムの末尾に置くことによって、『12』という作品を、そしておそらくは自分の人生を、そのように綺麗に閉じることをよしとしなかったのではないか、と。もっと言うならば、そうはせずに現にある並びに敢えてするのが、坂本龍一なのだ。録音された順に並べることを自分自身でルールとして定めたのだとしても、むしろだからこそ、最後の最後に自らそのルールを破ってみせるのが、私の知っている

「坂本龍一」なのである。それは、ひとりの人間がルール＝掟の制定と放棄を二つながらに行うという、責任と自由の両立である。坂本龍一とはそういう人だった。

そしてまたここには、先に述べたクロノロジカルな「時間」への疑いと、「終わり」への抵抗の身ぶりがある。時間を巻き戻すこと。ラストシーンとその前の場面を、ジャン＝リュック・ゴダールに倣って「繋ぎ間違え」てみせること。たとえ終わりが遂にやってくるのだとしても、幕を閉じるのではなく、いったん閉じた後にもう一度開いてみせてから、あらためて終わること。私には『12』の曲順に、坂本龍一のこのような思いが——それは哲学と呼んでもいい——秘められているような気がする。穿ち過ぎかもしれないが、そう思う。

まだ始まったばかりだというのに、こうしていつまでも書き続けることが出来てしまう。だが、ひとまず前口上はこのくらいにしよう。次章では時間を遡って、坂本龍一が「教授」と呼ばれる以前と、そんなあだ名が付けられた時期のことを扱う。つまり、彼のはじまりの時代である。

第一章

「教授」以前の彼

坂本龍一は、一九五二年一月一七日、東京都中野区に生まれた。父親は河出書房／新社の文芸編集者だった坂本一亀、母親は帽子デザイナーの坂本敬子。龍一はひとりっ子である。

両親と幼少時の思い出を坂本龍一は何度か語っている（『音楽は自由にする』、『ぼくはあと何回、満月を見るだろう』、吉村栄一が坂本龍一に長期間にわたりインタビュー取材を行って著した『坂本龍一　音楽の歴史』など）。

近くて遠い存在だった父親

三島由紀夫の『仮面の告白』（一九四九年）を担当しただけでなく、埴谷雄高、高橋和巳、野間宏、椎名麟三、井上光晴、中村真一郎、小田実、丸谷才一、いいだもも、辻邦生など戦後文学の重要作家たちを世に送り出し／担当し、現在も続く文芸雑誌『文藝』の編集長も務めた父・一亀の生涯については、河出書房新社で彼の部下だった田邊園子の『伝説の編集者　坂本一亀とその時代』（二〇〇三年）に詳しい。

同書の「はじめに」で田邊は、一亀について「ファナティックであり、ロマンティストであり、そしてきわめてシャイな人」「私心のない純朴な人柄であり、野放図であったが、繊細であり、几帳面であり、潔癖」「言動は合理性にはほど遠く、矛盾があり、無駄が多いように見えたが、本質を見抜く直感の鋭く働く人」「古武士のような人」などと評している。九州男児で、太平洋戦争中に満洲への従軍経験があり、戦争に行くまでは皇国少年だったが、敗戦後は先の作家陣の顔ぶれからもわかるようにリベラルな意識を強く持ちながらも、部下や家族に対しては軍隊式の態度が抜けなかった一亀は、息子の龍一にとっては「仕事が忙しくて、1カ月に1度顔を合わせるかどうか、という感じでした。そして家にいればいたでいつも怒鳴っている」「とにかく怖い」存在だった（『音楽は自由にする』）。同様のことを坂本龍一はたびたび述べているので、よほど怖かったのだろう。それは田邊が描き出す一亀の人物像とも合致している。文学を心底愛する理想主義者の熱血漢だが、自らの理想と情熱の共有を周囲に強いるいささか困ったひと、といったところか。田邊の回想には、今ならパワー・ハラスメントで問題になりかねないエピソードも含まれている。

「とにかく怖い」父親は、滅多に自宅にいないせいもあって、息子の龍一には近くて遠い存在だったようだ。特に子どもの頃は違和感や距離感を抱いて当然だっただろう。キャラクター的にも異なる点が多いようだが、もちろん親子なのだから似ているところもある。田邊は坂本家をたびたび訪ねており、『坂本一亀とその時代』には坂本龍一への言及も何度かあるのだが、ＹＭＯによって「それまでのぼくのライフスタイルと全く変わっちゃったんです。ぼくはわりとアノニマス（匿名性）でいることが好きというか、無名性が好きなんですね。人の前へ出るのがあまり得意じゃない性格だったんです」という発言を引いた上で、著者の田邊はこう述べている。

坂本龍一は演奏会やオリンピックの音楽指揮や映画出演やテレビ・コマーシャルなど大勢の人々に見られる仕事に身を投じているけれども、本来は内面的でシャイな、はにかみやさんなのだろう。編集者という、表面に出ない裏方の仕事を選んだ父親の坂本一亀も、龍一が好むアノニマス（anonymous＝匿名性）の人である。（…）／文壇ジャーナリズムのなかを器用に泳ぎながら仕事を進める型の編集者は、坂本一亀からはほど遠い。

（『伝説の編集者 坂本一亀とその時代』）

父子二人に直接接した人物によるこの指摘はとても興味深い。もちろん龍一の発言は額面通りに受け取るわけにいかない部分もある。後で見ていくように、彼には少年期から「はにかみやさん」であると同時に目立ちたがり屋という面も明らかにあったからだ。だが、ここでいわれるアノニマス＝匿名性への憧憬は、坂本龍一という人間の基底に一貫して流れ続けていたとも思われる。彼がのちに自らの有名性を、良きことのために惜しげもなく利用して／させるようになったことは、無名性への欲望と繋がっている。少なくともその一部は父親から受け継いだものだったのかもしれない。坂本龍一は、編集者としての坂本一亀と同じく、音楽シーンのなかを器用に泳ぎながら仕事を進める型のミュージシャンでは――たとえそう見えるときがあったとしても――なかったのだ。

『坂本一亀とその時代』は、かつての上司への敬愛に満ちていながらも、時にその筆致は辛辣である。「坂本一亀の足跡を辿ってみると、先鞭を付けた仕事の連続で、確かに「偉い人」に違いないとは思うのだが、その横暴ぶりは「偉い人」とはとても言い難く、坂本一亀は周囲の人々にとっては、しばしば「困る人」でもあったのである」。田邊は、ある男性編集者が坂本一亀に「君タチハ僕ノ手足トシテ、僕ノ言ウ通リニヤッテモラウ！」と「宣告」され、驚いて入社を辞退してしまったというエピソードを記している。「一人前に仕事が出来る編集者は、坂本一亀とともに長く仕事を進めることは出来ない」とまで田邊は書いている（一人前に仕事が出来ないと一亀の部下は務まらない、ではないことに注意）。

このような一亀の「軍隊式」の「横暴ぶり」は、坂本家でも同じだったようだ。仕事ではない分、余計に厄介だったとも言えるだろう。

龍一少年が奥でピアノを弾いていると、坂本一亀は「リューイチ！　ヤメロ！　ヤカマシイ！」と怒鳴るので、龍一少年は何も言わずピアノを弾くのを止めていた。会社では坂本一亀が休むと安堵する人がいても、家族にとっては坂本一亀が会社にいるほうが気楽なのではないか、と私は想像したりした。

龍一少年は、ときには父親が装丁の印刷物について私に指示しているそばで見ていることもあったけれど、殆どいつも伏目がちに黙っていた。夫人は活発に夫君に対応していたけれども龍一少年が父親と元気に会話を交わしている場面には一度も遭遇したことがない。おそらく龍一少年は幼いころから賢くて、無駄なエネルギーを費やさない智恵をそなえていたのかも知れない。そして一人っ子によくあるように、他者の介入し得ない独自の世界を、自分のなかで育んでいったのだろう。（同前）

坂本龍一は父親の死に際に立ち会えていない。坂本一亀は二〇〇二年九月二八日に亡くなったが、そのとき龍一は、パウラ&ジャキス・モレレンバウム夫妻とのボサノヴァ・ツアーのためにヨーロッパにいた。腎臓病のために長年、人工透析を受けていた父の容態が悪化したという連絡が母親から入り、コンサートに代理人を立てて帰国することを一度は考えながらも、悩みに悩んだ末に帰国しないことにした。「きっと仕事人間だった父なら理解してくれるだろうと思って」（『ぼくはあと何回、満月を見るだろう』）。訃報を受けたのはそれから一週間後、ベルギーからフランスへ移動するツアー用の寝台バスの車中、朝の四時頃だったという。

『坂本一亀とその時代』に描かれる一亀と龍一の親子関係は、けっして幸福なものとは言えない。「いつも伏目がちに黙っていた」「龍一少年」の姿は、本人の回想によっても裏付けられている。「伝説の編集者」と呼ばれることになる坂本一亀は、息子の龍一にとっては「とにかく怖い」父親でしかなかった（『音楽は自由にする』には、高校に入ってまもなく先輩の影響もあって埴谷雄高を読むようになり、『虚空』（一九六〇年）や評論集は面白かったが、『死霊』（一九四八〜九五年）は「ぜんぜんわからなかった。登場人物の名前の読み方さえよくわからない。父に訊けばいいんでしょうが、なにしろ父とは目もあわせられないような関係でしたから」とある）。

ところが、『坂本一亀とその時代』を最後まで読み進み、著者の田邊園子によるあとがきを目にした読者は、いささか虚を突かれることになる。そこには「本書の成立は、まだ坂本一亀の存命中に、子息龍一から、父が生きているうちに父のことを書いて本にしてほしい、との依頼があったことが発端である」と書かれてあるからだ。そう、同書の誕生は、そもそも坂本龍一が希望したものだったのである。一亀の死については、先にも引いたように『ぼくはあと何回、満月を見るだろう』でも触れられているし、『音楽は自由にする』にはより長い言及があるのだが、そのどちらにも、一亀の部下だった人物に父親の伝記の執筆を依頼したという話は書かれていない。私にはこのことが、とても坂本さんらしく感じられる。父親が亡くなった後に、その生涯を振り返った本が書かれるのではなく、彼はそれをまず一亀に読ませたかったのだ。

実際、坂本一亀は『坂本一亀とその時代』の原稿を「丁寧に読み、私の誤解や間違いを訂正し、さらに大まかな指示と細かい要望を示した」と田邊は記している。「彼が多くの原稿を読んできた歴史のなかで、これは最後のものであったろう。昔の部下から「困る人」と書かれたせいか、現われた時、彼は苦笑を押しころしたような表情だった」。没後の出版になったのは、坂本一亀の希望によるものだったという。ひょっとしたら坂本龍一は、父親が亡くなる前に世に出したかったのかもしれないが、一亀は最後まで「アノニマス」を貫いた。


父が亡くなって自分が変わったとか、そういうことはとくに感じてはいません。でも、それまで自分の後ろにあった大きなものがなくなったような、そんな感じはあるように思います。

ぼくが父に似ているような気がするところは、いろいろあります。あまのじゃくだったり、あまり表に出たがらなかったり。それから、2人とも人やものごとに惚れ込みやすく、すぐ夢中になるんです。

(『音楽は自由にする』)


坂本一亀の人物像からつい亭主関白を想像してしまうが、『坂本一亀とその時代』で田邊園子が「夫人は活発に夫君に対応していた」と書いていたように、坂本敬子は大人(おとな)しいタイプの女性ではなかった。「帽子のデザイナーをしていた時期もあり、演劇、芸能界と繋がりがあった。社交的な性格の人であったと伝えられている」(『坂本龍一　音楽の歴史』)。「ファッショナブルで、イタリア映画が大好きでした」(『ぼくはあと何回、満月を見るだろう』)。坂本龍一がいちばん最初に観た映画は、敬子の膝の上で観たフェデリコ・フェリーニ監督の『道』(一九五四年)だったという。「そこで聴いた映画のニーノ・ロータによるテーマ曲が生まれて初めて記憶に強く残った音楽なのかもしれない」(『音楽の歴史』)。また、敬子にはフェミニズム的な志向もあった。

ちなみに、親交のあった金子きみさんの歌集『草の分際』によれば、若い頃の母は幼いぼくの手を引き、女性中心の平和活動団体「草の実会」の反戦デモに参加してもいたようです。このときのことは一切憶えていないけれど、ぼくは物心がつく前から、思想の上でも母に大きな影響を受けてきたということでしょうか。
(『ぼくはあと何回、満月を見るだろう』)

坂本龍一は母親の死に際にも立ち会えていない。だが、死に顔を見ることはできた。坂本敬子は二〇一〇年一月九日に亡くなった。一亀の死後しばらくは独居していたが、以前から甲状腺ガンなど複数の持病があり、龍一の説得によってまず一般の病院に入り、後に「老人専門の病院」に移った。二〇〇九年の末に日本国内でピアノ・コンサートが何度かあり、その合間を縫って坂本龍一は病床の母を足繁く訪ねた。年明けにはニューヨークに戻る予定だったが、未来を予知できると評判の知人の「予言」にしたがって離日を延期したところ、臨終の瞬間には立ち会えなかったが、一亀のときとは違い「すぐに病院へ駆けつけることができた。そして、ぼくが喪主としてお通夜や葬儀・告別式を取り仕切」ることができた。母親とは「子供の頃からなんでも話せる関係でした」と坂本龍一は述べている。

だけど、ぼくの中には両親のどちらの要素もあるんですよね。戦争経験のある寡黙な九州男児の父親と、東京生まれの明るいヒマワリのような母親と。そんな相反するふたつの性格に、時に自我が引き裂かれそうになることもあります。（同前）

生まれて初めての作曲

坂本龍一が音楽の道に進むことになったきっかけも、敬子の導きによるものだった。だが、母が息子を音楽家にしようとしたのではない。敬子は龍一を「生活即教育」を理念とする学校法人「自由学園」系の幼稚園「東京友の会世田谷幼児生活団」に通わせたが、そこでは「ピアノの時間」があり、「（毎週のように）みんな順番に、ピアノを弾かなくてはいけない。ぼくが初めてピアノに触れたのはそのときです。3歳か4歳でした。楽しいという感じはぜんぜんしなかったし、どんな曲を弾いたのかも覚えていない」（『音楽は自由にする』）。それから敬子の弟たち、つまり坂本龍一の叔父たちが、かなりの音楽好きで、レコードをたくさん集めており、叔父のひとりはピアノもうまかった。坂本一家は一時期、白金の祖父（東亜国内航空の会長を務めた下村彌一（やいち））の家に居候していたが、引っ越しした後も幼い龍一は毎週のように通って叔父たちの部屋に入りびたり、レコードを聴き漁っていたという。

もちろん、この年齢で将来の職業を定めたわけではない。だが龍一が通っていた幼稚園は先進的な教育を行っており、ピアノだけでなく、なんと作曲もさせられた。夏休みに園児が持ち回りでウサギの世話をしたときの気持ちを歌にしなさい、というのである。龍一は歌詞とメロディを自作して、母親に手伝ってもらって楽譜にし、宿題を提出した。「歌って録音したものがソノシートになっていたはずなんですが、今では見あたりません。初めての作曲。4、5歳のときです」(同前)。将来、もしも録音が発見されでもしたら、大事件になるのだが。

これは、強烈な体験でした。ウサギを飼ったこと自体も強く印象に残っているけれど、それを歌にしたことは、もっと強烈だった。なんだか、変なことをさせられちゃった、という感覚がありました。くすぐったいようなうれしさ、他の誰のものとも違う、自分だけのものを得たという感覚。そんなものを感じたように思います。

(『音楽は自由にする』)

続けて坂本は、「それと同時に、違和感もありました。ウサギという物体と、ぼくがつけた曲は、本来なんの関係もないのに、結びついてしまった。まさにそのウサギがいなければ、その音楽は生まれなかったわけですが、でも実際に手を噛まれたり、ウンコの世話をしたり、そういうふうにぼくが触れたウサギとはまったく違うものが生まれている」と述べている。もちろん当時は、これほど客観的に思考できていたわけではないと本人は断っているが、いうなればこれは「曲」と「主題」の関係性をめぐる音楽の根本問題のひとつである。坂本龍一は、生まれて初めて作曲した時点で、そこに潜在するジレンマやパラドックスにすでに直感的に気づいていた。大袈裟に言うならば、ひとつの楽曲の創造主＝神である作曲家の権能と欲望、そしてそこに不可避的に生起する責任の所在に、幼少期の彼はうすうす勘付いていた。

小学校に入ると、同じ幼稚園を一緒に卒業した子どもたちとともに徳山寿子という先生のもとでピアノを学び続けた。著名な声楽家の未亡人で、日用品を楽器にして演奏する児童楽団「徳山寿子のキッチン楽団」でテレビに出演したり、作編曲の分野でも活躍した「モガ（＝モダンガール）」の草分けのような存在だったという。この徳山と、当時、東ドイツ在住の叔父からヨハン・セバスチャン・バッハのことを教えられ、龍一少年は夢中になった。のちに何度も語っていることだが、左利きの彼は、右手でメロディ、左手で伴奏という普通のピアノの弾き方がしっくりこなかった。「でもバッハは、右手に出てきたメロディーが左手に移ったり、あとで形を変えてまた右手の方に出てきたりする。左右の手が常に役割を交換しながら、同等の価値を持って進行していく」（同前）。前述のように、それより以前に「作曲」はしていたわけだが、こうして坂本龍一は「作曲家」という存在に出会った。

ビートルズ、ドビュッシー、「独特の匂いを放つ」本たち

徳山寿子は坂本龍一の才能を見抜き、彼が一〇歳のとき、別の先生から作曲を本格的に学ぶべきだと助言した。当初は本人だけでなく両親も乗り気ではなかったが、徳山の説得が実って龍一少年は、松本民之助(たみのすけ)に師事することになる。松本は東京藝術大学作曲科の教授を務めていたから、小学生にとってはエリート教育と言ってよいだろう。こうして龍一少年は徳山にピアノを、松本に作曲を学びながら、中学に進学する。西欧のクラシック音楽の名曲や名盤は、叔父たちのレコード・コレクションで色々と聴くことができた。坂本龍一にとって非常に重要な存在となるクロード・ドビュッシーも、叔父の部屋ではじめて聴いた。折しも時代はすでに六〇年代、日本でもロックが流行し始めており、龍一少年もビートルズの洗礼を受けていた。

そのころは、作曲の勉強を始めていましたから、音を分析的に聴くことが少しはでき始めていたんだと思います。ビートルズを聴いて、ハーモニーが不思議なので、なんだなんだ、と気になって、ピアノで弾いてみる。でもそれはまだ習っていない響きで、何と呼べばいいのかわからないんです。あとでわかったことですが、それは9thの和音だった。これはまさに、ぼくがやがて出合って夢中になった、ドビュッシーの好んだ響きなんですよ。その響きにぼくは、ものすごくどきどきした。オルガスムスみたいな快感を覚えた。あまりに興奮して、日ごろ話もできなかった父をステレオの前に引っぱってきて、ビートルズのレコードを聴

かせたりしました。

（『音楽は自由にする』）

幼少期の坂本龍一が音楽と音――この二つが別個のカテゴリであるということを彼は早い段階でよく理解していた――にかんする感性と認識を形成してゆくにあたって重要だったのは、まず最初がバッハ、次にビートルズ、その次がベートーヴェンの「ピアノ協奏曲第三番」、そしてドビュッシーの「弦楽四重奏曲」で、その第三楽章をピアノ譜に書き起こして和声を分析したという。「それは、自分の知っているどんな音楽とも違っていました。好きだったバッハやベートーヴェンとは全然違う。ビートルズとももちろん違う。聴いたとたんに、なんだこれは、と興奮して、すっかりドビュッシーにとりつかれてしまった」。これものちに何度も語っていることだが、あまりに夢中になって、自分はドビュッシーの生まれ変わりだと思い込んだりもした。「おれはなんでこんなところに住んでいるのか、どうして日本語をしゃべっているのか、なんて思うぐらい。ドビュッシーの筆跡をまねて、帳面何ページにもわたってサインの練習をしたりもした。「Claude Debussy」って」（同前）。

いかにも夢見がちな少年期にありがちな微笑ましいエピソードだが、こうした過剰とも思える没入や同一化は坂本龍一の性格的な特徴のひとつである。彼は父・一亀と同じく「人やものごとに惚れ込みやすく、すぐ夢中になる」タイプだった（同前）。いわゆるマイブーム型と言ってもよいだろう。実際、音楽家になってからの坂本龍一のめまぐるしい変化変身ぶりも、コンセプチュアルな戦略というよりマイブームの連続の歴史だった。

坂本少年は音楽ばかり聴いていたわけではなかった。彼は書物にも関心を向けた。最初に読んだ長編小説は五味川純平の『人間の條件』全六巻だった。『音楽は自由にする』には、中学二年のときにデカルトの『方法序説』を持ち歩いていたという回想がある（なかばファッションだったようだが）。父親の本棚で見つけたジョルジュ・バタイユの『マダム・エドワルダ』や『眼球譚』、ポーリーヌ・レアージュの『O嬢の物語』は、少年らしいエロチックなものへの好奇心から読んだという。そして澁澤龍彦（しぶさわたつひこ）や、鮎川信夫訳のウィリアム・バロウズ『裸のランチ』が大好きだった。「こういう本たちは独特の匂いを放っていて、書棚からぼくを呼んでいるような感じがした」（同前）。

このうち『マダム・エドワルダ』の最初の日本語訳（生田耕作訳）は一九六七年、『裸のランチ』は一九六五年、いずれも坂本一亀が勤務する河出書房新社から刊行されている。六〇年代は日本の翻訳文化が、アカデミズムから一般読者へと大きく広がっていった時期である。坂本少年に限らず、当時の早熟な若者たちは次々と訳出される海外の現代文学、前衛文学、思想書や芸術書をこぞって読みふけった。書物に限らず、輸入文化と路上／地下文化とが掛け合わされたサブカルチャーの勃興期と言ってよいだろう。そしてまた、六〇年代とは「政治の時代」でもあった。

デモとジャズと世界認識と

坂本龍一は東京都立新宿高校に入学した。全国でもトップクラスの進学校なので中学の教師からは学力的に無理だと言われたが、それに反発して短期集中で猛勉強し、めでたく試験に合格したのである。それまでの坂本少年の脳内世界は、音盤や書籍によってどんどん拡大していたけれども、現実の彼の世界は、ごく小さなものだった。同時代／同世代の若いミュージシャンたち、たとえばのちにイエロー・マジック・オーケストラを組むことになる細野晴臣や高橋幸宏と比べて、彼の行動範囲はかなり狭かった。坂本家は格別、裕福というわけではなかったようだが、学校の他にピアノと作曲を習い続け、それ以外は本を読むくらいが趣味という良家の子息的な生活で、要するに内向的でおとなしい少年だったということだろう。ところが、新宿にある高校に毎日通うことで、それまでの日常生活は一変する。彼自身、自分を変えたいという気持ちがあったのかもしれない。あるいは隠れていたものが露わになったということか。

「ぼくが高校に入学したのは1967年で、その年の春には砂川（すながわ）で、秋には羽田で、反代々木系全学連の学生たちなどによる闘争がありました」（『音楽は自由にする』）。坂本龍一が高校生だった一九六七年から六九年にかけては、六〇年に成立した日米安保条約が一〇年後の七〇年に自動延長されることへの反対運動が、大学生を中心に全国で最高潮に達していた時期である。坂本龍一は高校生だったが、一年生のときからデモや集会に参加していた。

　その頃から彼はジャズ喫茶に通うようにもなった。当時、新宿には三十数軒ものジャズ喫茶が存在していたが、新宿高校に入学した四月のうちにその全てに行ってみたという。いかにも坂本龍一らしいエピソードである。やがて彼は「ピットイン」という、現在もあるライブハウスではなく、新宿通り沿いにあった同名の喫茶店によく行くようになった。ジャズは小学生のときから知っていたが、本格的に聴き込むようになったのはこの頃からである。「セロニアス・モンクやエリック・ドルフィーも好きでしたが、やはりいちばん好きだったのは（ジョン）コルトレーンでした」（同前）。

67年ですから、まさにフリー・ジャズが生まれようとしていたころです。アート・アンサンブル・オブ・シカゴとか、日本では山下洋輔とか。「ピットイン」に、洋輔さんの書いた「ブルー・ノート研究」という青い冊子が積んでありました。冒頭に、「小泉文夫による日本のわらべうた研究に依拠してこれを書いた」とあって、ぼくは「小泉文夫を読んでいるなんて、なかなかおもしろいジャズ・ピアニストがいるもんだ」なんて思って、すぐ買いました。（『音楽は自由にする』）

念のために断っておくが、これは坂本龍一が一五歳のときの話なのだ。彼は東京藝大の大学院で小泉文夫の講義を受けることになるが、この時点ですでにその著作を読んでいたわけである。なんと早熟な少年だったことか。

新宿高校で坂本龍一は親友二人と「3バカトリオ」を結成（?）する。現在は政治家の塩崎恭久（やすひさ）とカメラマン／ジャーナリストの馬場憲治である。塩崎は中学校から同じ学校で、坂本龍一の一学年上、ブラスバンド部の先輩だった（塩崎とは小学校も同じだったが、その頃は面識がなかった）。ブラバンで坂本龍一はチューバを吹いていたが、目立たない楽器なのでいやだったという。塩崎が高校二年のときに一年間アメリカに留学したので、同級生になった。三人はいつもつるんで行動していたという。

『文藝春秋』二〇二三年六月号に「革命同志・坂本龍一を偲ぶ」と題された塩崎と馬場の対談が掲載されている。親友二人から見た高校時代の坂本龍一の姿を、哀悼の意とともに鮮やかに伝える好記事である。二つだけ発言を引いておこう。

馬場　僕が坂本君と会ったのは高校二年のとき。カバンに「ベトナム戦争反対」と書いているのを見た坂本君が、学生運動のビラを持って話しかけてきた。それから会うたびに、めんどくさい話ばかりしてくるんだ。「ヘーゲルは読んだか。まずは弁証法から勉強しろよ」「カントは読んだか」とか、吉本隆明や丸山眞男などについて議論していた。

塩崎　（…）とにかく坂本君は早熟だったね。六八年の五月にパリで大学生が暴動を起こした五月革命があったけど、坂本君はそれに反応していたな。国内だけじゃなく、世界の新しい動きに当時から非常に敏感だった。

こうしてみると、一五、六歳の時点で、「坂本龍一」という人間は、ほぼ完成していたのではないかとも思えてくる。彼は明らかに早熟で聡明だったが、それゆえに世界に対する鋭敏な問題意識と批判精神を育み、それゆえに世界を舐めてもいた（それこそが早熟と聡明の証明である）。ジャズ喫茶に入りびたり、デモに参加しつつ、彼は作曲の勉強も続けていた。あるとき坂本龍一は、新宿高校の先輩でもある作曲家の池辺晋一郎を訪ね、自作曲をピアノで弾いてみせたところ、「芸大の作曲科、今受けても受かるよ」と言われて有頂天になった。「世の中けっこう甘いぜ！」と思ったという（『音楽は自由にする』）。実際、彼は東京藝大作曲科にストレートで入学を果たす。一九七〇年のことである。

だが彼は、「音楽以外のものをやったっていいんじゃないか」とも思っていたという。もしかすると、映画を撮ったり、小説を書いたりするかもしれず、「音楽をやることが自分の使命だ」とは「全く思ったことがなかった」と、二冊目の自伝で振り返っている。

だが結局、坂本龍一はその後、何本かの映画に出演し、何本もの映画音楽を手がけることになっても、自分で映画を撮ることはなかった。小説家の友人は何人もできたが、自ら小説を書くことはなかった。彼は音楽を、表現と創造という意味ではただ音楽だけを、ひたすらにやり続けた。とはいえ、もしかしたら「音楽以外のものをやったっていいんじゃないか」という感覚、「音楽をやることが自分の使命」というわけでは必ずしもないのではないかという微かな疑いのようなものを、彼はどこかでずっと抱き続けていたのではないかと私は思う。そしてそれは、彼が強い確信と固い意志をもって音楽家であり続けたという事実と、なんら矛盾しない。

坂本龍一とはちょうど五〇歳違い（一九〇二年生まれ）の批評家・小林秀雄のデビュー作に、以下の極めて有名な一節がある。

人は様々な可能性を抱いてこの世に生れて来る。彼は科学者にもなれたろう、軍人にもなれたろう、小説家にもなれたろう、然し彼は彼以外のものにはなれなかった。これは驚く可き事実である。この事実を換言すれば、人は種々な真実を発見する事は出来るが、発見した真実をすべて所有する事は出来ない、或る人の大脳皮質には種々の真実が観念として棲息(せいそく)するであろうが、彼の全身を血球と共に循(めぐ)る真実は唯(ただ)一つあるのみだという事である。雲が雨を作り雨が雲を作る様に、環境は人を作り人は環境を作る、斯く言わば弁証法的に統一された事実に、世の所謂宿命の真の意味があるとすれば、血球と共に循る一真実とはその人の宿命の異名である。或る人の真の性格といい、芸術家の独創性といい又異ったものを指すのではないのである。この人間存在の厳然たる真実は、あらゆる最上芸術家は身を以(も)って制作するという単純な強力な一理由によって、彼の作品に移入され、彼の作品の性格を拵(こしら)えている。

(「様々なる意匠」)

「彼は彼以外のものにはなれなかった」。これは確かに驚くべき、だが誰にも(私にも)当てはまる、ごく平凡な事実である。だがしかし、自らをドビュッシーの生まれ変わりだと思い込んだエピソードからもわかるように、坂本龍一の頭の中には「坂本龍一」ではない自分という不可能な可能態が常に潜在していたと私は思う。世界的に有名になって以降も、おそらく最期まで、坂本さんの内には「教授以外の彼」という反実仮想が存在していた。

だが今はまだ七〇年代の半ば、彼は「教授」と呼ばれてさえいない。

新宿高校でのストライキ

新宿高校時代の有名なエピソードに、坂本龍一が中心となって行った「ストライキ」がある。

3年生の秋ごろ、新宿高校でストライキをやりました。69年の秋ですから、当時としては遅い方なんですが、安保条約とかベトナム戦争とか、そういう一般的な問題ではなくて、ローカルな、学校の個別課題に関しての運動でした。たしか具体的な要求を7項目、学校に突きつけました。制服制帽の廃止、すべての試験の廃止、通信簿の廃止、等々。

（『音楽は自由にする』）

このときのことは、「3バカトリオ」の塩崎恭久と馬場憲治の対談「革命同志・坂本龍一を偲ぶ」（『文藝春秋』二〇二三年六月号）でも語られている。二人によれば、彼らは校長室に押しかけて占拠し、校長に要求書を手渡した（書いたのは馬場だった）。高校生の「運動」の真似事かと思いきや、「ヘルメットに覆面姿」だったというから、それなりに不穏だったはずである。坂本龍一は寝坊して遅刻してきたが、「事態が膠着したので、打開するために校庭でデモをした。その指揮をとったのが坂本君ですよ。それも当然で、彼は理屈を言わせると優れていて、弁がたつから」（馬場）。「非常に頭が良かったよな」（塩崎）。

「人が人を評価できるはずがない、ましてや人を数字で評価してはならない」というのが主張の中心でした。それは、試験で生徒をランク付けして大学に送り出していく、という教育の仕組み自体を否定することになります。学校制度の解体ですね。

（『音楽は自由にする』）

『文藝春秋』での対談で馬場は、二〇二二年一〇月に「坂本君から「あのときの項目要求書の内容を覚えている？」とメールがきたので手元にあるのを送」ったと語っている。『ぼくはあと何回、満月を見るだろう』の鈴木正文による最後のインタビューが行われたのは同年一〇月一二日だが、同書にはこの件についての言及は特にない（馬場に送られたメールとの前後関係は不明）。別の理由であったのか、あるいは純粋にノスタルジーに駆られてのことだったのかもしれない。

新宿高校でのストライキは四週間も続いたという。坂本龍一は『音楽は自由にする』で、「授業は自分たちでやりました。今起きていることこそが世界史だ、と言って、ベトナムやパリで起きていることについて討論をしたり、フッサールを読んで現象学的還元をかじったり」と回想している。

馬場は前掲対談でこう言っている。「このとき「ヘルメットをかぶった坂本君が、音楽室のピアノでドビュッシーを弾いていた」という「伝説」があるのですが、あれは嘘です。絶対やっていない。彼がそんな格好悪いことをするわけがない」。これについては『音楽は自由にする』でも言及されているが、本人は「よく覚えていません。もし、そんなことをしたとすれば間違いなく、モテようと思ってのことでしょうね」と述懐している。真実がどうだったのか、もはや知る術もないが、想像してみただけでも絵になる光景ではある。

ここで二つのことが言えるのではないかと思う。ひとつは、まだ少年と言ってよかった坂本龍一にとって、何かしらのアクションを伴う「運動」とは、安保やベトナムといった「一般的な問題」であるよりも前に、まずは「ローカル」で「個別」の課題にかかわるものだったということである。もちろん彼は、世界が、日本が抱える、幾つもの重大な問題について真摯に考えてもいただろう。

むしろそのためにこそ、自分の手の届く身近なところに視線を向け、そこから具体的に、地道に、確実に変えていかなければならない。それは「今起きていること」を、遠くと近くの両方のレンズで見るということである。

ここにはすでに、後年のアクティヴィスト＝坂本龍一の基本姿勢が現れている。世界を変えるためには日本を変えなくてはならない。日本を変えるためには社会を変えなくてはならない。社会を変えるためには、まずは自分の居る場所を、つまり学校を変えなくてはならない。大きな問題を解決するためには、「今ここ」を変えようとすることから始めなくてはならない。

もうひとつは、「解体」への志向である。馬場は塩崎との対談の中で、自分たちが要求したのは制服の「廃止」ではなく「自由化」だったと訂正しているが、おそらく坂本龍一は敢えて「廃止」や「否定」そして「解体」という言葉を使っている。彼も制服の自由化に賛成だったのだろうが、まず第一に学校に要求するのは「廃止」であるべきだった。旧態依然たる保守的な制度に対して突きつけるのは、あくまでも「解体」でなければならなかった。だがこれは、破壊へのやみくも（で無責任）な欲望とは違う。解体は再構築、いや、まったく新たな構築の前提として希求されているのだ。マイナーチェンジには自ずと限界がある。もはや微修正では理想は実現できない。既存のシステムをキャンセルし、新しいシステムをいちから作り出すこと。それは政治的な運動に限らず、六〇年代という時代の空気だったが、坂本少年にとっては「音楽」の問題でもあった。

ジョン・ケージの衝撃

彼は「高1か高2のころ」にジョン・ケージに「出合ってしまった」。「それまでの現代音楽が、非常に複雑な理論に基づいて曲を構築していくものだったのに対し、ケージは偶然性を大胆に取り入れた。サイコロを振って、その目に従って曲を作ってしまったりもする。それはヨーロッパ音楽の系譜からは大きく外れたものでした。ぼくが作曲の先生のところで毎週勉強していた音楽とも、もちろん相容れない。そういうものに出合ったインパクトは本当に大きかったし、それは現在も続いています」(『音楽は自由にする』)。

坂本龍一が生まれた一九五二年は、ジョン・ケージが「4分33秒」を発表した年である。ニューヨーク留学中にケージに学んだ一柳慧(いちやなぎとし)が帰国したのが一九六一年、日本の現代音楽シーンに「ジョン・ケージ・ショック」が吹き荒れた。坂本龍一が高校生だった六〇年代後半にはスティーヴ・ライヒなどのミニマル・ミュージックも日本に紹介されていた。ある意味で「音楽」は、とうの昔に「解体」されていた。坂本少年は、小中高校生のあいだに、数世紀ぶんの近・現代音楽の変化と進化を早回しで習得したと言ってもいい。彼の耳は、構築と解体と再構築と再解体(……)の往復運動を、敏感に、繊細に、貪欲に聴き取っていった。

小学校のときに夢中になったバッハから始まって、ベートーヴェン、ドビュッシー、そしていわゆる現代音楽と時代を遂おうように聴いてきた西洋音楽は、60年代末の時点で、自分にとって同時代の音楽になっていました。西洋音楽史と個人史がクロスして、気がつけば作曲の現場と同じ時間の中にいた。それは、音楽家たちの問題意識が、自分自身の問題意識と重なりあうようになったということでもあります。

このころは高校生活の終盤で、ぼくは学校や社会の制度を解体するような運動に身を投じていたわけですが、同時代の作曲家たちも、既存の音楽の制度や構造を極端な形で解体しようとしていた。西洋音楽はもう行き詰まってしまった、われわれは、従来の音楽でブロックされた耳を解放しなければいけない、そんなことをぼくは考えていました。「解体の時代」でした。

（同前）

もっとも、それから半世紀以上が経過した最晩年になると、坂本龍一の「解体」観は、当然ながら大きく変化している。

60年代後半に演劇、映画、文学、そして音楽の各ジャンルで起きていた前衛運動——要するに、古い価値観を壊して斬新なものを作ろうとしたムーブメントは、今日ではもう全然新しいものではない。（…）みんなで共有している一直線の歴史上の決まりごとが、現在は存在しませんからね。そしてぼくには政治方面はともかく、芸術文化面で今後、何か壊すべき強力な価値観が生まれるとは思えないのです。

（『ぼくはあと何回、満月を見るだろう』）

言うまでもなく、この認識はあまりにも正しい。だが、これを達観と見るか諦念と見るかは人それぞれだろう。だが、六〇年代末の日本にはまだ「ポストモダン」さえ到来していない。

「音楽活動」と「社会活動」

一九七〇年、坂本龍一は東京藝術大学音楽学部作曲科に現役で合格した。池辺晋一郎の「予言」は当たったわけである。「高校ではバリケードを張って教育制度の解体を叫んでいたくせに、結局ふつうに入試を受けて、大学に入った。理屈としては「解体するために」入学したんですが」(『音楽は自由にする』)。本人もそこに矛盾を感じないではなかっただろう。「ストライキ」のせいで処分を受けることも覚悟していたというが、蓋を開けてみると「3バカトリオ」で自分だけがストレートで大学に受かっていたのだから(塩崎と馬場は浪人した)。

だが、そうして通い始めた藝大は退屈だった。「音楽を勉強するには小さいころからかなりお金がかかるので、お金持ちのお嬢さんが多い。男子も、どちらかというとお坊ちゃんぽいやつが多い」。そんな中、坂本龍一は「長髪でジーパンをはいて、なんだか怖い顔をして、大学なんて壊すために入ったんだ、とか言っているわけですから、完全に浮いていました」(同前)。坂本家もけっして貧しかったわけではないので、これは家庭環境というより本人が選択したスタンス、もしくは一種のポーズだったということだろう。彼は自分が所属する音楽学部よりも、変わったタイプの人間が多かった美術学部によく出入りするようになり、ライブやコンサートにも高校時代にも増して頻繁に出かけていった。相変わらず「運動」にも積極的に参加していた。

大学に入って、運動をしなくなったというわけではありません。ぼくが入学した70年は、赤軍派によるハイジャックがあった年で、70年安保をめぐって大きな集会もあった。ぼくは美術学部の学生を引き連れてよくデモに行きました。入学してすぐにリーダー格になって、デモを指揮した。生意気で元気がよかったんです。（同前）

だが、「芸大での運動は、なにか具体的な課題があってのものではありませんでした。舞踏をやっている友人に、そのままヘルメットをかぶせて連れてくる、というような調子でしたから、デモに行くことは芸術運動の延長みたいな感じだった」（同前）。

彼に限らず、六〇年代から七〇年代初めにかけて全世界に吹き荒れた、若者、特に学生を中心とする政治運動には、本人たちの意識はどうあれ、一種の「芸術運動」、すなわち（自己）表現という側面があったことは否定できないのではないかと思う。一見まったく異なるものに思われる「政治―運動」と「芸術―表現」は、必ずしも喫緊のなすべきことが何かあったわけでもない者たちの中で分かち難く結びついており、その峻別は彼ら自身にもおそらくできていなかった。もちろん世界には深刻で火急の具体的・現実的な問題に直面して自分の意志や欲望とは別に否応なしに運動に身を投じていった者も無数にいたわけだが、そこまで差し迫った現実に対峙しているわけではない、相対的に平和な国の青年たちは、自分らとは境遇がまるで異なる、明確な理由があって「運動」している人々への共感や連帯の意識だけではなく、若さゆえのあり余るエネルギーや情熱、現在の言葉でいうなら承認欲求、つまり得体の知れない「自己表現」への衝動にも突き動かされて、デモや集会、あるいはもっと過激な行動へと向かっていったのだ。

そしてこのこと自体は、何ら批判されるべきことではない。それがなければ、あの時代の沸騰と熱狂はありえなかったのだから。

坂本龍一も例外ではなかった。のちに彼は「音楽活動」と「社会運動」は別々の営み／試みだとする態度を意識的に取るようになるが、二つは根元の部分では一体だったのだと私は思う。むしろだからこそ、両者は表向きは切り分けられなければならなかったのだ。音楽を運動の道具にはしない、運動を音楽の燃料にはしない、或る時期以降の彼が身に纏(まと)うようになった、そのような態度は、坂本龍一という存在の（他人の目には矛盾にも映りかねない）二重性を表している。それはまた、彼の「無名性」への志向ともかかわっているだろう。それだけではない。このことはおそらく「坂本龍一にとって音楽とは何だったのか？」という、より本質的な問いとも深く関係している。

「人民の音楽」という思想

藝大生・坂本龍一は、「いわゆる現代音楽的なものは必ず聴きに行っていたし、ロックのコンサートにもしょっちゅう行っていた」。日比谷野外音楽堂の思い出話は興味深い。「当時、日比谷の野音ではほとんど毎週のように無料のコンサートをやっていて、フラワー・トラベリン・バンドなんかが出ていた。70年当時の「人民の音楽」であったロックを、無料で聴かせるコンサート。それはまさに、人民に音楽を解放する試みとも言えます。まずそのことに、ぼくはとても共感していました」(『音楽は自由にする』)。

「人民」というワードには強い意味が込められている。アカデミックでハイブロウな、それゆえに象牙の塔に閉じている「現代音楽」と、野外ステージで無料で提供される開放的で解放的な「人民の音楽」、これもまた二重性である。

それから、ロック・コンサートの音というのは、曲として聴くと、現代音楽の耳にはかなり単純なものですが、音響として聴くととても面白かったんです。アンプというテクノロジーを使って、小さな音がすごく大きな音に拡大されている。聴衆は、いわば顕微鏡的な空間に入っていくわけです。これはとてもジョン・ケージ的な音響空間です。ロックは音楽にノイズを持ち込んだというのも重要な点です。これも、ロックのジョン・ケージ的な側面です。ロックが持っていた、顕微鏡的な性質とノイズの導入、それは後にエレクトロニカに受け継がれ、今に至っている。(同前)

これは二〇〇九年二月刊行の著作における記述であり(坂本龍一が「エレクトロニカ」に最も接近したアルバム『out of noise』がリリースされたのは同じ年の三月である)、大学生のときに野音で爆音を浴びながら彼がこのような語彙で考えていたわけではないだろう。顕微鏡的=マイクロスコピックという形容詞も、九〇年代後半以後のエレクトロニカのタームである。だがしかし、坂本青年がこのとき、ジョン・ケージとロックの共通性を体感したのは間違いない。ニューヨークでケージの近傍にいたロック・ミュージシャンたちにとって、それはごく当たり前のことであったのかもしれないが、日本でそのことをいちはやく理解していた者はまだ少なかった。坂本龍一は、その二重性ゆえに、直感的に「ロックのジョン・ケージ的な側面」と「ケージのロック的な側面」に気づくことができたのだ。

坂本龍一にとって藝大は退屈な場所だった。とはいえ、大学院まで進んだのだから、完全に疎(おろそ)かにしていたわけではない。彼は藝大に入るよりも前に西洋音楽の理論と歴史の大方をすでに学んでしまっていた。それに実践と実験は、キャンパスの外でいくらでも体験できた。となると、それ以外に何か学びたいことがあったのか?

> 大学に入ったときにはっきり心に決めていたのは、「とにかく民族音楽と電子音楽は学び倒してやろう」ということでした。ぼくは不遜な小僧でしたから「西洋音楽はもうデッドエンドだ、この先に発展はない」と思っていた。発展があるのなら勉強して進んでいけばいいけれど、もう袋小路だとしたら、西洋音楽以外のものに目を向けるしかない。外側を見ていかなくてはいけない。
>
> (同前)

坂本龍一は、小泉文夫が担当する民族音楽学の講義には熱心に出席した。前に触れたように一五歳の時点でその著書は読んでおり、それ以来、小泉は彼のアイドルのひとりだった。小泉に憧れるあまり、作曲専攻から音楽学者に転向することを真剣に考えてみたりもしたという（そうならなくてよかったが）。のちに見るように、「西洋音楽」の対立項としての「民族音楽」は、坂本龍一の音楽の重要な発想源のひとつとなる。

「電子音楽」については、特にヤニス・クセナキスの音楽に強く惹かれたという。第二次世界大戦ではナチスへのレジスタンスとして戦い、ル・コルビュジエを師に持つ建築家から作曲家に転向したこのギリシャ人は「作曲に数学的な手法、群論や統計学などを取り入れ、コンピューターを使って複雑な計算をしながら曲を作って」いた。だが、坂本龍一が電子音楽＝コンピュータ音楽に関心を抱いたのは、クセナキスのような高度な演算処理による作曲技法に可能性を見出したからだけではなかった。

電子音楽に興味を持っていたのは、「西洋音楽は袋小路に入ってしまった」ということのほかに、「人民のための音楽」というようなことも考えていたからなんです。つまり、特別な音楽教育を受けた人でなくても音楽的な喜びが得られるような、一種のゲーム理論的な作曲はできないものかと思っていた。作曲は誰でもできるはずだ、誰でもできるものでなくてはいけないはずだ、と思っていました。（同前）

こうして若き坂本龍一の脳内で、ジョン・ケージとロックと民族音楽と電子音楽は、デッドエンドに陥った西洋音楽へのブレイクスルーと、「人民」という概念＝キーワードとによって一本の線で結ばれる。作曲や演奏というものを、専門知やプロフェッショナリズムや秘儀性から解き放ち、技術や知識を持たないが音楽をしたいと望むあらゆる人々（人民）に押し開こうとする夢は、テクノの時代に入っていっそう鮮やかに花開くことになる。

八〇年代、ＹＭＯによって一躍スターダムに押し上げられた坂本龍一は、メディアの表舞台では先端的なセンス・エリーティズムの代表として華麗に振る舞いながらも、その裏に「人民」への共感と友愛に満ちた視線を常に隠していた。テクノロジーの最たるものであるコンピュータが、音楽を（「芸術」を、と言い換えても同じことだが）アマチュアに受け渡し、多くの人民の共有財とすること――「誰でもできる」とはそういうことである――にこそ貢献するという「思想」は、時代的に見ても非常に早かったと言ってよい。

「芸大作曲科在学中のピアノ弾き」

最初の結婚によってお金が必要になったこともあり、坂本龍一は藝大在学中からピアノの腕を活かしたアルバイトを始めた。銀座の「銀巴里（ぎんぱり）」ではシャンソン、他のバーでは映画音楽やポピュラー音楽の伴奏をして日銭を得た。仕事で弾いた曲のメロディが頭に残ってしまい困ったという。

だが、当時の彼は、酔った客を相手にピアノを弾く仕事だけをしていたわけではなかった。入学当初から、大学の友人が関わっている劇団に楽曲を提供したほか、ロックやフォークのミュージシャンたちのレコーディングに参加したり、ライブの手伝いをしたりしていた。

坂本龍一という、ちょっと変わった「芸大作曲科在学中のピアノ弾き」の存在は音楽業界に次第に知れ渡っていった。彼は黒テントや自由劇場といったアングラ演劇の音響／音楽も手伝うようになった。次章で述べるが、黒テント主宰の佐藤信(まこと)がＹＭＯの「散開」コンサートを素材とするドキュメンタリー映画『A Y.M.O. FILM PROPAGANDA』（一九八四年）の監督を務めることになるのは、この頃からの繋がりによるものだったのかもしれない。坂本龍一はフォークにかんしてはほぼ無知だったが、演劇関係者と行った新宿ゴールデン街の店でたまたま隣り合わせになった友部正人と意気投合して、誘われるままレコーディングに参加し、友部のツアーにも随行した。まだ学生の身であるにもかかわらず、「どうせ暇だからいいよ」と言って「半年ぐらい日本中のライブハウスを回った」（『音楽は自由にする』）。

友部さんとのツアーのときには、もう大学院生でした。大学院に進んだのは、社会の中で何かに所属するということが想像できず、いいかげんな学生の身分のままでいたかったから。作曲の理想に燃えて勉強を続けたかったからではありません。（…）大学時代も学校にはほとんど行きませんでしたが、大学院の授業には本当に全く出なかった。（同前）

こうして、「音楽が自分の本業だというような自覚は相変わらずまったくないまま、音楽の仕事は生活の中心になって」いった（同前）が、そのせいで留年を続けることになった。本人の希望はどうであれ、こんな体たらくで大学にいつまでも居られるはずがない。坂本龍一は指導教授に懇願されて（「何もやっていない大学院生を置いておくのは大学にとっても無駄だし負担」ということだったらしい）、四年まではいられることになっていた大学院を三年で修了した。とはいえ、中退や除籍ではなかった。「何か作品を提出すれば修了できるということだったので、1曲書いて、大学院を出ることになりました」（同前）。現役合格で早期修了、大学ではほとんど何も学ばなかったが、坂本龍一は入る時も出る時も「優等生」だった。一九七七年、彼は二五歳になっていた。

「色彩」「音色」という問題意識

修了作品「反復と旋（せん）」を含む東京藝大在籍時の作曲作品や同時期の参加楽曲などは、CD三枚組のコンピレーション『Year Book 1971-1979』で聴くことができる。譜面のみで実際には演奏されなかったり、初演の録音が残っていない曲もあるが、ＹＭＯで有名になったことで、八〇年代以降、初演や再演の機会がたびたび訪れた。『Year Book 1971-1979』には、そうした録音が集成されている。

収録楽曲は年代順に並んでいるが、最も古い作品は一九七〇年、坂本龍一が大学一年生の時に作曲し、翌年に初演された「ヴァイオリン・ソナタ」である。ヴァイオリンとピアノの二重奏曲で、初演では坂本自身がピアノを弾いたというが、録音は一九八四年末に神奈川県立音楽堂で開催された坂本龍一の作曲作品の演奏会でのもので、ヴァイオリンは漆原（うるしはら）啓子、ピアノは高橋悠治、坂本龍一は譜めくりを担当した。藝大教授でもあった作曲家の三善晃と、三善経由でフランスの作曲家アンリ・デュティユーに影響されたと、付属のブックレットで本人は語っている。デュティユーのひとつ前の世代に当たる「フランス六人組」やエリック・サティ的な要素も感じられる佳曲。「弦楽四重奏曲　エチュードⅠ、Ⅱ」（一九七一年作曲・初演）は、ハンガリーの作曲家バルトークからの影響が色濃いが、曲名にもあるように続く「弦楽四重奏曲」のためのエチュード＝習作であり、二〇一五年にニューヨークでミヴォス・カルテットによって演奏された録音は三分四〇秒とごく短い。本人は「保守的な藝大の課題としては適していたんでしょう」と、このCDのブックレットで語っているが、確かに「リゲティやシュトックハウゼン、クセナキスが大活躍している時代」にしては控えめな作風で、アカデミックな発想から抜け出してはいないが、彼がまだ一〇代だったことを思えば、早熟さは歴然としている。

「ヴァイオリン・ソナタ」と同じ日に録音された「弦楽四重奏曲」（一九七一年作曲、翌七二年初演）について坂本龍一は、バルトーク、三善晃に加え、ウェーベルンと高橋悠治を影響源に挙げている。四楽章から成る作品だが、次の楽章に移るとまったく異なる曲調に変化する折衷主義的な曲で、「ひとつのスタイルできれいにまとめるなんてクソくらえ！」という「八方破りな気持ち」で作曲したというが、「学校の課題としての点数は低かった」（『Year Book 1971-1979』ブックレット）。

しかし、あらためてこの三曲を聴いてみると、わずか二年足らずのうちに凄まじく成長と変化を遂げたことがわかる。まるで「このタイプの作曲はもうやったので、さっさと次に向かおう」とでも言いたげな感じである。それだけに独創性に欠けるきらいもあるのだが、このごく短い期間に坂本龍一は、先行する偉大な作曲家たちの方法論や技法、メチエやテクネーを、ある程度以上、自在に参照／引用可能なものとして習得していったということだろう。それは鋭敏で聡明なひとりの「遅れてきた青年」として、現在に至る豊穣で複雑な音楽の歴史を早回しで学習してきた彼にとって、ほとんど必然的な成り行きだった。

学部生時代の「習作」の全てに影響が刻印されている三善晃のことを、坂本龍一は「日本の作曲家の中で、武満徹さんと並んでとくにすごい人だと尊敬していた」（『音楽は自由にする』）が、藝大入学以前から師事していた松本民之助のゼミに所属したため、三善の授業には一度しか出席できなかった。だが、その授業は彼に重要な示唆を与えた。三善に言われたことを坂本龍一は何度か語っている。

> 先生は「君は、形というものはどうやって認識できると思う？」と実存主義のような質問をしました。ぼくが埴谷雄高や吉本隆明で読んだようなことを答えると、「色彩がないと、認識できないんだ」という。色彩があって初めてフォルムが認識できると。つまり、婉曲なかたちでぼくの曲には色彩がないといわれたんですが、先生のおっしゃることには説得力があって、なるほどなあと思った。ぼくはすでにアカデミックな現代音楽とは別のものに魅力を感じていたけれど、三善先生が経てきたような厳密で論理的な鍛錬の向こう側には、それに見合う自由な世界があるのだろう、とも想像していました。（同前）

「色があることによって形が成立する。音楽で言うと音色の変化があって初めて音楽の形が見える」と坂本龍一は『Year Book 1971–1979』のブックレットでも述べている。三善晃が何を言わんとしたのか必ずしも定かではないが、「色彩」「音色」というこの問題意識は、坂本龍一の音楽の底流をその後も流れ続けることになる。

「西洋音楽＝現代音楽」への幻滅

『Year Book 1971–1979』で聴くことのできるクラシカルな編成の作品として、他に「分散・境界・砂」（一九七五年作曲、七六年初演／録音）と、藝大修了作品「反復と旋」（一九七六年作曲、テレビ番組『題名のない音楽会』で八四年に初演。録音もこの時のもの）がある。前者は、高橋アキ（高橋悠治の実妹）のピアノ・リサイタルのために書かれたものだ。

当時、坂本龍一は大学院に進んでいたが、雇われミュージシャンとしてあちこちの「現場」に出向く忙しい日々を送っていた。「分散・境界・砂」という曲名からして学部生時代とは一変しており、作風も大きく変化している。このタイトルは、ミシェル・フーコーへのオマージュである。「人間は、われわれの思考の考古学によってその日付けの新しさが容易に示されるような発明にすぎぬ。そしておそらくその終焉は間近いのだ。(…) 賭けてもいい、人間は波打ちぎわの砂の表情のように消滅するであろうと」という名高い掉尾（とうび）の言葉を持つ『言葉と物』（渡辺一民、佐々木明訳）の日本語訳は一九七四年に出版されていた。「分散・境界・砂」は、ピアノの内部奏法を多用し、ピアニスト自身によるテクストの朗読が交錯する前衛的な作品である。楽譜に書かれてあると思しきテクストの一部を以下、引用してみる。

作品が虚構の時間だとすれば、時間を表す言葉のさまざまなずれ
時代背景は明確に提示されていながらも、数量化する時間の符牒が比較的少ないので　ああいったい時間は
どうなってるんだろう？
（…）
私がここでこうしてピアノを弾いてるということは、どう成立しているのだろう？
（…）
作者とは誰？

ここには、後にいっそう明確になっていく、時間に対する彼の意識のありようが明確に見て取れるのだが、それだけでなく、「作者の死」を唱えたロラン・バルト、近代的な「主体」観に疑義を呈したミシェル・フーコーからの影響が、やはり感じられる。付言すれば、フランス現代思想を積極的に紹介する雑誌――『季刊パイデイア』（一九六八―七三年）、『エピステーメー』（一九七五―七九年）――は、当時すでに存在していた。実際、坂本龍一は「ちょうど読んでいたミシェル・フーコーなどの影響で現代の音楽はどうあるべきかという問題意識を持っていた最中なので、むしろ悩まずにすらすら書けてしまいました」「そのとき思っていることをどんどん音符にして、自分の中か

ら自然にあふれるものを音にしていった感じですね」などと語っている。だが、「同時にこの頃はもうピアノは完成されてどんな演奏もやり尽くされた楽器だという思いが強くなって」もいた（『Year Book 1971-1979』ブックレット）。

確かにジョン・ケージの「プリペアド・ピアノのためのソナタとインターリュード」（一九四六―四八年）から四半世紀が過ぎていたし、ピエール・ブーレーズやカールハインツ・シュトックハウゼンの超絶技巧を要するピアノ曲、高橋悠治が弾くクセナキスの超高難度のピアノ曲も存在していた。むしろ前衛的であろうとすればするほど、自分が「遅れてきた青年」であるという端的な事実を意識せざるを得なかった。そしてそれは、坂本龍一の才能不足によるものではなかった。それこそが、彼が藝大入学時に抱いていた「西洋音楽はもうデッドエンドだ、この先に発展はない」という認識の正しさの証明だったからだ。しかしそれでも、この時点での坂本龍一は、ロックやフォーク、その他の仕事はあくまでアルバイトであって、自分の本当の居場所は「現代音楽」――それが東京藝大を意味するのかどうかはともかく――だと考えていた。

だがしかし、すでに述べたように坂本龍一は「反復と旋」を修了作品として提出して東京藝大を出ることになった。すでにスタジオ・ミュージシャンとして仕事をしていた彼は、現代音楽というコミュニティからは距離を置くようになっていただけでなく、現代音楽のトレンドを取り入れようという意識もなかったという。「反復と旋」の録音は、『題名のない音楽会』の放送時間の都合で中間部の三二小節がカットされており完全版ではないのだが、けっしてつまらない曲ではない。

タイトルにある〝反復〟というのはリズム的な要素で、〝旋〟は〝旋法〟や〝旋律〟の〝旋〟。実際、リズム的な要素と旋律的な要素が交代で出てきている。ただその旋律は西洋音楽的な旋律ではなくて、ぼくが参考にしたのはネイティヴ・アメリカンのチャントなんです。その歌い方を参照しました。もう現代音楽の流行とかは関係なくなってますね。当時、こういうことをやっている人は現代音楽の世界にはいなかったと思う。

自分なりの技法で作っていて、この姿勢で作曲を続けていけば、ひょっとしてそれなりの変わった作曲家になっていたのかもしれない。そういう意味ではわりと面白い曲だと思います。

（『Year Book 1971-1979』ブックレット）

一九五二年一月二五日、坂本龍一から八日遅れて生まれたアメリカの作曲家ピーター・ガーランドは、ミニマル・ミュージックとネイティヴ・アメリカンの音楽を要素として併せ持つユニークな作風で知られているが、「ひょっとして」坂本龍一もガーランドのような作曲家になっていたのかもしれない。

だが、そうはならなかった。この時期を回想した幾つかの発言や記述から透けて見えてくるのは、若き坂本龍一が、おそらくは「西洋音楽＝現代音楽」に幻滅していたのだろうということである。繰り返すが、それは彼自身の才能の問題でもなければ、かといって「現代音楽」の「デッドエンド」のせいばかりでもなかった。要するにそれは、「坂本龍一」と「現代音楽」のマッチングの不具合、お互いにとって不幸なすれ違いによるものだったのだ。そしてそこには、ロックが、フォークが、ポップスが、ますます活況を呈し、才能溢れるミュージシャンが続々と出現していた七〇年代という時代の空気も当然ながら関係していた。

坂本龍一は、確かに東京藝術大学大学院を修了した。だが本人もはっきりと認めているように、彼はおそらくただの一度も「大学」という組織から何かを得ることはなかった。もちろん三善晃や小泉文夫のような例外はある。彼らへの尊敬の念を彼は繰り返し語っている。だがそれでもやはり、こう言わねばならない。彼は藝大を「解体」するために入学したものの、「解体」よりも有意義で愉快でスリリングなことが大学の外に溢れかえっていることにすぐさま気づき、やがて「解体」など綺麗さっぱり忘れて、颯爽とアカデミズムから立ち去ったのだと。そして彼は生涯、「大学」的なるものからは一定以上の距離を置いていた。明らかにそれは意識的な選択だったのだと私は思う。だから彼がのちに、いや、もうまもなく「教授」と呼ばれることになるのは、まったくもって運命の悪戯というか、ほとんど皮肉というべきである。このニックネームをつけられた時、本人は内心苦笑いだったのではないか。しかし、その時はすぐにやってくる。

山下達郎、細野晴臣、矢野顕子との出会い

一九七七年三月、坂本龍一は東京藝大大学院修士課程を修了した。イエロー・マジック・オーケストラのファースト・アルバムがリリースされるのは一九七八年一一月二五日なので、このあと二

年足らずで彼の人生は激変することになる。だが、そこに至るまでにも、濃密な日々がめまぐるしく展開していた。

ＹＭＯの『イエロー・マジック・オーケストラ』の発売一カ月前に当たる一九七八年一〇月二五日、坂本龍一は『千のナイフ』をリリースした。記念すべきファースト・ソロ・アルバムだが、必ずしも「満を持して」というわけではなかった。このアルバムは何度か再発売されているが、二〇一六年に最新リマスターＳＡＣＤとしてリイシューされた際、坂本龍一はそのブックレットに談話を寄せている。

『千のナイフ』という最初のソロアルバムを作ろうと思った1978年頃は、それまでの2年間をスタジオ・ミュージシャンとしての仕事に忙殺され続けて、精神的に非常に消耗していた時期です。毎日深夜まであちこちのスタジオをかけもちし、それから朝までお酒を飲む。そんな毎日を続けているうちに、このあたりで自分自身の音楽をちゃんと作ろうという思いが強くなっていった。

（『千のナイフ』という乱暴」）

実際、この頃の坂本龍一は多忙を極めていた。少し時間を巻き戻すと、彼が「スタジオ・ミュージシャン」となるきっかけを作った友部正人との新宿ゴールデン街での出会いが一九七四年の一一月、二二歳、大学院修士一年の時だった。レコーディングに参加した友部のアルバム『誰もぼくの絵を描けないだろう』のリリースが翌七五年三月。坂本龍一は、ピアニストとして全面的に参加している（初のスタジオでの仕事だった）が、そのうちの一曲「ひとり部屋に居て」は『Year Book 1971-1979』にも収録されている。本人曰く「いまこのアルバムを聴き直すとピアノが下手で、どれも曲にあってない。恥ずかしい。その中でこの曲はなんとか許せるかなと選びました（笑）」（『Year Book 1971-1979』ブックレット）とのことだが、彼のピアノは友部には好評だった。坂本龍一は友部のツアーに随行して全国を回った。

前年の春に大学院に進学したが、スタジオとライブの両方でミュージシャン仕事は増えるばかりだった。高田渡や山本コウタローらによる武蔵野タンポポ団、あとで触れる六文銭の及川恒平などフォーク系の人々、長い付き合いとなる大貫妙子と山下達郎がいたシュガーベイブとは同世代ということもあって、すぐに親しくなった。山下の紹介で大瀧詠一とも知り合い、大瀧・山下・伊藤銀次の三名による『NIAGARA TRIANGLE Vol. 1』のレコーディングに参加、全一〇曲中九曲でピアノ他を演奏している。『Year Book 1971-1979』には山下作の「Parade」が再録されている。イントロのピアノは、山下達郎に請われて即興で弾いたもので、前掲ブックレットで彼は、「よく指が回っていますね、いまはとてもこんな弾き方はできない」とコメントしている。のちにこの曲は、「DOWN TOWN」とのカップリングで山下名義のシングルとしてリリースされ、更に一九九四年には人気テレビ番組『ポンキッキーズ』の主題歌として再リリースされ大ヒットした。

『NIAGARA TRIANGLE Vol. 1』のレコーディング時に坂本龍一は、プレイヤーとして参加していた細野晴臣と初めて出会った。大瀧、細野と同じく元はっぴいえんど（坂本龍一がその存在を知ったのは解散後だったという）の鈴木茂とは、その前から付き合いがあり、ブラック・ミュージックなどを教わっていたという。

坂本龍一は、山下達郎や細野晴臣の非凡で洗練された音楽センスが、アカデミックな音楽教育と無関係だということに驚きを禁じ得なかった。二人の音楽を聴いた時、彼は自分と同じようにドビュッシーやラヴェルなどのフランスの作曲家、あるいはストラヴィンスキーなどから学んでいるものとばかり思ったが、まったくそうではなかった。山下達郎は「耳と記憶」で、つまり独学で、そうした音楽センスを身につけていた。

山下くんの場合はアメリカン・ポップスから、音楽理論的なものの大半を吸収していたんだと思います。そして、そうやって身についたものが、理論的にも非常に正確なんですよ。彼がもし違う道を選んで、仮に現代音楽をやったりしていたら、かなり面白い作曲家になっていたんじゃないかと思います。

（『音楽は自由にする』）

坂本龍一が、細野晴臣の音楽から聴き取った偉大な作曲家たちからの影響を、細野は実際には受けておらず、聴いたことさえほとんどなかった。このことは、彼にとって驚愕の事実以外の何ものでもなかった。クラシックや現代音楽を知らずとも、ポップスやロックを大量に聴いてきただけで、高度な作曲技法を体得してしまった山下や細野に、坂本龍一は畏敬の念を抱いた。

一九七六年には、シュガー・ベイブ解散後にソロとなった大貫妙子のファースト・アルバム『Grey Skies』に演奏と編曲で参加（その後の作品にも継続的にかかわっていく）、同年五月には細野晴臣が横浜中華街の同發新館で行ったライブに出演し、矢野顕子と初共演している。

もう一人、同じような驚きを感じたのが矢野顕子さんです。彼女の音楽を聴いたときも、高度な理論を知った上でああいう音楽をやっているんだろうと思ったのに、訊いてみると、やっぱり理論なんて全然知らない。

つまり、ぼくが系統立ててつかんできた言語と、彼らが独学で得た言語というのは、ほとんど同じ言葉だったんです。勉強の仕方は違っていても。だから、ぼくらは出会ったときには、もう最初から、同じ言葉でしゃべることができた。これはすごいぞと思いました。（同前）

坂本龍一が次々と出会った天才肌のミュージシャンたちは、彼に一種の天啓を与えた。自分が長い時間をかけて蓄積してきた、アカデミックな音楽教育に基づく理論や教養、音楽の創造と実践のための「言語＝言葉」を、山下達郎や細野晴臣、矢野顕子が自身の「耳」を通して体験的に習得しているさまを目の当たりにして、彼はショックを受けた。彼らに比べたら自分は単なる秀才に過ぎない、そう思ったかもしれない。だが、だとしたらそれは間違っていた。坂本龍一は自分のことを「秀才」だと思い込んでいる「天才」だったのだ。ある意味でアカデミズムは、彼の才能が自由に羽ばたくことを妨げる重しとして機能していたとさえ考えられる。その重しはこの後、彼自身も気づかないうちにいつのまにか取り外され、どこかに消えてしまうことになるだろう。だが彼が、ある種の学究肌というか、非常に好奇心旺盛で、音楽のみならず、何ごとかにひとたび関心を抱くと、それについて全てを知り何もかも理解しようとひたすら没頭するタイプであったことは確かである。それは「大学」とも関係なくはないだろう。

「教授」と呼ばれる前の坂本龍一のあだ名は「アブ」だった。『Year Book 1971-1979』のブックレットに、細野晴臣が「ぼくが知っている、坂本龍一の1970年代。若き〝アブ〟から〝教授〟への変身を追って」という談話を寄せている。細野はこう語っている。「記録によると大瀧詠一のスタジオでの録音の『ナイアガラ・トライアングル Vol.1』(76)に入っている「FUSSA STRUT Part-1」が初めての共演だったらしいが、そのときの印象はなによりも当時の坂本くんの風貌だ。ぼさぼさの長髪で無精ヒゲの、まさに中央線沿線にいそうな感じ」。

初めてちゃんと彼の音楽面が印象に残ったのは、彼がアレンジを担当した大貫妙子のファースト・アルバム『グレイ・スカイズ』(76)にぼくが参加したときのこと。あの頃もうすでにニューヨーク的なフュージョンの要素があって、すごく際立ったアレンジだった。

このアレンジはなかなかすごいなと感じて、それから彼の存在を意識しはじめた。中華街でのぼくのコンサートの演奏に参加してもらったのも、そのことがあったから。

そして坂本くんのことをさらにすごいなと認識したのは、あんなむさ苦しい格好をしているにもかかわらず、彼が非常に女性から人気があったこと。こんなに汚いのにどこが魅力なんだろうと女の人に訊くと「眼がいい」と言う。そうか、ならばぼくもちょっと一目置いておこうと思った(笑)。みんなが〝アブ〟と呼んでいたので、ぼくもそう呼んでいた頃です。

(「ぼくが知っている、坂本龍一の1970年代。若き〝アブ〟から〝教授〟への変身を追って」)

〝アブ〟の由来については、吉村栄一『坂本龍一　音楽の歴史』に次のように述べられている。「当時の坂本龍一の外見はむさくるしい長髪に、無精髭(ぶしょうひげ)。煮染(にし)めたようなジーンズに冬でも素足にゴムサンダル」「水島新司の野球漫画『あぶさん』の主人公も（初期の頃は）同じくむさくるしいキャラクターで、いつのまにか坂本龍一のあだ名はアブになっていた」（酒の「アブサン」という説もある）。

ＹＭＯ以前、「教授」以前の彼は、風貌もまったく違っていたのだ。

だが、細野と出会ってわずか二年後、坂本龍一はデザイナーズブランドに身を包んだ、クールでスタイリッシュな「教授」になっている。この華麗なる変身の立役者は高橋幸宏なのだが、その話はもう少し後ですることにしたい。

ドラマー兼シンガーとして当時引っ張りだこだった、つのだ☆ひろにも気に入られ、幾つものレコーディングやライブに参加、そのうちの一枚だった浅川マキのアルバム『灯ともし頃』がきっかけで、浅川のプロデューサーだった寺本幸司(ゆきじ)が同時期に手がけていた「私は泣いています」で大ヒットを放って間もないりりィのバック・バンド、バイバイ・セッション・バンドに加入し（坂本龍一にとってこれが最初の「バンド」である）、プレイヤーとしてのみならず、アレンジャーとしても才能を発揮し、そこからまた仕事が広がっていった。演劇関連の仕事も続けており、ＮＨＫ-ＦＭのラジオドラマの音楽も担当するようになっていた。大学に行く暇などあるわけがなかった。

アヴァンギャルドという第三項

一九七〇年代半ばは日本のポップスが本格的に芽吹いた時期である。七三年一〇月に始まったオイル・ショックから脱し、時代は高度経済成長期から安定成長期に入っていた。世相は明るさを増し、若者の生活も豊かになっていった。風呂なし三畳一間での同棲を歌ったかぐや姫の「神田川」「赤ちょうちん」と、今で言うシティポップの嚆矢というべきシュガー・ベイブの「DOWN TOWN」は一年ほどしか離れていない。フォークソングから日本語ロックへ、そしてより多種多様なポップ・ミュージックへと、社会状況の急激な変化とともに音楽も「進化のビッグバン」を迎えつつあった。坂本龍一はその「爆発」の渦中を生きていた。彼のピアノは、ジャンルを超えたさまざまなサウンドの中で変幻自在に鳴り響いていった。

このこと自体は、同時代を生きた坂本龍一と近い世代のミュージシャンにとっても同じ条件であったかもしれない。だが彼にはアカデミズムという、余人にはないバックボーンがあった。それだけではない。ポピュラー、アカデミックに加え、坂本龍一にはアヴァンギャルドという第三項が存在していた。

友部正人と知り合った新宿ゴールデン街で、坂本龍一はもうひとり、友部とはまったく異なるタイプの知己を得ていた。竹田賢一である。竹田は一九四八年生まれなので、坂本龍一より四歳年上、前衛音楽や実験音楽、即興演奏の評論家、紹介者、オーガナイザーとして登場し、フリー・インプロヴィゼーションのバイブル、デレク・ベイリーの『インプロヴィゼーション――即興演奏の彼方へ』の翻訳者に名を連ね、アンプリファイされた大正琴を手に自ら演奏を行い、反ポップ・バンドA-Musikを結成、現在も真の意味で闘争的というべき音楽活動を継続している。坂本龍一は竹田賢一と音楽的・思想的に共鳴し、竹田を通じて知り合った先鋭的なジャズ評論家の間章（一九七八年一二月に三二歳の若さで急逝）らも加えて「学習団」という運動体を結成、一九七四年から七六年にかけて数回のイベントを行っている。間章が企画したライブにも坂本龍一は何度か出演しており、間が世を去る三カ月前の七八年九月九日には、二九歳で夭折した天才サックス奏者の阿部薫とも共演している（今のところその録音は発見されていない）。

竹田賢一の著作集『地表に蠢く音楽ども』（二〇一二年）に、「〈学習団〉1・20総括」と題された二つのテクストが再録されているが、それらを読むと「学習団」の活動は音楽や芸術に留まらない、文化と政治の交点を理論的かつ実践的（実戦的）に追求する、極めてラディカルなものであったことがわかる。だが彼らにとって、それはあくまでも「音楽」を革新するための運動であった。

竹田は「〈学習団〉1・20総括（その一）」の冒頭で「この〈総括〉は学習団として討議されたものではなく、一応竹田賢一の私的な備忘録という建て前をとる」と断っているが、「一応」「建て前」とあるように、そこで示される理念は坂本龍一も共有していたものと思われる。「学習団」というネーミングの由来について、竹田は毛沢東の次の文章を引用する。

書物を読むことは学習であるが、使うことも学習であり、しかも、それはいっそう重要な学習である。音楽によって音楽を学ぶ――これがわれわれの主要な方法である。学校にゆく機会のなかった人でも、やはり音楽を学ぶことができる、つまり音楽のなかで学ぶのである。音楽の革命は民衆のやることであって、先に学んでからやるのではなく、やり始めてから学ぶのが常であり、やることが学ぶことである。

（毛沢東『中国革命戦争の戦略問題』〔翻訳者記載なし、原文の「戦争」が「音楽」に改変されている〕）

その上で、竹田は次のように記す。

ぼくたちの行動あるいは漠然とした組織を〈学習団〉と名づけたのは、文字どおり、ぼくたちの音楽の変革に、そして音楽を透視して把握しようとする社会（世界）の変革に要求される理論を学ぶためである。しかし、それはぼくたちの耳や目や手や、いうなれば六感すべてによって実際に確かめうるところから始められなければならない、という認識も前提として存在していた。革命がマルクスの文献の上にあるのではなく、銃を取った大衆の喜びや苦しみの中にあるように、音楽の変革も楽典やグラフィック・スコアの上にではなく、音を出したりその音を聞く人間の営為の裡（うち）にあるのだから。

（『地表に蠢く音楽ども』）

坂本龍一は東京藝大に在籍してクラシック、現代音楽の作曲理論／技法を修め、プロのミュージシャンとしてジャンルを超えた数々の現場で腕をふるいつつ、並行して竹田賢一らとこのようなアンダーグラウンドな活動も行っていた。全方位という形容では到底収まらないほどの多面体である。異常なエネルギーと言ってもいいだろう。そこには商業的な音楽業界（音楽の商業性）に染まっていくことへの意識的／無意識的な抵抗や、一種のバランス感覚が宿っていたと見ることもできるかもしれない。だが、ここで言っておきたいのは、坂本龍一がこれらの活動すべてにおいて、後に繋がるポジティヴな結果を出していったということである。彼は決して、いわゆる器用貧乏ではなかった。彼の過剰とも思える多面性は、彼の旺盛な好奇心と、それに見合う、しばしばそれを超えるほどの才覚と能力の結果だった。いうなれば坂本龍一は「あれもこれも」の人ではなく、常に「あれやこれ、だけではない」と言外に述べているような音楽家だった。そしてそれは、その後も半世紀にわたって継続したのである。

『坂本龍一　音楽の歴史』で彼は、「学習団」のメンバーと多様な話をしたと述懐している。それこそ『毛沢東語録』を俎上に載せることもあれば、音楽を「消費の対象」とするのではなく「人民の元」へと返すために、労働者のために工場へ赴いて演奏することが話題になったこともある。だが、実際の行動よりは議論が活動のメインだったことは否めない。「学習団」は一九七五年四月二八日に西荻窪ロフトで、「音と映像と朗読の儀式空間〝君が代〟」という最初の大規模な「学習会」を開催した。そこで坂本龍一は「君が代」をピアノで弾いた。彼はその後もこの「日本国歌」を、さまざまな機会に演奏、いや、批判的に変奏していくことになる。

実は坂本龍一の名前が冠されたレコード作品は『千のナイフ』が最初ではない。「学習団」の活動の一環として、「音と映像と朗読の儀式空間〝君が代〟」にも出演していたパーカッショニストの土取利行（つちとりとしゆき）とのデュオ・アルバム『ディスアポイントメント－ハテルマ（Disappointment-Hateruma）』（コジマ録音）を、竹田賢一とコジマ録音のエンジニア小島幸雄の共同プロデュースでリリースしている。一九七六年一月のことである（レコーディングは一九七五年の夏）。五〇〇枚の限定プレスのLPだったが、その後CDでリイシューされている。全四曲、トータル四五分強のアルバムで、全編が鍵盤と打楽器と声による（ほぼ）即興演奏である。『地表に蠢く音楽ども』に再録されている竹田賢一のライナーノートによると、タイトルの「ディスアポイントメント」とは、オーストラリアのギブソン砂漠にある「湖とはいえ雨季を除いて水はなく白い塩が視界を埋める「絶望の湖」」のことであり、「ハテルマ」とは波照間島、「沖縄がアメリカの占領統治から日本に返還されて以来、人が住む日本の最南端の島」のことである。

なんとなく明るい印象を与える名前の波照間島の、赤道を挟んでほぼ対称の位置に、まるで、対照的なディスアポイントメント湖。
北回帰線から南回帰線まで、希望から絶望まで、汗が飛び散る生音の応酬から飛び交う電子が微熱を発する合成音まで。土取利行と坂本龍一という、性格や資質はまったく違いながら、才能と意志がまさに開花しようとして一瞬交差した総延長が、『ディスアポイントメント-ハテルマ』の距離。

（『地表に蠢く音楽ども』）

沖縄がアメリカから日本に返還されたのは一九七二年五月、レコーディングの約三年前である。『ディスアポイントメント-ハテルマ』の録音は新宿の御苑スタジオで行われたので、ディスアポイントメント湖も波照間島も、いわば仮想上のトポスでしかない（竹田賢一はこの作品のモチベーションは「南」への関心だったと前掲書で述べている）。竹田にとって、そして坂本龍一と土取利行にとって重要だったのは、両者のあいだに置かれた「―」という記号が孕み持つ「距離」であったのかもしれない。このアルバムには坂本龍一もライナーを寄せているが、そこにはこうある。「音楽という語が、現在それの周りに遍在させている様々な機能の再検討。個の同一性を前提としながら、自己のイメージを現実化していくのでなく、現実という制度が自己のイメージを組織しているということを対象化していく様々なアプローチが、新たに「制作」と呼ばれるものになり変る」。難解な表現だが、「個の同一性を前提」とする態度は、近代的「主体」を前提とする態度に通じるところがあるだろう。新しい「〈制作〉」は、こうした「個」を起点とするのでなく、「現実という制度」を起点とする自己の組織化を対象化することに始まることが宣せられている。そして、この後にミシェル・フーコーの『知の考古学』からの引用が（またもや！）置かれている。

最初のアルバム、『千のナイフ』

ひとりの人間とは到底思えない八面六臂の活躍、だがそれは明らかに過剰労働であった。いくら若かったとはいえ、体力的にも相当きつかったはずである。大学には行っていなかった。「学習団」とは主義主張のレベルで共振していた。辛かったのは、やはりミュージシャン仕事だった。

ちょっとした仕事に呼ばれて、出かけて行って、適当にこなす。まさに日雇い労働者みたいなものでした。そんなふうに、日々頼まれて書いたり弾いたりする音楽と、小さいころから少しずつ身につけてきた、クラシックを軸にした自分の音楽の世界との間には、やはり断絶というか、矛盾がありました。

（『音楽は自由にする』）

このあたりの葛藤を、彼はこの時期、ずっと感じていたのだろう。現代音楽の作曲家として、たとえ「日本中で数百人しかいない」聴衆を相手にしていたとしても、それなりにやり甲斐のある人生と、ギャランティ以外にもたくさんの得るものがあるが、若き日の時間をどんどん食いつぶされていく「日雇い」ミュージシャンの生活とのあいだで、引き裂かれていたのだ。

それでも彼は、ＹＭＯが結成されるまでの二年間ほど、「日雇い」ミュージシャンを続けた。その手の仕事は、さほど手間をかけずに収入が得られたからだ。当時は「ニヒリスティックに、半ば自暴自棄になって」いたにもかかわらず、「自分を未決定な状態に、宙づりにしておいたのは、何かの予感があってのことだったかもしれ」ない、いずれ「自分にふさわしい生き方が見つかる、天啓みたいなものがある、そんな気がしていた」と、その頃のことを振り返っている（同前）。

こうした中で、「坂本龍一」の最初のアルバム『千のナイフ』が誕生した。「日雇い」ミュージシャンとして深夜まで仕事をした後、コロンビア・レコードの小部屋に自分の機材を持ち込んでレコーディングするという、「ネズミのような暮らしを何カ月も続けて世に出した作品」だった。これだけシビアな状況にあってもなお、坂本龍一をアルバム制作へと衝き動かしたものは一体何だったのか。「それはやはり「ニヒルな日雇い労働」の消耗からの回復を希求していた」からだった（同前）。

『千のナイフ』二〇一六年版のブックレットには、リリース元の日本コロンビアの担当ディレクターだった斎藤有弘（ともひろ）による回想録が掲載されている（聞き手と構成は吉村栄一）。それによると、斎藤と坂本龍一との出会いは、日本コロムビアのクラシック部門からリリースされた高橋悠治の『ぼくは12歳』（一九七七年リリース。一二歳で自死した少年、岡真史（おかまさふみ）が遺した詩に高橋がメロディをつけ、中山千夏（ちなつ）が歌ったアルバム）のレコーディングを見学に来た時だったという。当時、斎藤はイギリスのヴァージン・レーベルを担当していた。ヴァージンは一九七二年に設立された新興レーベルで、世界的に大ヒットしたマイク・オールドフィールドのデビュー作『チューブラー・ベルズ』（一九七三年）をはじめ、ドイツのファウストやタンジェリン・ドリーム、英国のヘンリー・カウなど、先鋭的・前衛的なバンドのアルバムを続々とリリースしており、それらの日本盤は日本コロンビアから発売されていた。ヴァージンのリリースを坂本龍一が聴き込んでいることを知った斎藤は、知識豊富なこの青年にヴァージンのレコードの解説を依頼した。

タンジェリン・ドリームのキーボード奏者ピーター・バウマンの『ロマンス'76』（日本盤リリースは一九七七年。バウマンのファースト・ソロ・アルバムで、この直後にバンドを脱退する。J・ディラ［Jay Dee］が度々サンプリングしたことでも有名）のライナーノートの冒頭で坂本龍一は、音楽とは「日常とは異なる時空への旅（トリップ）」であり、そうしたトリップを遂行する個の感性は「知的作業」

をも含む「知性」だと述べている。その上で、そのような知性は、アマゾン奥地のインディオ、日本政府に同化を押しつけられる以前のアイヌ、「その他の静かで優しく摂理に同化して生きることを学びとっていたであろう民族の共同体的知の中には確かに存在していた」はずだが、デカルトに始まる「西洋近代的（…）「知的」な方法論」に取って代わられ、やがてはそれが「一つの世界観」となってしまい、「全体主義的管理社会」を招来する可能性を高めると同時に、地球全体の自然を破壊するような社会を作り出してしまったと論じている（『ロマンス'76』解説）。

たしかにヨーロッパ近代の「知」は、中でも科学は、種々の現象を要素に分解して理解しようとする。当時から彼は、そうしたものに批判的な視座を持っていたのみならず、アイヌやインディオなど、周縁へ追いやられた人々や文化にも目を向けていたことがわかるだろう。

アルバム『ロマンス'76』についての解説は、ライナー後半に書かれてある。「この様にプログレッシヴ・ロックと呼ばれるものの中の一部の音楽が第三世界の文化的な要素にも相通じるものとなってきているのは、やはり冒頭に述べた非西洋近代的な知性を志向するという側面と切り離すことができないのではないか。そしてロックが第三世界的なものと浸透していくという側面はやはりあの60年代のハード・ロックがインド音楽等に触発された時期に発するし、もっとさかのぼれば、ロックンロール自体、白人的なものと、ラテン的なもののアメリカ的融合であるといえるかもしれない」。これは坂本龍一自身の当時の関心の所在と問題意識を示すものでもあるだろう。坂本龍一は、ロクに行かなかった東京藝大で小泉文夫の講義にだけは熱心に出席していた。「非西洋近代」と「第三世界」への志向には、小泉からの影響が窺える。「社会の悪」への強い批判意識がはっきりと刻まれているのも印象的だ。

傑作『海や山の神様たち』への参加

注目すべきは「迫害され同化を余儀なくされる以前のアイヌ」（同前）という記述である。これに先立つ一九七五年、坂本龍一は六文銭の及川恒平が構成を手がけた企画盤『海や山の神様たち――ここでも今でもない話――』に参加している。

このアルバムは、北海道出身の及川がアイヌ文化をテーマに制作したもので、全曲の作詞を及川が、作曲を坂本龍一が、編曲を山下達郎が手がけている。歌は少年少女合唱団みずうみ、シュガー・ベイブもコーラスで参加している。坂本龍一は及川と面識があったが、彼が起用されたのは、藝大で小泉文夫に学んでいることも関係していたかもしれない。『Year Book 1971-1979』には、「星のある川（リコップオマナイ）」が収録されている。

> 当時はまだアイヌ音楽のレコードはほぼ無いにひとしくて、それを参照はできなかった。それよりも、こどもが歌うというならメロディーがきれいなものがいい、スタイリスティック的な曲にしようと思って書いた憶えがあります。この前の年くらいに鈴木茂にブラック・ミュージックをいろいろ紹介してもらって、こんな世界があるんだ！　おもしろいなあと、勉強と趣味をかねてソウルやファンクにどっぷりとつかってい

ました。いまだったらアイヌ音楽の知識もあるので、ずいぶんちがったものを作るでしょうね。

（『Year Book 1971-1979』ブックレット）

確かにアイヌ音楽の要素は皆無と言っていいが、このアルバムは傑作である。スタイリスティックス的と言われると、なるほどと思う、ソウルやゴスペルからの影響を、あからさまにではなく感じさせる魅力的なメロディ・ラインは、坂本龍一がのちに手がける歌謡曲～Jポップの楽曲を予告している。山下達郎の流麗なアレンジも素晴らしい。時代的な制約もあってアイヌの音楽を参照できなかったのは致し方なかったのかもしれないが、しかし坂本龍一は、一方でその時の自分の音楽的関心に即した、取りようによっては音楽家の身勝手なエゴとも謗られかねない——実際にそのような批判の声がこの時期の彼の仕事に向けられることもあった——仕事をしつつも、もう一方でアイヌの人々に対する共感の意識はしかと持ち合わせていた。ピーター・バウマンのアルバムの解説文にアイヌへの言及がいささか唐突に記されるのは、この時のことが記憶にあったからなのかもしれない。

『海や山の神様たち』はビクター音楽産業の学芸部からリリースされたが、この仕事が縁となって、坂本龍一は翌年（一九七六年）、ビクターの同じ部署から出た富岡多恵子のアルバム『物語のようにふるさとは遠い』では全曲の作曲と編曲を手がけ、ピアノ、キーボード、ドラム、パーカッション、ヴィブラフォンなど多数の楽器を演奏している（作詞はもちろん富岡自身）。偶然にも富岡は、坂本龍一の母、敬子の大阪女子大の同窓生で、友人関係にあった。だが、このアルバムの制作時点では、富岡も彼も、そのことをまったく知らなかったという。詩人で小説家の富岡にとって唯一の歌唱アルバムとなった同作からは「中折帽子をかむったお父さん」が『Year Book 1971-1979』に再録されている。プロのシンガーとはまったく違う富岡の情念に満ちた歌唱が強烈な印象を与えるが、瀟洒（しょうしゃ）で華麗なバック・サウンドとブルース的な旋律が独自のバランス感覚で融合しており、音楽的なクオリティは極めて高い。ちなみに富岡多恵子は、坂本龍一の死が公表されて間もない二〇二三年の四月八日に亡くなっている。

『物語のようにふるさとは遠い』がリリースされたのと同じ年に、坂本龍一はこの作品とはまた異なるタイプの、だが同じくらい異色作と言うべきアルバムに参加している。フォークシンガーの三上寛（みかみかん）がプロデュース（中島貞夫と共同）した『ピラニア軍団』である。ピラニア軍団は東映京都撮影所で、脇役、端役、特に悪役を演じていた無名の大部屋俳優たち——川谷拓三、小林稔侍（ねんじ）、室田日出男など——が結成した集団で、三上は彼らにシンパシーを抱いてアルバムを制作した。作詞作曲は三上だが、坂本龍一は約半数の曲でアレンジを担当、そのうちの一曲で志賀勝が歌う「役者稼業」を『Year Book 1971-1979』で聴くことができる。アルバムのレコーディングには、林立夫（たつお）やかしぶち哲郎、伊藤銀次、村上〝ポンタ〟秀一、浜口茂外也（もとや）など、そうそうたる顔ぶれが参加している。三上が書いたメロディはそれだけ聴けば演歌のように思えるところもあるが、坂本龍一の編曲はジャジーで洒脱、小気味好くも音楽的アイデアに富んだもので、演奏メンバーのソロも聴きどころが多い。

『海や山の神様たち』『物語のようにふるさとは遠い』『ピラニア軍団』と、ごく短い期間に坂本龍一が参加したアルバムはいずれも秀抜な仕上がりであり、いま聴き直しても多くの発見に満ちているが、先にも述べたように、雇われ仕事に乗じて自分の好き勝手をやっているというきらいもなくはなかった。本人も『Year Book 1971-1979』のブックレットでこう述べている。

当時は〝ピラニア軍団〟という名前も存在も知らなかったし、こわそうな人たちだし、どう編曲していいのかわからなかった気もしますけど、でも、聴くとやはり悩んでないですね(笑)。富岡さんのときとも似て、基本的に歌や歌詞のことはまったく考えてないことがよくわかります。大貫妙子さんや矢野顕子さんのアレンジをやるようになってから、いつもいつも「歌を本当に聴いてないわね」と怒られることになるんですけど(笑)、これもそう。歌を完全に無視して、ソウルなサウンドを作りたいからこうしましたっていうのがわかります。

その作品が前提として求めている方向性をほとんど無視して、とにかく自分自身の音楽性の変容と拡張を実験し追究しようとする、発注元からすればいささか困りものであったろうこのようなスタンスは、なかば無意識のものだったのだろうが、時には多少の問題を惹き起こしながらも、結果としてできあがった音楽の斬新さによって、ことごとく「あり」になっていったのだった。

『千のナイフ』に注ぎ込んだ三三九時間

ここでようやく話を『千のナイフ』への道程に戻す。その後、斎藤有弘が制作した渡辺香津美(かずみ)のアルバム『オリーブス・ステップ』のレコーディングに参加していたつのだ☆ひろの推薦で、坂本龍一がキーボード奏者としてやってきた。斎藤はこう述べている。「『オリーブス・ステップ』での彼の演奏はすばらしく、渡辺香津美というギタリストのこれまでの成果と、未来を切り開く両側面を十分にアピールし、その後の音楽シーンを予兆させるものになったと思います。そして、後の「坂本龍一+渡辺香津美」のコラボレーションの先駆けになったという意味でも意義が大きかったのではないでしょうか?」(『千のナイフ』二〇一六年版ブックレット)。周知の通り、渡辺香津美はYMOに重大な貢献を果たすことになる。

このレコーディングの時、坂本龍一は斎藤にソロ・アルバムを作ってみたいと漏らした。乗り気になった斎藤は会社に掛け合って、昼間はトラックダウンに使われているコロンビアの第4スタジオという小さなブースを、夜の間だけ、若きミュージシャンのアルバム作りのために自由に使わせることにした。「しかし、この後、第4スタジオが大変な時間を坂本龍一に占有されてしまうことになるとは露ほどにも予感していませんでした(笑)」(同前)。結果として一九七八年の四月から七月までの丸三カ月以上、なんと三三九時間をレコーディングに費やした。坂本龍一は日中は「日雇い」をしていたのだから、作業が出来るのは夜だけである。一体いつ寝ていたのだろうか?

その時点では、ではどういう音楽を作りたいのかという明確なヴィジョンというものはなかった。ただ、なんとなく「ダス・ノイエ・ヤパニッシェ・エレクトロニッシェ・フォルクスリート」のような方向性は考えていたと思います。

当時すでにクラフトワークが好きで、ああいう音楽とぼくのルーツである現代音楽などを融合することができないかと考えていたんじゃないかな。

いまでもそうですが、ぼくはいつもいろいろなジャンルの音楽を同時並行的に聴いているし、好きなので、その時点で興味のある音楽の要素をそのときどきに作るものにすべて注ぎ込む傾向があります。

このときは、レゲエ的、あるいは日本的な田植え歌のような腰が落ちているリズムに、コンピューターによる打ち込みのリズムとシンセサイザーのオーケストレーションを融合させたらおもしろいものができるんじゃないかと考えていたと思う。

なので統一されたコンセプチャルな音楽というよりも、自分が興味を持ついろいろな音楽の要素をときに20%ずつ、あるいはこの要素が10%で、あの要素が17%ずつといったふうに入れ込んでいったんでしょう。

（「『千のナイフ』という乱暴」）

「ダス・ノイエ・ヤパニッシェ・エレクトロニッシェ・フォルクスリート（DAS NEUE JAPANISCHE ELEKTRONISCHE VOLKSLIED）」とは、『千のナイフ』B面最初の曲名である。ここで語られている一種の折衷主義——ポストモダン的手法と呼んでもいい——は、のちのアルバムでより一層過激に展開されていくことになるのだが、すでに『千のナイフ』にはその萌芽がはっきりと現れている。

それでは『千のナイフ』を聴いてみよう。

「THOUSAND KNIVES」と「ISLAND OF WOODS」

一曲目はアルバム・タイトル曲「THOUSAND KNIVES」。曲名はベルギーの画家・詩人アンリ・ミショーの詩集『みじめな奇蹟』の冒頭の一節より。曲の始まりは、毛沢東の詩を収録したレコードの（今で言う）サンプリングで、「水調歌頭　重上井岡山（水調歌頭・ふたたび井岡山に登る）」という詩の朗読をヴォコーダーに通したもの。一九二七年一〇月、毛沢東は自ら率いる蜂起軍（ゲリラ）とともに井岡山に辿り着き、農村革命の根拠地を立ち上げた（このことから井岡山は「武装闘争発祥の地」と呼ばれている）。それから三八年後の一九六五年、文化大革命を目前に毛は井岡山に再び登り、この詩を著した。変調されて何を言っているのかよくわからなくなっているが、「学習団」といい、この頃の坂本龍一の毛沢東思想へのシンパシーは非常に強いものがあったということだろう。続いて電子ドラムの軽快なリズムが現れ、大正琴（！）を模したシンセサイザーによる、中国風と言ってもよいオリエンタルな旋律が流れ出す。「坂本龍一の音楽」はこの時点ですでに完成していたと思えるキャッチーでオリジナリティ溢れる曲である。後半の主役は渡辺香津美の長いギター・ソロで、愛用のALEMBICのギターを弾きまくっており、ディレクター斎藤有弘は喝采したことだろう。

この曲について坂本龍一は、レゲエ、賛美歌、そしてハービー・ハンコックの「スピーク・ライク・ア・チャイルド」に影響されたと語っている。ニューヨークのバー「ＨＡＬＬ」の店内ＢＧＭのために彼が二〇一八年に選曲した全八九曲のプレイリストでも、一曲目のマイルス・デイビス「ラウンド・アバウト・ミッドナイト」に続きハンコックの「スピーク・ライク・ア・チャイルド」と「ライオット」（共にアルバム『スピーク・ライク・ア・チャイルド』に収録）を選んでおり、オールタイム・フェイバリットだったのだろう（どちらかといえば「ライオット」の方が「THOUSAND KNIVES」に近い気もする）。この曲は、ＹＭＯのアルバム『ＢＧＭ』（一九八一年）でセルフ・カヴァーされているほか、その後もさまざまなアレンジで繰り返し演奏されてゆくこととなる。

二曲目「ISLAND OF WOODS」は、「擬似フィールド・レコーディング」あるいは「ヴァーチャル南島音楽」の実験作である。「THOUSAND KNIVES」ではシン・ドラムを叩いていた浜口茂外也によるブラジリアン・バード・ホイッスルの他は、坂本龍一が全ての音作りを行っている。鳥の囀り（さえず）や猿の鳴き声など熱帯林的な音響を電子楽器でシミュレートしており、どこか強迫的で荘厳なメロディがシンセサイザーで奏でられる。自然音・具体音への強い関心が窺える楽曲だが、実際にはフィールド・レコーディングは使用されておらず、あらゆるサウンドが電子音によって人工的に再現されている。

言及しておくべきは、細野晴臣の「トロピカル三部作」との関係だろう。時間軸に沿って整理すると、前にも触れたように坂本龍一は、細野晴臣が一九七六年五月八日に横浜中華街の同發新館で「ハリー細野&ティン・パン・アレー」名義で行ったコンベンション・ライブ「ティン・パン・アレー・イン・チャイナタウン」に演奏メンバーのひとりとして参加している（この時のメンバーには浜口茂外也もいた）。ティン・パン・アレーは、七三年に解散したはっぴいえんどの後継バンドとして、細野、鈴木茂（ギター）、林立夫（ドラムス）、松任谷正隆（キーボード）によって、まずはキャラメル・ママ名義で結成され、七四年に同じメンバーのままティン・パン・アレーと改名、七五年一一月に（紛らわしいが）アルバム『キャラメル・ママ』をリリースしていた。同發新館でのライブは、細野、鈴木、林を中心とする再始動の意味合いがあったのだと思われる。

「トロピカル三部作」とは、『トロピカル・ダンディー』（一九七五年六月）、『泰安洋行』（一九七六年七月）、細野晴臣&イエロー・マジック・バンド名義の『はらいそ』（一九七八年四月）の三枚である。同發新館でのライブの頃、細野は『泰安洋行』のレコーディング中で、この日は『トロピカル・ダンディー』と完成前の『泰安洋行』の曲がメインで演奏された（YMOのファースト・アルバムに収録されるマーティン・デニーの「ファイアークラッカー」も演奏されている）。「トロピカル三部作」にも電子音楽的な要素がなくはないが（『はらいそ』にはシンセサイザーも使用されている）、この時点では従来のバンド編成の延長線上にあり、トロピカルなサウンドはもっぱら生楽器によって演奏されていた。坂本龍一もその一員だったわけである。

次章でも述べるように、坂本龍一と高橋幸宏と細野の三人で録音した『はらいそ』中の一曲「ファム・ファタール～妖婦/FEMME FATALE」がイエロー・マジック・バンドならぬイエロー・

マジック・オーケストラ誕生に繋がるのだが、この曲のレコーディングは一九七八年の二月に行われている。『はらいそ』がリリースされた時、坂本龍一はすでに『千のナイフ』のレコーディングに入っていた（YMOのレコーディングは、『千のナイフ』二〇一六年版ブックレット所収の年表によれば、同アルバムの録音が終わる一〇日前に始まっていた）。『千のナイフ』では異色と言ってよい「ISLAND OF WOODS」は、いわば坂本龍一による「ハリー細野のトロピカル音楽」への返答なのだ。細野晴臣が生楽器で再現した「熱帯」を、彼は電子的に再現しようとした。だが共通しているのは、二人とも南の島に実際に赴いたわけではなかった、ということである。そしてそれは、細野が参照したマーティン・デニーなどの「エキゾチカ」も同じだった。この点については追って詳述する。

高橋悠治とのデュオ

三曲目の「GRASSHOPPERS」は、高橋悠治とのデュオによるピアノとシンセサイザーのみの曲。ここで坂本龍一と高橋悠治の関係について触れておこう。後藤繁雄が聞き手となって、skmtこと坂本龍一の発言を断章形式で編んだユニークなエッセイ集『skmt　坂本龍一』（一九九九年）の中に「０９６　高橋悠治の手」という章があり、彼が小学五年生の時に、東京・赤坂の旧草月ホールで開かれた高橋悠治のコンサートに、母親に連れられて行った時のことが書かれている。彼にとって、高橋悠治の演奏に触れるのは、この時が初めてだった。

真ん中あたりの席に座って、ずっと高橋悠治がピアノを弾く手ばかり見ていた。コンサートが終わり、高橋悠治のファンになっているのに気がついたけれど、ロビーに出てきた高橋悠治に、ドキドキして、何も言えずに終わった。

(『skmt　坂本龍一』)

坂本龍一が小学校五年生ということは一九六二年である。このコンサートは「草月コンテンポラリー・シリーズ」の一環として開催された「高橋悠治ピアノ・リサイタル」で、このとき高橋はジョン・ケージの「ウィンター・ミュージック」、武満徹の「ピアノ・ディスタンス」、難曲として名高いヤニス・クセナキスの「ヘルマ」などを弾いた。一〇歳の彼は、それを目の当たりにしたのである。坂本龍一と両親との関係では、有名編集者だった父親のことばかりが語られがちだが、彼を音楽家にしたのは母親であったのは間違いない。考えてみれば、これは相当な英才教育である。

高橋悠治は一九三八年九月二一日生まれ。坂本龍一の一三歳年上である。草月のコンサートの時、高橋はまだ二〇代前半だった。ある意味で坂本龍一以上に早熟なタイプであり、この時点ですでに、卓越したテクニックを持つピアニストとして、最先端の実験的技法を自家薬籠中のものとした作曲家として注目を浴びていた。

坂本龍一は高橋に私淑し、数年後には親しく接するようになる。彼が藝大の学部時代に作曲した「分散・境界・砂」は、著名なピアノ調律師の原田力男(いさお)が主催する高橋アキ(高橋悠治の実妹)のピアノ・リサイタルで初演する曲を選ぶべく、現代音楽の若き作曲家たちに原田が委嘱したコンクールに提出されたものだったが、高橋悠治はその審査にかかわっていた。高橋の最初のエッセイ集『ことばをもって音をたちきれ』は一九七四年に、高橋が翻訳したクセナキスの著書『音楽と建築』は翌七五年に出版されている。坂本龍一は当然それらを読んだだろう。一九七六年、坂本龍一は高橋悠治らが編集していた雑誌『トランソニック』に「反権力の音楽生産　環螺旋体経営?」を寄稿、高橋と富樫(とがし)雅彦のデュオ・アルバム『トゥワイライト』にシンセサイザーで参加している。

『千のナイフ』がリリースされた一九七八年に高橋は、アジアや南米の民衆音楽や抵抗歌を奏でる「非専門家的音楽集団」水牛楽団を組織し、より政治的・先鋭的な活動に向かった。YMOの結成と同じ年である。「学習団」の同志、竹田賢一との関係もそうだが、YMOの大成功によって彼が日本中の人気者となって以降も高橋との親交は続き、前にも触れたように、坂本龍一の作品作曲の演奏会が八四年末に神奈川県立音楽堂で開かれた際に、大学一年生の時の作品「ヴァイオリン・ソナタ」の演奏に高橋はピアニストとして参加、同年にはホテルの内線電話での二人の会話をまとめた対談本『長電話』も出版されている。音楽論や芸術論の他にプライベートなことも語られており、近しい関係が読み取れる。坂本龍一にとって高橋悠治は、まさに畏兄と呼ぶにふさわしい存在だった。

「GRASSHOPPERS」は、スティーヴ・ライヒ的なピアノのミニマルなフレーズの反復に音色豊かなシンセが重なるイントロが印象的だが、まったく雰囲気が変わる中間部も面白い。ジャジーともブルージーとも形容できるだろうパートを経て、始まりのメロディに回帰し、旋律の繰り返しが微妙に緊迫感を高めていって、鮮やかに曲は終わる。

東の果て、そしてその終焉

四曲目「DAS NEUE JAPANISCHE ELEKTRONISCHE VOLKSLIED」は、「新日本電子的民謡」を意味するが、のちに坂本龍一はこの曲は「完全な西洋音楽」だと語っている。本人曰く「レゲエ的、あるいは日本的な田植え歌のような腰が落ちているリズムに、コンピューターによる打ち込みのリズムとシンセサイザーのオーケストレーションを融合」(『千のナイフ』二〇一六年版ブックレット) させたもので、民謡というより音頭というべき四拍子のビートと、オリエンタル (に聞こえる) メロディ。彼の発言の真意は不明だが、むしろ「西洋音楽的手法で作られているにもかかわらず、なぜこれが日本的=アジア的に聞こえるのか?」を考えるべきだろう。ここにはおそらく「世界のサカモト」の秘密が隠されている。あとで触れる細野晴臣の「イエロウ・マジック」とも、それは無関係ではない。この曲はＹＭＯの初期のライブでも演奏されている。アルバム収録時にたまたまスタジオで見学していた山下達郎がカスタネットで参加している。

五曲目「PLASTIC BAMBOO」も、初期のＹＭＯがたびたびライブで取り上げた曲である。16ビートだが、低音を強調するとハウス・ミュージックのようにも聞こえる。シンセサイザーのうねるフレーズと、背景のスペーシーなサウンドのバランスが面白い。四曲目以上に「完全な西洋音楽」だが、曲名の「プラスチックの竹」は、どこかアジア的イメージを喚起させる。

アルバムの最後を飾るのは「THE END OF ASIA」。この曲もＹＭＯの人気レパートリーとなり、アルバム『増殖／X∞MULTIPLIES』（一九八〇年）でカヴァーされることになる。アルバムB面の前二曲と同じく東洋的な絢爛豪華さを感じさせるシンセサイザーのフレーズに、野太いシンセ・ベースが裏メロ的に爪弾かれる。曲の終わりには渡辺香津美のALEMBICギターがスタジオ・セッション風に重なってきて、エンディングは、中国共産党と毛沢東を讃えた曲で文革期に国歌同様に歌われた「東方紅」が、アルバムの冒頭と同じように厳かに奏でられる。

『Year Book 1971-1979』には、イエロー・マジック・オーケストラにとって初のヨーロッパ公演となったロンドンでの一九七九年一〇月一六日のコンサートにおける「THE END OF ASIA」の演奏も収録されている。高橋幸宏の力強いドラムから始まる端正だが瑞々（みずみず）しいプレイが、楽曲の良さをより魅力的に聴かせている。原曲よりほんの僅かテンポアップしていることで、ライブ感が増している。そしてここでも渡辺香津美のギター・プレイが光っている。

『Year Book 1971-1979』のブックレットで坂本龍一は、「THE END OF ASIA」というタイトルには、「極東〜アジアの端という地理的な意味」と、グローバリゼーションに地球が覆われてしまうことによって「文化的な終り」が招来され、その意味で「アジア的なものの終り」という、二つの意味を持たせてあると言う。その上で、次のように述べている。

すっぱり割り切ってコスモポリタンになれるわけでもなく、日本のことはいつも気になっているし、日本の文化のユニークなところはこのまま廃れないで残ってほしい。と同時に、日本的な閉鎖性に対しても強い違和感を持つっていう両面が昔からいままでずっとあります。

この両義的な、ある意味で引き裂かれるような感覚は、晩年の坂本龍一にも見出されることになるだろう。

「この形でいいんだ」

極東そしてアジアの終焉、坂本龍一の最初のアルバムの最後の曲にこんなタイトルが付けられていたことは実に興味深い。だが『千のナイフ』の完成からYMOとしてのロンドン・ライブまでのわずか一年で、この言葉の意味するところはかなり変質していた。

話が先走ってしまうが、YMOとしてロンドンでライブを行ったとき、坂本龍一はある重要な経験をしている。何曲か演奏をした後で、「THE END OF ASIA」をやった時のことだ。ダンスフロアのようなスペースで、ニューウェイヴ風の男女のカップルが踊り出したという。それを見た時に彼は、「ああ、俺たち、なんてカッコいいんだろう、と思えてきた。（…）こんなカッコいいカップルを踊らせているんだから、俺たちって、俺ってすごいぜ、みたいな、そんな恍惚感を演奏しながら覚えた。電気が走るような感じ。そして「そうだ、これでいいんだ」と思った」。

それまで彼は、自分が生きていく方向性を決めるということを先延ばしにしてきた。方向性を決めてしまえば、他の可能性がなくなってしまうと思っていたからだ。だが、ロンドンでのライブで、自分の曲を演奏した時に、「カッコいいカップル」が踊り出したことで、「この形でいいんだ」と思った。

自分の進むべき方向を、そうやって自分で確かに選び取ったのは、実はそれが初めてのことだったかもしれません。
（『音楽は自由にする』）

ここで言われている「これでいい」の「これ」、「この形でいいんだ」の「この形」という直観的な認識は非常に重要なものだと思う。本人も述べているように、それはＹＭＯというよりも、他ならぬ「坂本龍一」にとっての「これ」「この形」であった。あるいはこう言ってもいいかもしれない。坂本龍一がこのとき感じた「これ」と、細野晴臣が編み出した「イエロウ・マジック＝ＹＭＯ」というコンセプトの、微妙な、だがおそらくは本質的で決定的な違いは、この時すでに胚胎していたのだと。

「教授」の名付け親、高橋幸宏

『千のナイフ』は一九七八年一〇月二五日にリリースされた。レコードのタスキには次の文言が記されていた。

そして今、
すべては透明になった。
滅亡の時を前にして。

現在最も進んだセッションプレイヤー、
アレンジャーとして活躍する鬼才
坂本龍一が、11台のシンセサイザーと
コンピューターを駆使して織りなす壮大な
リューイチ・サウンド。今ここにベールをぬぐ。

アルバムのジャケット写真には、高橋幸宏のスタイリングにより長髪とヒゲをバッサリと切り、ヘアスタイルは「ニューウェーブ風」に刈り上げ、ジョルジオ・アルマーニのスーツに身を包んだ坂本龍一が颯爽と写っている。この華麗なる変身ぶりは、周囲を大いに驚かせたらしい。

坂本龍一と高橋幸宏の出会いは、一九七七年の日比谷野外音楽堂だった。このとき彼は山下達郎のバンド・メンバーとして、高橋はサディスティック・ミカ・バンドの一員として出演していた。山下に紹介された時、高橋はスカーフを巻き、上下とも「KENZOなんかを着て」、非常にファッショナブルだったことに彼は驚いた。高橋だけでなく、加藤和彦など他のバンドメンバーも皆、おしゃれだった。それまで坂本龍一は、ロックというものは「長髪で、汚いジーパンで、ボロボロの格好」でやるものだと思っていただけに、彼らとの出会いはカルチャーショックだったに違いない。

なんか変わってるけど、これはこれで面白そうだ、なかなかのもんだな、とは思いましたが、ぜんぜん別の人種が音楽をやっていることに、とにかく驚いた。

（『音楽は自由にする』）

その後、高橋とは数々のライブやレコーディングで一緒になり、プライベートでも仲良くなった。『千のナイフ』に先立つこと四カ月、一九七八年六月にリリースされた高橋のファースト・ソロ・アルバム『サラヴァ！』にも坂本龍一は、細野晴臣ともども参加している。

高橋幸宏は、自分が坂本龍一を「変身」させたことをインタビューでたびたび語っている。たとえばスティーヴン・ノムラ・シブル監督のドキュメンタリー映画『Ryuichi Sakamoto: CODA』（二〇一七年）のBlu-rayデラックス・エディションのボーナス映像（映画のアウトテイク）のインタビューで当時を振り返る高橋は、悪戯っぽくも誇らしく見える。これはおそらく高橋が「教授」について語った最後のインタビューだろう。

そう、高橋幸宏こそ彼に「教授」というあだ名を付けた張本人だった。知り合ってまもない頃、坂本龍一が東京藝大の現役大学院生であることを知って面白がった高橋が、「じゃあ、大学教授にでもなるの？」などと尋ねたことから「教授」というニックネームが周囲に浸透していったものらしい。ＹＭＯが始まった時、彼は藝大を出ており、もちろん教授ではなかったが、その呼び名はすでに行き渡っていた。こうして「教授」が誕生した。

音響合成者、音響想像者

『千のナイフ』リリース元の日本コロンビアの担当ディレクター、斎藤有弘の回想によると、このアルバムは「まったく売れませんでした。そもそも初回のプレス枚数が４００枚。しかもその４００枚を出荷したらすぐに２００枚が返品で戻ってきてしま」ったという（『千のナイフ』２０１６年版ブックレット）。

坂本龍一のデビュー・アルバムをそのときに買った人は日本中に２００人しかいなかったわけです。これでは、さすがに「アーティストは3枚目までに成功すればいい」と言っていた上層部にも、坂本龍一と専属契約を結んで次のアルバムも作らせたいとは言いだせませんでした。この音楽は日本ではなく海外で受けるのではないかと海外のいろいろなレコード会社にテープを送っても反応がない。

（「１９７８年、『千のナイフ』が誕生するまで」）

このときコンタクトした海外レーベルの中には、斎藤が国内リリースを担当し、坂本龍一がピーター・バウマンのアルバムの解説を書いたヴァージン・レコードもあった。今のところ特に興味はない、という返事があったそうである。だが、巡り巡って坂本龍一は、のちにヴァージン・アメリカと契約を結ぶことになる。『千のナイフ』という作品の斬新さ、完成度の高さは斎藤も大いに認めていたので、反応の薄さと売れ行き不振には内心忸怩たるものがあっただろう。ところが、「皮肉なことにその頃からYMOブームが到来して坂本龍一も時代の寵児に。あれほど売れなかった「千のナイフ」にも大量の注文が入り、「なんで坂本龍一と専属契約しなかった！」と、後々まで上から言われました（笑）」（同前）。四〇年近くを経て、斎藤はこう述懐している。

ピーター・バウマンの『ロマンス'76』に寄せた坂本龍一のライナーノートに、この作品について、「単に一キーボード奏者としてではなく、将に1人の音響合成者として、音響想像者としてのアルバム」になっていると評した箇所がある。その上で彼は、テクノロジーは「容易に全体主義的、管理的な発想と結びつく要素をもっている」ので、「あくまでテクノロジーを駆使して溺れず、テクノロジーの「ひとり歩き」を常に監視しながら、柔軟でいられる、という強靭な感性が養われなければならない」と述べている。

これはまるで『千のナイフ』のことを先取りして述べているようではないか？ アルバム・レコーディングよりも前に書かれたこの文章は、彼自身のことを言っているように読める。「単に一キーボード奏者としてではなく、将に1人の音響合成者として、音響想像者としてのアルバム」「あくまでテクノロジーを駆使して溺れず、テクノロジーの「ひとり歩き」を常に監視しながら、柔軟でいられる、という強靭な感性」とは、まさに『千のナイフ』と坂本龍一にそのまま当てはまる。

シンセサイザーやコンピュータなど当時最先端の音楽機械による試行錯誤的な実験を夜な夜な繰り返し、テクノロジーの可能性と限界を直観的に推し量りながら、彼は自らのイマジネーションとクリエイティヴィティを思うさま羽ばたかせた。従来の楽器＝道具（英語のInstrumentはこの両方を意味する）を超える潜在性を備えたテクノロジーを最大限活用しつつ、それらに縛られることなく、個としての自由を保持すること。テクノロジーをただ単に便利な道具として使うのでもなければ、テクノロジーに使われるのでもない、人間とテクノロジーとの有機的な共存。このような坂本龍一のスタンスは、その後も一貫している。

この『千のナイフ』は、四〇〇枚プレスして二〇〇枚しか売れなかったわけだが、『千のナイフ』２０１６年版ブックレットで坂本龍一は、「まるっきり無名の若者のこういうレコードなんだから当然ですよね」と述懐した上で、こう述べる。

音楽的興味だけを追求して作ったこのソロ・アルバムですが、いま聴き直すと至らないところが多すぎて恥ずかしい。ただ、よくもわるくも若いエネルギーにあふれている。こんなに乱暴でわがままで自分勝手な勢いは、いまはもう当然出せない。

当時はなぜこういう音楽なのかをいろんな理屈をこねて解説したり、あるいは斜に構えてみたりもしたけど、なによりも若さの暴走でした。恥ずかしいけれど、若いうちにこういうことをやっておいてよかったと思います。

デビュー作にはその作家の全てが存在しているという紋切型の表現があるが、近現代西欧音楽史の豊かな達成を背景としつつ、売れっ子キーボーディストとしてスタジオやライブで体得した同時代のジャズやロック、ポップスからの影響、民族/民俗音楽、具体音/環境音への関心、そしてもちろんテクノロジー（電子音）への志向など、その後さまざまに進化発展させてゆく多種多様な音楽=音響的要素の多くが、ここにはすでに聴き取れる。本人は「乱暴」「若さの暴走」などと言っているが、これはけっして初期衝動だけで創れる音楽ではない。

青臭さと老成、絶望と達観

『千のナイフ』のオリジナル版には坂本龍一自身によるライナーノートが付されている。無題で「R.S.」とのみ署名されたその自己解説は、極めてスタイリッシュな文体で書かれている。

> 身を汚すことの快美。/男娼願望。/その最高の段階は、ファシストの少年、というところかな。この世の一切の栄光と快楽を与えられている訳だから。しかも危険この上ない。
>
> （…）
>
> 誰かのためになるなんて思って音楽作っている訳ではない。（現在どんどんつくられている音楽のほとんどがそうなのだけれど。）ただ、自分のため、なのですね。社会的な自分のため。社会に登録されるという

だけのため。小権力が分配される訳でしょう。何もしなければただ雇用されてるだけだから。要するに、使用人が小さな店をもたせていただいたのね、だんな様に。そうすると、こんどは自分が使用人の3人を雇って店を維持していく訳です。みんながやっていることと同じ。それだけ。

ずいぶんとひねくれた文章だと思うかもしれない。シニカルで超然とした、それでいて読み手(聴き手)に共感と理解を暗に求めてくるようなどこか甘えた雰囲気は、八〇年代的とも言える(まだ一九七八年だったが)。そこには「ニヒルな日雇い労働者」(八〇頁)という意識も影を落としていただろう。彼はこうも書いている。「このままいって、音楽の世界に synthesizer がもっと普及して、音楽のつくり方が、私なんかが今やっているようなデジタル的な方法に変化していくと、耳が変ってしまう。決していい方にではなくて。そうなると伝統的な感性の文化的拘束力が勝つか、テクノロジーが勝つかの戦いになる」。これも重要な論点だが、坂本龍一のテクノロジー観は常に両義的だった。彼はシンセサイザーなどの電子楽器が、学習と努力を必要とするプロの聖域から「音楽」を解放し、原理的には誰にでもやれるようになることには一貫して肯定的だったが、その一方で「耳が変ってしまう」ことに対しては強い警戒感を持っていた。これは前に触れた「音色」へのこだわりとともに、坂本龍一の音楽において、これ以後の数十年にわたって、彼の最期まで形を変えて問われ続けることになる。

『千のナイフ』のセルフ・ライナーの末尾は、このようなものである。

（…）音楽で人を救うなんて絶対できっこない。救われないと思っている奴らの嘆き節なんだから。かくいう私の音楽もまさにこれですね。立派に嘆きたいと思っていますよ。どうせ落っこってくるのだから。嘆いて、救われないということすら忘れている、救われない人たちに、その救われなさを一緒に歌ってほしいと思っている。ホントは。

一緒に死んで下さい。

これを書いた時、彼は二六歳だった。青臭さと老成が、絶望と達観が、ここには奇妙なかたちで同居している。だが、こんな風にうそぶきながら、彼は自分の運命が一年後にどうなっているのかを、もちろん知らなかった。

『千のナイフ』の姉妹編

ところで、『千のナイフ』というアルバムには、実は一種の姉妹編ともいうべき「作品」が存在していた。『Year Book 1971-1979』のブックレットで、細野晴臣はこう語っている。

『個展』についても強く印象に残っています。『はらいそ』のレコーディングのときかな、中央線沿線のどこかのライヴ・ハウスでやったコンサートのカセット・テープだということで渡されて、聴いてみたら非常にノイジーな電子音楽の演奏が入っていた。そうか坂本くんの音楽の本体はこれなのかとあらためて認識しました。(「ぼくが知っている、坂本龍一の1970年代。若き〝アブ〟から〝教授〟への変身を追って」)

「個展」とは、一九七七年から七八年にかけて、現在は作曲家・指揮者として知られる森本恭正が、現代音楽に特化した企画会社EX HOUSEで企画・制作していた連続コンサートの名称である。森本は東京藝大中退だが、年度上は一年先輩に当たる坂本龍一の現代音楽方面での活動はまったく知らず、たまたまテレビで観たコマーシャル(日立カラーテレビ「日本の伝統美」)の音楽に感心し、CM会社に問い合わせて、電話で直接、坂本龍一に依頼したのだった。彼は快諾し、ソロ・アルバムの作業と並行して、コンサートの準備を始めた。

坂本龍一の「個展」は、一九七八年一月三〇日、三一日、二月一日の三日間にわたり、荻窪の新星堂地下ホールで開催された。ちょうど、日本コロンビア第4スタジオでの『千のナイフ』のプリプロダクションが終わった直後であり、当然ながらアルバムの準備とともにライブに向けての作業も行われていたのだろう。当初は高橋悠治とのデュオ・コンサートの可能性も検討したが、結局ソロでやることになった。このとき坂本龍一はシンセサイザーを多重録音したテープを流しながら、サポート・ミュージシャンとして参加していた四人囃子の茂木由多加(即興演奏の場でよく共演していた)とともにシンセを更に重ねる「非夢の装置　或いは反共同体関数としての音楽」という曲を披露した(細野晴臣が聴いたのはこの時のテープである)。

「個展」はかなり好評で、森本は早くも同年五月に再演を企画する。場所はルーテル市ヶ谷ホールに変わった。「今度は女性演奏家3人を呼ぶことにしました。みんな若いけれどちゃんと弾ける子たちで、ぼくはシンセサイザーのみ」(『Year Book 1971-1979』ブックレット)。この再演ヴァージョンは「ナスカの記憶」と改題されたが、この時のライブ録音が、坂本龍一自身のエディットを施された上で『Year Book 1971-1979』に収録されている。

「ナスカの記憶」も基本的にはシンセサイザーの多重演奏による作品で、タンジェリン・ドリームや『アウトバーン』以前のクラフトワーク(クラフトヴェルク)、頭文字がKだった時のクラスター、タンジェリン・ドリームとアシュラ・テンペルのメンバーだったクラウス・シュルツ、タンジェリン・ドリームとクラスターのメンバーだったコンラッド・シュニッツラーなど、いわゆる初期クラウト・ロックを彷彿とさせるサイケデリックでノイジィな電子音楽だが、三人の女性プレイヤーによるヴァイオリン、パーカッション、ヴォイス、シロフォンなどのアコースティックな音が彩りを添えている。全体としてコンポジションというよりもフリーフォームの即興的要素が強い(少なくともそう聴こえる)。映像が残っていないのが残念だが、いったいどのようなステージだったのだろう。残された音源を聴く限りでは、『千のナイフ』収録曲との明確な関連性は特に感じられない。シンセサイザーが多用されている点を除けば、ほとんど対照的な音楽であるとさえ言える。もっとも大きな違いは、『千のナイフ』の曲にはリズム=ビートへの関心が存在するが、「個展」ないし「ナスカの記憶」にはほぼそれがないということだろう。だが、同じ機材を使用しながら、こんなにも異なった音楽を、しかも同時並行で作り上げていった坂本龍一の才気は、やはりおそるべきものとしか言いようがない。

細野晴臣の「イエロウ・マジック」

『千のナイフ』オリジナル版には、坂本龍一の他に林光と細野晴臣がライナーノートを寄せている。「全6曲は、ひとつながりの《交響》曲として聴かれる」という林の指摘も興味深いものだが、やはり重要なのは細野の文章だろう。「坂本龍一のソロ・アルバムに寄せる惜しみない讃辞。」と題されたテクストは、こんな風に始まる。「もう、このままではこの世界はどうしようもない。音楽は、そんな状況を素直に表わしてしまう。私は現在の音楽を含めた人類の煮詰りかたにがまんできない者の一人である」。まるで示し合わせたかのように、坂本龍一のライナーにおけるペシミズム、ニヒリズムと共振する現状認識が述べられている。この時すでにYMOのデビュー作のレコーディングは始まっていた。二人には同志愛あるいは共犯意識のようなものが芽生えていたのかもしれない。細野晴臣の文体は、坂本龍一とはまた違った意味で個性的だが、ここで必ず引用しておかなくてはならないのは、『千のナイフ』への「惜しみない讃辞」の後半部分である。

> 現在、音楽はくさる程つくられているが、3拍子そろったものは余りない。その3拍子とは、①下半身モヤモヤ　②みぞおちワクワク　③頭クラクラである。①②はざらにある。①は端的にいえばリズムであり、②は和音、メロディーということだが、③はクラクラさせるようなコンセプトである。これはアイディアの領域を越えた内からつきあげてくる衝動のようなものであり、私の最も大事とするもので、これを感じたも

のには、シャッポを脱いで敬礼する事にしている。
教授（彼は本当の教授である）の表わした自分の音楽に初めて接触したのは、レコードではなく〝個展〟と銘打ったコンサートのテープである。その時感じたのは「ムム、これはデキル。しかも理力の暗黒面を利用しているナ！」ということだった。これ程のものに触れるといやでも戦慄を覚える。これはきっと未知の暗黒に挑む時の戦慄につながっているのだろう。

（…）

ところで、最後にもうひとつ不思議な因縁を言っておきたい。B-3の曲の主旋律の話しだが、このメロディーは僕も使ったのだ。こう言うとおかしいかもしれないが、あのメロディーは確に私も創ったし、坂本龍一も創ったのだが、それは同時に使ったともいい直せるのだ。理力のエネルギー場は宇宙全体に拡がり、誰しも自由に、海の塩を取るように利用できる。その力がブラックであろうとホワイトであろうと、はたまたイエロウであってもエネルギーはひとつである。要はそのエネルギーを引き出し、利用し、操る力があるかないかの問題であり、彼は音楽をとおしてその秘密を探っているのだろう。かくいう私もイエロウ・マジックを身につけるべく、日夜戦いつづけているのだ。

（「坂本龍一のソロ・アルバムに寄せる惜しみない讃辞。」）

イエロウ・マジック。すでに細野晴臣は自身のソロ・アルバム『はらいそ』を「細野晴臣&イエロー・マジック・バンド」名義で発表していた。ブラックでもホワイトでもない、黄色の魔術（なお、細野が『千のナイフ』ライナーで書いていた「B-3の曲」とは「THE END OF ASIA」で、確かに『はらいそ』収録曲の「ウォリー・ビーズ」のサビの裏で聴こえる旋律と酷似している)。

『千のナイフ』発売一カ月後の一九七八年一一月二五日、ＹＭＯのファースト・アルバム『イエロー・マジック・オーケストラ』がリリースされる。

怒濤の日々が始まる。

第二章

「イエロー・マジック」との闘い

「伝説のこたつ集会」

「かくいう私もイエロウ・マジックを身につけるべく、日夜戦いつづけているのだ」。細野晴臣が坂本龍一の『千のナイフ』のライナーノートにこう書きつけた時、イエロー・マジック・オーケストラのファースト・アルバムのレコーディングはすでに開始されていた。前にも触れたように、一九七八年四月にリリースされた「トロピカル三部作」の三作目、細野晴臣&イエロー・マジック・バンド名義の細野のソロ・アルバム『はらいそ』に収録されている「ファム・ファタール〜妖婦／FEMME FATALE」の演奏は細野と坂本龍一、高橋幸宏の三人で行われており（このアルバムで三人の演奏はこの曲のみ）、この録音の際に細野が二人にYMOの構想を語ったというのが通説となっている。

だが、歴史的瞬間というべき、この「伝説のこたつ集会」について、坂本龍一の記憶はあまりはっきりしていない。一冊目の自伝（『音楽は自由にする』）によれば、高橋幸宏と坂本龍一の二人が細野からYMOの構想を聞かされたのは、一九七八年二月のこと。細野宅に招かれ、三人でこたつに入った。こたつの上にはみかんがあり、おにぎりを出されたという。

そこで細野さんが、大学ノートみたいなものを出してきてパッと開くと、富士山が爆発している絵があって、「400万枚」とか書いてある。「イエロー・マジック・オーケストラ」という名前も書いてあったと思います。

ＹＭＯの構想を聞いて、ぼくは驚くでもなく、「それはまあ、普通でしょう」みたいな反応をした。いいんじゃない？　という感じ。心の中では細野さんのことをすごく尊敬していたんですが、なにしろそのころは不遜でとんがっていましたから、バンドに誘われたからといってワッと飛びついたりはしなかった。

（同前）

坂本龍一からすれば、それは人生初の本格的なバンド活動だった。彼にとって、バンドに加入するということは特別なことで、いったん「入ったらもう逃げられない、みたいな感覚」があった。

それまでは何にも所属せずに、いつも片足だけ突っ込んで逃げられるような態勢でやっていたのに。あ、いよいよ来ちゃったな、という感じがした。

（同前）

厳密に言うと、りりぃのバイバイ・セッション・バンドも一応メンバー扱いだったが、彼としては「片足だけ突っ込んで」いる気持ちだったのだろう。

ＹＭＯの結成秘話は当然ながら細野晴臣も何度も語っているが、たとえば『Year Book 1971-1979』のブックレットに収録されている「ぼくが知っている、坂本龍一の一九七〇年代。若き〝アブ〟から〝教授〟への変身を追って」では、細野はこう述べている。

YMOは、最初は林立夫らと一緒にやろうと思っていたが白紙になった。ではドラムは幸宏かなと思いついて、キーボードは誰にしようとなったときに、当時ぼくのマネージャーをやっていた日笠雅子（雅水）から〝アブ〟ちゃんがいいんじゃないというアイデアをもらった。

YMOはシンセサイザーとMC-8（シーケンサー）を使って新しい音楽をやろうという構想だったので、そういう場にはぴったりなミュージシャンだろうと思いました。

それでYMO結成に誘って、OKはもらえたものの、同時に彼の中ではバンドに加入するということに対してかなり葛藤があるようにも見えた。実際、その直後に幸宏から「坂本くんがバンドに入るということに関して不安がっている」という連絡が来て、ではちゃんと話して理解してもらおうと会いに行ったことが何回かあったかな。たしかにバンド活動というものは特殊なものなので、ずっとひとりで音楽をやってきた坂本くんには決意がいるものだったと思う。

日笠雅子（雅水）は、当時は細野晴臣のプライベート・アシスタントだったが、牧村憲一が設立したマネージメント&プロモーション会社、アワ・ハウスにかつて細野が所属していた時から担当しており、元アワ・ハウスの生田朗は坂本龍一のマネージャー的な仕事をしていた。

吉村栄一の『坂本龍一　音楽の歴史』によれば、一九七八年の正月に大貫妙子の家で、坂本龍一、日笠、生田、大貫の四人で鍋パーティーをしていた時、鍋の熱さに髪をかき上げた坂本龍一（この時、彼はまだ〝アブ〟だった）が実は美形男子であることに気づいた日笠が、メンバー選びに難航していた細野の新グループに坂本龍一を入れるのがいいのではないかと思いつき、その場で彼に細野の構想を話して加入を打診し、確約ではないものの、おおむね内諾を得た。その翌日、日笠は細野と会い、坂本龍一をメンバーにするべきだと直談判した、ということらしい。

先に述べた「ファム・ファタール～妖婦／FEMME FATALE」のレコーディングはこの後のことである。細野はのちにイエロー・マジック・オーケストラと呼ばれることになる新バンドについて、かなり明確なヴィジョンを持っていたと思われるが、当初考えていたのは、まったく異なるメンバーだった。ドラマーは林立夫、キーボードは佐藤博というのが、細野のファースト・チョイスだったという。もしもこのメンバーになっていたら、ＹＭＯは全然別のバンドになっていただろう（それはそれで聴いてみたかった気もするが）。

細野晴臣、高橋幸宏、坂本龍一の三名から成るＹＭＯの初レコーディングは一九七八年の七月一〇日にスタートした。坂本龍一の『千のナイフ』の完成が七月二六日、一〇月二五日のリリース日と翌二六日に六本木ピットインで行われた発売記念ライブの名義は「坂本龍一＆イエロー・マジック・バンド」だった（メンバーには細野と高橋もいた）。それに先立つ一〇月一八日にＹＭＯは、芝・郵便貯金ホールで初ライブを披露している。そしてＹＭＯのファースト・アルバム『イエロー・マジック・オーケストラ』は、この年の一一月二五日にリリースされた（以上は『千のナイフ』二〇一六年版ブックレット所収の年表による）。この間に「イエロウ」は「イエロー」に、「バンド」は「オーケストラ」に変化した。こうしてついにＹＭＯは誕生した。

細野晴臣がぶち上げた「４００万枚」には根拠がないわけではなかった。この頃、細野がクラウンから移籍してプロデューサー契約を結んでいた新興レコード会社アルファレコード（『はらいそ』も同社からのリリース）は、アメリカのメジャー・レーベルA&Mとの間に双方向のライセンスの契約を結んでいた。A&Mのレコードをアルファが日本でライセンス・リリースする代わりに、アルファのアーティストの世界デビューをA&Mが手がけるというものである。細野は、マーティン・デニーの「ファイアークラッカー」のカヴァー・シングルを、YMOとしてアルファ～A&Mからリリースして大ヒットさせるという野心を抱いていた。四〇〇万枚とはいかなかったが、この狙いはある意味で確かに成功する。だがその「成功」のかたちは、細野が最初に思い描いていたものとはかなり異なるものになっていったのだが。

実はYMOはまずはじめに「ファイアークラッカー」を生演奏でやってみたらしい。だが満足のいく仕上がりにならず、シンセサイザーとコンピュータのプログラマー／オペレーターの松武秀樹を呼び寄せた。日本のシンセサイザー奏者の草分けである冨田勲のアシスタントからキャリアをスタートさせた松武は、YMOに先行して制作が始まっていた『千のナイフ』にも全面的にかかわっていたが、細野と横尾忠則のアルバム『COCHIN MOON（コチンの月）』（一九七八年九月リリース。坂本龍一と高橋幸宏も参加）にも参加していた。それだけでなく、一九七七年八月にリリースされた矢野顕子のアルバム『いろはにこんぺいとう』でもシンセサイザーのプログラミングを手がけていた。このアルバムには細野晴臣が林立夫、鈴木茂とともにティン・パン・アレーとして参加しており（坂本龍一は不参加）、細野も松武の存在をだいぶ前から知っていたことになる。いずれにせよ、松武の貢献は決定的に重要である。のちに彼は「4人目のYMO」と呼ばれるようになる。

それぞれの音楽性

最初は及び腰だった坂本龍一だったが、ＹＭＯのレコーディングが進むにつれ、ソロとはまた違う面白さとやり甲斐に次第にのめり込んでいった。一つの理由は、それまで彼が好んで聴いてきたジャーマン・ロックや、その流れの中から出てきたクラフトワークなど、当時はまだ一般には知られていなかった音楽を取り入れ、「料理」することができたからだった。

一方で、ポップスやロックを音楽的なベースにしていた細野と高橋が、「あのバンドの、あの曲のあそこの感じ」と理解し合えている時に、何を言っているのかわからないこともあり、「バンドや曲の名前を覚えて、密かにレコードを買って聴いたりして」、「勉強」していた。逆にそれは、細野も高橋も知らないスティーヴ・ライヒやジョン・ケージなど現代音楽から「材料」を出すこともできるということだった。

結果として、細野さんだけでも、幸宏だけでも、ぼくだけでもできないものができる。それぞれの音楽を重ね合わせていく感じなんです。

（『音楽は自由にする』）

こうしてアルバム『イエロー・マジック・オーケストラ』が完成した。本人たちの満足度は高く、「新しいスタイルの音楽を作っている」という手応えもあり、そこで得た「何かを突き詰めて次に進もうという積極性に燃えていた」。だが、リリース当初の評判は芳しくなかった。

社会的にも全然反応はなかったし、周りのミュージシャン仲間に聴かせても「こんな冷たい音楽は受けるわけがない」なんて言われた。でも、そう言われてがっかりするというわけでもなくて、「なるほど、これが冷たい感じに聴こえるのか、面白いな」と思ったりした。聴く人の先入観みたいなものが見えてくるような気がして。（同前）

セールス的に振るわず、しかも仲間のミュージシャンからは「冷たい音楽」だと言われてしまうなど、これといった評価が得られなかったにもかかわらず、冷静に分析しているのが、いかにも坂本龍一らしい。自分たちが創り出した音楽への自信の表れだったのかもしれないし、客観的で透徹した眼差しを彼が持っていたということなのかもしれない。

『イエロー・マジック・オーケストラ』はA面五曲、B面五曲の計一〇曲から成るアルバムで、当時大流行していたコンピュータ・ゲーム「サーカス」と「スペースインベーダー」の音源を用いて作られた「コンピューター・ゲーム〝サーカスのテーマ〟」と「コンピューター・ゲーム〝インベーダーのテーマ〟」（いずれも作曲クレジットはイエロー・マジック・オーケストラ）、マーティン・デニーの「ファイアークラッカー」を除いた七曲がオリジナル、「ブリッジ・オーバー・トラブルド・ミュージック」がYMO、「シムーン」「コズミック・サーフィン」「マッド・ピエロ」「アクロバット」の四曲を細野晴臣、「東風」を坂本龍一、「中国女」を高橋幸宏が作曲している。作詞は全曲、イギリス出身で京都在住の詩人、作詞家、作曲家のクリス・モズデル。ちなみに「東風」「マッド・ピエロ（＝気狂いピエロ）」「中国女」はいずれもジャン＝リュック・ゴダール監督の映画の題名であり（「東風」は正確にはゴダールを含むジガ・ヴェルトフ集団の作品）、大のゴダール・ファンだった坂本龍一に他の二人も合わせてタイトルを決めたらしい。

冒頭に据えられた「コンピューター・ゲーム〝サーカスのテーマ〟」が、このアルバムの、そしてYMOのサウンド的な方向性を鮮やかに宣言している。私自身、よく覚えているが、今となってはいかにもチープに聴こえるピコピコと鳴る電子音は、当時の耳には実に奇妙に、新鮮に響いた。シンセサイザーなどの電子楽器はすでに一部のミュージシャンが導入していたが（もちろんYMOの三人も使用していた）、それをここまで全面的かつ大胆にポップ・ミュージックに導入してみせたのは、日本ではこのアルバムが最初だった。

クラフトワークは『アウトバーン』（一九七四年）でポップ路線に変更後、『放射能』（一九七五年）、『ヨーロッパ特急』（一九七七年）、『人間解体』（一九七八年）と意欲的な音作りを進めていたし、シンセサイザーを大胆に取り入れ、ジョルジオ・モロダーのプロデュースにより大ヒットしたドナ・サマーの「アイ・フィール・ラブ」（一九七七年）もすでに存在していた。だが細野晴臣の独創性は、電子音と彼がそれ以前に試みてきた「トロピカル」を融合させるという点にあった。実際、このアルバムでの細野の曲は『はらいそ』の延長線上にあるように思われる。特に「シムーン」は、従来の楽器で演奏されていてもおかしくない曲である。この時点での細野の音楽的なアイデアは、まずは既存のバンド演奏を電子楽器に差し替えることよって得られる音色のユニークさにあったと言うことができるだろう。

これに対して他の二人は、ＹＭＯとしての楽曲を自分のソロ作から差異化することを、自らのなすべきことと最初から認識していたように思われる。高橋幸宏の「中国女」は、『イエロー・マジック・オーケストラ』の五カ月前にリリースされたファースト・ソロ・アルバム『サラヴァ！』(細野晴臣、坂本龍一も参加)とは似ても似つかない「テクノ」なサウンドになっているし(途中から出てくる高橋のヴォーカルは、これぞ「ＹＭＯ」という感じだ)、そのことは『千のナイフ』を作っていた坂本龍一も同様だった。「東風」(当時、彼らの行きつけの中華料理店の店名でもあったらしい)は、『千のナイフ』収録の「THOUSAND KNIVES」や「THE END OF ASIA」と同じくＹＭＯのライブでの人気曲となるが、『千のナイフ』では叩いていない高橋幸宏のドラムスが重要な役割を果たしており、最初からＹＭＯのための曲であったことがわかる。

全米デビュー

自信作だったファースト・アルバムは思ったほどの反応を得られなかったが、ここからＹＭＯの運命は大きく転がっていく。『イエロー・マジック・オーケストラ』のリリースからまもない一九七八年の一二月、Ａ＆Ｍのアーティスト、ニール・ラーセンが来日し、日米のミュージシャンが集う「アルファ・フュージョン・フェスティバル」が開催された。ＹＭＯは大村憲司らとともにこれに出演していた。当時A&Mの重役で、傘下のホライゾン・レーベルのトップだったトミー・リピューマも、ラーセンと共に来日していた。ジョージ・ベンソンの大ヒット曲「ブリージン」をはじめ、ジャズ、フュージョン、ポップスなどジャンルを超えて数々の名曲、ヒット作を生み出した敏腕プロデューサーである。有名なエピソードだが、アルファのエグゼクティヴ・プロデューサーだった川添象郎（かわぞえしょうろう）は高級シャンパンを携えて、リピューマが泊まるホテルの部屋を訪ね、そこそこ酔ったところで会場に連れていき、YMOの演奏を見せた。するとリピューマはYMOを気に入り、A&Mホライゾンからの全米デビューを約束したのである。

YMOのセカンド・アルバム『SOLID STATE SURVIVOR』は一九七九年の三月にレコーディングが開始された。トミー・リピューマの約束通り、『イエロー・マジック・オーケストラ』のUS盤が五月末にA&Mから発売されている。世界デビューに当たって、アル・シュミットによって全曲リミックスが施され、収録曲も一部変更、アートワークも一新された。アルファ盤の最後に置かれていた細野作の「アクロバット」（二曲の「コンピューター・ゲームのテーマ」を下敷きにしたパッチワーク的な曲）がカットされ、これが一番大きな違いだが、坂本龍一作の「東風」に吉田美奈子（彼女が一九七三年にリリースしたファースト・ソロ・アルバム『扉の冬』は細野のプロデュースだった）のヴォーカルが加えられている（曲名も「Yellow Magic（Tong Poo）」に改題）。

いざアメリカでのデビューが決まったはいいが、本国に戻って冷静になったトミー・リピューマはYMOの突飛な音楽性に頭を抱えたらしい。だが、打開策は意外なところから訪れた。この年にトッド・ラングレンのプロデュースで四枚目のアルバム『リモート・コントロール』を発表して人気がうなぎのぼりだったチューブスのマネージャーがYMOの音を聴いて興味を持ち、チューブスが夏に三夜連続で行うグリーク・シアター（ロサンゼルス）でのライブの前座に抜擢してはどうかと提案したのである。このアイデアはすぐに日本側に伝えられたが、費用はアルファ持ちだった。だが川添象郎とアルファの社長だった村井邦彦は、このプランに社運を賭けることにした。

川添象郎の著書『象の記憶』（二〇二二年）には、次の記述がある。

ライブ・ツアーの事前の打ち合わせで僕がメンバーに提案したのは、アメリカ人が日本人に対して抱いている典型的なイメージを逆手にとって日本のアイデンティティとして表現しようというものであった。日本人は無口で無表情だと思われているのだから「曲間に拍手をもらってもニコリともせず、お辞儀もせず、無表情のまま怒濤の如く演奏を続けよう」と言った。メンバーは「そりゃ楽でいいですね」などと言っていた。また、学生服やサラリーマンの画一的なユニフォーム姿に象徴されるように、制服を着用するイメージをもっているだろう、と考えたので、ファッションセンスのある高橋幸宏に相談してユニフォームを作ってもらうことにした。

高橋幸宏がデザインしたのは、真っ赤な人民服のような衣装だった。サポートミュージシャンとして参加する渡辺香津美と矢野顕子、そしてステージ上の視覚効果も狙って設置したコンピューターのプログラマー・松武秀樹は、黒い制服のようなものを着て出演することになった。また、ファーストアルバム『イエロー・マジック・オーケストラ』の米国盤は、チューブスのコンサート開催前にリリースされることになった。

（『象の記憶』）

ＹＭＯのＵＳデビューは大成功した。川添によれば、「なんと一曲目から大喝采のスタンディングオベーション。会場の熱気は三曲目あたりでピークに達し、そのまま最後の曲まで盛り上がり続けた」（同前）。川添はＡ＆Ｍの有名アーティストのインタビューを餌に、約一〇社の音楽専門誌の記者を日本から連れていったが、彼らもＹＭＯの反響に驚き喜び、絶賛記事を執筆した。川添がライブの模様を急遽ビデオで撮影して日本に送ると、村井がＮＨＫに売り込みをかけ、夕方の番組で特集された。ここから日本国内でも一気に火がついた。この時点で『イエロー・マジック・オーケストラ』米国盤も日本でリリースされていた。デビュー当初は無反応に近かったのに、ＹＭＯはいきなり売れ始めた。タイミング良くセカンド・アルバム『SOLID STATE SURVIVOR』が九月にリリースされ、一〇月からはロンドンを皮切りにワールド・ツアーが始まった。こうしてＹＭＯはスターダムを駆け上がっていくことになる。

ポップ・ミュージックという共通言語

私は一九六四年七月生まれなので、ＹＭＯの特集がＮＨＫで放映された時は一五歳だったはずだが、この時のことはよく覚えている。中学校から帰ってくると、父親が店先でテレビを見ていた（私の実家は洋品店を営んでいて、両親は自宅と繋がった店舗にいつもいた）。当時の私は普通の中学生程度の音楽への関心しか持ち合わせていなかったが、ブラウン管に映った奇妙ないでたちの男たちと彼らが奏でる奇妙な音楽に「何だこれは?」と思った。たぶんすぐにＹＭＯのレコードを買いに走ったのではなかったか。日本発の音楽が世界で話題になったということも大きかった。こういう子どもは多かったのではないかと思う。日本の高度経済成長を分析して日本型経営を高く評価したエズラ・ヴォーゲルの『ジャパンアズナンバーワン――アメリカへの教訓』の出版は、ＹＭＯのＵＳデビューと同じ一九七九年である。八〇年代を目前に、日本企業は続々と海外進出を果たしていた。「ジ・エンド・オブ・エイジア」=極東の島国は、世界の経済大国の仲間入りをした。いや、その頂点を窺うまでになっていた。

チューブスの前座を終えた後、ＹＭＯはアメリカ各地のライブハウスでプロモーション・ツアーを行った。そして日本に帰国してみると、状況は一変していた。成田空港には多数のマスコミが待ち受けていて、ＹＭＯにフラッシュを浴びせた。そのまま記者会見、まるで凱旋ツアーのようだった。だが、この時点では日本国内でのＹＭＯの人気はまだ限定的なものだった。それが社会現象とも呼ぶべきブームとなるのは、『SOLID STATE SURVIVOR』発売後のことである。このアルバムはオリコン・チャートで一位を獲得した。そして一〇月から、イギリス、フランス、アメリカを回って日本に戻ってくる「トランス・アトランティック・ツアー」が始まった。こうして空前のＹＭＯフィーバーが訪れる。

ロンドンのライブで「THE END OF ASIA」を演奏した際にフロアのカップルが踊り出し、そのとき坂本龍一が感じた天啓のごとき確信のことは前に述べたが（九六頁）、『音楽は自由にする』

には冷静な分析も綴られている。

その分析によれば、ロンドンのライブで「THE END OF ASIA」を聴いた若者たちには「キテレツで日本的な、何か異質な音楽として聴こえていた」にもかかわらず踊り出したのは、「YMOの音楽が何らかの形で彼らに「わかった」」からだという。そしてそれは、「ポップ・ミュージックという共通の基盤があったからだ」と分析を進めている。ドラムの高橋とベースの細野には、「50～60年代を中心とした膨大な量のポップ・ミュージックが、音楽データベースとして（…）しっかりと染み込んで」おり、それがあったからこそ、「YMOの音楽が世界中の聴衆の耳に届」いたというのだ。

だが興味深いのは、それがまだポップ・ミュージックなど碌（ろく）に知らなかった一五歳の私の耳にも、奇妙なのに親しみやすい音楽に聴こえたということである。だからここにはおそらく、音楽データベースの共有やポップ・ミュージックの汎用性を超えた普遍性のようなものが存在している。それはヒトという生物にあらかじめ備わった聴覚と認知による条件付けのようなものである。われわれがたまたま耳にした（目でも同じことだが）音（＝空気中の振動）を美しいとかポップだとか感じるとき、記憶の発動や歴史的な規定以前に、ホモサピエンスとしてのスペック（性能）が作用しているのである。

とはいえ、彼の考察は実感に基づいたものであり、と同時にそこにはすでに微妙な反感も芽吹いていた。

欧米のポップ・ミュージックは、ラジオやレコードを通して、世界中に行き渡りました。もともとは欧米のものだったわけですが、それが資本主義的な商品として世界中にばらまかれ、ロンドンの聴衆も細野さんや幸宏も同じものを聴いて育つ、という状況が生まれていた。ポップスはもう、欧米だけのものではなくなっていたわけです。

（『音楽は自由にする』）

「文化の違う人にも「わかる」音楽というのはつまり、どこの市場でも理解される商品だということですから、資本主義の仕組みに乗っかれば、世界中で受け入れられる可能性がある、ということになります」（同前）。実際にＹＭＯは、そして坂本龍一は、そうなっていくわけだが、この時の彼には、自分の音楽が「市場」で売り買いされる「資本主義的」な「商品」であるという意識はまだ希薄だった。〝アブ〟時代の彼は、自分の労働の対価として報酬を得ていただけだったし（それも資本主義的な行為ではあるが）、彼自身の初めての「商品」だった『千のナイフ』もほとんど売れなかったのだから。そして彼は、さしあたりそれでもいいと思っていたのだ。だが、ＹＭＯの商業的な、資本主義的な成功が、すべてを変えてしまった。

日本から自動車が来て、テレビが来た、次はソフトウェアを、という日本文化待望論のようなものが、西側にはあったんだと思います。一方日本側にも、自国のものが世界で評価されることへの、ナショナリスティックな待望があったと思う。

ぼくは、自分たちがその流れに乗って、役割を演じているように感じ始めていました。ささやかな規模ではあるけれど、日本を背負っているみたいな感じすらした。そして、それがすごくいやだった。ロンドンの聴衆に訴えかけることができたという喜びの反面には、そういう違和感があった。（同前）

ここに表明されている、「ナショナリスティックな待望」への違和感は、後にある思想へと流れ込んでいくだろう。

「イエロー・マジック」との闘い

ＹＭＯのセカンド・アルバム『SOLID STATE SURVIVOR』は、日本国内でのセールスが一〇〇万枚を超える大ヒットとなった。だが、なんとA&Mホライゾンが倒産してしまったため、海外リリースはその時点ではなされなかった（のちにイギリスとアメリカで発売）。「TECHNOPOLIS」と「RYDEEN」という超有名曲を含む、ＹＭＯの代表作である。全八曲収録で、「TECHNOPOLIS」「CASTALIA」「BEHIND THE MASK」が坂本龍一、「ABSOLUTE EGO DANCE」「INSOMNIA」が細野晴臣、「RYDEEN」「SOLID STATE SURVIVOR」が高橋ユキヒロの作曲、加えてビートルズの「DAY TRIPPER」のカヴァーも入っている。

「TECHNOPOLIS」は坂本龍一がとにかく売れる曲を、と狙って書いた曲で、実際に大ヒットした。当時、人気絶頂だったピンク・レディーの「ウォンテッド」（作曲は都倉俊一）をＹＭＯはライブでカヴァーしていたが、「TECHNOPOLIS」にはピンク・レディーや筒美京平などの流行歌、歌謡曲をＹＭＯ的に解釈、再構成するという企図もあったという。軽快なテンポのシンプルな曲ながら、凝ったベースラインと無機質なヴォコーダーの組み合わせが、きらびやかなシンセの音色と見事なコントラストをなしている。「T・E・C・H・N・O・P・O・L・I・S　TOKIO」の繰り返しは印象的だ。「ＴＯＫＹＯ」ではなく「ＴＯＫＩＯ」というフレーズ（私は外国人が「ＴＯＫＹＯ」をそう発音しているということだと思っていたのだが、駅のアナウンスの「トーキョー」が「トキオ」に聞こえるということだったらしい）は、一九八〇年一月一日にリリースされる沢田研二のシングル「ＴＯＫＩＯ」（作詞は糸井重里）に引き継がれることになる。東京は、世界で最も豊かで進んだ都市のひとつになりつつあった。

「CASTALIA」は、「TECHNOPOLIS」とは打って変わってスローテンポのダークな曲。坂本龍一はアコースティック・ピアノを弾いている。もともとの曲名は「サスペリア」（ダリオ・アルジェント監督の一九七七年公開の映画タイトル）だったそうだが、シンセサイザーの扱い方に、映画『サスペリア』で音楽を担当したイタリアのプログレッシブ・ロック・バンド、ゴブリンの影響が感じられなくもない。確かにどこか不穏な、ホラー的な空気の感じられる曲である。

「BEHIND THE MASK」は、ＹＭＯの最初のライブから演奏されていた曲である（もともとはセイコーのＣＭ用に坂本龍一が作った曲を発展させたもの）。作詞はクリス・モズデル。シンセサイザーのリフレインとヴォコーダーの淡々とした歌が交互に出てくる、雄大だがどこか憂いの感じられる曲で、坂本龍一はアメリカでの受けが非常に良かったと語っている。のちにマイケル・ジャクソンがアルバム『スリラー』(一九八二年)のために歌詞とメロディに一部改変を加えたカヴァー・ヴァージョンを録音したが、契約上のトラブルで収録されず、当時マイケルのサポート・キーボーディストを務めていたグレッグ・フィリンゲインズのアルバム『パルス』(一九八四年)に収録、フィリンゲインズがサポート・メンバーだった関係でエリック・クラプトンのアルバム『オーガスト』(一九八六年)にも同ヴァージョンが収録されることになる。数奇な運命を辿った曲である。

「RYDEEN」と「SOLID STATE SURVIVOR」で、高橋幸宏のポップ・センスは全面開花した。「雷神」という曲名にふさわしくヒロイックでゴージャスな「RYDEEN」は、突き抜けた明るさとスケールの大きさがアルバムの中でも際立っている。「SOLID STATE SURVIVOR」には、前作にはほぼなかった同時代のニューウェーブとの共振が感じられる。アメリカのオハイオ州アクロンで結成されたディーヴォ(DEVO)もそのひとつで、『イエロー・マジック・オーケストラ』発売の三カ月前、一九七八年八月にリリースされたディーヴォのファースト・アルバム『頽廃的美学論(Q: Are We Not Men? A: We Are Devo!)』に収録されているローリング・ストーンズの「サティスファクション」のカヴァーをYMOはライブで再カヴァーしており、同様にニューウェーヴ的なスタイルで「DAY TRIPPER」をカヴァーした。「DAY TRIPPER」と「SOLID STATE SURVIVOR」での高橋のヴォーカル・スタイルは、それ以前と比べて明らかに変化している。この二曲には、YMOと同じアルファ・レコードに移籍してまもないシーナ&ザ・ロケッツの鮎川誠がギターで参加している。

ファースト・アルバムでは四曲を作曲していた細野晴臣は、このアルバムではプロデューサー的な役割が強い。「ABSOLUTE EGO DANCE」はタイトル通りのダンサブルな曲だが、沖縄民謡風の合いの手が入るオリエンタルなメロディが面白い。もう一曲の「INSOMNIA」では細野がヴォーカルを取っている。実際にこの時期、細野は不眠症＝インソムニアだったという。この曲が持つ不安神経症的なアトモスフィアは、一九八一年にリリースされたＹＭＯの二枚のアルバム『ＢＧＭ』『TECHNODERIC／テクノデリック』（以下、『テクノデリック』）での細野の曲や、ＹＭＯが活動休止していた一九八二年にリリースされた細野のソロ・アルバム『フィルハーモニー』に繋がっていく。

デビューから一年足らずでＹＭＯは、時代の寵児になった。それはメンバー全員にとって、思いも寄らないことであったに違いない。特に坂本龍一の戸惑いは大きかった。喜びや嬉しさよりも、こんなはずではなかったという思いの方が強かった。だが、もう後戻りはできなくなっていた。

海外でウケたらしいということで、それまでＹＭＯのことを知らなかったような人たちにも、一気に知られるようになった。社会現象とまで言われました。ぼくはそれまで「無名でいたい、前に出たくない」と思って生きてきたのに、気がついてみれば、道を歩いているだけで指を差されるような人間になっていた。それはまったく予想外のことで、本当に困りました。ほとんど部屋から出ず、人目を避けて閉じこもる生活になってしまった。食事のためにこそこそと外出すると、高校生に見つかって「あ、坂本だ」なんて言われて、マンションに逃げ帰ったり。そういう状況を、ぼくは憎悪するようになりました。とにかくほっといてほしい、心からそう思いました。（『音楽は自由にする』）

だが、世間はほうっておいてくれなかった。ＹＭＯはメディアで引っ張りだこになり、テレビ番組やＣＭにも盛んに起用されるようになった。自分が望んでいたのは、こんな状態だったのか、という疑念が坂本龍一の内にむくむくと育っていったが、いきなり放り出してしまうわけにもいかず、もはや腹を括る以外はなかった。一九八〇年二月にはグリーク・シアターでの海外初ライブと「トランス・アトランティック・ツアー」での演奏から編集されたライブ盤『PUBLIC PRESSURE／公的抑圧』が発売され、人気に拍車を掛けた。「誰が考えたタイトルかは覚えていないんですが、まさに当時のぼくのためにあるような言葉ですね」と、坂本龍一は前掲書で述べている。

状況への憎悪は、やがてＹＭＯへの憎悪につながっていきました。「俺はこんなつもりじゃなかった、ＹＭＯが俺をこんなふうにした」と。（同前）

坂本龍一はＹＭＯの三分の一でありながら、いうなれば「イエロー・マジック」と闘わなくてはならなくなった。外から求められることと、彼自身が進みたい方向との乖離は、あっという間に広がっていった。だが、ここにはもっと複雑な、ある意味では坂本龍一という一個人に留まらない重要な問題が顔を覗かせていると私には思われる。すなわちそれは、「イエロー・マジックとは何か？」という問題である。「伝説のこたつ集会」で細野晴臣が坂本龍一と高橋幸宏にイエロー・マジック・オーケストラ構想を話した時、そこには「富士山が爆発している絵」が添えられていたという。それはいったい何なのか?

坂本龍一を苦しめた葛藤の本質とは何だったのか? 以下で、この点について考察してみたい。

「フュージョン」という「毒」

まず、フュージョンについて考えてみなくてはならない。

YMOの世界進出のきっかけとなったイベントの名称は「アルファ・フュージョン・フェスティバル」だった。新宿・紀伊國屋ホールを会場とするこのフェスに出演するためにアメリカからやってきたニール・ラーセンはジャズ/フュージョン系のキーボーディストであり、ラーセンとともに来日したトミー・リピューマも、フュージョンにカテゴライズされるアーティストを数多く手がけてきたプロデューサーだった。

フュージョンとは「融合」という意味だが、ジャズをベースにロックやポップス、イージー・リスニング、ディスコ、ラテン、レゲエなど多彩な要素を融合させた、演奏面では高度だが基本的にはライトな音楽で、当時はクロスオーバーとも呼ばれていた。私見では六〇年代にジャズがフリーという難解な方向へ突き進んでいったことへの一種の揺り戻しとして(こういうことがポピュラー音楽史ではしばしば起きる。たとえばプログレッシブ・ロックに対するパンク・ロックもある意味ではそうだ)、一九七〇年前後からアメリカで流行り始めた。どうしてもリスナーにある種の作法や経験値を要求してしまうジャズよりも大衆に受け入れられやすいジャンルであり、ヒット作や人気ミュージシャンが次々と現れ、七〇年代に入ると日本においてもフュージョン系のミュージシャンが登場してきた。坂本龍一はまさにその時期に売れっ子キーボード奏者だったわけで、フュージョンの洗礼を受けるのは自然な流れだった。

吉村栄一の『坂本龍一　音楽の歴史』には、一九七七年から坂本龍一がクロスオーバー=フュージョンに関心を抱き、当時寄稿していた雑誌『音楽全書』の記事の中で「恥ずかしいんだけど、クロスオーバーっていうかね、つい買っちゃうんだよ、好きでもないのに」と告白し、その感覚を「毒を浴びるって感じ」と表現していたと記されている。ひねくれた言い方だが、事実、この頃から彼は、高中正義や村上〝ポンタ〟秀一などフュージョン系のミュージシャンと盛んにセッションを重ねていった。『千のナイフ』のディレクター斎藤有弘との出会いをもたらした渡辺香津美のアルバム『オリーブス・ステップ』のレコーディングは一九七七年六月なので、この頃には坂本龍一はポップスやフォークのミュージシャンのレコーディングに参加し、即興演奏のライブを行いつつ、フュージョンの現場でも大活躍していたわけである（しかもこの年の三月まで、彼は東京藝大の大学院生だった）。

前述したように、渡辺香津美は『千のナイフ』収録の二曲でギターを弾いているが、一九七九年六月にリリースされた渡辺のリーダー・アルバム『KYLYN』では、坂本龍一が共同プロデューサーとして全面的に参加している。「Kは香津美、Lは当時龍一の英文表記をLiuichiにしていたためにL、Nは仲間。それらの間のYはスペインでYを&の意味で使うということで、香津美&龍一&仲間」(『坂本龍一　音楽の歴史』)。渡辺香津美と坂本龍一のこの時の「仲間」は、矢野顕子、村上〝ポンタ〟秀一、小原礼、高橋幸宏、ペッカー、向井滋春、本多俊之、清水靖晃など、そうそうたる顔ぶれである。アルバム発売に先立ち渡辺はKYLYN名義で全国ツアーも行い、スケジュールの許す限り坂本龍一も参加した。ツアーでの音源を元にしたライブ盤『KYLYN LIVE』も、同じ年にリリースされている。

『KYLYN』の坂本龍一は、実に伸び伸びとキーボードを弾きまくっている。録音時期がYMOの『SOLID STATE SURVIVOR』と完全に重なっているが、印象はまったく異なり、こちらはまさにフュージョン然としたプレイである。同時期に渡辺香津美がシングルとしてリリースした「東京ジョー」(ロキシー・ミュージックのブライアン・フェリーの「TOKYO JOE」のカヴァー)は、坂本龍一がプロデュースとキーボードを担当、高橋幸宏がヴォーカルを取っている。渡辺はYMOのワールド・ツアーにもギタリストとして同行したが、渡辺が当時所属していた事務所の意向で、彼のプレイはライブ・アルバム『PUBLIC PRESSURE/公的抑圧』からは全面的にカットされてしまった(代わりに坂本龍一のシンセサイザーが追加録音されている)。

KYLYNのこの時のツアーから「カクトウギ・セッション」が誕生した。KYLYNの多士済々な演奏メンバーが「格闘技」よろしく様々な組み合わせで「競演」するという試みである。ちょうどこの頃、坂本龍一はCBSソニーからボサノヴァのアルバムをプロデュースしないかというオファーを受けていた。彼はカクトウギ・セッション=KYLYNで、その企画をやろうと思いつく。だが出来上がったアルバムはボサノヴァではなく、レゲエをベースとする作品になっていた（この時期の坂本龍一はボサよりもレゲエに関心があったのだ）。坂本龍一＆カクトウギ・セッション名義のアルバム『SUMMER NERVES』である。リリースは一九七九年六月で、『KYLYN』とほぼ同時（四日違い）だった。

『SUMMER NERVES』は非常に興味深いアルバムで、確かにレゲエのリズムを基調としてはいるが、九〇年代のJポップ（この頃、この言葉はまだないが）接近期を彷彿とさせるタイトル曲や、シック（CHIC）のナイル・ロジャーズとバーナード・エドワーズがプロデュース／作詞作曲したシスター・スレッジの「YOU'RE FRIEND TO ME」のカヴァー、矢野顕子の作詞作曲で、のちにアルバム『愛がなくちゃね。』（一九八二年）にも収録される「スリープ・オン・マイ・ベイビー」、全日本プロレスで実際に使用された「カクトウギのテーマ」、安井かずみ作詞で沖縄民謡的な旋律の「タイム・トリップ」、大村憲司の長いギター・ソロが映えるトロピカル・フュージョン「スウィート・イリュージョン」（坂本龍一はのちに『Sweet Revenge』（一九九四年）というアルバムを発表する）、録音には参加していない細野晴臣の提供曲で、ムーディーでマジカルな「ニューロニアン・ネットワーク」と、ヴァラエティに富んだ内容で、純粋（？）にレゲエと呼べる曲は「ゴナ・ゴー・トゥ・アイ・コロニー」のみとなっている。むしろ坂本龍一がレゲエをアリバイに「仲間」を集めて、当時興味があった音楽スタイルをやりまくった印象が強い。

特筆すべきは、多くの曲で彼自身がヴォコーダーを通して歌っていることである。オープニングを飾る「サマー・ナーヴス」は訥々（とつとつ）としながらも実に良い味を出しており、『B-2 UNIT』（一九八〇年）の名曲「thatness and thereness」やアルバム『左うでの夢』（一九八一年）でのヴォーカルを先取りしている。

素肌に白ジャケットを着て、なぜか青のコルセットを首に巻き、黒のサングラスをかけてこんがり日焼けした坂本龍一が口を開けて笑っているという、いかにも能天気なジャケットに騙されて（？）しまいがちだが、『SUMMER NERVES』は『音楽図鑑』（一九八四年）の予告編と呼べなくもない秀作であり、ジャンルとしてのクロスオーバーとはまた別の、字義通りにクロスオーバーな坂本龍一の音楽的アンテナを鮮やかに示すアルバムとなっている。しかしそれにしても『千のナイフ』『イエロー・マジック・オーケストラ』『KYLYN』『SUMMER NERVES』『SOLID STATE SURVIVOR』の五枚は一年足らずの間にリリースされているのだ。あらためて驚嘆の念を禁じ得ない。

すでに明らかなように、坂本龍一は文字通り、多種多様な音楽性の融合（フュージョン）や交差（クロスオーバー）を過剰なまでに欲望するタイプの音楽家であり、と同時にジャンルとしてのフュージョン／クロスオーバーにも足を踏み入れていた。だがそのことと、彼にとってのイエロー・マジック・オーケストラは「フュージョン」だったのか、という問題はまた別である。彼はＹＭＯが「フュージョン・フェスティバル」に出演すること、すなわち広義の「フュージョン」という枠に入れられることには違和感を抱いていたのではないか。「恥ずかしい」し「好きでもない」し「毒を浴びるって感じ」とさえ形容してみせたクロスオーバー＝フュージョンと彼の距離感は複雑で微妙な矛盾を孕んだものだが、少なくともＹＭＯが異色のフュージョン・グループとして、日本国内で、そして海外で受け入れられていくことには警戒感を持っていたに違いない。

だが、ファースト・アルバム『イエロー・マジック・オーケストラ』にはフュージョンと呼ばれるような要素が確かにあった。それはYMOのような音楽が、その時点では他に存在していなかったということも作用していただろう。アルファの川添象郎と村井邦彦が彼らを「フュージョン・フェスティバル」にブッキングしたのは、他に収まりどころがなかったがゆえの苦肉の策だった。そして実際、それは正解だったのである。

YMOとは、細野晴臣にとっては、このあと述べるように自らの「トロピカル三部作」の発展形であり、高橋幸宏にとっては、それまでのドラマーとしての音楽的キャリアから華麗なる変身(!)を遂げる契機であり、そして坂本龍一にとっては、他ではやれないことがやれる新たな実験の場であり、メンバーとしての自覚を持ったはじめての「バンド」だった。このような、前例のない多面体であるYMOが収まるジャンルは、その時点ではフュージョンしかなかったのだ。ジャンル分けなどどうでもいい、という考え方もあるだろう。とはいえフュージョンは当時勢いのあった新しいジャンルであり、YMOをそこに入れるのは賢明な戦略だった。

だが、特に坂本龍一と高橋幸宏は、YMOがフュージョンのバンドとされてしまうことに抵抗した。『SOLID STATE SURVIVOR』はその結果である。他の何にも似ていないがゆえにフュージョンと呼ぶしかない、という状況があまり変わっていない(何しろまだデビューして一年も経っていなかった)なかで、YMOはむしろ、イギリスを中心に欧米の音楽シーンで勃興していたポスト・パンク〜ニューウェーブへのシンパシーを表明した。

吉村栄一の『坂本龍一 音楽の歴史』によると、坂本龍一はファースト・アルバム発売後、YMOの音楽を「エレクトロニク・パンク」、「エレクトリック・パンク&ファンクのテクノポップ」と称していたという。パンクとフュージョンは、ほとんど相容れないと言えるほど異なった音楽である。YMOは、そのどちらにも向かえるような音楽性を備えていた。だが結局、彼らが選んだのは、そのどちらでもない「テクノポップ」という解だった。坂本龍一が言っていた「エレクトロニク・パンク」等は、実質的には「ニューウェーブ」とほぼ同じ意味だと考えられる。実際、その後の日本においてテクノポップは、欧米におけるニューウェーブの同義語として使用されていくことになる。

「イエロー・マジック」、再考

さて、ここでようやく「イエロー・マジック」を語ることができる。つまり、歴史の悪戯というか、たまたまフュージョンとパンク〜ニューウェーブが重なり合った時代(フュージョンからニューウェーブへの転換期と言ってもよい)である七〇年代の終わりに、細野晴臣という天才肌の音楽家が、「白魔術(白人音楽)」でも「黒魔術(ブラック・ミュージック)」でもない「黄魔術(黄色人種=アジア人のポップ・ミュージック)」というコンセプトを実体化しようと考えた、ということである。『イエロー・マジック・オーケストラ』発売のちょうど三年前に当たる一九七五年一一月二五日にリリースされたティン・パン・アレーのアルバム『キャラメル・ママ』に「イエロー・マジック・カーニバル」という曲が収録されている。作詞作曲編曲は細野晴臣である。この時点で細野の頭には「イエロー・マジック」というアイデアが芽吹いていたと言えるだろう。それは「トロピカル三部作」を通して練り上げられてゆき、「富士山爆発」と「400万枚」とともに「イエロー・マジック」・オーケストラに結実する。

では、それはいったい何なのか？　私は以前『ニッポンの音楽』（二〇一四年／増補決定版二〇二二年）でこの点を考察したことがある。詳しくは同書を参照してほしいが、以下、拙著の論述を再利用＆アップデートしつつ、細野の「黄色いマジック」についてあらためて考えてみることにしたい。

細野晴臣の「イエロー・マジック」の発想源（のひとつ）であり、そのカヴァー曲で「400万枚」を売り上げるという野望をかき立てられ、実際に『イエロー・マジック・オーケストラ』でカヴァー・ヴァージョンが収録された「ファイアークラッカー」の作曲者であるマーティン・デニーは、「エキゾチカ」といわれる音楽の代表的存在である。デニーは作曲家、アレンジャー、バンドマスターとして数々の「南国」的な音楽を作曲し、一世を風靡した。「エキゾチカ」というキーワードはデニーのファースト・アルバムのタイトルだが、デニーはもとより、そこに参加していたアーサー・ライマンやレス・バクスターなど、エキゾチカと総称された音楽家たちが活躍したのは一九五〇年代のことである。つまり細野晴臣がマーティン・デニー的なエキゾチカ／トロピカルを自分なりにやってみようと思いついた時、そのジャンルの隆盛期からはすでに二〇年もの月日が経過していたのだ。
この点については、北中正和との次のやりとりが興味深い。

——日本では戦後、主としてアメリカを経由していろんな音楽なり文化なりをたくさん吸収してきたわけでしょう。細野さんの場合、例えばハリウッドのエキゾティックな映画の影響であるとか、マーティン・デニーにしてもけっこう古いものですよね。それが消化されて出てくるまでに二十年近くかかってるわけですね。

細野　たまたま僕がやったにすぎないわけで、べつに誰もやらなくてもいいわけですよ、そっとしといても（笑）。でも、そうやって誰かを揺り動かしていく力がマーティン・デニーにはあったんでしょうね。（…）そうやって僕がやらなかったら誰かがやってるだろうし。例えばもっと大きな単位になると、古典なんかもそうやって突然よみがえったりするわけですよね。エリック・サティのように。だから音楽というのはタイムマシンみたいなもので、ある時代に向けてのメッセージがあったりするんじゃないかなと思ったりね。その時代にべつに反響しなくたって全然構わないという気持になりますよね。

（『細野晴臣インタビュー THE ENDLESS TALKING』）

同じインタビューで、細野はある「精神的な危機」を告白している。いわゆるドラッグ体験・マリファナ体験である。それ以前にも試したことはあったが、さほどハマりはしなかった。だが、はっぴいえんどの解散後、あるミュージシャン（名前は伏せられている）のレコーディングやツアーに参加していた時、その人物が非常にドラッグ好きで、それをきっかけにまたやるようになってしまった。好奇心が強く、快楽主義者を自認していた細野は、そういう類いはまず試してみる人間だった。ある時、オーバードーズに近い状態になり、激しいパニックに陥った。その後は何もしなくてもフラッシュバックが生じるようになってしまった。

細野　(…)そんなふうに混沌としていたのが、ある時期、急に克服できちゃったんです。三日おきぐらいに続いていた症状がなくなって、今度は突然ハイになっちゃったんです。チャイニーズ・エレガンスとかトロピカルとか、キーワードを見つけて、自分がやりたいことがわあっとふくらんだときにハイになっちゃった。そういうプロセスのなかで、『TROPICAL DANDY』に入っていったんです。

――ある種、躁鬱症みたいなものですか。

細野　違いますね、神経症ですね。いまの自分の重要な節目なんです。あの日のショックというのは。それが治って、ナチュラル・ハイというのを、その後、一年以上経験して。(…)聴く音楽が変わってきて、とんでもない音楽を聴き出すわけです。それがマーティン・デニーだったりするんです。(同前)

マーティン・デニーの音楽を実際に耳にして思い出したのではなく、ドラッグの過剰摂取の後遺症から恢復する過程で、記憶の奥底からデニーがふと立ち現れてきた、というのである。そもそもエキゾチカと呼ばれる音楽は、南島・南国の音楽、具体的にはハワイなどをイメージしていたわけだが、アーサー・ライマンのようにハワイ出身の人もいるものの、マーティン・デニーはニューヨーク生まれであり、南国育ちでもなければ、長く住んだわけでも、現地の音楽を調査したわけでもなかった。要するにエキゾチカとは、本物の南の音楽ではなく、空想上のエキゾチックな風景のBGMとして人工的に仮構されたものだったのである。そのような音楽に細野晴臣はインスパイアされて「トロピカル三部作」を作ったのだった。

これは実際に南の島に出向いて、生の演奏を聴いたり現地のミュージシャンと触れ合う、などといったワールドミュージック的アプローチとは全く違う。現地に行ったことはあったかもしれないが、細野の「トロピカル」は、エキゾチカと呼ばれた音楽がそうであったように、まず何よりも想像された音楽、夢見られた音楽なのであり、真に南国の音楽であるのかどうかはほとんど重要ではなかった。細野が志向したのは、空間的には「ここではないどこか」、時間的には「今ではないいつか」だったのである。

「トロピカル三部作」にはマーティン・デニー的なエキゾチカの他にも、沖縄やカリブ海、中国、かつての古き良き日本など、非西欧音楽の要素が大量に投入されている。だがそれらは、フィールドワークに基づいた民族学的・文化人類学的な観点に立ったものというよりも、いうなればファンタジー的な世界なのである。だから、一曲のうちに複数の場所性や時間軸を混在させることも自由自在となる。細野は実際、そういうことを「トロピカル三部作」で色々と実験している。

エキゾチカは、ムード・ミュージック、ラウンジ・ミュージック、イージーリスニング等と呼ばれているジャンルの一種である。こうしたジャンルが登場した一九五〇年代には、エキゾチカと並行して「スペース・エイジ・バチェラー・パッド・ミュージック（宇宙時代の独身貴族の音楽）」などと呼ばれる音楽も流行した。ペリー・アンド・キングスレー、ディック・ハイマン、エスキヴェルなどが有名だが、彼らは宇宙や未来をテーマとして、エキゾチカと同様、非常に聴きやすく心地良い音楽を創り出した。エキゾチカもスペース・エイジ・バチェラー・パッド・ミュージックも、「ここではないどこか」「今ではないいつか」の音楽であることに変わりはない。

五〇年代は、冷戦を背景にアメリカとソ連の宇宙開発競争が熾烈を極めた時期である。エキゾチカとは、アメリカの一般大衆が、わざわざ海外旅行に行くことなく異境を疑似体験するための音楽だった。実際に訪れるのは大変だったり不可能だったりするが、想像することは可能な場所という意味で、南島と宇宙は似たようなものだったのである。

細野晴臣は立教大学の社会学部観光学科で学び、のちに中沢新一との共著『観光』も出すことになる。「観光」というキーワードは、音楽に対する細野の基本姿勢を端的に言い表している。たとえ現地に行けたとしても、調査や研究といった客観的なアプローチではなく、かといって没入や同化とも異なる、外からふらりとやってきて、興味の赴くままにあちこち見聞して、また去っていく「観光客」としての視線で、その場所の音楽を取り入れること、あるいは一度も現地には行かず、想像力と妄想力だけを頼りに、視聴覚的なイメージを動員して、未知なる場所の音楽を創り上げること。細野晴臣のこのようなスタンスが、「トロピカル三部作」を経て、ＹＭＯに繋がることになったのだ。

海の向こうから見たニッポン、という視角

だが、そこで細野が考えたのは「トロピカル三部作」とは逆の戦略だった。つまり、日本から見た（想像した）異郷ではなく、海の向こうから見た（想像した）ニッポンをテーマにしようと思いついたのである。極東の島国である日本、小さな国土に一億人を超える黄色い肌（そもそも黄色人種の肌は「黄色」ではないが）の人間がひしめいており、敗戦後三〇年でアメリカに迫るほどの経済大国に成長した、魔法のごときテクノロジーの国ニッポン。日本のことをほとんど何も知らない西欧世界の人間からしたら、そこは南島のパラダイスと同様、ほとんど神秘的な世界に映ることだろう。当然ながら、さまざまな誤解や誤認、思い込みや偏見なども生じているに違いない。もちろんインターネットはまだ影も形もなく、情報自体が極度に限られていた。西欧人の頭の中で、日本と日本人については紋切型のイメージしか存在していなかった。そう、フジヤマ、ゲイシャ、である（もうひとつは「ハラキリ」だが、ここでは関係がない）。

こうして「富士山爆発」というコンセプトが登場する。富士山は活火山なので縁起でもない話なのだが、西欧人にとってのニッポンの象徴であるフジヤマを爆発させるということだろう。紋切型それ自体を起爆剤としてエクスプロージョンを起こしてみせようということだ。細野晴臣が最初の段階でどこまで考えていたのかはわからないが、『象の記憶』で川添象郎が述べていた「アメリカ人が日本人に対して抱いている典型的なイメージを逆手にとって日本のアイデンティティとして表

現しよう」ということである。ゲイシャについても同様で、彫刻家・造形作家の脇田愛二郎が手がけたアルファ（オリジナル）版『イエロー・マジック・オーケストラ』と違って、ルー・ビーチが描いたイラストレーションをあしらったUS版のジャケットでは、キモノを着て扇子を持ち、サングラスをかけて頭部が色とりどりのケーブルに散開したゲイシャ（しかもおそらく西欧人）、いわゆる「電線芸者」となっている。さすがに「富士山爆発」をアートワークにするわけにはいかなかったのだろうが、日本の外の、日本を知らない人々の「ニッポン」にかんする紋切型のイメージを修正するのではなく、むしろキッチュに誇張＝増幅してみせることこそが、ＹＭＯの海外戦略の核心であった。

この点で興味深いのが、初期のＹＭＯのステージ衣装であり、『SOLID STATE SURVIVOR』のアルバム・ジャケットでメンバー（と西欧人風のマネキン二体）が着ている、いわゆる「赤い人民服」である。それから頭髪の刈り上げ、いわゆる「テクノカット」。

高橋幸宏のデザインによるコスチュームは、明治期のスキー服をイメージしたものだったというが、どう見ても中国の人民服である。すでに述べたように、そもそも坂本龍一は毛沢東と中国共産党へのシンパシーを以前から表明していた。刈り上げた短髪も、いかにも中国風である。だが、もちろん彼らは中国人ではなく、日本人である。これはどういうことなのか？　西欧世界から見たら、日本も中国もほとんど区別がつくまい、ということだろう（断っておくが、これは七〇年代の話である）。ＹＭＯは「中国人のふり」をしたのではなく、「アジア（人）」に対する極めてアバウトな西欧人のイメージを確信犯的に身にまとってみせたのだ。

言うまでもなく、これは非常にアイロニカルな態度である。だが重要なポイントは、正確でもなければ差異化もできていない「ニッポン／アジア」のイメージが、単に異質で奇妙なだけでなく、オシャレなもの、カッコ良いものとして西欧の視線に捉えられつつあった、ということである。

当時は、ファッションの世界でも、日本のデザイナーが海外に出て活躍するようになっていました。イッセイミヤケ、ケンゾー、コム・デ・ギャルソン、ヨウジヤマモト、カンサイ。日本文化の尖兵という感じですね。彼らもYMOと同じようなものを背負っていたのかもしれない。

ツアーの時にどんな格好をしていたか、ぼくはあんまり覚えていないんですが、写真を見ると、あの赤い人民服を着ていたんですね。衣裳のことは幸宏にお任せという感じで、もう言われるがままでした。なにしろ、ぼくはずっとジーパンにゴム草履の人で、ファッションのことなんて全然わかりませんでしたから。

（『音楽は自由にする』）

日本で海外渡航が自由化されたのは一九六四年、七〇年代に入ると高度経済成長の波に乗って日本人はパック・ツアーで海外旅行に出かけるようになった。その時点の「日本人」のイメージは、いやイメージではなく実際にもそうだったのだろうが、地味なスーツ姿にネクタイ、眼鏡、首からコンパクトカメラを下げ、やたらとお辞儀をして、すぐに名刺を差し出す、といったものであった。だが、八〇年代を目前にして、それは急激にクールでスタイリッシュなものへと変化しつつあった。YMOは極めて絶妙なタイミングで登場したのである（YMOが八〇年代前半に出演した富士フイルムのカセットテープのCMでは、一時代前の「日本人」に扮していたが)。

もうひとつのポイントは、言うまでもなくテクノロジーである。細野晴臣の「トロピカル三部作」とYMOの決定的な違いは、ここにある。「テクノ・ポップ」とは、「テクノロジーによるポップ」ということだ。あるいはそれは、テクノロジーそのものが持つポップネスを追求する音楽ということだったのかもしれない。

七〇年代後半以降、シンセサイザーなどの電子楽器は、それまでの大型で重量感のあるものから、高性能かつダウンサイズされた機種へと変化していった。ローランド、AKAI、KORGなど、電子楽器メーカーは日本企業が多い。『イエロー・マジック・オーケストラ』制作時にはローランドのリズムマシンTR-808(いわゆる「やおや」)はまだ発売されていなかったが、前段階の機種がローランドから提供されていたし、当時最先端のシークエンサーの初期モデルも使用されていた。ライブでは松武秀樹がプログラミングしたコンピュータで電子音と生演奏をシンクロさせることも行われていた。

当時、シンセサイザーを操る音楽家は、松武の師匠だった冨田勲のほか、ヴァンゲリス、喜多郎などすでに何人も存在していたが、YMOのモデルとなったのは何よりもクラフトワークだろう。シンセの巨匠たちとクラフトワークの違いは、ビートの導入である(クラフトワークも最初期はビートレスだったが)。テクノ・ポップというキーワードを構成する二つの単語、テクノロジーとポップは、どちらが欠けてもいけない。これはYMOと『千のナイフ』の違いでもある。

『イエロー・マジック・オーケストラ』には二曲の「コンピューター・ゲームのテーマ」が収録さ

れていた。「サーカスのテーマ」と「インベーダーのテーマ」である。サーカスは、アメリカのアーケード・ゲーム業界最大手のひとつだったエキシディ（Exidy）社が一九七七年に発売した、いわゆる「ブロック崩し」ゲーム、スペースインベーダーは、東京に本社があるタイトーが七八年六月に発表し、あっという間に世界的ブームとなった大ヒットゲームである。チープなピコピコ音が妙に耳に残るこれら人気ゲームのサウンドを、YMOは自分たちの機材で再現した（サンプリングではない）。音楽グループのデビュー作にコンピュータ・ゲームの音のカヴァー（？）が入っているのは当然ながら前例のないことだった。それは日本でも海外でもユニークで斬新な試みとして受け止められたのである。

テクノロジーの国ニッポンの最新テクノロジーによるニッポンの最新ポップ・ミュージック、それがYMOの音楽なのであり、それは「音楽」だけでなく、YMOというバンドをも海外に向けて戦略的に（つまり文化輸出的に、マーケティング的に、ということである）打ち出した意匠でもあった。『ニッポンの音楽』ではそれを、テクノロジー＝最新技術（繰り返すが、それは「音楽」の範疇に留まるものではないし、いわゆる科学／工業技術のことだけでもない）を搭載したジャポニズム＝オリエンタリズムの逆利用、すなわち「テクノ・オリエンタリズム」と呼んでおいた。テクノ・オリエンタリズムこそ「イエロー・マジック」である。いうなればそれは、一九七〇年代末から八〇年代初頭における、国際社会での日本のポジショニングを端的に表すワードだった。まずは経済的に、そして文化的に、日本人の「黄魔術」は現実に世界を席巻しつつあったのである。「イエロー・マジック」とは、自虐と自尊が複雑に絡み合ったパラドキシカルなワードだった。細野晴臣が考えたコンセプトは、はからずも（なのかどうかもわからないが）彼らのバンドを「日本」、正確に言えば「世界から見た日本」の象徴として機能させることになったのである。以下は『ニッポンの音楽』より（一部を編集、改稿した）。

テクノ・オリエンタリズムは、YMOの音楽にも刻印されています。特に最初の二枚のアルバムで中心となっている曲、「東風」や「中国女」、それから「TECHNOPOLIS」と「RYDEEN」、あるいは「BEHIND THE MASK」といった名曲の数々は、サウンドは電子音が中心ですが、メロディラインは極めてオリエンタルです。それは日本的な旋律というよりも、もっと汎アジア的というか、大陸的な雰囲気を持っています。メンバー三人の作曲ごとにみると、こうした傾向が最も強く、おそらく最も意識的に行っているのは、明らかに坂本龍一です（逆に細野の曲には、実はあまりそういう要素はありません）。坂本のソロ作『千のナイフ』には、すでにこの路線の曲が入っていました。

最新テクノロジーを駆使した電子的なサウンドに、西洋音楽とはかなり違ったオリエンタルなメロディが載っているのが初期YMOの音楽スタイルです。ヴィジュアル面も含めた、このようなテクノ・オリエンタリズムが、彼らがA&Mのトミー・リピューマに見初められた最大の理由、アメリカで評価された勝因に違いありません。しかしここで問うておきたいのは、たとえばリピューマには、YMOのメロディが、いわゆる日本的なものとも実は相当に違っているということが、果たしてわかったのだろうか、ということです。少なくとも最初は、西欧人であるリピューマの耳には、日本風も大陸（中国）風も、ほとんど区別がつかなかったのではないか。それは『イエロー・マジック・オーケストラ』のＵＳ盤を聴いた多くの欧米のリスナーにとっても同様だったでしょう。しかしそれで何ら問題はなかったわけです。たとえ外国からのオリエンタリズム的な視線に何らかの誤解があったとしても、ともかくＹＭＯはニッポンからやってきたユニークな音楽グループとして認知された。それは、アジアに冠たるテクノロジーの国として台頭しつつあった、当時の日本のイメージそのものとして、彼らが受け入れられたからです。ゲーム音楽が入っていることも、無論そのことに寄与していました。そして、海外における評判がフィードバックして、日本での人気に火を点けることになった。オリエンタリズムは外部からの視線によって生成されるものですが、そこに当然のごとく潜在する誤差や歪曲をも利用するような形で、ＹＭＯは日本の音楽史上、最初に成功した逆輸入型の音楽グループになったわけです。

（『ニッポンの音楽』）

「反・ＹＭＯ」の狼煙

ファースト・アルバムが出た時点では評価も売り上げも芳しくなかったＹＭＯは、アメリカでのライブの成功が日本に伝わると、にわかに国内で大きな話題になり、猛烈な勢いで売れ始めた。同じく坂本龍一の『千のナイフ』も、リリース当初の不振が嘘のように売れ出した。すでに記したように、セカンド・アルバム『SOLID STATE SURVIVOR』はオリコン・チャートで一位を記録する。坂本龍一の人生は激変した（もちろん細野晴臣と高橋幸宏も）。有名になることの弊害と、多忙であることの消耗が、一挙に彼に訪れた。一三一頁で記した「状況への憎悪」が、彼の内に湧き上がってきたわけである。

だが、このことは指摘しておかねばならない。拙著からの先の引用でも書いたように、もともとは細野晴臣が生み出したコンセプトであるイエロー・マジック＝テクノ・オリエンタリズムを、楽曲レベルで、ＹＭＯの三人の中でもっとも見事に表現してみせたのは、坂本龍一だったのだ。これは間違いない。それどころか、テクノ・オリエンタリズムとは、細野晴臣よりも、高橋幸宏よりも、そしてイエロー・マジック・オーケストラよりも、他ならぬ坂本龍一という音楽家の或る側面を明確に表した言葉ではなかろうか。この資質、この才能こそが、彼を「世界のサカモト」へと押し上げたのだ。それが、無意識の為せる業だったのか、それとも設問に対する最適解の導出、課題に対する対応力の高さゆえのものだったのかはよくわからない。おそらくその両方だろう。

しかし、ここで何よりも重要だと思われるのは、坂本龍一自身が、この結果にある種の違和感を、もっと言えばいくばくかの嫌悪感を抱いたということなのである。ＹＭＯの大成功はイエロー・マジックの勝利だった。そしてそれは彼の勝利でもあった。しかしそれは、誇らしく喜ばしい勝利であると同時に、苦い勝利でもあったのではないか。音楽活動とは別に日々の生活においても、いろいろな支障や不満が生じていた。「俺はこんなつもりじゃなかった、ＹＭＯが俺をこんなふうにした」（『音楽は自由にする』）と坂本龍一は思い悩むようになった。一九八〇年二月にライブ・アルバム『PUBLIC PRESSURE／公的抑圧』がリリースされると、人気はますます加熱した。この年の四月からＹＭＯは、初めての国内ツアーを行った。その終了後、坂本龍一は他の二人にバンドを脱退したいと申し出たが、当然のように慰留された。このことは当時報道されてもいる。坂本龍一はYMOの一員であり続けながら、「反・YMO」の狼煙(のろし)を上げた。

そんな時期に、ぼくは2枚目のソロ・アルバム『B-2ユニット』を作りました。数カ月の間、ほとんど誰とも会わずにこのアルバムを作った。溜まりに溜まった力を傾注して、YMOをいわば仮想敵にして作りました。ぼくはYMOをやりながら、アンチYMOをやっていたわけです。
YMOにはできない過激なものを作ろう、ぼくはそう思いました。YMOがプラスなら俺はマイナスを、白なら黒を、正反対のことをやってやる。このアルバムは、そういうドロドロしたエネルギーに満ちていて、いま聴いても当時の感情が思い出せます。
(『音楽は自由にする』)

こうして坂本龍一が作った最も過激なアルバム『B-2 UNIT』が誕生した。一九八〇年九月のことである。

苦肉の策から生まれた『増殖』

一九八〇年六月、イエロー・マジック・オーケストラは通算四枚目に当たるアルバム『増殖/X∞ MULTIPLIES』をリリースした。収録時間は三〇分弱、全一二曲(トラック)収録だが、そのうちの五曲が後述する「SNAKEMAN SHOW」であり、イントロ／アウトロも加えると、純粋な楽曲は「NICE AGE」「TIGHTEN UP」「CITIZENS OF SCIENCE」「MULTIPLIES」の四曲に過ぎない。「TIGHTEN UP」はカヴァーなので新曲と呼べるのはたったの三曲である。それもそのはずで、「NICE AGE」と「CITIZENS OF SCIENCE」は、アメリカ発売のシングル用に録音されたがリリースが見送られた曲であり、この二曲を発展(増殖?)させるかたちで、ミニ・アルバムというべきこの作品が生まれたのではないか。

人気絶頂でメディアに出ずっぱりのYMOにはフル・アルバムを制作する時間的／精神的余裕がなかった。ライブ盤『PUBLIC PRESSURE／公的抑圧』から四カ月、スタジオ録音の前作『SOLID STATE SURVIVOR』から一年も経っていなかったが、所属レコード会社のアルファは更なるリリースを求めていた。アルファ側の提案はライブ・アルバムの続編だったが、YMOは首を縦に振らず、苦肉の策として、かなり変則的なこの「アルバム」が誕生したのだった。その鍵を握ったのが、スネークマンショーである。

スネークマンショーは、選曲家の桑原茂一とタレントの小林克也が結成したユニットで、最初はファッション・ブランド関連のBGMやCMを担当、七〇年代半ばから幾つかのラジオ番組を制作していたが、俳優の伊武雅刀(いぶまさとう)(当時は伊武雅之)が加入した頃から、ユニークな音声コントを披露するようになった。細野晴臣と高橋幸宏が桑原と旧知の間柄であったことから、YMOとスネークマンショーのコラボレーションが実現した。

『増殖』はオリコン・チャートで初登場一位を記録している。YMOの曲の合間にスネークマンショーのショート・コントが挟み込まれる構成で、オリジナルのレコード（通常のＬＰ＝12インチ盤より小さい10インチ盤だった）の各面は、ほぼ曲間なしで繋がっている。

このアルバムは、小林克也によるウルフマン・ジャックばりの英語のＭＣが乗ったジングルで幕を開ける。さながらラジオ番組の雰囲気である。そのまま最初の曲「NICE AGE」へ。作詞はクリス・モズデル（他の曲も）、作曲は高橋幸宏と坂本龍一。魅力的な粘りを帯びた高橋のヴォーカルが映えるポップな曲だが、途中で女性の声で「ニュース速報」が読み上げられる。実はこの曲は当初、来日したポール・マッカートニーとのセッションを予定していたが、彼が日本入国時にマリファナの不法所持で逮捕・拘留されてしまい、共演が不可能になった。この曲で「ニュース」を読んでいるのはサディスティック・ミカ・バンドの福井ミカだが、彼女が「22番」と言っているのはポールの拘置所での番号だという。

「SNAKEMAN SHOW」を挟んで「TIGHTEN UP」。アーチー・ベル＆ザ・ドレルズが一九六八年にリリースしたヒット曲のカヴァーで、小林と伊武が声で参加している。副題の「JAPANESE GENTLEMEN STAND UP PLEASE!」が連呼されることがポイント。原曲にはない、いかにもＹＭＯらしいアイロニカルな要素が加わっている。細野晴臣のベース・ラインが素晴らしい。再び「SNAKEMAN SHOW」、続く「HERE WE GO AGAIN」は「TIGHTEN UP」のリプリーズ（繰り返し）で、ここでＡ面は終わる。

Ｂ面は「SNAKEMAN SHOW」から始まり、コントがそのまま「CITIZENS OF SCIENCE」に連なる。軽快なテクノ・ブギで、こちらも高橋の色気のあるヴォーカルが印象的。作曲は坂本龍一である。そしてまた「SNAKEMAN SHOW」が挟まって、アルバム・タイトルでもある「MULTI-PLIES」。ほぼ生演奏で、当時イギリスで流行していたジャマイカのスカとパンクが合体した2トーン（ザ・スペシャルズやマッドネスは日本でも人気があった）サウンドを演っている。イントロで映画『荒野の七人』のテーマをサンプリングしたことにクレームが付き、現在は「作曲エルマー・バーンスタイン、イエロー・マジック・オーケストラ」というクレジットになっている。また「SNAKEMAN SHOW」が入って、坂本龍一の『千のナイフ』収録曲でYMOのライブでもお馴染みの「THE END OF ASIA」がややテンポダウンして奏でられ、このアルバムは終了する。

では、このアルバムのスネークマンショーのコントはどのようなものだったか？　その一部にYMOの三人も加わった五つのコントは、一言でいうなら自嘲・自虐ネタのオンパレードである。「KDD（現在のKDDI）」「ミスター大平（当時の総理大臣だった大平正芳）」「林家万平（林家三平のパロディ）」など、今となっては説明が必要なネタが多いが、悪意さえ感じさせる冷笑的で強烈なブラック・ユーモアが全編を覆っている。そこには、先進国のトップグループに急激にのし上がりながらも国際的な認知も国内的な自覚も進んでいないニッポンとニッポン人を自ら嘲弄してみせるという、ひねくれたスタンスがあからさまに感じられる。経済的には発展しているのにある意味では遅れたままの国ニッポン。前にも触れたようにYMOは、富士フイルムのカセットテープのテレビCMで「海外の目から見た典型的な日本人」に扮してみせた。日本人のカリカチュアを日本人に見せるという倒錯的な振る舞いは、一種の逆輸入現象によってはからずも国内で大スターになってしまったYMOならではの自己批評的なものだった。この意味で『増殖』は極めて興味深い作品である。そこには一九八〇年のＹＭＯの鬱憤と焦燥と煩悶が、当時としては飛び抜けてハイセンスなパロディとギャグによる笑いを凍りつかせるほどの生々しさで刻みつけられている。

『増殖』への参加によってスネークマンショーの人気もうなぎ上りとなり、一九八一年には細野晴臣のプロデュースで、ＹＭＯの他、プラスチックスや加藤和彦、ムーンライダース、ドイツ出身のテクノ・アーティストのクラウス・ノミなどが参加したアルバム『SNAKEMAN SHOW／スネークマン・ショー』（通称『急いで口で吸え！』）がリリースされ、予想を超える好セールスを記録し、同年のうちにセカンド『死ぬのは嫌だ、恐い。戦争反対！』も発表、その後、方向性の違いから小林が脱退するなどして解散へと向かうが、桑原茂一は一九八二年にライブハウス「ピテカントロプス・エレクトス」を原宿に開店、八〇年代ニューウェーブ・シーンの震源地となった他、自身の事務所クラブキングを版元としてフリーペーパー『dictionary』を編集発行するなど、九〇年代以降も多彩な活躍を続けた。小林克也は英語力と音楽知識、そして魅力的な声を活かしてラジオやテレビのパーソナリティ／ナレーターとして活躍、伊武も俳優として数多くの作品に出演していくことになる。

パンク・ムーヴメント

パンク・ロックの歴史は、米英のピンポン運動のような影響関係によって形成されている（むしろロックの歴史がそうなのだと言うべきかもしれないが)。一九六〇年代半ばにイギリスのバンド/ミュージシャンがアメリカに次々と進出し成功を収めた現象をブリティッシュ・インヴェイジョン(英国の侵略)と呼ぶが(その前段階としてはもちろんビートルズの存在がある)、その中でもロックンロールの進化を推し進めたローリング・ストーンズやザ・フー、ヤードバーズなどの影響を受けながら、より荒削りなサウンドを志向したアメリカのバンド(ガレージ・ロックと呼ばれた)、特にMC5とストゥージズ(イギー・ポップ)が、パンク・ロックの始祖(プロトパンク)とされることが多い。七〇年代に入ると、ジョニー・サンダース率いるニューヨーク・ドールズが登場する。続いてテレヴィジョン、ラモーンズ、パティ・スミス、スーサイドなどが次々と現れた。ニューヨークにはヴェルヴェット・アンダーグラウンドもいた。

これらニューヨーク・パンクをイギリスに「輸入」することを思いついたのが、パンク・ロックの仕掛け人というべきマルコム・マクラーレンである。マクラーレンはファッション業界の出身で、当時のパートナーだったヴィヴィアン・ウエストウッドと「レット・イット・ロック」というブティックを、一九七一年にロンドンにオープンした。彼は思想的には『スペクタクルの社会』で知られるギー・ドゥボールらシチュアシオニスト・インターナショナルの影響を受けており、反体制的(左翼的)政治姿勢と商業主義が合体した極めて興味深い人物である。

マクラーレンは、アメリカの最先端のファッション・シーンを知るために渡米した際にニューヨーク・パンクと出会い、ニューヨーク・ドールズのマネージャーになったが、バンドはほどなく解散してしまった。イギリスに帰国した彼は、ロンドンにある自分のブティックを「セックス」と改名し、NYの最新流行を取り入れたファッションにシフトチェンジ、店の常連だった不良少年たちがやっていたバンドを母体としてセックス・ピストルズを結成、マネージャーに就任する。ピストルズはライブを重ねるごとに注目を集め、一九七六年に華々しくメジャー・デビュー、大旋風を巻き起こした。パンク・ムーヴメントはこうして始まった。

六〇年代末から七〇年代前半にかけてのイギリスのロック・シーンでは、ハード・ロックとプログレッシブ・ロックが二大ブームだった。両者はかなり違ったタイプの音楽だが、プレイヤーに高い演奏テクニックが求められるという点では共通していた。パンクはある意味で、楽曲的にも技術的にもあまりに高度になり過ぎてしまったロックに対する一種の揺り戻しとして理解することができる。ロックンロールの基本に立ち返り、三つぐらいコードが弾ければ、あとは初期衝動に突き動かされたパフォーマンスでなんとかなる、というものだったからである。

マクラーレンはセックス・ピストルズを、社会からはみ出し、富裕層／支配層に反抗意識を抱く若者たちのシンボルに仕立て上げようと画策した。ニューヨーク・パンクにもその要素はあったが、ロンドン・パンクはより明確に、音楽だけでなく、ファッションやアート、デザイン、ライフスタイルなどを巻き込んだ、総合的な文化現象だったと言える（のちのヒップホップも同様である）。セックス・ピストルズと、続いて登場したザ・クラッシュ、ダムド、ザ・ジャムなどのバンドは、その台風の目だった。

ところが、流行とはそういうものかもしれないが、パンク・ムーヴメントは一九七七年頃をピークにあっけなく終焉してしまう。その要因はひとつではなく、バンド・メンバーの不仲や個人の意識の変化などがまずは挙げられるだろうが、パンクがパンクであるということ自体が理由であったとも言える。つまりミュージシャン自身が、パンクのシンプルな音楽性に飽き足らなくなったということである。パンクはそれ以前のロックの高度化・高尚化に対するアマチュアリズムの顕揚だったわけだが、音楽を続けていれば楽器も少しずつ上手くなってくるし向上心も芽生えてくる。もちろんそうでない者もいただろうが、パンクには常に同じ地面でひたすらジャンプし続けることを求められる面があり、プログレッシブ・ロックへの反動であったことからもわかるように、「進歩／進化」とは真逆のベクトルを有していたがゆえに、そのような状態を強いられることを耐え難く思う者が出てきてもなんら不思議ではない。パンクの人気ミュージシャンたちは思いのほか早くその段階に達し、かくしてパンク・ムーヴメントは、今から思えば非常に短期間——長く見積もっても約三年——で終止符が打たれることとなった。

　セックス・ピストルズのフロントマンで、パンク・ムーヴメントの立役者だったジョニー・ロットンはUSツアー中にバンドを脱退、ピストルズはそのまま解散、ロットンは本名のジョン・ライドンに戻って一九七八年にパブリック・イメージ・リミテッド（PIL）を結成し、ピストルズとは似ても似つかないアバンギャルドな音楽性へと向かった。ザ・クラッシュのジョー・ストラマーはバンドとして政治的に先鋭化し、音楽性も非西欧音楽的な方向へと大胆に拡張していった。ザ・ジャムは一九八二年まで活動を継続したが、リーダーのポール・ウェラーはバンド解散後、キーボーディストのミック・タルボットとザ・スタイル・カウンシルを結成、スタイリッシュでハイセンスな、お洒落なサウンドでジャム以上の人気を獲得する。

このように、その歴史的な重要性や影響力とは裏腹に、パンクとは極めて短命な、イギリスの七〇年代後半に突然勃興して終息した現象／運動だったと言える。もちろん、音楽やファッションのスタイルとしてのパンクは、それ以降もイギリスに留まらず全世界のその時々の若者世代によって受け継がれていき、現在にまで至っているのだが。

ポスト・パンクという言葉がある。字義通り「パンク以後」ということであり、七〇年代末から八〇年代初頭のイギリスを中心とする一群の音楽を指す呼称である。たとえばセックス・ピストルズはパンクだが、ＰＩＬはポスト・パンクである。いうなればそれは、パンク・スピリット（それがどのようなものであるのかも議論の余地はあるが）を保持しつつも音楽的な変化や革新を重視するということであり、数多くの注目すべきバンドが出現した。パンクの流行期から時間的距離が開くとともに、ポスト・パンクはニューウェーブと呼ばれるようになる。

同様の動きはイギリスだけでなく、ニューヨーク・パンク以後のＮＹでも起こっていた。七〇年代末には、先行バンドを踏まえつつ、よりラディカルでジャンルミックス的な音楽性を持った若いミュージシャンたちがシーンに登場してきた。ブライアン・イーノのプロデュースによる、新鋭バンドを四組集めたオムニバス・アルバム『NO NEW YORK』（一九七八年）はその代表的な作品である。収録されているのは、ジェームス・チャンスのザ・コントーションズ、リディア・ランチのティーンエイジ・ジーザス・アンド・ザ・ジャークス、アート・リンゼイとイクエ・モリがいたＤＮＡ、そしてマーズ。ニューヨークという都市の混沌とした空気、その速度と強度を圧縮したかのようなサウンドは「ノーウェイブ」と呼ばれた。イギリスのポスト・パンクとアメリカのノーウェイブはほぼ同時期に登場し、共通する音楽性や人脈的な関係もあるが、やはり違っている。それはロンドンとニューヨークという二つの都市の違いということだったのかもしれない。

ソロ第二作『B-2 UNIT』

さて、前にも触れたように、坂本龍一はYMOのファースト・アルバム発売後のインタビューで、その音楽性を「エレクトロニク・パンク」や「エレクトリック・パンク&ファンクのテクノポップ」と呼んだ。だが、その時期のYMOには「フュージョン」や「クロスオーバー」と呼ばれ得る部分もあったことは前述の通りである。YMOのセカンド・アルバム『SOLID STATE SURVIVOR』は、いわばフュージョンからパンクへの重心移動だった。これも先に述べておいたように、日本においてはテクノポップが、欧米のポスト・パンク〜ニューウェーブに相当する。こうしたジャンル論やターミノロジー(用語論)は、ある意味ではナンセンスなものだが、しかしやはり重要である。「テクノポップ」という呼称が人口に膾炙(かいしゃ)したことによって生じた出来事や変化は間違いなく存在していたからである。

一九八〇年九月二一日、坂本龍一は二枚目のソロ・アルバム『B-2 UNIT』をリリースした。『SOLID STATE SURVIVOR』の一年後のことである。YMOは人気絶頂だった。三人のメンバーはそれ以前には体験したことのない多忙な日々を送っていた。坂本龍一は苦悩していた。急激に注目を浴びたせいでプライバシーが脅かされるようになったことや時間的な拘束のこともあったが、アイデンティティの問題、このままでは自分自身の「ＹＭＯの教授」とは別の部分を見失ってしまうのではないかという不安が彼を襲っていた。脱退を口にするようになり、心身ともに著しく憔悴した彼に、アルファレコードの川添象郎はソロ・アルバムを録音することを提案した。休暇ではなく更なる創作というところが凄いが、やりたい音楽を自由に演ってよいという条件に坂本龍一は心動かされた。『千のナイフ』に続くソロ・アルバムをほとんど無理やり作ったのは、一種のセルフ・セラピーの意味合いもあったのだと思われる。だが結果として『B-2 UNIT』は、セラピーなどという言葉とは正反対の、途轍もなくラディカルな作品になった。

『B-2 UNIT』にはキーパーソンと呼ぶべき存在がいる。坂本龍一とアルバムの共同プロデュースを務めた後藤美孝（ごとうよしたか）である。

後藤はもともと芽瑠璃堂（めるりどう）という吉祥寺の輸入レコード店の店員で、武蔵野タンポポ団などフォーク系ミュージシャンのバックで坂本龍一がピアノを弾いていた一九七四年からの知り合いだった。その後、パンク〜ニューウェーブに傾倒した後藤は、自らPASSというインディペンデント・レーベルを興し、最初のリリースだったフリクションのシングルのプロデュースを坂本龍一に依頼した。フリクションは、七〇年代前半には音楽を含むマルチ・アート集団「○△□」の一員として活動していたレックが渡米してニューヨークに滞在（この時にノーウェイブの洗礼を受けている）、一九七八年に帰国して結成したバンドで、S-KENやLIZARDなどとともに「東京ロッカーズ」の中核を担う存在だった。

坂本龍一はフリクションのデビュー・アルバム『軋轢』（一九八〇年）のプロデュースも担当（ミックスをめぐって坂本龍一とメンバーとの間で多少の「軋轢」があり、それがアルバム・タイトルになったという説もある）、続いてPASSからリリースされた元アーント・サリーのPhewのソロ・デビュー・シングル「終曲（フィナーレ）／うらはら」もプロデュースしている。この流れで後藤が『B-2 UNIT』の共同プロデュースをすることになったわけだが、二〇一九年九月に『B-2 UNIT』がリイシューされた際にネットマガジン『OTONANO』の特集記事に掲載された後藤美孝インタビュー（聞き手は吉村栄一）によると、坂本龍一のソロ・アルバムをPASSからリリースする可能性もあったという。だが、YMOがあまりにも有名になり過ぎていたため、インディ・レーベルから出すことは不可能だった。そこで坂本龍一が、アルファから出るソロに後藤を共同プロデューサーとして迎えるというアイデアを思いついた。同インタビューで後藤は「アルファでいっしょにやろう、今までPASSでやった延長線上でいいから」と彼に言われたと語っている。

・アルバムの当初の構想はどのようなものだったのでしょう?
「最初にPASSでやろうと持ちかけたときは、イメージとしてブライアン・イーノの〝オブスキュア・レコード〟のような現代音楽とポップス、ロックを横断する音楽の連作シリーズを考えていました。もちろん坂本くんが演るので、最初はコンピューター+シンセサイザーの〝機械〟で。そういえば最近、当時の計画書?が見つかり、そこにはコニー・プランクのスタジオで録音を、とか書いてあったんですよね。それは後にPhewのアルバムで別のかたちで実現することとなるのですが、もしあのときやってたらどうなったのかな?と。ちょうどフリクションのレコーディングをしている頃、XTCのアンディー・パートリッジの『テイク・アウェイ』がリリースされ、ぼくのところにアルバムの解説の依頼があったんです。時間もなかったので、坂本くんと吉祥寺時代からよくふたりで話していた音楽談義をそのまま文字に起こし、それを解説とすることにしました。このときのやりとりの中から『B-2 UNIT』の方向性のひとつが具体的なかたちになっていったのかなと思います。」

(「後藤美孝 インタビュー」『B-2 UNIT スペシャル・サイト』、OTONANOポータル
https://www.110107.com/s/oto/page/B-2UNIT_interview2?ima=2843)

ポスト・パンクでニューウェーブでノーウェーブな音楽

この特集記事に後藤は「坂本龍一という音楽家が、のちにポスト・パンクと言われるあの時代、自らの精神と肉体をぎりぎりまで追いつめつくり上げたアルバム。彼はその時、あらゆる意味で〝パンク〟そのものを生きていた。」というコメントを寄せている。そう、まさに坂本龍一は、YMOでは(そうしたくても)もはや実現できなくなってしまった(と彼には思えた)ポスト・パンクでニューウェーブでノーウェーブな音楽を『B-2 UNIT』で思うさま実験しようと考えたのだった。『B-2 UNIT』は全八曲収録(各面四曲ずつ)のアルバムで、レコーディングは前半は東京(YMO

と同じStudio“A”）で、後半と仕上げはロンドンで行われた。参加ミュージシャンは、ＹＭＯのサポート・ギタリストでもあった大村憲司、PASSからデビューしたポストパンク・バンド、グンジョーガクレヨンの組原正（くみはらただし）、そして後藤が名を挙げていたＸＴＣのアンディ・パートリッジ。三人ともギタリストで（しかもかなり異なったタイプのギターを弾く）、その他の楽器はドラムスも含めてすべて坂本龍一が演奏している。

このアルバムについて語られる際によく言及されるのは、ダブからの影響である。そのことは、ジャマイカ出身の詩人リントン・クウェシ・ジョンソンのダブ・ポエトリー・アルバムや、ダブの要素を取り入れたザ・ポップ・グループやスリッツなどポスト・パンク～ニューウェーブの最重要バンドのプロデュースで知られるデニス・ボーヴェルが、この作品にエンジニアとして参加していることでもわかる。「B-2 UNITスペシャル・サイト」に掲載されているインタビューでボーヴェルは、「自分にとってもランド・マークの一枚」「未来の音楽を作っている、ダビング・トゥ・ザ・フューチャーだという意識があったんだ」などと語っている。

ポスト・パンク～ニューウェーブがパンクを音楽的に進化させたものだったとして、その進化のありようは一様ではないものの、少なくとも二つのポイントを指摘することができるだろう。

まず第一にテクノロジーの発展。これには更に二つの次元がある。演奏と録音である。すでに書いてきたように七〇年代後半から、シンセサイザー、ドラムマシン、サンプラー、シークエンサーなどといったエレクトロニックな楽器／機器が次々と発売され、若いミュージシャンも盛んに取り入れるようになった。この傾向は八〇年代に加速し、多くのエレクトロ・ポップ・バンドを生み出すことになる。それと並行してレコーディング技術も飛躍的に進歩していった。技術発展のベクトルは、プロユースと汎用性／一般性の両方に伸びていった。一方では、以前よりはるかに複雑な音作りが可能になり、もう一方では、専門知識／技術を持たない者にも一定以上のクオリティの音作りが可能になった。

このことに、第二のポイントがかかわってくる。非西欧音楽の導入である。もっと砕けた言い方をすれば、それは白人以外の音楽的要素ということだ。そのひとつがダブである。ダブは、ジャマイカのレゲエ・ミュージシャンが独自に発展させた、レコーディングとポストプロダクションの方法論のことである。当時はまだアナログの磁気テープに録音していたが、オープンリールをリアルタイムで操作してエディットしたり（いわゆるピンポン録音）、録った音にリヴァーヴやエコーなどさまざまなエフェクトを掛けることによって、低音やリズムが強調されたユニークな音響を創り出す。これをダブ（ダビングの略）・ミックスと呼んだ。

ジャマイカからイギリスに輸入されたダブは、七〇年代後半から八〇年代初頭にかけて、すなわちパンク～ポスト・パンクの時期に大流行した。前出のデニス・ボーヴェルはバルバドス生まれの英国人だが、レゲエの本場ジャマイカで人気ジャンルであるラヴァーズ・ロックやダンスホールにかかわりつつ、ダブ的な要素をロンドンの音楽シーンに持ち込む窓口のような役割を果たしていた。

ポスト・パンク～ニューウェーブの非西欧音楽への接近はダブだけではない。アフリカ音楽のビート、インドネシアのガムラン、バリ島のケチャ、インドの伝統音楽など、のちの「ワールドミュージック」を先取りするように、若いバンドによって「第三世界」の音楽的要素が精力的に取り入れられていった。現在の視点から見ると、こうした動きは「文化の盗用」という批判に晒されかねないところもある。移民や旅行（観光）による長距離移動の増加だけでなく、録音物（レコード）の多様化によって異国の音楽に触れる機会が増えてきたことも大いに関係していただろう。異文化を知り、魅了され、自分でもやってみたくなる、という素朴な多文化主義が通用した牧歌的な時代であった。

テクノロジーの進歩と非西欧音楽の導入が、ポスト・パンク〜ニューウェーブの「ポスト」と「ニュー」の核心である。坂本龍一も『B-2 UNIT』で、それに倣った。いや、その最前線を切り拓いてみせた。ではアルバムを聴いてみよう。

ダブ受容の最良の成果の一つ

一曲目は「differencia」。アルバムの音楽的な方向性を高らかに告げる、尖り切ったダブ・チューンである。『B-2 UNIT』を発売日に購入し、針を落として、この曲が流れてきた時の驚きと興奮は今も忘れられない。『NO NEW YORK』にも収録されていたDNAのイクエ・モリのドラムス（彼女は「ドラムを叩けないドラマー」として知られていた。ちなみに同バンドのアート・リンゼイは「ギターを弾けないギタリスト」である）を加工変形した転げ落ちるような強烈なリズムに、獣の雄叫びのようなギターが遠く聞こえる。

思い出されるのは、後藤美孝がインタビューで語っていた、後藤と坂本龍一が対談形式で解説を寄せたというアンディ・パートリッジのソロ・アルバム『テイク・アウェイ』である。イギリスのポストパンク・バンドXTCのフロントマンの片割れ（もうひとりはコリン・ムールディング）が、パンクからの脱却をはかったサード・アルバム『ドラムス・アンド・ワイアーズ』（一九七九年）と、ダブ色の濃い『ブラック・シー』（一九八〇年）の間にレコーディングした初のソロ作で、正確にはMr. Partridge名義でのリリースだった。このアルバムは現在廃盤で、各種の音楽サブスクリプションにも入っていないが、一九九〇年にリリースされたXTC名義の編集盤『The Dub Experiments 78-80』に再録されている（もっとも、こちらも入手困難かもしれない）。

『テイク・アウェイ』と『B-2 UNIT』を聴き比べてみれば、直接的な影響、というより坂本龍一がパートリッジの向こうを張るつもりでアルバムを作ったことは一聴瞭然だ。特に前者に収録された「Steam Fist Futurist」を聴くと関連性は明らかである。この二枚のアルバムは、フライング・リザーズのファースト・アルバム『ミュージック・ファクトリー』（一九七九年）、元セックス・ピストルズのジョン・ライドン率いるPILのセカンド・アルバム『メタル・ボックス』（同）、デニス・ボーヴェルがプロデュースしたザ・ポップ・グループのデビュー・アルバム『Y（最後の警告）』（同）などと並ぶ、ポスト・パンクによるダブ受容の最良の成果である。

二曲目は「thatness and thereness」。一転してスローテンポの曲である。歌詞は後藤美孝と坂本龍一が共作し、ピーター・バラカンが英訳した。坂本龍一がヴォコーダーを通さず、生声で訥々と歌っている。「あれ性とそこ性」という曲名と、ニューロティックで哲学的な歌詞が意味深長である。音作りはまったく異なるが、旋律的には加藤和彦が前年の一九七九年にリリースした「ヨーロッパ三部作」の一作目に当たるアルバム『パパ・ヘミングウェイ』（坂本龍一も参加している）のロマンチックなヨーロッパ趣味を思わせるところもある。

この曲について、後藤美孝は次のように述べている。

「（…）“thatness and thereness”はスタジオA（アルファの東京のスタジオ：引用者注）でのレコーディングの初日に、坂本くんがピアノでぽろぽろ弾いたフレーズがすごくよくて、それが原型になっています。そのときぼくは、これは絶対自分で詞を書き歌うべきだ、それも日本語で。と言いました。以前彼の自作の歌を聴いたことがあり、幾何学的な言葉が並ぶ面白い詞だったので、是非つくるべきだと。でも、なかなか詞は完成せず、結局ロンドンまで行っても書けず、ぼくがアウトラインを書くから、この歌にはどういう情景が存在するのかということを訊いて、ではその情景に使いたい言葉は？　そこに現れる感情は？　というようにひとつひとつ尋ねながら構成していきました。あそこに暗示されたデモの光景と政治的言説に対する不信は、ぼく自身の体験でもあって、その感覚も当時の彼と共有していたと思います。のちに坂本くんが英語の詞にしたいということで、ピーターに訳を頼むことになったんですが、あんな抽象的な言葉が羅列された詞を英訳するなんて、ピーターにしかできない。彼の意訳によってイメージが補強された部分もかなりありますす」

（「後藤美孝　インタビュー」『B-2 UNIT スペシャル・サイト』）

三曲目「participation mystique」は、ＹＭＯの次のアルバム『ＢＧＭ』に連なる不穏なテクノ。

坂本龍一が叩くドラムスのハンマービートに、うねうねと蠢く（うごめく）シンセと組原正のノイジィなギターが絡みつく。

四曲目の「E-3A」という曲名は、米軍の早期警戒管制機の名称とのこと。間欠的なシンセ・ビートは、やはりポスト・パンク期に台頭したスロッビング・グリッスルやキャバレー・ヴォルテールなどのインダストリアル・ノイズ（工場や工業機械の駆動音を思わせることからこう呼ばれた）を想起させる。ガムランの響きを模した大村憲司のギターなど多彩な音が複雑に織り込まれている。この曲でA面は終わる。

B面の始まり、五曲目「iconic storage」は、曲調としてはＹＭＯの従来のイメージに近い「まとも」な曲である。だがよく聴くと、シンセの音色は微細な、神経症的な震えを帯びており、どこか脅迫的なニュアンスもある。ビート・メイキング的には「E-3A」と同じく、インダストリアル・ノイズからの影響が感じられる。

六曲目は「riot in Lagos」。ヨーロッパではシングル・カットもされた、このアルバムのリード・チューンである。構成やビートはシンプルだが、スネアの強烈なアタックと舞い踊るシンセ・ノイズがスリリングな名曲。テクノポップというより、九〇年代に勃興する「テクノ」を予告するかのようなマッシヴでダンサブルなサウンドで、細野晴臣が絶賛してＹＭＯのライブでも演奏されるようになるだけでなく、世界各国の有名ＤＪ／アーティストによって長年にわたってプレイされていくことになる。なお、二〇〇四年にリリースされた坂本龍一のセルフ・カヴァー・アルバム『/04』には、八台のピアノとスティーブ・ライヒを思わせる手拍子の多重録音によるニューヴァージョンが収録されている。

『B-2 UNIT』の二〇一九年再発盤には、坂本龍一が語り下ろしたセルフ・ライナーノートが付されている（構成は吉村栄一）が、その中で彼は「riot in Lagos」について、ナイジェリアのフェラ・クティ、キング・サニー・アデといった「アフリカ発のR&B」に触発されて作ったと述べている。そして、「ラゴスの暴動」というタイトルは、アルバム制作期間中に、ナイジェリアのラゴスで起きた暴動がテレビのニュースで取り上げられたのがきっかけで浮かんできたものだという。彼はここで、イギリスのポスト・パンクバンド、ザ・ポップ・グループも、「アフリカ発のR&B」の影響を受けていると指摘しているが、たしかにそのサウンド、ビートには明らかにその痕跡が見て取れる。

七曲目の「not the 6 o'clock news」は「differencia」と同じく、『テイク・アウェイ』と相通じるところのある実験的な曲。タイトルにもあるように、イギリスのBBC放送のニュース音声を、何を言っているのかわからないほど細切れにコラージュした音がベースになっている。アンディ・パートリッジがエレキ・ギターを電気増幅なしでかき鳴らしている。

アルバムの最後は「the end of europe」。『千のナイフ』（やYMO『増殖』）の「THE END OF ASIA」と対になる「ヨーロッパの終焉／果て」という曲である。カウベルの淡々とした反復に荘厳なシンセの音が重なる。エンディングに現れる聖堂の鐘のようなシンセが劇的な余韻を残す。この曲の暗鬱な雰囲気も、この後のYMOに影響を与えたのではないかと思われる。

剝き出しの「解体への意志」

「反・YMO」という、かなり屈折した、だが切実な気持ちから制作された『B-2 UNIT』は、音楽的には自信作になったものの、リリース当時は、まさにYMOとは大きく異なる音楽性であったがゆえに、世間からも、音楽ジャーナリズムからも、反応はけっして良くはなかった。後藤美孝も「B-2 UNITスペシャル・サイト」のインタビューで、「アルバムが発売された頃は、ぼくはPASSの仕事で忙しかったのであまり人に訊く機会はなかったんですが、当のYMO周辺も、PASSの周りにいた評論家たちからも、概して厳しい評価でした」と回想している。このような反応は、『千のナイフ』のリリース直後に酷似している。とはいえ坂本龍一は、他人の評価を得るためにこのアルバムを作ったのではなかった。それはいわば過激なセルフ・セラピーだったのだ。

こうして出来上がった『B-2 UNIT』について、細野も高橋も特に感想を言ってくることはなく、坂本からこの二人に聴かせることもなかったという（『音楽は自由にする』）。「反・YMO」という切迫した思いで作られたアルバムだけに、ありそうな話ではある。ところが、YMOの二度目のワールド・ツアーでは「riot in Lagos」を演奏し、その後のライブでも何度も取り上げている。そのことについて彼は、「3人とも屈折していたんだと思います」（同前）と述べている。「反・YMO」の思いから作られた曲であっても否定せず、何度もYMOのライブで演奏するというその距離感は、いかにも彼らしい。

二〇一九年の再発盤ライナーノートでは、もう少し詳しく「アンチＹＭＯ」の内実が語られている。

ダブのデニス・ボヴェルを起用したのも、ダブという音楽自体が指向するものが「壊す」「解体」するということに惹かれたから。ダブは音をひきちぎってコラージュしながら解体する音楽。

１９８０年までのＹＭＯにも、当然、それまであった音楽のフォームを壊して再構築する要素があったのだけど、ぼくはこの「B-2 UNIT」でそれをさらに徹底したかった。音楽を壊したまま組み立てないというのかな、そのまま提示する。

（「２０１９年に『B-2 UNIT』を振り返って」）

坂本龍一の「解体への意志」は、一〇代の頃からまったく変わっていなかった。再構築なき解体への欲望。『B-2 UNIT』は彼の――音楽的才能には留まらない――そのような本性＝本質が剝き出しになった野心作である。リリース当時の評価や反応はともかく、このアルバムはむしろ時間を経るほどに輝きを増してゆき、世界の音楽メディアのオールタイムベストにもたびたび上位にランクインすることになる。一九八〇年、激動の八〇年代の始まり。パンク直後（ポスト・パンク）の新しい波（ニューウェーブ）は日々刻々と凄まじい勢いで変容と多様化を遂げていた。坂本龍一はその速度にシンクロし、その強度と共振した。

『B-2 UNIT』を創り上げたことで、彼の「反・ＹＭＯ」が幾らかでも緩和されたのかはわからない。だが実に面白いことに、このアルバムはYMO本体に極めて大きな影響を与えることになる。『B-2 UNIT』が存在していなければ、YMOがその翌年（一九八一年）にリリースした二枚のアルバム『BGM』と『テクノデリック』は生まれていなかった、少なくとも今あるような作品にはなっていなかっただろう。それは間違いない。イエロー・マジックは内なるアンチテーゼをも呑み込みながら、次の段階に進んでいった。

一九八一年、イエロー・マジック・オーケストラは三月に『BGM』、一一月に『テクノデリック』という二枚のフル・アルバムをリリースした。どちらも以前の作品とは一線を画す実験的な内容であり、坂本龍一が「反・YMO」の衝動に突き動かされて作り上げた『B-2 UNIT』が、はからずも細野晴臣と高橋幸宏の創作意欲を刺激したのではないかと思われる（二人は「ほとんど何も言わなかった」と坂本龍一は語っているが）。

前年の七月、ホライズン・レーベルの倒産のせいで宙に浮いていた『SOLID STATE SURVIVOR』と『増殖』からセレクトされた「ベスト盤」の『X∞MULTIPLIES』と、シングル「BEHIND THE MASK」が英A&Mからリリースされ、『X∞MULTIPLIES』は日本でも発売（内容が一部異なるオリジナル盤と海外盤の両方が国内で流通するという、かなりややこしい状況となった）、九月には坂本龍一『B-2 UNIT』がリリース。一〇月にイギリスで「NICE AGE」、追ってアメリカで「TIGHTEN UP」がシングル・リリース、前回からは規模が格段に大きくなった二度目のワールド・ツアーも始まった。国内外でのメディア露出も、ますます加熱していた。

そんな中でもYMOは、加藤和彦の「ヨーロッパ三部作」の第二作『うたかたのオペラ』（YMO全員参加）、「テクノポップの歌姫」などと喧伝されたスーザンの『DO YOU BELIEVE IN MAZIK――魔法を信じるかい？』（高橋幸宏プロデュース、全員参加）、大村憲司の『春がいっぱい』（坂本龍一と高橋幸宏が共同プロデュース）、坂本龍一作曲のYMOの曲「東風」に歌詞を付けた「TONG POO」を含む矢野顕子の『ごはんができたよ』（坂本龍一が共同プロデュース、全員参加）、シーナ&ザ・ロケッツの『Channel Good』（全員参加）など、自分たち以外の作品にも精力的にかかわっていた。この年のクリスマスの時期には四日連続で日本武道館公演が行われている。まさに人気絶頂である。だが、一九八一年三月に必ず新作をリリースするよう、アルファから厳命されていた。YMOはこの年の一月半ばにようやくレコーディングに入り、約一カ月でアルバム『BGM』を完成させた。

BGMにはなり得ない『BGM』

『BGM』というアルバム・タイトルは、一言で言えば反語である。音楽的にはBGMとして聴き流すことなど到底できないような、極めて野心的な内容になっている。

使用機材は大幅にアップデートされ（特にシンセサイザーは、一九七八年発売のプロフェット5になった）、当時最先端のデジタルのマルチトラックレコーダーが導入されたが、そのせいでかえって作業が煩雑になった面もあったようだ。シーナ&ザ・ロケッツなど外部のミュージシャンと仕事をする際にはプレイヤーとしての参加が多かったのを意識したのだろう、このアルバムは生楽器の要素が希薄だ。レコーディングはメンバー三人と松武秀樹のみで行われた。全一〇曲で、作曲は「RAP PHENOMENA/ラップ現象」と「MASS/マス」が細野晴臣、「BALLET/バレエ」と「CAMOUFLAGE/カムフラージュ」が高橋幸宏、「CUE/キュー」が細野と高橋、「LOOM/来たるべきもの」がYMOと松武秀樹、「U・T/ユーティー」がYMO、そして「MUSIC PLANS/音楽の計画」「HAPPY END/ハッピーエンド」「1000 KNIVES/千のナイフ」の三曲が坂本龍一となっている。作詞は前作までのクリス・モズデルから、作曲者自身が歌詞を書き、ピーター・バラカンが英訳するスタイルに変わった(バラカンは英語の歌唱指導も行ったという)。

細野、高橋の曲から聴いていこう。まずは前者から。「RAP PHENOMENA/ラップ現象」は、ヒップホップのラップとポルターガイスト現象のラップ音を掛けた曲名の通り、幽霊の「ヒュ〜ドロドロ」を思わせる笛のようなシンセとアタックの強いビートに細野自身の呪文のようなラップ(?)が重なる。時期を考えると、日本ではかなり早いラップ受容の曲である。細野は韻を踏んではおらず、本場のラップとは異なるが、以前の歌唱とはまったく違っており、YMOで細野の声がフィーチャーされたのも初めてのことだった。このスタイルは、翌年リリースされる細野のソロ・アルバム『フィルハーモニー』(一九八二年)の収録曲や、YMO散開(解散)後の『S-F-X』(一九八四年)に繋がっていく。「MASS/マス」はシングル・カットされた曲で、行進曲のような大陸的で妙に仰々しい旋律をバックに、ピーター・バラカンが英語とロシア語でヴォーカルを取っている。

高橋幸宏作曲の「BALLET／バレエ」はアルバムの冒頭に据えられた曲で、無機質なマシン・ビートに高橋の魅力的なヴォーカルが冴え渡る。途中に女声によるフランス語のナレーションが挟まる。全体としてヨーロッパ風のメランコリーとロマンティシズムが横溢するドラマチックな曲である。「CAMOUFLAGE／カムフラージュ」も高橋流テクノポップスの進化形で、マシニックに反復されるリズムと高橋の渋い歌、最小限の装飾のみによるシンプルな楽曲だが、完成度は高い。

ＹＭＯを通じてシンガーとしての高橋幸宏の進化は著しく、ヴォーカル・スタイルとしては英国の二人のデヴィッド、すなわちボウイとシルヴィアンをモデルにしていると思われるが、独特なダンディズムがあり、日本のいわゆるヴィジュアル系にも影響を与えたのではないか。高橋は一九八〇年六月に二枚目のソロ・アルバム『音楽殺人』を、『ＢＧＭ』の二カ月後にソロ第三作『NEURO-MANTIC』をリリースしたが（いずれも坂本龍一と細野晴臣が参加）、ＹＭＯでの経験をもっともストレートにソロに活かしたのは高橋だったのかもしれない。

細野と高橋の共作「CUE／キュー」には、こんなエピソードがある。坂本龍一は『音楽は自由にする』で「アンチ・ＹＭＯ」のつもりだった『B-2 UNIT』の「riot in Lagos」をＹＭＯのワールド・ツアーで演奏することになった皮肉について述べたあと、こう語っている。

2人に仕返しされたのが、「キュー」という曲。翌81年の3月に出た『ＢＧＭ』というアルバムの中の曲で、細野さんと幸宏が、ぼく抜きで、2人で作ったんです。でも、YMOの曲だからぼくも参加しないわけにもいかなくて、ライブではドラムをやることになった。音には参加せず、リズムを叩くだけ。「CUE」ですから、何かの合図、というような意味が含まれている。合図、きっかけ、手がかり、そういう意味のタイトル。すごく意味深ですよね。ぼくは黙ってビートに徹しながら、これは完全に、2人の復讐なんだな、と思いました。

(『音楽は自由にする』)

復讐とは穏やかではないが、実際、当時の坂本龍一は精神的に相当追い込まれており、高橋と細野との関係、特に後者とのそれはかなりギクシャクしていたようだ。だがしかし、『音楽は自由にする』の先の引用の続きにも書かれていることだが、二〇〇〇年代の後半にYMOが自然な流れで復活を遂げたあと、コンサートで「CUE」が久しぶりに演奏され、坂本龍一はドラムスを叩いた。私はその場に居たが、とても感動的だった。そんな事情があることを抜きにしても、この曲は『BGM』の中では珍しく明るさを湛えたサウンドとメロディが印象的である。

YMO作曲の「U・T/ユーティー」は「Ultra-Terrestrial(超-地球存在)」の略。のちに「ハードコア・テクノの元祖」(英NME誌)と呼ばれることになる強烈なビート——途中に挟まるスネークマンショー風の座談会で「この曲の高橋さんのドラム、スゴいですね!」と細野が言っている——に、大ヒットした矢野顕子のシングル「春先小紅(はるさきこべに)」(『BGM』のレコーディング中にリリースされ、カネボウ化粧品のCMに用いられた)とどこか似たメロディが乗せられる。

YMOと松武秀樹が作曲者としてクレジットされている「LOOM/来たるべきもの」は、アルバムのラストに置かれている。松武が以前から個人的に作っていた、無限音階による音響に水滴の音が重なり、やがて深いリヴァーブを帯びたシンセが流れ出す。後半の展開には環境音楽的な要素もある。

坂本龍一の作曲は曲数こそ三曲だが、「1000 KNIVES／千のナイフ」はもちろんセルフ・カヴァー（ハンド・クラッピングやビートの強調など全体的にハードでダンサブルなサウンドになっている）だし、「HAPPY END／ハッピー・エンド」は『BGM』の一カ月後にリリースされる坂本龍一のセカンド・ソロ・シングル「フロントライン」のカップリング曲で、シングルには存在した主旋律がカットされ、より音響的／ダブ的な仕上がりになっている。この曲はYMOやB-2 UNITS（坂本龍一のソロ・ライブ用のユニット）でも演奏されており、のちにピアノ重奏やストリングス、アコースティック・トリオなど、さまざまなアレンジによって演奏されていく。

The End of YMOの予感

坂本龍一は『B-2 UNIT』に先立ち、ファースト・ソロ・シングル（ドーナツ盤）「WAR HEAD」を一九八〇年七月にリリース、同年四月に六本木にオープンしたクラブ「Lexington Queen」の店名をタイトルに冠した曲（B面）と、それをアップテンポにしたタイトル曲で構成されていた（二〇〇二年リリースのベスト盤『US』に再録されている）。

続くシングルが「フロントライン」で、『BGM』の二曲目「MUSIC PLANS／音楽の計画」（同アルバムでは唯一の坂本龍一の純粋な作曲作品）の姉妹作というべき曲である。「MUSIC PLANS／音楽の計画」はミニマルな曲調ながら、坂本龍一のメロディ・メイカーとしての才能が大いに発揮された曲だが、作曲者自身がヴォーカルを取る歌詞は当時の彼の苛立ちが窺える、かなりネガティヴな内容である。サビの歌詞は次のようなものである。

Making music What's the plan?
Breaking music
Playing music What's the plan?
Decaying music
Grooving music What's the plan?
Losing music

この直後にレコーディングされた「フロントライン」の方が、坂本龍一としては自信作だったようである。同じく彼自身が歌っているが、ガムランを思わせるシンセと琉球音階的なメロディが不思議なバランス感で溶け合った、ストレンジだがポップな曲となっている。

この曲のカップリング曲「HAPPY END／ハッピーエンド」は、その曲名から、細野晴臣がかつて在籍していたはっぴいえんどを想起しないことは難しい。思えば、はっぴいえんどのラスト・

アルバムは『HAPPY END』というタイトルだった。坂本龍一の心中にYMOの終焉、The End of YMO――それが彼個人のことなのかバンド自体なのかはともかく――がリアルな未来として宿っていたことは疑いない。それならばせめて「HAPPY END＝幸せな結末」を、という気持ちも、もしかしたらあったかもしれない。

「テクノ＋サイケデリック」＝『テクノデリック』

だが、そうはならなかった。『BGM』のリリース日に当たる一九八一年三月二一日にYMOは次のアルバムのレコーディングを開始し、同年一一月に『テクノデリック』がリリースされた。アルバム・タイトルは「テクノ＋サイケデリック」ということだろう。音楽的には前作の延長線上にあるが、全体として躍動感を増した、ややキャッチーな仕上がりになっている。

レコーディングは『BGM』のデジタルMTR（マルチトラックレコーダー）の使い勝手が良くなかったので、一部を除いてアナログ録音に戻っている。全一〇曲で、細野晴臣の作曲が「GRADATED GREY／灰色(グレイ)の段階」、高橋幸宏が「PURE JAM／ジャム」と「STAIRS／階段」、三人の共作が「NEUE TANZ／新舞踊」、細野晴臣&高橋幸宏が「KEY／手掛かり」。坂本龍一&高橋幸宏が「SEOUL MUSIC／京城音楽」と「LIGHT IN DARKNESS／灯(あかり)」と「TAISO／体操」、そして「PROLOGUE／前奏」と「EPILOGUE／後奏」が坂本龍一の作曲となっている（YMO名義を含む）。単独作は二曲だけだが、共作を入れれば全体の半数の作曲にかかわっており、前作よりも彼の存在感は増している。

『BGM』リリース後の一九八一年四月より坂本龍一は、NHK-FMの「サウンド・ストリート」に毎週火曜夜に出演するようになり、好きな音楽を流しながら気ままにお喋りするようになったのだが、それがフラストレーションのはけ口になったのかもしれない。ちなみに当時高校生だった私はラジオを聴く習慣はあまりなかったが、この番組だけは楽しみにしていた。私は坂本龍一にフランク・ザッパやブライアン・イーノ、トーキング・ヘッズなどを教わった。「サウンド・ストリート」にはデモテープ募集のコーナーがあり、アマチュア時代のテイ・トウワや槇原敬之がデモを送っていたことは有名な話である。

では『テクノデリック』を最初から聴いていこう。高橋幸宏作曲の「PURE JAM／ジャム」は、いきなりビートルズ風のコーラスから始まる。極めて高橋らしい、まるでドラムマシンのようなクールなドラムス。続く「NEUE TANZ／新舞踊」はYMOの作曲、一聴してわかるようにバリ島のケチャが基になっているが、インドネシアの打楽器（ゴング）を模したシンセに掛け声をポリリズム的に重ねることで、ユニークな楽曲になっている。三曲目の「STAIRS／階段」は高橋の作曲。ピアノがダークな旋律を反復し、中空を浮遊するかのようなベース・ラインが蠢く。途中に入る即興のようなクラシカルなピアノも効果的だ。坂本龍一と高橋幸宏作曲の「SEOUL MUSIC／京城音楽」は、韓国のソウル（京城は日本統治時代のソウルの名称）とソウル・ミュージックを掛けた曲名。やはりベース・ラインが格好良い。ガムラン音楽がベースになっているが、そこに力強いスネア・

ドラムスが重ねられている。A面の最後が「LIGHT IN DARKNESS／灯」。やはり坂本龍一と高橋幸宏の作曲だが、この曲でも細野晴臣のベースが大活躍している。ベースがなければ割とフォーマルな「テクノ」なのだが。

B面に入って、シングルカットもされた「TAISO／体操」はYMOの作詞作曲。プリペアド・ピアノ（ピアノの弦に物を挟んだり上に置いたりして音を変調したピアノのこと）がミニマル・ミュージック的に一定のフレーズを繰り返す、わかりやすいメロディ・ラインを持ったキャッチーな曲である。体操の指示（？）は高橋が担当している。「タイソタイソー、みんな元気に、痙攣痙攣、痙攣痙攣」というサビの歌詞がなんとも可笑しい。「GRADATED GREY／灰色の段階」はこのアルバムで唯一の細野晴臣の単独作曲作。汽笛のようなシンセの音が印象的。ストイックな曲調だが、細野のヴォーカルには独特な歌心が感じられ、じわじわと盛り上がってくる。次は細野と高橋の共作「KEY／手掛かり」。明快なメロディを持った曲で、高橋が伸び伸びと歌い上げている。同時代のイギリスの人気ニューウェーブ・バンドの曲と言われても納得することだろう。『BGM』収録の「CUE／キュー」の姉妹曲という位置付けであり、確かにその曲調と似たところがある（こちらの方がBPMは早いが）。シングル「体操」のB面に収録された。そして坂本龍一作曲の「PROLOGUE／前奏」と「EPILOGUE／後奏」。こんな曲名の二曲が並んでいるのも実にひねくれている。「PROLOGUE／前奏」では、スタジオのすぐ近くにあった工場で録音されたという工場の機械音（インダストリアル・ノイズ）が単調に反復され、そこにガムランのような、あるいはスティールパンのような不思議な音色のシンセがオリエンタルなメロディを奏でる。そのまま「EPILOGUE／後奏」に繋がり、相変わらずインダストリアル・ノイズが鳴り響く中、透明感のあるシンセがフェードインしてきて、ひとしきり優美な旋律を聴かせた後、どこか厳かな雰囲気を残しつつ、このアルバムは終わる。

売り上げだけで言えば、『ＢＧＭ』はオリコン・チャートで最高二位、『テクノデリック』は最高四位だった（『SOLID STATE SURVIVOR』『PUBLIC PRESSURE／公的抑圧』『増殖』はいずれも一位）。明らかにそれは、ＹＭＯが自ら招いた結果だった。彼らは人気や商売よりもやり甲斐と満足を選んだ。そして二枚のアルバムは、その両方を叶える作品になった。坂本龍一はこう語っている。

いろんな確執を乗り越えて、（『ＢＧＭ』と：引用者注）同じ年の11月に『テクノデリック』というアルバムができた。ぼくも言いたいことをかなり言い、２人もそれぞれに言い、３人の力がいい形で重なりあって、１２０点ぐらいのアルバムができちゃったんです。／それまで抑えていた何かが弾けて、ぼくは現代音楽の引き出しも、臆面もなく、どんどん使った。それがＹＭＯのポップな形式にうまく収まったと思います。３人の持っているものが、最良の形で結晶したという、一種の達成感があった。

（『音楽は自由にする』）

この達成感とともに、彼は「やることはやった、もうシェアできるものは何もない、これ以上続けても意味がない。そういう感じになった」という（同前）。

「幸せな雰囲気すらある」『左うでの夢』

だが周知のように、実際にYMOが（ひとまずの）終わりを迎えるのは、『テクノデリック』発売から二年が経った一九八三年一二月のことである。しかも坂本龍一は『BGM』と『テクノデリック』の間に、『B-2 UNIT』に続くソロ・アルバム『左うでの夢』を発表しているのだ。まったく、なんという創作意欲と生産力だろうか！　彼の述懐によると、この時には『B-2 UNIT』制作時の「反・YMO」的な憎悪は消失し、「ちょっと幸せな雰囲気すらあるようなアルバムになってい」る（同前）。では、『左うでの夢』とは、どんな作品なのか？

『左うでの夢』は、約一年前の『B-2 UNIT』とは対照的とも言えるアルバムに仕上がっている。ラディカルでアグレッシヴな前作とは打って変わって、全体的な雰囲気は牧歌的でさえある。アルバム・タイトルは、坂本龍一が左利きであることから矢野顕子が命名した。

左利きであることについて彼は、断章形式のエッセイ集『skmt』の「009　右手と左手」で、左手が伴奏を担い、右手が「きれいな」メロディを奏でるようなピアノ曲が嫌いだったと述べた上で、バッハの曲は、右手と左手が「対等な役割」を担っているから感動した、と回想している。たしかにバッハのピアノ曲では、右手と左手を交差させながら奏でられるその声部はすべて対等な役割を担っている。このようなバッハからの影響は、二〇一〇年代後半にリリースされる彼のソロ・アルバムにも見出されることになるだろう。

左手が異常におとしめられてるってことに対して反発があったんじゃないかな。／でもね、「左ぎき」って言われることで引け目とかを感じたことはないけど。むしろ得意だった。

（『skmt　坂本龍一』）

『左うでの夢』は、全一〇曲中六曲で坂本龍一自身がヴォーカルを取る「歌もの」のアルバムで、歌詞はナレーションなどを除けば英語で歌っているYMOとは違い、日本語がメインである。作詞は糸井重里、矢野顕子、かしぶち哲郎（ムーンライダーズ）が二曲ずつ手がけている。

糸井重里は八〇年代のコピーライターブームの火付け役だった。糸井を一躍有名にする西武百貨店のキャッチ・コピー「不思議、大好き。」や「おいしい生活」はこの少し後だが、彼が構成を担当していた雑誌『ビックリハウス』の読者投稿連載「ヘンタイよいこ新聞」は若者に絶大な人気があり、音楽業界でも話題になっていた。糸井は、サビで「TOKIO」と連呼されるYMOの「TECHNOPOLIS」の直後にリリースされた沢田研二の大ヒット曲「TOKIO」の作詞家でもあった。

『左うでの夢』のキャッチ・コピー「スナオ・サカモト」を書いたのも糸井である。作詞に限らず、このアルバムが持っている人懐っこくもどこかシュールなムードは、糸井の言語感覚と繋がる部分があると言えるかもしれない。かしぶち哲郎は、はちみつぱい～ムーンライダーズでは基本的にドラマーだが、この頃はさまざまな歌手やミュージシャンに楽曲および歌詞を提供していた。かしぶちは矢野顕子と親交があり、『左うでの夢』への参加は矢野の推薦によるものだった可能性がある。

『左うでの夢』は、坂本龍一とロビン・スコットの共同プロデュースだった。スコットはイギリス出身のミュージシャンで、一九七九年に「M」名義で発売したシングル「ポップ・ミューヂック（POP MUZIK）」が全世界的にヒットした。「ポップ・ミューヂック」は、クラフトワークをより「ポップ」にした軽快でユーモラスな曲で、同じ年に大ヒットしたバグルスの「ラジオ・スターの悲劇（Video Killed the Radio Star）」と並ぶ、ニューウェーブ初期、テクノポップ（海外ではシンセポップ）の代表曲である。『左うでの夢』は制作当初、スコットとのデュオ名義のアルバムになる可能性もあったようだが、最終的に坂本龍一のソロ作となった。収録曲にスコットのヴォーカルを加えるなどして再構築した12インチ・シングル『アレンジメント』が一九八二年にリリースされている。

『左うでの夢』のレコーディングには細野晴臣と高橋幸宏、松武秀樹、仙波清彦、佐藤薫（EP-4）、当時キング・クリムゾンのメンバーだったエイドリアン・ブリューらが参加している。ブリューはアメリカ出身のギタリストで、七〇年代後半にフランク・ザッパのバンドに加入したことで注目された。デヴィッド・ボウイの『ロジャー』（一九七九年）やトーキング・ヘッズの『リメイン・イン・ライト』（一九八〇年）に参加後、ロバート・フリップ率いるキング・クリムゾンの第二期メンバーに抜擢された。プログレッシブ・ロックの最重要バンドであったクリムゾンは、ニューウェーブ的センスと卓越したテクニックを併せ持つブリューを得たことで一挙にサウンドが若返り、『ディシプリン』（一九八一年）、『ビート』（一九八二年）、『スリー・オブ・ア・パーフェクト・ペアー』（一九八四年）の三部作を発表する。エフェクター類を駆使してカメレオンのように多種多様なサウンドを作り出すブリューのギターは、『左うでの夢』でも大活躍している。

『左うでの夢』は、糸井重里作詞による「ぼくのかけら」で幕を開ける。東南アジアの民俗音楽を思わせる変拍子の連なりに、穏やかで幽玄なシンセの旋律が重なってゆく。非常にゆったりとした曲で、高速で激しいリズムの『B-2 UNIT』の一曲目「differencia」とは正反対である。「あげるよ、ぼくのかけらを、ありがとう、きみのかけら」で始まる坂本龍一の淡々とした呟きが、この作品全体のトーンを開示するかのようだ。

『左うでの夢』をレコーディング中だった一九八一年五月に、坂本龍一が高橋悠治からの委嘱で作曲した新作ピアノ曲「ぼく自身のために」が、高橋によって初演されている。この曲はオムニバス・アルバム『現代日本ピアノ音楽の諸相(1973-1983)』(一九九〇年)で聴くことができる。三分半ほどのごく短い曲だが、「ぼく」という主語が共通しているのみならず(もっとも初演時には「自分自身のために」という曲名だった)、後半に「ぼくのかけら」に似たメロディが一瞬聞こえる。まったく違うタイプの曲なのだが、聴き比べてみるのも面白いだろう。

二曲目「サルとユキとゴミのこども」も糸井重里の作詞。一曲目よりもテンポアップしつつも、暢気(のんき)なムードは変わらない。童謡のような歌詞だが、絶妙にナンセンスな不気味さがある。沖縄音楽とサンバが合体したかのような飄々(ひょうひょう)とした打楽器アンサンブル(坂本龍一も叩いている)と、浮遊感のあるエイドリアン・ブリューのギター、途中に挟まる管楽器のソロ(ロビン・トンプソン)という組み合わせが面白い。

三曲目は矢野顕子作詞の「かちゃくちゃねぇ」。曲名は津軽弁(矢野は東京生まれだが幼少期を青森県で過ごした）で「頭がごちゃごちゃしてイライラする」といった意味。この曲のビートは、一九八一年四月にリリースされたパブリック・イメージ・リミテッド（ＰＩＬ）の名盤『フラワーズ・オブ・ロマンス』の冒頭曲「Four Enclosed Walls」を彷彿とさせるが、それよりずっとポップな仕上がりである。メロディは沖縄風。中盤から、『B-2 UNIT』的なダブ処理をされた、せわしないリズムが立ち上がってくる。佐藤薫が弾くエレクトリック・ヴァイオリンの軋むような音がアクセントを添えている。

四曲目「The Garden Of Poppies」はインストゥルメンタル。前の曲を引き継いで、打楽器のダイナミックな乱打の上にエイドリアン・ブリューの変幻自在のギターが冴え渡る。

五曲目「Relâché」もインストで、作曲はロビン・スコット、エイドリアン・ブリューとの共作となっている。このアルバムの中では最もＹＭＯ的（テクノ的）な曲と言えるだろう。シンセの東洋的な旋律の反復、切れ味鋭いスネア・ドラム、太いベース（細野晴臣？）、何度か入ってくる電話のベルが一体となった非常にカッコ良い曲である。のちにロビン・スコットのヴォーカルと女声コーラスを加えて「JUST ABOUT ENOUGH」として『アレンジメント』に収録。こちらも非常にカッコ良い。

六曲目は矢野顕子作詞の「Tell'em To Me」。歌詞は全て英語である。仙波清彦のマリンバに他の打楽器群が重ねられた複合的なリズムに、エイドリアン・ブリューの獣の雄叫びのようなギターと坂本龍一の無表情なヴォーカル。この曲も、ロビン・スコットのヴォーカルを加えて「ONCE IN A LIFETIME」として『アレンジメント』に収められている。曲名がトーキング・ヘッズの有名曲と同じだが、これは意識的なネーミングだろう。

七曲目はかしぶち哲郎作詞の「Living In The Dark」。この曲のパーカッションもPILの『フラワーズ・オブ・ロマンス』を想起させるが、その上に坂本龍一の堂々とした歌唱が乗っている。作曲は坂本龍一だが、曲調やユニゾンのコーラスには、かしぶちが所属していたムーンライダーズが一九八〇年八月にリリースしたアルバム『カメラ＝万年筆』の雰囲気も感じられる。

八曲目の「Slat Dance」はインスト。変調されたバスドラと拍子木のような音にブリューの熱帯雨林のようなギター。インダストリアル・ノイズの代表的なバンド、スロッビング・グリッスルの名作『20 Jazz Funk Greats』（一九七九年）に入っていてもおかしくないような曲である。アルバムの中では、次のクライマックスへの間奏曲的な位置づけと言えるかもしれない。

九曲目の「Venezia」はかしぶち哲郎作詞、このアルバムでいちばんシンプルでオーソドックスなヴォーカル曲である。ヴェネツィア讃歌の歌詞を、坂本龍一が朗々と歌い上げている。普遍的な親しみやすさを持った極めて坂本龍一的なメロディで、のちの一連の歌謡曲（Jポップ）とも繋がる。R・トンプソンのフリーキーなサックスも印象的。この曲も、ヴォーカルをロビン・スコットに差し替えて「THE LEFT BANK」と改題されて『アレンジメント』に収録されている。

一〇曲目「サルの家」はミキシングだけで作られた、エピローグ的な楽曲である。単調なリズムボックスに、動物園のサルが立てる音がエディット、ループされて乗せられている。宙吊りにされたような不可思議な余韻を残して『左うでの夢』は終わる。

暗く過激な音楽から明るく過激な音楽へ

あらためてじっくりと聴いてみると、『B-2 UNIT』と『左うでの夢』という二枚のアルバムは、動と静、激しさと穏やかさ、速いと遅い、などといった明確なコントラストがありつつも、ただしく姉妹作と呼ぶべき緊密な関係性を持っていると思われる。どちらも同時代の海の向こうのポスト・パンク〜ニューウェーブの刻々たる変化と進化にシンクロした（あるいは先んじた）野心的な音作りがなされており、ダブに代表されるクリエイティヴなミックス処理の実験が盛んに試みられている。

それは両作のもうひとつの共通性、すなわちビート／リズムの多様性への強い関心ともかかわっている。この点で、『B-2 UNIT』にとってのアンディ・パートリッジ『テイク・アウェイ』の位置を『左うでの夢』において占めているのは、ＰＩＬの『フラワーズ・オブ・ロマンス』だろう。あちらは呪術的とも言えるダークな作品だが、ことリズムに対するアプローチという意味では、『左うでの夢』もおそろしく挑戦的なアルバムなのだ。ほとんどの曲が欧米のポップス的ではない非西欧音楽的なリズム構造、もしくはその変形／応用になっており、ポリリズムへの関心も強い。

坂本龍一自身は「ちょっと幸せな雰囲気すらあるようなアルバム」と語っていたが、そこにある多幸感（のようなもの）と、音楽的なラディカリズムは決して矛盾しない。日本語の歌詞や素朴な味わいのある彼自身のヴォーカルによって中和されているが、騙されてはならない。実は『左うでの夢』は、『B-2 UNIT』に負けず劣らず過激な作品である。

とはいえ、坂本龍一にとって『左うでの夢』のレコーディングは、『B-2 UNIT』や『ＢＧＭ』のおそらく相当に殺伐としていただろう雰囲気とはまったく異なった、親密でリラックスしたものだったようである。自分で歌ったことも、それには関係していただろう。『左うでの夢』が『B-2 UNIT』と同じく二〇一九年に再発された際に新たに付けられたライナーノートの中で（取材は吉村栄一）、彼は「ヴォーカルに挑戦したいという気持ちもあった」と語っている。

このアルバムには『B-2 Unit』のときにあったＹＭＯに対する反逆がない。だから暗い音楽から明るくなった。『B-2 Unit』のエレクトロニックな音から反転して、アコースティック楽器を多用した生演奏に比重が移ってます。アルファレコードの大きなスタジオで、みんなで輪になってそれぞれの前にマイクを置き、せーので一斉に音を出して録音するなど即興的な要素もあります。

（『左うでの夢』再発売盤ライナーノーツ）

ＹＭＯの『テクノデリック』が前作『ＢＧＭ』よりもポジティヴなムードを持ったアルバムになったこと、坂本龍一自身の関わり方や感じ方もかなり変化していること、それは先に引用した『音楽は自由にする』の回想でも明らかだが、本人が憎悪とまで呼んだ暗鬱な感情から抜け出すのに、『左うでの夢』という経験は極めて重要なものだった。『ＢＧＭ』のときは坂本龍一と細野晴臣の関係は一触触発の険悪さだったようだが、お互いへの反感やライバル心は適度な距離感によって抑制されることとなった。こうしてYMOは空中分解を免れた。だがそれは、今から思えば、本当の意味での「HAPPY END＝幸せな結末」の始まりでもあった。

一九八二年、YMOは一年間、バンドとしての活動を完全に休止する。そしてその間に、坂本龍一のその後の人生を、またもや大きく変える出来事が起こる。彼を「世界のサカモト」に変身させることになる出来事が。

『テクノデリック』のリリースは一九八一年一一月二一日だが、坂本龍一はその直前の一一月四日に単独ライブを行っている。タイミングとしては『左うでの夢』の発売記念だが、ライブ・バンドの名前は「B-2 UNITS」だった。

ロビン・トンプソン、沢村満（みつる）（細野晴臣がアルファ内に設立したYENレーベルから、日向（ひなた）大介、野中英紀（えいき）らとのアンビエント・ポップ・バンド、インテリアとして八二年にデビュー）、立花ハジメ（プラスチックスを脱退したばかりだった）の三人がサックス、どんべいこと永田純（板倉文（ぶん）と小川美潮（みしお）を中心とするニューウェーブ・バンド、チャクラのメンバー）がベース、鈴木さえ子（松尾清憲（きよのり）らとのシネマが解散した直後だった）がドラムスという布陣だった。『B-2 Unit』と『左うでの夢』収録曲の他、『BGM』『テクノデリック』での坂本龍一の曲、まだタイトルもない新曲、インテリアと同じく翌年にYENレーベルから高橋幸宏のプロデュースでリリースされる立花ハジメのソロ・アルバム『H』の曲も披露された。

このライブはNHK-FMでほぼ全編が放送されたが、その録音を聞くと、坂本龍一は「緊張している」と言いつつもそのMCには穏やかでリラックスした雰囲気が感じられる。この五日後には京都で、ニューウェイブ・バンドのEP-4とジョイントを行い、B-2 UNITSとしてのライブは一九八二年まで断続的に続くことになる。

一九八二年、YMOの活動は休止していた。この年、細野晴臣はYMO結成後初となるソロ・アルバム『フィルハーモニー』（ポスト『BGM』『テクノデリック』的アプローチの実験的な作品）を、高橋幸宏は前年の『NEUROMANTIC』に続くニューウェーブ・ポップなソロ作『WHAT, ME WORRY? ボク、大丈夫?』をそれぞれリリース、坂本龍一はソロ・アルバムの発表こそなかったが、古楽器アンサンブルのダンスリールネサンス合奏団のアルバム『エンド・オブ・エイシア／the End of Asia』（坂本龍一＋ダンスリー名義）のプロデュース――「ぼくのかけら」「グラスホッパー」「ジ・エンド・オブ・エイシア」を古楽器でカヴァーしている――、哲学者の大森荘蔵との対談本『音を視る、時を聴く』の出版などを行い、それ以外に大きな仕事を新たに二つ、経験することになった。

「い・け・な・いルージュマジック」の誕生

一九八二年二月一四日、坂本龍一は忌野清志郎とのコラボレーション・シングル「い・け・な・いルージュマジック」をリリースした。資生堂のコマーシャル・ソングで、カリスマ的人気のあったRCサクセションの忌野清志郎とイエロー・マジック・オーケストラの「教授」こと坂本龍一の顔合わせの意外性は抜群、七〇年前半にイギリスを中心に絶大な人気を誇ったグラムロックを取り入れた、坂本龍一と忌野清志郎の普段の音楽性とはまったく異なる曲調（グラムロックの音楽的な参照元のひとつであるブギが音楽的な土台）に加えて、当時週末ごとに原宿の歩行者天国で踊っていた若者たち、通称「竹の子族」のような色とりどりの布を縫い合わせたルーズなファッションに二人は身を包み、ビルの屋上から紙幣（本物の札が使用されたという）を大量に撒き散らし、しまいには唇を合わせるキスまでしてみせるというミュージックビデオの公開によって、スキャンダラスな話題性が爆発し、五〇万枚の大ヒットを記録した。二人はこの頃、テレビの歌番組に何度も出演している。

この曲の仕掛け人は、牧村憲一だった。山下達郎と大貫妙子のマネージメントやプロデュースを手がけ、ＹＭＯへの坂本龍一の加入に決定的な役割を果たした細野晴臣の初代マネージャーの日笠雅子（日笠雅水）や、坂本龍一のパーソナル・マネージャーになる生田朗が所属していたアワ・ハウス（もともとは山下と大貫が在籍したシュガー・ベイブの所属事務所）の元代表で、竹内まりあの初期アルバムや加藤和彦の「ヨーロッパ三部作」にも関わった牧村は、この頃は主にＣＭ音楽の世界で仕事をしていた（牧村はＹＭＯ散開（解散）後に細野晴臣がテイチクで立ち上げたレーベル、ノン・スタンダードのディレクターを務め、PIZZICATO FIVEやWORLD STANDARD、SHI-SHONENなどをデビューさせ、ポリスターレコードに移ってからは、フリッパーズ・ギターを世に送り出すことになる）。

牧村の著書『「ヒットソング」の作りかた――大滝詠一と日本ポップスの開拓者たち』（二〇一六

年）には、「い・け・な・いルージュマジック」誕生秘話が詳しく綴られている。同書によると、牧村が資生堂の宣伝制作部の知人から春の口紅のキャンペーン・ソングの相談を受けたとき、すでに「ルージュマジック」というワードは決まっていたという。また、誰の曲だったのかは不明だがデモテープも存在していた。だが、牧村にはその曲が面白いとは思えず、担当者と話すうちに化粧品のCMソングを敢えて男性に歌わせるというアイデアを思いつき、その場で忌野清志郎と坂本龍一の名前を挙げた。行きがかり上、この極めてユニークな、だがそれだけに相当にハードルが高そうなコラボレーションの実現を依頼された牧村が、別の仕事の折に坂本龍一に打診してみたところ、返事は非常に前向きだった。

後から知ったことですが、坂本さんは以前から清志郎さんと一緒に仕事をしたいと思っていたそうで、ソロアルバム『左うでの夢』制作時に一度も会ったことがなかったにもかかわらず、作詞を依頼したものの実現しなかったという経緯があったようです。

（『「ヒットソング」の作りかた』）

だが、忌野サイドは慎重だった。RCサクセションとYMOのイメージはかけ離れていたし、ファン層も違っていたからだ。ある意味では当然の対応である。しかし牧村は粘り強く交渉し、やっとRC側のゴーサインが出た。遂に坂本龍一、忌野清志郎に、RCサクセションの仲井戸麗市（なかいどれいいち）を加えた三人によるレコーディングが始まった（作詞作曲編曲は坂本龍一と忌野清志郎）。

坂本さんは初対面だったとはいえ、すでに述べたように清志郎さんとの仕事を楽しみにしていました。清志郎さんのほうも「なんだか成り行きでこうなっちゃったな」という空気を漂わせつつも、楽しんでいる様子です。

着くとすぐに坂本さんと清志郎さんから「何をやればいいのか」「何を望んでいるのか」と聞かれました。すっかり二人からアイディアが出ると思い込んでいて不意を突かれた僕は、咄嗟に「T・レックスやりましょう」と言いました。

今でも良いアイディアだったと思います。坂本さんはT・レックスにはあまり興味がなさそうでしたが、とりあえず急いで資料を整えて渡すと、翌日には「わかった」とアイディアが浮かんでいたようでした。

（『「ヒットソング」の作りかた』）

それからはスムーズに作業が進行したが、ひとつだけ牧村が頭を抱えたことがあった。クライアントからは「すてきなルージュマジック」という曲名で、と言われていたのだが、曲ができてきたらサビが「いけないルージュマジック」になっており、曲名もそれでいきたいと二人に告げられてしまったのだ。「まずい、九九%の確率で、この話はこじれる」と牧村は思ったというが、なんとか資生堂の会議にはかってもらい、熱弁をふるった。その結果、「いけない」を「い・け・な・い」にすることで、どうにかOKが出たのだった。

しかし蓋を開けてみればCMは圧倒的に好評で、曲も大ヒット。前にも触れたが、この一年前にはYMOが全員参加した矢野顕子のカネボウ化粧品コマーシャル・ソング「春咲小紅」（作詞は糸井重里）がヒットしていた。八〇年代は広告と音楽が以前にも増して緊密な関係性を築いた時代である。YMOファミリーは、その中で中心的な役割を担っていた。牧村憲一はこう述べている。

一方で「い・け・な・いルージュマジック」の成功は、音楽的にはYMOとRCサクセションのスターがジョイントしたことで達成されたものですが、じつは広告宣伝という面では八〇年代の最高峰と呼べる才能の助けを借りて、実現できたものです。

坂本さんと相談の上でアートディレクターを井上嗣也さん、ポスターのコピーを仲畑貴志さんに依頼しました。仲畑さんは、糸井重里さんと並ぶコピーライターでしたし、PVの演出は川崎徹さん、撮影は篠山紀信さんの一番弟子だった十文字美信さんに頼んでいます。こうした錚々たるクリエイターが遊びに遊んで、楽しみながら知恵を絞って作ったのですから、色々な意味ですごい作品になるのは当然のことだったのです。今もYouTubeで見られる「夜のヒットスタジオ」出演時の、坂本さんと清志郎さんのキスも、そんな遊び心の延長と言えるものだったかもしれません。

（『「ヒットソング」の作りかた』）

忌野清志郎は一九五一年四月二日生まれ、坂本龍一の一歳年上だった。だが周知のように、この不世出のシンガーは二〇〇九年五月、五八歳の若さで病没した。同年一二月二九日、坂本龍一はTBSラジオの忌野清志郎追悼番組に出演し（聞き手は金平茂紀）、年齢は一歳しか違わないが、一〇代でRCサクセションとしてメジャーデビューして活躍していた忌野のことを眩しい存在として見ていたことや「い・け・な・いルージュマジック」録音時のエピソードなどを語った。タッグを組んだ際には驚きをもって迎えられた二人だったが、その後のそれぞれの歩みを思うと、音楽の、いや音楽家の社会的な役割に対する真摯で誠実な姿勢、場合によっては踏み込んだ言動も辞さないアクティヴィスト的側面という点では深く相通ずるものがあったのかもしれない。

坂本龍一は一九八三年に、元ガセネタの山崎春美を中心とする大所帯のアヴァンギャルド・ロック・バンド「TACO」のアルバム『タコ』に「な・い・し・ょのエンペラーマジック」という、明らかに「い・け・な・いルージュマジック」をもじった曲で参加している。「エンペラー」とは「天皇」のことである。痛烈なセルフ・パロディというべきだろう。

「い・け・な・いルージュマジック」ばかりが知られているが、このシングルのB面には坂本龍一と忌野清志郎のもうひとつの共作曲「明・る・い・よ」が収録されていた。「ルージュマジック」のサビのメロディを換骨奪胎して、よりテクノポップ的なサウンドに仕上げたもので、曲名通り弾けるように明るいシンセの音色が耳を引く、知られざる名曲である。

『戦場のメリークリスマス』への出演、そして音楽提供

イエローマジックならぬルージュマジックの大ヒットの後、ＹＭＯへの加入に勝るとも劣らぬ極めて重要な出来事が坂本龍一を待ち受けていた。大島渚監督の映画『戦場のメリークリスマス』（一九八三年）への出演および音楽提供である。音楽の依頼が先だったのだろうとつい思ってしまう

が、実は当初は出演オファーのみだった。坂本龍一が音楽もやらせてくれるなら、と自ら交換条件を出したのである。彼はCMなどの映像に付ける音楽は多数手がけていたが、長編劇映画のサントラを一本丸ごと作るのは初めての経験だった。それだけに挑戦してみたいという気持ちがあったのだろう。周知のように、このチャレンジは目覚ましい結果を生み、坂本龍一を「世界のサカモト」へと押し上げる起動因になる。

大島渚は吉田喜重、篠田正浩とともに「松竹ヌーヴェルヴァーグ」などと呼ばれた松竹映画出身の監督だが、独立以後はATG配給の低予算映画で問題作を連発、一九七六年公開の日仏合作『愛のコリーダ』は「阿部定事件」（一九三六年に東京尾久の待合「まさき」で阿部定という女性が愛人男性を性交中に絞殺、ペニスを切り取った事件）を描いた作品で、主演俳優に本物の性行為をさせたことで日本国内では物議を醸しつつ、世界各国で上映された。続く『愛の亡霊』（一九七八年）も日仏合作で、第三一回カンヌ国際映画祭で監督賞を受賞している。

そして次に挑んだのが、日本、イギリス、オーストラリア、ニュージーランドの合作による『戦場のメリークリスマス』だった。原作はローレンス・ヴァン・デル・ポストの二編の短編小説「影さす牢格子」「種子と蒔く者」（ともに『影の獄にて』に収録）。ヴァン・デル・ポストは南アフリカ共和国（当時はオレンジ自由国）出身のアフリカーナー（アフリカ南部に居住する白人のうち、イギリス以外のヨーロッパ各国からの移民をこう呼ぶ）の作家で、第二次世界大戦中は英国陸軍に入隊し、ジャワ島の日本軍捕虜収容所で経験したことをもとに、のちに『影の獄にて』にまとめられる短編小説三部作を執筆した。

この邦訳を読んだ大島渚はすぐに映画化を思い立ったが、長期間の海外ロケと外国人俳優の起用を必須とするビッグバジェットの企画とあって、当初は資金繰りがかなり難航した。新進気鋭の映画プロデューサーだったジェレミー・トーマスが参画することで、このプロジェクトはようやく走り出す。大島はシナリオを何稿も書き改めており、映画になった最終的なヴァージョンでは原作にかなりの改変が施されている。

最初の企画段階では、ジャック・セリアズ英国陸軍少佐には、原作者ヴァン・デル・ポストの提案もあってロバート・レッドフォードの名前が挙がっており、出演交渉もなされたが、内容的に多くの観客を見込めそうにないということで不調に終わり、デヴィッド・ボウイが主演したニコラス・ローグ監督『地球に落ちてきた男』(一九七六年)の制作にジェレミー・トーマスがかかわっていたことに加え(『戦場のメリークリスマス』の共同脚本に大島渚とともにクレジットされているポール・マイヤースバーグは『地球に落ちてきた男』の脚本家でもある)、ボウイが日本のテレビCM(宝焼酎の「純」)に出演して一般的にも知られていたことから、この異色のキャスティングが実現した。英語タイトル『Merry Christmas Mr. Lawrence』にその名が冠されているロレンス陸軍中佐にはイギリスの俳優トム・コンティがすんなり決まったが、シナリオ第一稿には存在しておらず、第二稿から主要登場人物に加えられたハラ軍曹は、滝田修、緒形拳などが検討されたが決まらず、困り果てていたところ、大島監督にひらめきが到来した。テレビ番組で共演したことのあるビートたけしだった。そして、ボウイ扮するセリアズと相対する収容所長のヨノイ大尉も、俳優からミュージシャンまでさまざまな検討がなされたが、最終的に坂本龍一に白羽の矢が立った。ここで思い出されるのは、イエロー・マジック・オーケストラのときも坂本龍一は、細野晴臣のファースト・チョイスではなかったということである。彼の人生を変えた二つの大きな出来事には、いずれも偶然的な要素があったのだ。

『戦メリ』について言えば、彼はビートだけしが出演するらしいといった噂は耳にしていた。そんなある日、大島監督から突然、電話がかかってきた。高校、大学を通じて、大島監督作品はあらかた観ていたから、坂本龍一の事務所に本人がやってきた時には、ひどく興奮し、そして少し緊張したという。

「映画に出てください」というのが、大島さんからのお話でした。ところが、ぼくは「はい」と言う代わりに「音楽もやらせてください」と言った。(『音楽は自由にする』)

「音楽もやらせてください」。この申し出は、なかば衝動的なものだったようだが、今から思えば決定的な一言である。「役者として出る代わりに音楽をやらせてもらおう、そういう提案をしようと、予め考えていたわけではないんですよ。そもそも、映画音楽なんてやったこともないし、やろうと思ったこともなかった。その場の思いつき、口から出まかせみたいなものだったんです。そうしたら、大島さんはすぐに「いいですよ」と」(同前)。こうして坂本龍一の映画初出演(それも主演のひとり)と映画音楽初挑戦が同時に決まった。

俘虜収容所での「男たちの物語」

原作の舞台はジャワ島だが、収容所シーンの撮影は南太平洋のラロトンガ島で行われた。映画は一九八二年八月二三日にラロトンガでクランクインし、途中でニュージーランドのオークランドにロケ地を移して、一〇月七日にクランクアップした。一カ月余りの撮影期間は、かなりの早撮りと言える。予算上の制約や多忙な出演者たちのスケジュールの都合もあっただろうが、大島渚が撮り直しを好まず、ファーストテイクの生々しさを極度に重視する監督であったことも大きかっただろう。このことは、坂本龍一とたけし（この時はまだ漫才コンビ「ツービート」のビートたけしであり、国際的な評価を受ける映画監督となるのはずっと先の話である）という、映画というものに初めて出演する二人にとっては幸いだった。演技らしい演技を忌み嫌う大島の演出スタイルが、彼らが自然体で役を演じることを可能にしたからである。坂本龍一のキャスティングは、ちょうどその頃に出版された、彼がモデルの一人を務めた稲越（いなこし）功一の写真集『男の肖像』と、同じ時期に彼が出演していた新潮文庫のCMが決め手になったという。坂本龍一はカメラの前に立つことにはすでに慣れていた。

『戦場のメリークリスマス』の公開三〇周年を記念して二〇一四年（大島渚はこの前年に亡くなっている）に放映されたWOWOWのドキュメンタリー番組の書籍版を、4K修復版が二〇二一年にリバイバル・ロードショーされた際に増補して再刊した『『戦場のメリークリスマス』知られざる真実――『戦場のメリークリスマス30年目の真実』完全保存版』（WOWOW「ノンフィクションW」取材班/吉村栄一)には、映画が公開されるまでの紆余曲折を追ったドキュメント記事と、坂本龍一を含む出演者と関係者へのインタビューが収録されている。

この映画の物語は、おおよそ次のようなものである。一九四二年、ジャワ島に置かれた日本軍俘虜収容所にセリアズという名の英国陸軍少佐が連行されてくる。収容所長のヨノイは、セリアズの不遜で反抗的な態度に戸惑いつつも、次第に惹きつけられてゆく。収容所を仕切る鬼軍曹のハラと、日本語が話せるのでハラに通訳を命じられ、いつしか奇妙な友情を育んでいく英国人俘虜のロレンス。ヨノイとセリアズ、ハラとロレンスという、二組の日本人と英国人、この四人の男性はいずれも主役と言ってよいだろう。だがストーリーを動かすのは、また別の男性二人、朝鮮人軍属のカネモトとオランダ人俘虜のデ・ヨンである。カネモトがデ・ヨンをレイプする事件が起こり、ヨノイとハラは対応に追われる。このことがきっかけで、日本軍と連合軍俘虜とのあいだに軋轢が生じ始めたところに、セリアズがやってくる。この映画には女性がひとりも登場しない。映画の後半に挿入されるセリアズの回想シーンも含めて、とにかく男しか出てこない。このことは戦争時の俘虜収容所という舞台設定上、当然とも思えるが、大島渚はこの「男たちの物語」という点を徹底的に掘り下げることで、独自のドラマを構築している。

坂本龍一、デヴィッド・ボウイ、ビートたけし坂本龍一とデヴィッド・ボウイはこの撮影の前に雑誌『ニューミュージック・マガジン』の一九七九年二月号で対談したことがあったが、撮影現場となったラロトンガ（南太平洋の国クック諸島の主島）にミュージシャンは彼ら二人だけということもあって、すぐに意気投合した。『戦場のメリークリスマス』知られざる真実』のインタビューで、坂本はこう語っている。

本当にフランクで自然につきあえる人だったんです。すごく気さくで、一緒にご飯を食べたり、お酒を飲んで話したり。（…）ホテルでご飯を食べたあとに、食堂に置いてあるドラムをぼくが叩き、ボウイがギターを弾いて歌ってというセッションしたりとかすることもありました。そういうときは古いロックンロールを歌ってました。（『戦場のメリークリスマス』知られざる真実』）

デヴィッド・ボウイは一九四七年生まれ、坂本龍一より五歳年上で、細野晴臣と同い年である。撮影時、ボウイはまだ三〇代半ばだった。すでに国際的な名声を得ていたが、その人気を不動のものにするアルバム『レッツ・ダンス』（一九八三年）のレコーディングは、『戦場のメリークリスマス』の撮影直後から開始されている。坂本龍一はボウイにサウンドトラックへの参加を打診したが、この映画には役者としてだけかかわりたいと固辞された。のちに映画がカンヌ映画祭に出品された際に二人は再会したが、「カンヌでのボウイは撮影中の気さくなボウイとはまったく人がちがって、完璧なスターの趣きでした。スーパースター。ぼくはちょっとゾッとして、この人はいったいいくつ人格を持っているんだろうかってこわくもなった。この完璧なスター然としたボウイが素のボウイなのか、ラロトンガでの自然に振る舞っていた彼のほうが素なのか、本当にわからなくなって、スターってすごいなって思いましたね」（同前）。

ぼくは同じミュージシャンだけど、自分を客観的にとらえても素のぼくとミュージシャンのときのふるまいや人格ってあんまり変わらないと思うんですよ。（同前）

確かにそうかもしれない。私の記憶にある彼もそうだ。だがデヴィッド・ボウイとはまた違う意味での多面性が、坂本龍一にも明らかにあった。

撮影はタイトだったが、坂本龍一にとっては――おそらくデヴィッド・ボウイとビートたけしにとっても――非日常的な南国の島で、浮世のせわしなさからひと時離れて過ごす、贅沢な時間でもあった。

ビートたけしと直接対面したのも、この時が最初だった。当時のたけしは、一九八〇年代初頭に巻き起こった漫才ブームの中で、ビートきよしとのコンビ、ツービートがスターダムを一気に駆け上がり、大きな人気を獲得していた。だから坂本龍一が、たけしのことをお笑いの人としか認識していなかったとしても、無理はない。ところが撮影が始まって、たけしが泊まっていたホテルの部屋を訪ねた時、予想外の光景に驚かされるということがあった。

部屋中に中学の参考書が山のように高く積まれてて、ところどころに赤線を引きながら読んでるんですよ。

数学、理科、社会とあらゆる教科の。勉強が好きな人なんだなあって、素顔に接した気持ちがしました。それから一緒にご飯を食べるようになると、相対性理論の話とかで二人で盛り上がっちゃって、ずいぶん熱く語り合ったりもしました。（同前）

思えば坂本龍一も、尽きることのない知的好奇心の持ち主だった。この二人が相対性理論以外に、どのようなことを語り合ったのか、興味は尽きない。

ビートたけし＝北野武は一九四七年生まれ、デヴィッド・ボウイと同い年である（誕生日も一〇日しか変わらない）。空前の漫才ブームは退潮の兆しを見せ始めていたが、たけし自身の人気は絶大だった。『戦場のメリークリスマス』が日本で劇場公開されるのは一九八三年五月だが、予告編にも使われたあまりにも有名なラストショットのなんとも言えない風情を湛えた笑顔をはじめ、複雑なニュアンスに富んだたけしの演技は評判を呼び、その夏に放映された実話をもとにしたテレビドラマ『昭和四十六年 大久保清の犯罪』で連続女性殺害事件の犯人を凄みたっぷりに演じると、役者としての評価はますます高まった。その後、八六年末に「フライデー襲撃事件」を起こして有罪となり謹慎するが程なく復帰し、八九年に『その男、凶暴につき』で映画監督デビューすることになる。

では俳優としての坂本龍一はどうだったか？　本人はこう語っている。

台本をもらって読んでも、そんなに大事とはとらえていませんでした。なにしろ映画作りのイロハのイも知らない素人なので、なにも怖くない。

(『戦場のメリークリスマス』知られざる真実』)

ラロトンガに向かう前に日本軍兵士の役者を集めた「軍事教練」も行われた。撮影監督の成島東一郎が「教官」を務め、兵隊の格好をしての匍匐前進や旧日本軍風の行進の練習をし、本物さながらの厳しさだったという。もちろん坂本龍一も参加した。「ぼくの父は軍隊に行っているので、昔の軍人がどういう所作で振る舞うのか、どう敬礼するのかとかは父に聞いて自分でも練習しました」(同前)。

役作りというか、役者って大変なんだとわかったのはロケでラロトンガに行って、撮影現場に入ってからですね。まず、役者ってセリフを憶えなきゃいけないんだ! ということを知って驚愕したんですね。ぼく以外はみんなセリフを憶えてるの! って(笑)。

(同前)

こんな発言からもわかるように、彼はこの映画の撮影を、終始一貫リラックスして、ヨノイを演じるというよりも彼自身のままで過ごした。それこそが大島渚の求めるものだったのだから、何ら問題はなかった。『戦場のメリークリスマス』をあらためて観てみると、俳優としての隠された才能を発揮したたけしに対して、坂本龍一の場合、演技にかんしてはズブの素人であったことが、かえって魅力に転化している。ちょっと舌足らずに聞こえる独特の滑舌は、ラジオやMCでの彼そのままである。ひとつだけ大きな違いがあるとすれば、映画の彼はけっして笑みを見せないということだろう。

セリアズとヨノイのキスシーン

ヨノイ（坂本龍一）は規律と自己鍛錬を重んじる堅物の日本男児だが、セリアズ（デヴィッド・ボウイ）に魅了されることで、いわばアイデンティティ・クライシスに陥る。それが頂点に達するのが、名高いセリアズとヨノイのキス・シーンである。日本軍と連合軍俘虜の対立の果てに、反抗する俘虜のリーダーを刀で斬ろうとしたヨノイにセリアズが近づき、目の前に立ちはだかる。ヨノイはセリアズを突き倒すが、起き上がったセリアズは突然ヨノイに接吻する。ヨノイは驚きの表情を浮かべて、卒倒する。

この場面は原作にあるのだが、大島渚が映画化を思い立ったきっかけのひとつだった。このシーンは、不思議な印象を与えるコマ落とし（?）のスローモーションになっているが、『戦場のメリークリスマス』知られざる真実』の ジェレミー・トーマスや助監督の伊藤聡の証言によると、カメラの機材トラブルで撮影後のフィルムが破損して使えないコマが生じてしまい、秒数を稼ぐための苦肉の策だったという。だが結果としてこのシーンは、たけしのアップのストップモーションと並ぶ、映画史に残る名場面になった。

男同士のキスといえば、「い・け・な・いルージュマジック」のミュージックビデオが思い出されるが、そこで坂本龍一と忌野清志郎が披露したのは唇と唇の接吻だった。セリアズがするのは両頬へのキスであり、友愛のキス、チークキスのようにも見える（唇は頬に触れているが）。このシーンが素晴らしいのは、『戦場のメリークリスマス』の物語において、ヨノイのセリアズに対する複雑きわまる感情の変化が、このわずか数秒のショットに凝縮されているからである。そしてそれは同時に、この映画の重要なテーマのひとつ、いや、最も重要なテーマと言ってよい「男性同士の恋愛」の結晶のごとき場面となっている。

ヨノイにとってセリアズは、ファム・ファタール（運命の女）ならぬオム・ファタール（運命の男）である。セリアズはヨノイを誘惑しているつもりなどないのかもしれないが、ヨノイはセリアズに誘惑されている。俘虜を斬って捨てようとするヨノイに対してセリアズは、我々は敵味方であっても同じ人間同士なのだと伝えるべくキスをしたのかもしれない。だが、そのような習慣を持たない日本人のヨノイは、それを本気で受け取り、だから卒倒したのである。そもそもこの映画のドラマの出発点は、カネモトとデ・ヨンの関係だった。それも一方的なレイプではなく、二人はおそらく愛し合っていたということが判明する。ここにハラとロレンスの奇妙な友情を重ねてみれば、この映画が男と男の友情と恋情のグラデーションを描いていることがわかってくる。

通訳などで撮影に参加したロジャー・パルバースは、『『戦場のメリークリスマス』知られざる真実』で、ロレンスと恋人の女性のベッド・シーンが撮影されたが、編集段階で丸ごとカットされてしまったと証言している。大島渚監督は、男性しか画面に登場しない、男性だけの「恋愛映画」に、この映画を収斂させていった。このテーマは、新撰組をゲイの物語として描いた、大島監督の遺作となった『御法度』(一九九九年)に受け継がれる。この映画にはビートたけしが出演しており、音楽は坂本龍一である。

イエロー・マジック・オーケストラはメイクをしていたし、忌野清志郎とキスをした「い・け・な・いルージュマジック」、デヴィッド・ボウイにキスされた『戦場のメリークリスマス』によって、坂本龍一には男性同性愛的なイメージ(あくまでもコマーシャルなイメージであり、実際のセクシャリティとは関係がない)が付与されることになった。何より彼は美青年だった。

八〇年代前半は、七〇年代後半あたりから日本のサブカルチャー、特に少女マンガ(萩尾望都の一連のギムナジウムものや竹宮惠子『風と木の詩』など)から芽吹いた、今で言うボーイズラブ(BL)的な趣味性が伸長を見せた時代でもある。女性読者をターゲットにした男性同性愛専門誌『JUNE(ジュネ)』(一九七八年創刊)も人気だった。いわゆる二次創作はまだ流行していなかったが、もしもあったとしたら『戦メリ』は格好のネタにされていたことだろう。

坂本龍一はヨノイを楽しんで演じた。彼の演技によって役柄に深みが与えられた場面もある。たとえば、閲兵場で彼が傷病兵の俘虜たちに向かって突進し、なぎ倒していくシーンがある。「西洋から見たら本当に野蛮で極悪に見えるような残酷な振る舞い」、「ヨノイの狂気みたいなものを出した」いという気持ちになって、アドリブで彼は、そのシーンを演じたという(同前)。たしかにそのシーンの彼の演技は何かに取り憑かれたような異様な迫力がある。

忘れがたき旋律

さて、無事に撮影が終わると、今度は音楽である。坂本龍一にとっては本領発揮だが、とはいえ映画音楽をやるのは初めてだったし、一本の長編映画のサントラを全てひとりで手がけるのは、当然のことながら相当な作業量である。そもそも映画音楽とはどのようなものなのか、それさえもよくわかっていないことに彼は気づいた。そこでプロデューサーのジェレミー・トーマスに、参考にするべき映画を教えてほしいと相談してみたところ、トーマスが挙げたのは『市民ケーン』(一九四一年)だった。監督と主演はオーソン・ウェルズ。音楽はバーナード・ハーマンである。早速ビデオを観て「参考にしたのは、オーケストレーションとかメロディーではなく、どういう部分に音楽がついて、どういうタイミングで消えるか、つまり純粋に映像との関係です。そのときぼくが出した答えはいたってシンプルで、映像の力が弱いところに音楽を入れる、ということでした。神秘的でもなんでもない」(『音楽は自由にする』)。

もっとも、彼はこうも言っている。

東京に戻ってラッシュで自分の演技を改めて観たときは衝撃で椅子からずり落ちそうになりました(笑)。あまりにも下手すぎる！　やばい。これはなんとかしなきゃと思って、よし、自分の演技のひどいところには音楽を入れてなんとかしようと、それをサントラを作るモチベーションにしました。

（『戦場のメリークリスマス』知られざる真実』）

実際に「映像の力が弱いところ」や「自分の演技のひどいところ」に音楽を入れたのかどうかはともかく、坂本龍一はサントラの作業を開始した。『戦場のメリークリスマス』の音楽を、彼はたったひとりで、ほぼシンセサイザーとサンプラーのみを用いて作り上げた。音楽制作には十分過ぎるほどの時間を掛けられたそうなので（約三カ月もあったという）、予算の問題ではなく、これは坂本龍一の意向だろう。シンセサイザー奏者のヴァンゲリスがサントラを担当したリドリー・スコット監督の『ブレードランナー』（一九八二年）に触発された部分もあったのかもしれない。生楽器やオーケストラがまったく使われていない商業映画の音楽は、当時はまだ珍しかった。先行例だと、ジャン＝リュック・ゴダール監督『勝手に逃げろ／人生』（一九八〇年）のガブリエル・ヤレドが思い浮かぶくらいである。

作業に入るに当たって、坂本龍一と大島渚は映画のどこに音楽を入れるべきかという案をそれぞれ作成し、突き合わせてみたところ、なんと九割方が一致していたという。大島監督も喜んで、坂本龍一に「好きにやってくれ」と任せてくれた。

そう言ってもらえて喜び勇んで録音スタジオに入って、まず最初にメイン・テーマを作り始めました。まず映画のメインとなるテーマを作り、それに準ずるテーマを4つぐらい作っていった。映画では主要なキャストが4人いますから、その4人のテーマをまず作り、それぞれがストーリーの進行に合わせて絡み合って

いく。物語の進行に合わせてそれぞれのテーマを変奏しながら使っていったんです。（同前）

映画音楽を担当するのは初めてだったが、坂本龍一は多くの映画を観ていたし、大島渚監督作品のファンでもあった。勢い込んで作ったに違いないが、一方ではこのように冷静な計算に基づいて作曲を行ってもいた。直感的な感覚と理性的な判断のミックスは、彼の音楽の特徴である。一度聴いたら誰もが忘れられなくなるような魅力的なメロディを思いつくのは天性の才能だが、その旋律が映像に合わされる際に、いかなる効果を発揮するか、それらをどう配して、どのように構成していくといいかは、また別の能力が必要になる。彼はそのいずれにも恵まれていた。

また、映画の内容的には、イエロー・マジックとクロスするところがあった。

メイン・テーマに関しては、わりと理詰めに考えて作りました。まずは「クリスマス・ソング」であるべきだろうということ。世の中には有名なクリスマス・ソングがいっぱいあります。それらを念頭に置いた上で、この映画らしいクリスマスの曲を作ろうと思ったんです。映画の舞台が南洋のアジアで、ストーリーも非常にオリエンタルというかエキゾチックなところがある。東洋の人間と西洋の人間の間での、わかりあえる部分、わかりあえない部分、通じるところ、対立するところが複雑に絡み合ったストーリーの映画。なので、東洋人が聴いても西洋人が聴いてもエキゾチックに聴こえるクリスマスの曲にしようと思ったんです。

ただ、これはけっこう難しくて、単なるアジア音楽では西洋人にとってはエキゾチックでも、アジアの人間にとっては普通に日常にあるものですから、普通の音楽にしか聴こえない。東洋人からも西洋人からもエキゾチックに聴こえる音楽はどういうものかをまず考えて、それをさらに主要なテーマであるクリスマス音楽に沿ったものにしなければならない。（同前）

この映画のメインテーマは、おそらく坂本龍一の音楽の中で、もっとも人口に膾炙したものだろう。あのメロディがなかったら、映画が与える印象はまったく異なるものになっていたに違いない。「東洋人が聴いても西洋人が聴いてもエキゾチックに聴こえる」曲というのは、言葉通りに取るなら、どこにも属していない音楽ということである。この世界の誰の耳にも、エキゾチックに、異境の音楽に聴こえるようなメロディ。だが、もちろんそれは単に奇抜なもの、変わった音楽ということではない。エキゾチックでありながら、耳心地の良さ、親しみやすさ、ある種の懐かしさが湧き上がってくるようなものでなければならない。特異性と普遍性を兼ね備えた音楽。このような言い方が許されるのかどうかわからないが、『戦場のメリークリスマス』という映画以上に、あのメロディはポピュラリティを獲得することになった。今も世界のどこかで、あの忘れ難い旋律が流れていることだろう。

『戦場のメリークリスマス』知られざる真実』で、助監督の伊藤聡が、こんなエピソードを語っている。映画の編集段階で、例のキス・シーンを試写室で映写してスタッフで観ていたときのことである。

その試写室に誰だかわからない外国人がひとりいて、なんだか黒い革ジャンを着て、前の椅子に足を上げてふんぞり返って観ている。態度が悪いからちょっと腹が立ったんですけど、その外人(ママ)が見終わるなり立ち上がって「映画史上最高のキスシーンだ!」と言い残して帰っていきました。(同前)

横柄な印象を与えたその外国人こそ、ベルナルド・ベルトルッチ監督だった。もしかしたら、この時すでに、仕事を通じての二人の関係は用意されていたのかもしれない。

『戦場のメリークリスマス』公開の四年後、坂本龍一はベルナルド・ベルトルッチ監督『ラストエンペラー』(一九八七年)の音楽を担当(出演も)、この作品は第六〇回アカデミー賞で、作品賞、監督賞などとともに作曲賞を受賞する。「世界のサカモト」の誕生である。

ベルトルッチ監督との出会い

『戦場のメリークリスマス』は、一九八三年の一月半ばに完成し、同年五月末に予定された、この種の芸術映画としては大規模な全国公開に向けて、宣伝チームが動き始めた。その際にもっとも重視されたのが、公開直前に開催されるカンヌ国際映画祭への出品である。大島渚監督は前作『愛の亡霊』(一九七八年)でこの映画祭の監督賞を受賞しており、カンヌの最高賞であるパルム・ドールの受賞は悲願でもあった。

『戦場のメリークリスマス』知られざる真実』には、当時の関係者たちの奔走ぶりが赤裸々に記されている。プロデューサーのジェレミー・トーマスは、デヴィッド・ボウイや坂本龍一ら豪華キャストが顔を揃えた記者会見やレセプションを開き、胸に「THE OSHIMA GANG」とプリントされた揃いのTシャツをスタッフが着用し、プレス陣にもプレゼントするなど大掛かりなプロモーションを展開し、『戦場のメリークリスマス』はこの年のカンヌで最大の話題作となった。

だが、結果は実に皮肉なものだった。パルム・ドールを受賞したのは、今村昌平監督の『楢山節考』だったのだ。関係者の落胆ぶりも、『戦場のメリークリスマス』知られざる真実』には描かれている。深沢七郎原作の、いかにも日本情緒的な作品に、国際色豊かな大島ギャングは敵わなかった。これは私見だが、グローバルな題材よりも、その国（しばしば非西欧諸国）のローカリティを主題とする作品が評価されやすいという傾向は、その後のカンヌ映画祭にも受け継がれているように思われる。

カンヌでの大賞は逃したが、『戦場のメリークリスマス』は日本で封切られると、映画館の前に連日長蛇の列ができる大ヒットとなった。私も観た。上京してまもない頃だったと思う。ＹＭＯの坂本龍一と、あのビートたけしと、あのデヴィッド・ボウイが出ているとあっては、列に並ばないわけにはいかない。大島渚の映画も、すでに何本か観ていた（『儀式』〔一九七一年〕には衝撃を受けた）。だが、初見の時は内容的にはあまりピンと来なかったのではないかと思う。あの映画に込められたテーマ群の複雑極まりない絡み合いを理解するには、一八歳の私は知識も経験も足りなかった。ただ、坂本龍一の音楽と、ビートたけしの笑顔だけが記憶に残った。

一九八三年の五月、『戦場のメリークリスマス』はカンヌ映画祭に出品された。坂本龍一もカンヌに赴き、そこでベルナルド・ベルトルッチ監督と言葉を交わしている。この時、ベルトルッチは「中国の最後の皇帝の映画を作ろうと思っている」、「そのための中国との交渉がすごく大変だ」といった話を聞かせてくれ、彼は「こんな魅力的な人と仕事がしたい」と思ったという。

このころにはまだ、将来的にも映画音楽に携わっていこうとは考えていなかったように思います。基本的に目の前のことしか考えていないタイプですし、そもそもYMOに参加して音楽を一生の仕事として意識したこと自体、せいぜいこの2、3年前のことでしたから。

でも、いま振り返ってみると、『戦メリ』に関わって、カンヌでベルトルッチに会ってという展開は、ぼくのその後の仕事の中でもとくに重要なものとなる「映画音楽」という一つの軸を形作ったことになります。

(『音楽は自由にする』)

坂本龍一の人生は「そのつもりではなかったのに、どういうわけか、そうなった」の連続である。音楽の道を選んだこと自体がそうだし、イエロー・マジック・オーケストラへの加入も、YMOのブレイクも、『戦場のメリークリスマス』も、ベルトルッチとの出会いも、映画音楽家としてのその後の歩みも、すべてが彼自身の意志というよりも、向こうからやってきた、思いがけないことばかりだった。この意味で彼は受動的なタイプの人間だった。だが、いったん受動した後のエネルギーの噴出と持続性が尋常ではなかった。彼は自ら選ぶよりも、誰かに選ばれることの方が、少なくともキャリアのこの段階までは、明らかに多かった。にもかかわらず、彼はやはり、なるべくして「世界のサカモト」になったのだ。

だが、坂本龍一が遺した自伝や発言を読み返していると、彼が何度となく、「音楽家にならなかった世界線の自分」に思いを馳せていたことがわかってくる。彼の才能と運命が、彼を「世界のサカモト」にした。そして結局のところ、それは彼自身が選び取ったことでもあった。それでもなお、おそらく晩年まで、ひょっとしたらその死に直面してもなお、彼は、「教授」ではなかった坂本龍一、を頭のどこかで夢想していたのではないか、そう思えてならない。

> 映画祭自体の華やかさも心に残りましたが、カンヌのことでいちばん印象が強かったのは、映画祭期間中と「祭りのあと」との落差でした。都合があって、ぼくはフェスティバルの翌日まで居残ることになり、たまたま、すごく閑散としたカンヌの街も見ることになりました。世界中から集まってきた赤絨毯の上のセレブたちも、企画の売り買いをする業界人たちも一気に姿を消して、誰もいなくなった浜辺を眺めていると、こうも変わるものなのか、と思った。一夜にして、静かな、ちょっと寂れた海辺の街に戻っていたんです。
>
> (『音楽は自由にする』)

彼はカンヌ映画祭の後、アンティーブやニースにも行って、ゴダールの『気狂いピエロ』のラストシーンを思い出したり、ドビュッシーもこんな景色を見たのだろうかと考えたり、スティーブ・

ライヒを聴きながらぼんやり地中海を眺めてみたりと、しばしの休暇を過ごしたという。この「祭りのあと」という感覚は、永遠に終わらない祭りのような生涯を送った坂本龍一について考える上で、きわめて重要なものだと思う。狂騒の終わりにふと訪れる、無為で空虚な、だが豊かで甘やかな時間。クールダウン。チルアウト。雑踏の隙間に現れる静けさ。ノイズとサイレンスの共存。緊張と脱力の、興奮と平穏の混淆。

YMO的戦略と「君に、胸キュン。」

とはいうものの、休んでばかりもいられない。実は『戦場のメリークリスマス』のサントラ制作と並行して、YMOの新作レコーディングも始まっていた。一九八二年をそれぞれに過ごしたメンバーは、リフレッシュ(?)して再結集した。だが約一年間のソロ活動は、グループへの熱意を取り戻すよりも、むしろ逆に作用した。坂本龍一だけでなく、他の二人も、個人でやりたいことがより明確になり、ポジティヴな気持ちで「YMOの終わり」について考えられるようになっていた。『BGM』と『テクノデリック』で、三人で追求できる新たなる音楽のかたちには一定の答えを出せたという手応えがあった。では、YMOとしてまだやれていないことは何だろうか？　シングル曲の大ヒットだ。こうして「君に、胸キュン。」が誕生した。

テクノポップ～ニューウェーブが流行した八〇年代前半は、歌謡曲の最盛期でもある。はっぴいえんどで細野晴臣と一緒だった松本隆は、この頃には作詞家として売れっ子になっていた。同じくはっぴいえんどの一員だった大瀧詠一とともに、松本に招き入れられるようにして、細野も歌謡曲、特にアイドルに数々の楽曲を提供した。この時期には彼らだけでなく、七〇年代から活動していた他のバンドのメンバーやシンガーソングライターが、歌謡曲の世界に作曲家として続々と参入し、ヒット曲を生み出していた。

この動向における松本隆の役割は決定的と言えるものだが、「君に、胸キュン。」は、YMOとしては初めて松本に作詞を依頼し、作曲はメンバー三人がパートを分担して行った（坂本龍一はイントロとAメロを担当した）。矢野顕子のスマッシュ・ヒット「春咲小紅」（一九八一年）にはYMO全員が参加したが、「君に、胸キュン。」もこの曲と同じカネボウ化粧品のコマーシャル・ソングで、坂本龍一×忌野清志郎の資生堂のCM曲「い・け・な・いルージュマジック」（一九八二年）が大ヒットしたことも、彼らの頭にはあっただろう。日本語の歌詞、ポップで明るい曲調、より魅力の増した高橋幸宏のヴォーカルと、ヒットする要素も複数あった。YMOは「かわいいオジサン」というコンセプトでMVに出演し、テレビの歌番組や雑誌記事で「オリコン・チャートで一位を獲る」と宣言、それ自体を宣伝効果にするという、いかにも彼ららしい戦略に打って出た。

「君に、胸キュン。」は一九八三年三月二五日に満を持してリリースされたが、結論を言えば、オリコンの一位は獲れなかった。しかも、この時期に一位になったのは、松本隆作詞、細野晴臣作曲の松田聖子「天国のキッス」だったのだ。なんとも皮肉な話である。それでもオリコンでは最高二位を獲得、YMO最大のヒット曲になった。

YMOミーツ歌謡曲、『浮気なぼくら』

そして五月に、この曲を含むアルバム『浮気なぼくら』が発売された。全曲「歌もの」で、『BGM』『テクノデリック』の実験性から真逆に振り切った作品だが、これも裏目読みと逆張りを確信犯的に駆使してきたYMOらしい振る舞いというべきだろう。

作詞は、一曲目の「君に、胸キュン。（浮気なヴァカンス）」（アルバムではこのクレジット）のみが松本隆で、他は基本的に作曲したメンバーが、英語の部分はピーター・バラカンの助力を得つつ書いている。作曲は、三人の共作は「胸キュン。」だけで、細野晴臣による作詞作曲が「LOTUS LOVE」、高橋幸宏単独作が「EXPECTED WAY／希望の路」と「OPENED MY EYES」（作詞にバラカンが参加）、坂本龍一による作詞作曲が「ONGAKU／音楽」と「KAI-KOH／邂逅」、残り四曲は二人ずつの組み合わせによる共作となっている。YMOのアルバムでは初の外国人ゲスト・ミュージシャン、ビル・ネルソンがギターで参加している（本作のゲストは彼のみ。ビル・ネルソンは、ビー・バップ・デラックス〜レッド・ノイズを経て当時はテクノポップ的なソロ作を発表していた）。また、メンバー各自が機材を操作するようになったため、松武秀樹は制作から外れ、藤井丈司（たけし）がテクニカル・アシスタントとしてクレジットされている。

「ONGAKU」は、坂本龍一と矢野顕子の娘、当時三歳だった坂本美雨（みう）のために書いた曲で、「ぼくは地図帳拡げてオンガク／きみはピアノに登ってオンガクハハ／待ってる一緒に歌う時」という歌詞の「きみ」は美雨のことだろう。ヴォーカルは彼一人ではなく、三人で入れ替わり立ち替わり歌っている。オンガクのよろこびと来るべき未来への期待、弾けるようなリズムの多幸感に満ちた曲で、YMO以後も長く演奏されていくこととなる。

「KAI-KOH」の歌詞は、「ONGAKU」とは対照的なものだ。

今は歌えない／素敵なLove Song（…）
走りすぎてきた／もう何もなくて／ここには／いられない／いままでの／ぼくサヨナラ

「ONGAKU」では、ともに歌を歌い、音楽を奏でる存在が描かれているのに対して、「KAI-KOH」における歌詞は、孤独に彩られ、親密な他者がどこにも見当たらない。同じアルバムにこれほど異なった歌詞の自作曲を入れた彼の想いはどのようなものだったのだろうか？　この曲の背景には、『戦場のメリークリスマス』とよく似た音色が聴こえる（当時、最新鋭のサンプラーだったイミュレーターが使用されている）。

高橋幸宏作詞、高橋と坂本龍一が作曲の「EXPECTING RIVERS／希望の河」は、サウンドは典型的なYMOの〝テクノ〟だが、歌謡曲と言ってもいいような非常にわかりやすいサビを持っている。アルバムの最後を飾る「WILD AMBITIONS」は、作詞は細野晴臣、作曲は細野と坂本龍一で、YMOの歴史を通じて二人の合作はこの曲のみである。まさに両者の個性が掛け合わされたようなビートだが、クセの強い歌唱と交互に入るピアノの華麗なメロディ（ビートルズ「レット・イット・ビー」を思わせる箇所がある）のアンバランスさが面白い。

『浮気なぼくら』は、アルバム全体として、ＹＭＯミーツ歌謡曲とでもいうべき仕上がりになっている。テクノポップならぬテクノポップスと呼ぶこともできるかもしれない。この作品とはちょうど正反対に、当時の歌謡曲には、テクノポップ〜ニューウェーブ系のミュージシャンが作曲、編曲、演奏で参加したり、テクノ的なアレンジを取り入れたりした曲が多かった。細野晴臣は松本隆とのコンビで、イモ欽トリオの「ハイスクールララバイ」（一九八一年）やスターボー「ハートブレイク太陽族」（一九八二年）など、のちに「テクノ歌謡」などと呼ばれることになる、テクノチックなポップスを手がけていたし、坂本龍一も、ＹＭＯが全員参加した郷ひろみのアルバム『比呂魅卿の犯罪』（一九八三年）、谷川俊太郎を作詞に迎えたビートたけしの歌手デビュー曲「TAKESHIの、たかをくくろうか」（一九八三年）、クールファイブを脱退してソロになった前川清の初シングルで、作詞が糸井重里の「雪列車」（一九八二年、B面は橋本治作詞の「真昼なり」）、美空ひばり「笑ってよムーンライト」（一九八三年。来生えつこ作詞、来生たかお作曲、坂本龍一は編曲とプロデュースのみ）など、アイドルから演歌歌手の楽曲まで幅広く活躍していた。

『浮気なぼくら』は、そのような歌謡曲仕事をＹＭＯにフィードバックさせたアルバムということができるだろう。ここでひとつ言えるのは、坂本龍一や細野晴臣にとって、テクノポップと呼ばれた音楽スタイルも、彼らが自家薬籠中のものにしてきたさまざまな音楽のひとつだったということである。使用、援用、引用、応用が可能な多種多様な音楽の手法や意匠を、最新鋭のテクノロジーを使って、自由自在に組み合わせ、掛け合わせることによって、彼らはその時々のサウンドを創り上げ、プロフェッショナルとして他者に提供し、そうした経験を自らの音楽へと再回収していった。このようなサンプリング的な発想（最新の「楽器」としてのサンプラーをいち早く取り入れたのも彼らだった）も、八〇年代に芽吹いたものである。歌謡曲にテクノの要素を導入することも、テクノに歌謡曲を注入することも、彼らにとっては容易で自然なことだった。

『浮気なぼくら』の約二カ月後、ＹＭＯは同じ路線のシングル「過激な淑女」をリリースしている。この曲は、細野晴臣が作曲した中森明菜の五枚目のシングル候補二曲のうちのひとつだったが、採用されたのは売野雅勇（うりのまさお）が作詞した「禁区」（これも「テクノ歌謡」と呼ぶべき仕上がりである）の方で、残った曲に松本隆が歌詞を付けたものである。「禁区」の姉妹作とも言うべきドラマチックな曲調で（作曲はＹＭＯ名義）、「君に胸キュン。」以上に歌謡曲的だが、オリコンチャートでは一五位にとどまった。この曲は、一九八四年末にリリースされたＹＭＯのベスト・アルバム『シールド』に収録されている。また「過激な淑女」と同日に、『浮気なぼくら』からヴォーカルを抜いたインストゥルメンタル・アルバムもリリースされている。

『浮気なぼくら』のリリースに先がけて、坂本龍一の『戦場のメリークリスマス』が手がけたサウンドトラック盤も発売された。このアルバムにはボーナス・トラックとして、映画のあのメインテーマに、元ジャパンのデヴィッド・シルヴィアンが英語詞を付けて歌ったヴォーカル・ヴァージョン「禁じられた色彩」が収録され、日本およびヨーロッパでシングルカットされた（デヴィッド・シルヴィアンとは『B-2 UNIT』の録音のためイギリスに滞在した際に知り合い、終生の「親友」の一人となった）。このサントラは英国アカデミー賞で作曲賞を受賞、アジア人音楽家の受賞は史上初の快挙だった。

一九八三年、「散開」宣言

この年の秋、ＹＭＯは「散開」を宣言した。解けて散る解散ではなく、散って開く散開。敢えてポジティヴさを強調したメッセージだった。このワードセンスも相まって、「散開」はメディアで大きく取り上げられ、ＹＭＯの人気はふたたび加熱した。その盛り上がりのまま、彼らは（後から思えば一度目の）フィナーレに向かっていくことになった。一九八三年の冬、ＹＭＯは日本全国六カ所を回る「散開ツアー」を行った。その最中に第一次ＹＭＯの最後のスタジオ・アルバム『SERVICE／サーヴィス』（以下、『サーヴィス』）がリリースされる。

もともとＹＭＯは『浮気なぼくら』をラスト作にするつもりだったが、散開ツアーもあり、まさにファン・サーヴィスのつもりで『サーヴィス』を録音した。このアルバムの収録時間は一時間近くあるが、スネークマンショーと組んだ『増殖』と同じく、曲の合間にコントが挟まれる特殊な構成となっている。当時、人気があった劇団スーパー・エキセントリック・シアター（主宰者は三宅裕司）がフィーチャーされており、『増殖』のいささか度を越したブラックさに比べると、より一般ウケしやすそうなコントが収録されている（ＹＭＯとこの劇団の共演コントもある）。バンドとしての活動の終わりに、こんな企画をやってのけるのも、ＹＭＯらしいヒネクレ具合である。

『サーヴィス』には全七曲が収録されている。作詞はメンバーとピーター・バラカン（英訳）。作曲は細野晴臣が「THE MADMEN」、高橋幸宏が「CHINESE WHISPERS」、坂本龍一が「PER-

SPECTIVE」と一曲ずつ提供し、「LIMBO」を高橋幸宏と細野晴臣が、「以心電信」「SHADOWS ON THE GROUND」を坂本龍一と高橋幸宏が共作、「SEE-THROUGH」がＹＭＯの作曲となっている。『増殖』もそうだったが、どうしてもコントのインパクトが強いので、他のアルバムに比べて収録曲の印象が薄れがちだが、このアルバムは名曲揃いである。細野晴臣の野太いベースと低音のラップがカッコ良い「LIMBO」、やはりベースがすごい細野作「THE MADMEN」（諸星大二郎のマンガ『マッドメン』〔本来のスペルはMUD MEN〕へのオマージュ）は『フィルハーモニー』と『S－F－X』（一九八四年）を繋ぐクールでダンサブルなチューン。高橋作の「CHINESE WHISPERS」はディスコ調の、良い意味で俗っぽい曲である。「SHADOWS ON THE GROUND」はミドルテンポのオシャレな雰囲気の曲。曲の始まりはボサノヴァ風だが、サビの展開は当時流行していたＡＯＲ（アダルト・オリエンテッド・ロック）的である。「SEE-THROUGH」は、「過激な淑女」のＢ面に収録されていた、従来のＹＭＯのイメージに近い曲。この曲の歌詞は、ピーター・バラカンが単独で書いている。

先行シングルだった「以心電信」（英語タイトル「You've Got To Help Yourself」）は、国際連合が定めた「世界コミュニケーション年（World Communications Year＝WCY）」のテーマ曲で、すでに三〇秒の「予告編」が『浮気なぼくら』に収録されていた。ビートルズ的と言ってもいいような牧歌的なムードを持った、明るさと憂いが絶妙にブレンドされた非常にポップな日本語曲で、ＹＭＯミーツ歌謡曲の「テクノポップス」の最高傑作である。この曲もライブの定番曲になっていく。そして坂本龍一作曲「PERSPECTIVE」は、歌謡曲というよりＪポップ的なフックの多いメロディを彼自身が朗々と歌う、感動的な曲である。

『サーヴィス』リリースの四日前に坂本龍一は、『戦場のメリークリスマス』のサウンドトラックをアコースティック・ピアノで弾き直したソロ・アルバム『CODA』をリリースしている。これはカセット・ブック『Avec Piano』として発売されていた音源に未収録曲を加えて音盤化したものである。コーダ＝終曲部というタイトルには、『戦場のメリークリスマス』とイエロー・マジック・オーケストラ両方の「終わり」という意味が込められていたのかもしれない。それにしても、最初から最後まで「教授」とＹＭＯは、まるで追いかけっこをするようにリリースを続けたことになる。

散開ツアーのラストは一九八三年一二月二二日、日本武道館のＷＣＹ無料チャリティ・コンサートだった。これに先立ち一二月一二日と一三日に開催された武道館公演を収めたライブ・アルバム『AFTER SERVICE／アフター・サーヴィス』（以下、『アフター・サーヴィス』）を八四年二月にリリースして、イエロー・マジック・オーケストラは「散開」した。七八年の冬から足掛け六年だが、そのうちの一年はバンドとしては何もしていないので、おおよそ五年の活動期間だったことになる。なんと濃密な五年だったことか。ＹＭＯの一員でありつつ、個人的な活動も旺盛に繰り広げた坂本龍一は、気づけば『千のナイフ』制作時とはまったく違う境遇に立ち至っていた。だが、『アフター・サーヴィス』のリリース時に彼はまだ三二歳の若さだったのだ。

映画『プロパガンダ』

『アフター・サーヴィス』と同じ武道館ライブの映像をもとにした映画『プロパガンダ(A Y.M.O. FILM PROPAGANDA)』が一九八四年四月に公開された。いわば「アフター・アフター・サーヴィス」だが、この映画は極めて奇妙な作品である。いちおうは「散開ツアー」のドキュメンタリー映画ということになるのだが、一種のドラマ仕立てというか、学生服の少年が登場する謎めいたパートが追加されており、演奏の様子が一曲丸ごと映し出されるのは、たったの二曲に過ぎない。かつて私は『ニッポンの音楽』の中で、この映画について、やや詳細に分析した。長くなるが、一部を改めて引用する。

映画のオープニング・シーンは、列車の発車音が響いて、どことも知れない、どこか荒涼とした雰囲気の「昭和駅」に、まだ幼顔の残る白シャツ黒ズボンの少年が、バケツと何枚もの丸めたポスターらしきものを持って降り立つところから始まります。工場のサイレンの音が聞こえています。少年が踏切を越えて通り過ぎる建物の壁には「昭和電工川崎生活協同組合」という表示があります。電車の警笛や工場の駆動音のような音がしています。そこに女性のナレーション。「時として、言葉でものを伝達するには、現実があまりに複雑になってしまうことがある。伝説が、それを新しい形に作り直し、世界に送り届ける」。これはゴダールの『アルファヴィル』からの引用です。少年は他に誰ひとり姿の見えない閑散とした町のあちこちに、ポスターを貼っていきます。そこには赤地に白丸の上から、三人の人物のシルエットが描かれており、上から「YMO」と記されています。そこに大きな飛行機の音が被さってきて、映像がストップモーションになって、メイン・タイトルが出ます。

（…）少年はやがてYMOの散開コンサートの会場（武道館ではなく、工業地帯の空き地にそびえ立っている）に紛れ込み、演奏を目撃、いや幻視します。ライブが最高潮に達した「RYDEEN」の演奏中、いつのまにか海岸に移っていたステージは燃え上がり、炎に包まれながらYMOは音楽を続けます。やがてセットは全て燃え落ちてしまいます（この撮影は実際に武道館で使われたセットを千葉の海岸に丸ごと持ち込んで行われたそうです）。この映画は、冒頭の女性とラストの少年のナレーション以外、台詞は一切ありません。少年の語りは、このようなものです。「僕は、この話を誰にもしてやらないことに決めた。来年の、次の年の、また次の年になったら、僕だって、もうすっかり忘れているんだ」。ここには哀切な、だが冷徹なアイロニーがあります。

まず何よりも、冒頭の「昭和駅」という（架空の）駅名に引っかかります。言うまでもなく、この時はまだ１９８４年であり、昭和が終わるのは１９８９年です。しかし明らかに、ここには「昭和」へのノスタルジーのような感覚がうかがえます。ノスタルジーと言っても、それは非常に倒錯的なものであり、装われたアナクロニズムともいうべきかもしれません。この「昭和」は、映画の撮影／公開当時の「トーキョー＝トキオ」にとって、いわば置き忘れられた過去のようなものとして描かれています。西暦１９８４年は、昭和59年です。昭和50年代の終わりですね。「昭和的なるもの」の葬送と追慕がアンビヴァレントに折り重ねられた風景が、ここにはあります。常に颯爽と時代の先端を切り拓いてきた、最新流行の象徴ともいうべきY

MOの終焉を記録した映画の舞台が、このようなものであったということは、とても意味深長だと思います。また、映画のタイトルが『プロパガンダ』であり、散開コンサートのステージ・セットも、YMOのコスチュームも、明らかにファシズム的、ナチ的、第三帝国的な意匠になっています。これは初期の彼らが人民服を着てテクノカットにして、フェイクなチャイニーズ的なイメージを纏っていたことを考えると面白いです。演奏中の彼らは笑顔ひとつ見せず、ほとんど無表情であり、これも初期に戻ったかのような印象を与えるのですが、共産主義が全体主義に変化してしまっているわけで、これはもちろん、イデオロギー的心情とはまた別次元の問題です。坂本龍一が左翼的と言っていい思想スタンスを持っていることは間違いありませんが、YMOはむしろ、シリアスな主義や主張を遊戯的に隠蔽し攪乱するような振る舞いを一貫して取っていたのですから。

（『ニッポンの音楽』）

この映画の脚本監督を務めたのは佐藤信。寺山修司、唐十郎、鈴木忠志とともに、いわゆるアングラ演劇四天王と呼ばれた演劇作家で、劇団黒テントを主宰していた人物である。今となっては、この起用はかなり意外なものに思えるが、実は武道館公演の舞台演出も佐藤が手がけていた（前述したように坂本龍一は〝アブ〟の時代にアングラ演劇にもかかわっていたが、その頃からの関わりなのかもしれない）。どこが佐藤のアイデアで、どこがメンバーの意向だったのかは定かでないが、ともかく最後の最後までYMOは倒錯的な戦略を身にまとってみせたのだった。

村上春樹の坂本龍一論

『プロパガンダ』の映画パンフレットには、ＹＭＯのメンバーそれぞれにかんして三人の人物がコラムを寄せており、矢野顕子が細野晴臣、景山民夫が高橋幸宏、そして村上春樹が坂本龍一について寄稿している。春樹の文章は、坂本龍一のアルバムと同じ「左うでの夢」という題名である。春樹は「僕はどういうわけか双子と左ききが昔からとても好きである」と述べてから、こう書く。

坂本龍一氏は双子であることが雰囲気的によく似合いそうな人だが、残念ながら双子ではなくて、でも左ききである。僕が最初に坂本龍一氏に会ったのは（といってもそのとき一回会ったきりなのだが）雑誌の短かい対談みたいな仕事のためで、写真を撮るために二人で並んでごはんを食べたのだけど、僕が左側に座って龍一氏が右側に座ったせいで、二人のはしを持つ手の肘がコンコンとしょっちゅうぶつかって、そんなわけで僕は彼が左ききであることをすごくリアルに認識したのである。

これは僕のあくまで直観的な想像であって、もちろん見当違いかもしれないわけだが、もし坂本龍一が左ききでなかったとしたら、その右腕坂本龍一は今ある左腕坂本龍一とはかなり展望・見はらしを異にした音楽を展開していたのではないかと、ふと思うのである。僕はとにかくそれ以来坂本龍一の音楽を聴くたびに、必ずあの肘のコンコンを思い出す。彼の音楽の中には奇妙にシンメトリカルな要素と奇妙にアンバランスな要素が同時存在していて、その背反性がちょっと他では味わえないような緊迫感を生み出しているように、僕には感じられるのである。

（「左うでの夢」）

このあと春樹は、自分は右利きで、だから体が右に傾いている。「長いあいだにそういう傾き方の矛盾が、どうしても体内にたまってくる。そういうときに、一日ぶっとおしで、下手でもいいからピアノに向かってバッハの二声のインヴェンションの練習をすると、体の中のこりのようなものがするっと落ちて、また気持よく文章が書けるようになる。音楽の中には感性や情感云々という以前に、そういった純粋にフィジカルなカタルシスが含まれているはずだ」と述べて、また坂本龍一の話に戻る。

坂本龍一のもたらすカタルシスには、肉体的浄化というより肉体的困惑とでも表すべき色あいが強い。それは体の中のこりを抜くのではなく、どちらかというとそれをへんな角度にユリゲラー風にねじ曲げてしまうのだ。そういう意味あいでは、坂本龍一の作りだす左きき音楽は、方向性としてアグレッシヴであると僕は思う。変な言い方だけど、僕は彼の音楽を妖術あわせ鏡といったかんじに捉えている。存在を賭したまやかし――というと言葉が少しきつすぎるかもしれない。でも僕はそういう種類のねじまげられた肉体的反応にとても強くひかれるのである。

（同前）

このとき村上春樹は、長編小説としては第三作『羊をめぐる冒険』（一九八二年）までしか発表しておらず、最初の短編集『中国行きのスロウ・ボート』（一九八三年）が出てまもなかった頃だが、さすがに切れ味鋭い、ユニークな坂本龍一論である。

ポスト・パンクの申し子、ＹＭＯ

もう少し拙著から引用させてほしい。一九九二年刊の単行本からの孫引きから始まるが、細野晴臣の発言である（聞き手は北中正和）。

細野　ＹＭＯをやってて、コピー・バンドがいっぱい出てくるって予想してたんですが、いなかったんですよ。ＹＭＯは後期になってからは誰でも演奏できるようなものだったんです。一つだけ小学生のバンドが真似して出てきましたが（コスミック・インベンションのこと：引用者注）、それほど安易にコピーできる単純性を持ってたんです。「ライディーン」とかあのころのＹＭＯは、マニュアルさえあれば、誰でもできるというスタイルだったんです。それだけにコピーする意味がないというか（笑）

（『細野晴臣インタビュー THE ENDLESS TALKING』）

これに続く発言は、とても重要です。

細野　音楽的な影響は日本ではそれほど大きくなかった。キャラクターで売れてくる国だな、という感想を持ったことがありますね。最初は顔を隠して、匿名性を徹底してやろうと思っていた意志が崩されて、一人ひとりキャラクターとして扱われだして、どうしても顔が出ていっちゃう。逆に、僕たちのもくろみは外国で成功したと思うんです。匿名性という意味でも、音楽的な影響を残したという意味でも、ディテールに至るまでね。（前掲書）

この発言からわかるのは、ＹＭＯもやはり、紛れもないポスト・パンクの申し子であったということです。細野晴臣の頭の中には、間違いなくそういう意識が最初からあった。つまり、すでにミュージシャンとして十年のキャリアのあった細野にとって、また他の二人にとっても、続々と出てくるテクノロジーに対応した音楽を作っていくことは、音楽的な進化のみならず、パンク以後のラディカリズムを、あるかなり特異なやり方で引き受けようとすることだったのだということです。第一にそれは、いまだ使用法やその可能性が未知数のテクノロジーとの格闘でした。楽器から機材へ。曲作りと音作りは、それ以前は基本的に別々の作業でした。ＹＭＯによって初めて意識的に、その二つは密接に連結され、あるいは並行するようになった。それから、もっと重要なのは、細野が語っている「匿名性」と「誰でもできる」ということです。マニュアルさえあれば、誰もがＹＭＯになれる、というのは極めて過激な考えです。そしてそれは「３コードが弾ければ音楽はやれる」と言ったパンクスと、やはり似ています。アーティストが顔や名前を持つことをやめ（匿名性）、そして誰でもアーティストになれる、という、まったく新しい音楽のユートピアを、細野は夢想していたのかもしれません。しかし、それは、彼ら自身がキャラクターとして人気を獲得するとともに、潰え去っていくことになったのでした。もちろん、それを細野自身も回避はせず、むしろ自ら乗っていったのだと思います。したがって右の発言は、とてもアンヴィヴァレントなものだと言えます。しかし、このこと自体も、とてもＹＭＯ的です。

（『ニッポンの音楽』（一部を改稿した））

坂本龍一にとっても、それは同様だった。彼がシンセサイザーやシークエンサーといった新しい電子楽器に見出した可能性とは、まさに「マニュアル」さえあれば「誰でもできる」ということだった。前にも引用した『音楽は自由にする』の一節を思い出そう。

電子音楽に興味を持っていたのは、「西洋音楽は袋小路に入ってしまった」ということのほかに、「人民のための音楽」というようなことも考えていたからなんです。つまり、特別な音楽教育を受けた人でなくても音楽的な喜びが得られるような、一種のゲーム理論的な作曲はできないものかと思っていた。作曲は誰でもできるはずだ、誰でもできるものでなくてはいけないはずだ、と思っていました。

（『音楽は自由にする』）

パンクは「人民のための音楽」を標榜したし、ある面では実際にそうなった。だが、それはプリミティヴな、初期衝動的な次元に留まっていた。テクノポップ、すなわちテクノロジーのポップは、文字通り「技術」の力を借りることで、音楽としての進化／深化と「パンク以後のラディカリズム」を共存させるものになり得る、坂本龍一は（細野晴臣も）そう考えた。彼らのヴィジョン——作曲という秘技、音楽という奥義を、一部の特権的な選ばれし者たちから奪取し、無名の誰でもない誰かへと解放すること——は九〇年代以降に、パーソナル・コンピュータによる音楽制作＝ＤＴ

M（Desk Top Music）によって実現したと言えるかもしれない。だが、少なくともこの時点、一九八〇年代半ばにおいては、そういうことにはならなかった。匿名性どころか、YMOは、坂本龍一は、望まずして音楽シーンのスーパースターに、メディアの寵児になってしまった。いや、望まずして、というのは間違いだろう。彼らは、彼は、やはりそれをどこかで望んでもいたのだ。

ふたたび、ひとりに

八〇年代とは、音楽を含む、いや、おそらくは音楽を中心として、日本のサブカルチャーが爛熟した時代である。空前の好景気を背景に、次々と最新流行が現れては持て囃（はや）され、あっという間に消費され、新たなトレンドに塗り替えられてゆく。ここには細野晴臣が指摘していた「キャラクターで売れてくる」や「どうしても顔が出ていっちゃう」という問題だけではなく、一種のセンス・エリーティズムの問題が存在している。ジャンルを問わず、何が最新のモードなのか、いま最もトンガっているものは何か？　誰がキテいるのか？　もちろん、インターネットが普及するのはずっと先の話なので、そうした文化的な流行の発信源は、紙媒体（雑誌や新聞）や電波媒体（地上波テレビやラジオ）だった。あれよあれよという間に彼らは祭りの中心にかつぎ上げられた。だが、終わらない祭りはない。もしもYMOが一九八四年以降も継続していたとしたら、もしも彼らがイエロー・マジック・オーケストラであり続けようとしていたとしたら、いったいどうなっていたことだろうか？

だが、クレバーな彼らはそうしなかった。ＹＭＯはあっさり「散開」した。むしろそうすることによって、彼らはセンス・エリートとしての地位を更に高め、不動のものとすることになったのだ。坂本龍一は最初から最後までイエロー・マジックに抗っていた。あらためて簡潔に述べるなら、それは最新テクノロジーで武装したオリエンタリズムの自作自演である。前にも述べたことを繰り返すことになるが、それはＹＭＯだけでなく、むしろ坂本龍一という音楽家にこそ当てはまる特性だった。細野晴臣があくまで意識的に、コンセプチュアルにやろうとしたことを、彼は半ば無意識に、天然でやってしまえたと言ってもよいかもしれない。そして彼は、おそらくそのこと自体も嫌だったのだ。人気が出れば出るほど、彼はＹＭＯの磁場から逃れようとした。自分だけの場所を保持しようとした。イエロー・マジックとは違う可能性を見出そうとした。だがその引力は途轍もなく強いものだった。なぜならそれは彼自身が欲していたものでもあったからである。

ＹＭＯに入る前にはまったくの半人前だったぼくは、バンドの中で、齟齬とか葛藤とかを経て少しずつ成長していきました。でもやがてバンド自体が消えてしまう。突然、１００パーセント丸裸の自分として、ポンと放り出されたような状態になって、憎悪を向ける相手もいない。たぶん、ぼくはそのときに、「大人」にならざるをえなかった。

（『音楽は自由にする』）

憎しみをぶつける対象であると同時に、自らの創作活動と深く向き合い、次なる道をすら用意したYMOが「散開」したことで、坂本龍一はふたたび、ひとりになった。さあ、これからどうしようか?

音楽の図鑑を作ってみようか、彼はそう考えた。

第三章

「音楽図鑑」の時代

ふたたびひとりになった坂本龍一の最初のアルバム『音楽図鑑』は、一九八四年一〇月二四日にリリースされた。

『左うでの夢』（一九八一年）から約三年ぶりとなる純粋なソロ作のレコーディングは、イエロー・マジック・オーケストラの『浮気なぼくら』の作業が終わった一九八三年初頭にスタートしていたが、フィナーレに向かうYMO関連のことで忙しくなって中断、約一年を経た「散開後」の一九八四年春に再開した。彼にとってはデビュー・アルバム『千のナイフ』以来の長い時間をかけた作品である。このアルバムは、YMOの三人が所属していたマネージメント事務所ヨロシタミュージック（細野晴臣と高橋幸宏は一九八一年に独立）の大蔵博が中心となって設立された新しいレコード会社MIDI Inc.（ミディ）からのリリースで、坂本龍一が矢野顕子らとミディ内に立ち上げたSchoolレーベルの第一弾だった。

以前からそのような要素はあったが、この頃から坂本龍一の音楽にはますます領域横断的な傾向が強まっていく。時代の要請もあっただろう。いくつかの意味で日本はポストモダンと呼ぶべき状況に入っていた。日々、種々雑多で膨大な情報が高速で行き交い、複雑に絡み合い、有機的に結合し、人々のライフスタイルは急激に変化しつつあった。芸術文化やサブカルチャーにおいても、クロスジャンル、マルチモーダル化（手段の複数化）が進行し、新しいタイプのアーティストが次々と台頭していた。彼の交友関係も、この時期に一挙に広がった。音楽家以外の知人友人が爆発的に増えていったのだ。思想家の吉本隆明、批評家の柄谷行人、小説家の村上龍、編集者の見城徹などとの長年にわたる交友は、この頃に始まった。

浅田彰と「メタリックな音楽」

その中でも一際重要なのが、浅田彰との出会いである。イエロー・マジック・オーケストラが「散開」を宣言した一九八三年九月、一冊の本が出版された。『構造と力』、京都大学の助手だった浅田彰のデビュー作である。それから遅れること二カ月、東京外国語大学の助手だった中沢新一のデビュー作『チベットのモーツァルト』が出版された。この二冊は、無名の若きアカデミシャンが著した本としては異例というべき大きな話題を呼び、瞬く間にベストセラーとなり、浅田が『構造と力』刊行から半年後の八四年三月に二冊目の単著『逃走論』を出すと、浅田と中沢を中心に、主に海外の現代思想を専門とする学者たちが各種メディアから脚光を浴びる、いわゆる「ニュー・アカデミズム」、略称「ニューアカ」と呼ばれる一大ムーヴメントが巻き起こった。八〇年代は、数々の流行（雑誌ブーム、コピーライターブーム、テクノポップブームなど）が生まれた時代だが、ニューアカも社会現象と言われるほどの大ブームとなり、浅田はあっという間にカルチャー界のスターとなった。同じく時代の寵児だった坂本龍一が、音楽にも造詣の深い浅田彰と急速に親しくなったのは必然の成り行きだった。

浅田彰は『構造と力』刊行前から、同書や『逃走論』に収録されることになる原稿の他、芸術文化についてもさまざまな媒体に寄稿していたが、浅田の三冊目の著書で一九八五年一月に刊行された芸術論集『ヘルメスの音楽』の冒頭には、坂本龍一への言及を含む文章が置かれている。初出は、当時学生によって運営されていた法政大学の学生会館と、その中心だった音楽サークルROCKS→OFFが発行した雑誌『PF』（一九八三年七月）である。原稿を依頼したのはこの音楽サークルのリーダーで、のちにアテネフランセ文化センターのスタッフとして東京のシネフィル環境の最盛期を支えることとなる安井豊（安井豊作。著書に『シネ砦 炎上す』）だった。

浅田のこの文章のタイトル「リトゥルネッロ」は「繰り返し」を意味するイタリア語だが、ジル・ドゥルーズ＝フェリックス・ガタリの用語から取られたものだ。副題に「〈ソン・メタリック〉の消息」とあるように、「メタリックな音楽」なるものをめぐる思考のメモのごとき断片的なテクストだが、その第五節に次のくだりがある。やや長いが引用する。


音楽はさまざまな危険にとりまかれている。音からメタリックな輝きを奪い、閉じた空間の中に重く沈澱させる、いくつもの罠。その中でも最大のものが〈意味〉と〈情念〉にほかならない。

＊

共同体の内部には共同主観的な〈意味の構造〉の網の目がはりめぐらされている。それにからめとられた音は「音楽」でしかない。そこから逃げ去っていく音だけが音楽になる。それと全く逆のことが、たとえばシンセサイザーの音について語られている。

シンセサイザーの音は、古くからある楽器の音と違って、伝統的な意味を背負っていない。ＹＭＯのシンセサイザー奏者は、そのことを指摘したのち、吉本隆明や廣松渉の著書に暗に言及するという、信じがたくアナクロニスティックなペダントリーを見せる（あるいは、そのアナクロニズムもまたひとつの演出か？）。

あらかじめ一定の意味を背負っていないから、そのつどその場その場で演奏者と聴衆による共同主観的な意味付けを受けいれることができる、というわけだろうか。

この共同主観性というのは天から降ってくるがごとくで、何によって保証されるのか全くわからない〈幻想のアジアへの回帰によって？ あるいは商業資本による馴致によって？〉。しかし、それは措くとして、いっそう問題なのは、せっかく意味の軛を逃れかけた音をなぜまた新たな〈意味の構造〉の中にとじこめなければならないのかということだ。むしろ、そういう枠を次から次へのりこえて、音を自由に運動させていくべきではないか。そのために、シンセサイザーならシンセサイザーにおける〈意味の不在〉をフルにいかすべきなのではないか。

音楽は〈意味の構造〉の〈外〉で鳴り響く。そこには意味性（シニフィアンス）の分節ではなくメタリックな連続がある。シニフィアンではなく数がある、リズミックに運動する数が。メタリックかつニュメリック。それが音楽だ。いうまでもなく、コンピューター・エイデッド・シンセサイザーの最大の可能性は、そのようなメタリック－ニュメリック・シンセシスのうちに求められる。

（「リトゥルネッロ〈ソン・メタリック〉の消息」）

ニュメリック（numeric）とは、数値的という意味である。浅田彰の芸術観は、音楽に限らず〈意味〉と〈情念〉への嫌悪を基本とするものだが、ここではシンセサイザーというメタリックかつニュメリックな楽器に、その未来が託されている。敢えて名を伏せ、「ＹＭＯのシンセサイザー奏者」とだけ記された坂本龍一が、吉本隆明と廣松渉を参照していることが揶揄されている。浅田彰にとって、吉本の「共同幻想」や廣松の「共同主観性」は、ひと昔前の（全共闘世代の）古びた概念だった。浅田は一九五七年生まれ、坂本龍一の五歳年下である。これを書いた数カ月後には「ニューアカの旗手」になっている浅田にしてみれば、あんな連中よりも僕と話すべきだ、と言いたかったのかもしれない。そして実際、『構造と力』出版直後に坂本龍一と浅田彰は知り合うことになる。

「無意識の音楽」、『音楽図鑑』

浅田彰をはじめとする他ジャンル、多ジャンルの人たちと、坂本龍一はどのようにコミュニケーションを取っていたのか。彼はこのことを、吉本隆明に言われた「音楽脳」という言葉で説明している。「ぼくの場合は音楽脳と言えるような思考回路を経由して、いろいろなものを感じたり考えたりしているようです。音楽という窓を介して、言葉や映像が扱う種類のものも吸収しているのかもしれない」（『音楽は自由にする』）。

知られているように坂本龍一は、クラシック音楽の古典から現代音楽までの作曲理論と技法を、時間軸に沿うようにして修めていった。こうした歴史的視座を身につけていた彼にとって、二〇世紀に入って現代音楽が直面した困難は、同時代の「思想や他分野の芸術と共通」だと感じられたという。つまり、二〇世紀前半のシュルレアリスムやダダにせよ、一九七〇年代以降のポストモダンにせよ、彼は、それまでに培った「音楽的な知識や感覚を通じて」把握することができたのだ（同前）。そのようにして坂本龍一は、他／多ジャンルの人たちとコミュニケーションを取っていた。『音楽図鑑』は、『B-2 UNIT』や『左うでの夢』のようにトータルなコンセプトを設定し、その枠組みの中で作っていくのではなく、当時ヨロシタミュージックが年間契約をしていたレコーディング・スタジオである「音響ハウス」に毎日のように通い、他の作業と並行しながら、思いつくままにセッションや録音を行って、明確な目標を定めずにスポンティニアスに曲を創り上げていくという自由度の高い制作方法が採られた。その場で浮かんだアイデアをすぐに試してみて、曲になる前の断片的なパーツをストックしてゆき、それらを発展させたり組み合わせたりして、坂本龍一は一枚のアルバムを作り上げていった。このような録音のスタイルは、多忙ゆえということもあったのだろうが、彼が当時関心を持っていた「脳」と、シュールレアリスムの影響が大きかった。

音楽を作るのも、楽しむのも、脳がやっていることだ、という言い方ができます。（…）そんな問題意識もあって、ぼくはこのアルバムでアンドレ・ブルトンの自動筆記的な音楽の作り方を徹底的に試してみたんです。足掛け2年にわたって、ほとんど毎日、とにかくスタジオに入ってそのときに無意識に出てくるものを書き留める、ということを繰り返した。／無意識というのは個人的なものではなくて、（…）集合的なものともつながっている。そういうところにまで降りていく作業を音楽の形で実践しようとしたのがこのアルバムだと思います。

（『音楽は自由にする』）

無意識の音楽。自動書記的な作曲。これには、ニュー・アルバムの制作を再開した一九八四年四月から新たに導入したフェアライトＣＭＩの貢献も大きかった。同機はシンセサイザー、サンプラー、シークエンサーの機能を併せ持つ最新鋭のデジタル電子楽器で、非常に高価なものだったが（一〇〇〇万円以上したという）、彼はそれをフルに活用して、まるで画家がスケッチをするように自由気儘に曲の種を蒔いていった。その中には、曲のかたちに至らないものもあったが、それらも含めて坂本龍一の音楽的無意識の転写だった。浅田彰ら異業種の才人たちとの交流を深めながら、彼はそうして収穫された無数の音楽の芽を厳選して、一枚のアルバムを丁寧かつ大胆に育て上げていった。それは、才能豊かな人々との対話に対する、「音楽という形での（…）返答」でもあった。

そして、それが最も「凝縮された形」で表れたのが『音楽図鑑』だったわけである（同前）。

四〇もあったタイトル案から最終的に選ばれた『音楽図鑑』は、このアルバムの特長を端的に表している。耳で聴く「音楽」と目で見る「図鑑」という相反する二語を組み合わせることで、シンプルなのに含蓄深いタイトルとなっている。リスナーはあたかも図鑑のページをめくるように、このカラフルな大作を聴き進めていくことになる。例によってこのアルバムも何度かリイシューされているが、オリジナル盤はＬＰに加えて、当時流行っていた12インチシングルの二枚組で、全一二曲が収録されていた。

一曲目「TIBETAN DANCE」は、ベースが細野晴臣、ドラムスが高橋幸宏、ギターが大村憲司で、ＹＭＯの曲になっていてもおかしくはなかった（「君に、胸キュン。」と制作期間が重なっている）。同時期に音響ハウスで自作のレコーディングをしていた山下達郎による歌入りヴァージョンも録音されたが、採用されなかった。「東風」や「THE END OF ASIA」路線の流麗なメロディは、雄大さとのどかさ、そしてどこへ向かうとも知れない郷愁を湛えている。アルバムの幕開けにふさわしい曲である。『音楽図鑑』書籍版(一九八五年)の楽曲解説で、彼はこう書いている。「ここはニューヨークの夜　僕はひとり暗い部屋で　タキシードを着てピアノを弾いている　ローソクの灯りの中　アジアの子供達が踊り　ゆらいでいる　様々なアジア　アジアは大きな森」「体はニューヨーク　心はアジア　誰かのこの言葉は、この時の僕の気分だ。この曲は韓国語、スワヒリ語、マウリ語、いろいろな国のヴァージョンで歌われたら、と思う」。ひとは常に「どこか」に居る。居るしかない。彼はこの時、ニューヨークに居たが、そこでチベットの少女のダンスを夢想し、彼女の居る「大きな森」としてのアジアを想像し、その想いは東洋と西洋の壁を超え、世界へと、地球全体へと広がってゆく。

二曲目「ETUDE」は、カーラ・ブレイ・バンドのトロンボーン奏者レイ・アンダーソンや清水靖晃などホーン・セクションがフィーチャーされたテクノポップならぬテクノジャズで、きらびやかなシンセの調べが心地よい。清水の手になる4ビートのジャズ・パート(ここのみ山木秀夫がドラムスを担当、その他は坂本龍一が叩いている)が、曲の途中にインサートされてハッとさせられる。「ジャズの二つのスタイル。構造化へ向かうアンサンブルの美と、アンサンブルが分裂・溶解して多様化していく自由さ。カーラ・ブレイ的自由は後者だ。《自己》を非構造化させ多数体としての《自己》を発生させる試み。ひとりジャズ・バンドの習作(エチュード)」(同前)。カーラ・ブレイはジャズ・オーケストラというスタイルに新風を吹き込んだ。構造化＝統一ではなく非構造化＝散開(!)。彼はそれを「ひとりジャズ・バンド」でやってみようとした。多重人格的ソロとしてのアンサンブル。

三曲目「PARADISE LOST」は坂本龍一版エキゾチカ。ミルトンの『失楽園』からタイトルは取られたが、テーマは「南方憧憬」である。レゲエのリズムによるベーシック・トラックはすべて電子楽器によるもので、ヤン富田のスティールパン、山下達郎のギター、近藤等則のトランペットが軽やかに涼しげに奏でられる。「僕にはめずらしく、言葉と映像(イメージ)と音楽が作曲のプロセスで最後まで緊密に一体となっていた。ユートピア願望と破滅寸前の終末感とが二重焼きにされた結晶世界。J・Gバラード」「ユートピアとしての第三世界に回帰したつもりが、そこで再び現代世界の真只中に出てしまうという「パラダイス・ロースト」」(同前)。こう彼は述べているが、楽曲の基本的なイメージはあくまでも明るい。だが、このコメントを読んだ後で聴き直してみると、むしろその明るさこそが「終末感」の裏返しなのかもしれないと思えてくる。

続く「SELF PORTRAIT」は、坂本龍一らしい親しみやすさとクールネスが同居したメロディ・ラインが印象的だ。ドラムスは高橋幸宏だが、デジタル・ドラム(Linn Drum)が同期されている。インストゥルメンタルだが、歌ものになっていてもおかしくないようなポップな曲。「マン・レイの自伝『Self Portrait』は大切な蔵書。曲は簡明で、僕の中の〈青春歌謡〉が出てきてしまった」(同前)。坂本龍一はマルチ・アーティストにして「反アーティスト」だったマン・レイに憧れを抱いていたのだろう。ここでオリジナル盤のA面は終了。

B面に入って五曲目「旅の極北」。「PARADISE LOST」が「南」をテーマにしていたのに対し、こちらは「北方憧憬」が主題である。ビートからメロディまで各種電子楽器が大活躍する中で、異様な存在感を放つテナー・サックスは清水靖晃。山下達郎がギター、ムーンライダーズの武川雅寛(たけかわまさひろ)

がヴァイオリンで参加している。「最初はとても甘いラブ・ソングだった。TAKE 1・2・3と積み重なってゆくに従って音がソリッドなものに変わっていった」(同前)。最初のヴァージョンを聴いてみたかったものである。メロディにはエキゾチックなロマンチシズムが感じられるので、そこを強調したアレンジだったのだろうか?

六曲目「M.A.Y. IN THE BACKYARD」はゲストなし。デジタルで再現されたマリンバが主役のスティーブ・ライヒ的なミニマル電子音楽で、この頃に日本でも流行していた環境音楽の雰囲気もあるが、強迫的なシンセが安穏を打ち破る。「別々な日にバラバラに作曲された8つの要素のスケッチを、フェアライトでグラフィカルに配列(キリバリ)してみる。結果的に出てきた音は、まるでディズニーのアニメーションの猫達の動きのようだ」。曲名の「M.A.Y.」は、当時の自宅の裏庭によく入り込んできた野良猫のあだ名、モドキ(M)、アシュラ(A)、ヤナヤツ(Y)より。

七曲目の「羽の林で」もミニマルな曲想の作品だが、このアルバムで初めて坂本龍一の歌が入っている。電子ガムランのバック・トラックは、『ピーター・ガブリエルⅣ』(一九八二年)と似た雰囲気がある(使用楽器が重なっているせいだろう)。

この曲とそれに続く「森の人」、そして一一曲目「マ・メール・ロワ」にクレジットされているパーカッション奏者のデヴィッド・ヴァン・ティーゲムは、ブライアン・イーノ&デヴィッド・バーンの『My Life in the Bush of Ghosts』(一九八一年)、ローリー・アンダーソンの『Big Science』(一九八二年)、トーキング・ヘッズの『スピーキング・イン・タングズ』(一九八三年)などに参加してきたミュージシャンで、日常生活のさまざまなモノを打楽器として演奏してしまう奇抜なパフォーマンスをソニーのテレビCMで披露し、日本でもすでにかなり知名度があった。

「羽の林で」のサビはドラマチックで、淡々とした呟きから一転して歌い上げる坂本龍一のヴォーカルも魅力的だ。この曲には、立花ハジメが監督したミュージック・ビデオが存在する（立花はアルバムのアート・ディレクションも担当）。「静止したかに見える風景の中に、無数のゆらぎとカオスがゆったりと波打っている。その波動はまるで太極拳のようでもあり、自然の様々な意識のさざめきのようでもある」「ほぼ無意識状態での作曲のためか、今はその過程（プロセス）は霧の中に隠れて定かでない」（同前）。彼は常に理詰めで考えるタイプだと思われがちだが、実際には直感的に思考することが多かったのではないかと思う。むしろ「ほぼ無意識状態」で作り上げたものが、出来上がってみると理性的なプロセスによるものに聴こえる、ということだったのではないか？

「森の人」とはオランウータンのこと。作詞は矢野顕子。演奏は坂本龍一とデヴィッド・ヴァン・ティーゲムの二人だけで行われている。電子的に再現されたマリンバ&ガムランの調べと響きに乗せて、彼は情感たっぷりに歌っている。このアルバム中、もっとも『左うでの夢』に近い雰囲気の曲である。「じっと僕をみつめるオランウータン　非常な　静謐　瞳の向うは深い悲しみ　森の悲しみに似て」「ある日スタジオを訪れた浅田彰が、この曲を聞くなり、ソファーに横になり、「ああ、いいおやすみミュージックですネ」と言った」（同前）。浅田彰という思考機械のイメージに似合わない（？）可愛らしいエピソード。二人の親密な関係性も窺える。

九曲目は「A TRIBUTE TO N.J.P.」。N．J．P．とは、ニューヨーク在住の韓国人アーティストで、フルクサスという芸術運動に参加していたナム・ジュン・パイクのこと。中村哲（さとし）のサックスの多重録音と坂本龍一のピアノ、中盤にパイクの話し声が入ってくる。ジャズとクラシックのフュージョンのような曲調は、このアルバムの中で異彩を放っている。「レコーディングされずに放ってある曲のスケッチの山から引きずり出してきたのは、9年前のものだった」（同前）。後年まで、彼は曲として完成に至らなかった、あるいはそれ以前の「スケッチ」を膨大に貯蔵していた。その中には、この曲のようにずいぶん経ってから陽の目を見たものもあれば、結局スケッチのままになったものもあっただろう。ひとりの作曲家の記憶と歴史は、楽曲として世に出たものだけではない。オリジナル盤のB面は、この曲で終わる。

12インチ・シングルは、LPの片面に一～二曲しか収録しないことで（音溝が太くなって）音が良くなるという特徴がある。のちのクラブ・ミュージック全盛期にDJプレイのメインとなるが、この頃の日本ではかなり珍しかった。CDでは一〇曲目に当たる「REPLICA」は、『BGM』の頃を思わせる無機質な電子ビート（タイプライターのサンプリングだという）と管楽器を模したシンセの空間的な旋律が、隠微で豪奢（ごうしゃ）な印象を与える。ナム・ジュン・パイクによる映像作品が存在しており、パイクの個展でもたびたび上映されている。「自己と自己複製の差異と反復が無数にくり返され、初まりから完全に停止した音楽。一種のミニマル・ミュージックに違いない」（同前）。五分半ほどの曲だが、もっと長くても、すごく長くても聴いていられるだろう。ライヒというよりマイケル・ナイマンを想起させる、優雅だが、どこか不穏な魅力を持った楽曲である。

一一曲目「マ・メール・ロワ」はフランス語で「マザーグース」のこと。モーリス・ラヴェルに有名な同名曲があり、オマージュ的側面もある。プリペアド・ピアノとトイピアノによるイントロから始まり、ひばり児童合唱団が主旋律を歌い出す。子どもたちの合唱とおもちゃのピアノのユニゾンで、可愛らしいような不気味なような何とも言えない空気が漂う中、近藤等則のフリーフォームのトランペットとともにメランコリックなメロディが立ち上がってくる。「アジアの子供たちの明るい声音　トランペットは　まるで見知らぬ異星人たち言葉（オシャベリ）　くすんだピアノの音が　コラージュされ　僕はパリにいる　ビデオのフィードバックのような　幻想画が生まれる　こんなイメージの二重焼きから僕はいつも逃れられない。不恰好な異星人と子供たちが同じ園で交感し、遊んでいる現代的なファンタジー。子供達はすっかりタオイストだ」（同前）。「TIBETAN DANCE」と同じく、この曲も「二重焼き」＝アジアと西欧の二都物語である。今度はニューヨークではなくパリ。楽曲的にも二つのパートに分離しているが、その変化と落差こそがこの曲の魅力と言えるだろう。

最初の二枚組LPでは、12インチのB面に「TIBETAN DANCE」のヴァージョン違い（12インチミックス）が収められていた。以上の仕様は初回プレスのみで、セカンド・プレスからは12インチが7インチに変更され、「REPLICA」と「マ・メール・ロワ」を片面ずつに収録、更にカセットのリリースには日本生命のキャンペーン・ソングで糸井重里作詞の「きみについて」が追加収録されていた（一九九二年以後のリイシューCDにも収録）。いかにもCM曲らしい明るくポップなサウンドだが、感情を殺した彼のヴォーカルには微かな暗さも感じられる。

『音楽図鑑』を聴き直してみて、あらためて思うのは、フェアライトCMIをはじめとする最先端の音楽機材（テクノロジー）の多大な貢献ぶりである。坂本龍一はそれらのマシンを使い倒して、自らの音楽的アイデアを具体化・現実化させていった。『音楽の図鑑』は、「音楽の様式／意匠の図鑑」であると同時に「音楽機械の図鑑」でもあったのである。

それだけにこのアルバムの音色は、時代に紐づけられている感もある。音楽機械はどんどん進化していくからだ。浅田彰は、人間的な、あまりに人間的な〈意味〉と〈情念〉から逃れた「メタリックク－ニュメリック・シンセシス（金属的—数的—合成：引用者注）」としてのシンセサイザーに「音楽」の可能性を見出したが、そのシンセにしても人間が発明したテクノロジーなのだから、人間的な〈意味〉と〈情念〉との絶えざる追いかけっこになってしまう。とりわけ電子楽器に特徴的な音色は、刻々とヴァージョン・アップしてゆくがゆえに、早晩、古びていくことを免れえない。のちに見ることになる二一世紀以降の坂本龍一の態度変更は、この問題とも関係していると思われる。

テクノロジーの「進化」と「TV WAR」

一九八四年の暮れには、音楽評論家の秋山邦晴の企画による「日本の現代作曲家シリーズ　坂本龍一の音楽」が神奈川県立音楽堂で開催された。大学時代の作曲作品から『戦場のメリークリスマス』の映画音楽、『音楽図鑑』収録曲まで、作曲家としての彼にスポットを当てた演奏会だった（本書第一章参照）。坂本龍一の貴重な音源を集成したコンピレーションシリーズの一枚『Year Book 1980-1984』には、高橋悠治、高橋アキとの連弾による演奏が収録されている。東京藝大大学院の修了作品「反復と旋」が初演されたテレビ番組『題名のない音楽会』の放送もこの年だった。こうしてみると、一九八四年はＹＭＯが「散開」して新しい道に踏み出すと同時に、それまでの道のりを振り返る機会にも恵まれた年だったと言える。

この後、一九八〇年代半ばから九〇年代初頭にかけて坂本龍一は、五枚のスタジオ・アルバムと二枚のライブ・アルバム、数枚のシングルを発表している。今の感覚からすると旺盛な創作活動と思えるが、彼の場合、以前から同じようにアルバムを制作していたし、当時にあって、このくらいのリリース・ペースは決して珍しくはなかった。とはいえ、アルバムだけを作っていたわけではないのだから、超人的な創作意欲と言ってよいだろう。この時期は、坂本龍一の三〇代にほぼ該当している。まさに働き盛りだった。彼は次から次へと仕事をこなしていく。その数はあまりにも多く、そのすべてに言及するのは到底不可能に思われる。

この数年間は、日本でバブル経済が勃興し崩壊に至るまでと完全に重なっている（バブル経済の引き金になったプラザ合意が一九八五年、バブルの崩壊が始まったとされるのが一九九一年）。言うまでもなくバブル期は、現在に至るまでの戦後日本の歴史の中で、最も経済的に豊かだった時代である。そして、経済状況は、良くも悪くも文化や芸術と密接に関係している。この頃でなければあり得なかっただろう潤沢な予算を必要とする幾つものプロジェクトに坂本龍一も次々と参画していった。まだバブル景気前だが、一九八五年九月一五日に坂本龍一は浅田彰とともに、「ＴＶ ＷＡＲ」と題されたマルチメディア・パフォーマンスを行った（以下は拙著『ニッポンの音楽』の記述をリライトしたものである）。

国際科学技術博覧会（つくば科学万博）のイベントの一環として行われた「ＴＶ ＷＡＲ」は、浅田彰がコンセプトを、庄野晴彦と原田大三郎から成るビデオ・アーティスト・チーム「ラジカルTV」が映像を、そして坂本龍一が音楽を手がけたオーディオ／ヴィジュアルのショーである。野外ステージに設置されたSONY製の巨大モニター「ジャンボトロン」には、ラジカルTVによるビデオ・コラージュがめまぐるしく展開し、坂本龍一の音楽も非常にアッパーかつダンサンブルで、バブル経済へとひた走る当時のニッポンを象徴するかのようなパフォーマンスだった。

浅田彰の宣言文「TV EV MANIFESTO」（EVはEvolution＝進化の略）によると、ここでいうTVとは、お茶の間のテレビとはまったく異なる、映像＝イメージの氾濫する時代のキーワードである。「TVエヴォリューションが開始される」。浅田は高らかに宣言する。

> ハードウェアの恐るべき進化によって、高度なヴィデオ・システムも、誰もが使える手軽な道具となりつつある。
> 送り手と受け手の別はだんだん曖昧になり、ついには、どの点からどの点へも送信・受信のできる非中心的なメディア・ネットワークが全世界を覆うだろう。そこでは、誰もがスターとなり、ヴィデオ・アーティストとなるだろう。
> （「TV EV MANIFESTO」）

細野晴臣＝YMOのイエロー・マジックにも似ているが、これはアンディ・ウォーホルが述べた「誰でも一五分間は有名人になれる」という言葉のハイテク・ヴァージョンだろう。このマニフェストで浅田は「TVエヴォリューションは、メディア・エヴォリューションにほかならない」と記し、こう続ける。

スクリーンの内と外が錯綜した、異様なリアリティ。TVエヴォリューションはあくまでもそこにとどまり、ためらうことなく前進する。それは、高度情報化社会の行方を決するサイバネティックなゲリラ戦の、クリティカル・ポイントとなるだろう。(同前)

浅田は「エヴォリューション=進化」を強調する。テレビが進化する、メディアも進化する、音楽も進化する、思想も、社会も、人間も、刻々と、加速しながらひたすら進化してゆく。進化という概念、進化という語で名指される現象それ自体が、ここでは徹底的に肯定されている。この時の浅田彰は明らかに、カルチャーとメディアとフィロソフィー、そして社会と政治の進化論者だった。だがしかし、このような「進化」の称揚は、今から思えば経済的なインフラがあればこそ可能となったものであり、好調を維持した八〇年代の日本経済と、円高を受けて活発化した日本企業の海外進出ゆえだったのは否めない(そもそも、つくば万博そのものが、そのような催しだった)。だが、わずか五、六年後には、膨らみ切ったこの巨大な風船が破裂してしまうとは、浅田彰も坂本龍一も、予想だにしていなかっただろう。

しかしそれにしても、時は一九八五年、インターネットが急速に普及し始める約一〇年前、パソコン通信が始まって間もない頃である。当時、テレビはメディアの王様だった。アートの文脈でも、ラジカルTVの活躍ひとつ取ってもわかるように、ビデオが持て囃(はや)されていた。ビデオ/テレビをラディカルに批判してみせるナム・ジュン・パイクのようなアーティストもすでに存在していたが、ある意味でテクノロジーの「進化」はそれ以上に目覚しかった。「TV WAR」はそんな時代を象徴するイベントだった。

一九八四年から八五年にかけての坂本龍一の動向は、松井茂と川崎弘二の共著『坂本龍一のメディア・パフォーマンス――マス・メディアの中の芸術家像』(二〇二三年)に詳しい。同書に収められた複数のインタビューにおいて、坂本龍一は何度か「パフォーマンス元年」という言葉を口にしている。

(…)一九八四年というのはぼくにとって特別な年なんですね。ぼくだけの思い込みというわけではなく世界じゅうから東京へいろいろなアーティストが来た年でもあって、ぼくは勝手に「パフォーマンス元年」と呼んでいるんです。もちろんパフォーマンスなんていうものはアートの領域で六〇年代から使われていた言葉ではあったけれども、それとはちょっと違う新しい波がそのときに起こっていると感じた。ナムジュン・パイクとヨーゼフ・ボイスが来日したし、ローリー・アンダーソンも来たし、ぼくが音楽を提供したコンテンポラリー・ダンスのモリッサ・フェンレイも日本に来た。フェンレイをパフォーマンスと言っていいかどうかは分かりませんけれども、一九八四年はいろいろなことが起こった年だったんですよ。

(『坂本龍一のメディア・パフォーマンス』)

パフォーマンスという言葉、メディアという語が、新鮮な輝きを持っていた時代のことである。

「A TRIBUTE TO N.J.P.」でオマージュを捧げられたナム・ジュン・パイクは一九八四年六月、東京都美術館での個展開催のために来日しており、高校生の頃からファンだった坂本龍一は初対面の際、パイクが自分のことをすでに知っていて緊張したという。二人はすぐに意気投合し、元スネークマン・ショーの桑原茂一がオーナーだった原宿のライブハウス、ピテカントロプス・エレクトスで、細野晴臣や高橋悠治&鮎生(あゆお)親子、立花ハジメらとセッション・ライブを行った。

『音楽図鑑』がリリースされた時、坂本龍一はニューヨークにいて、パイクと『電子の拓本/All Star Video』というビデオ作品の撮影をしていた。ソニー(!)の家庭用テレビのブラウン管の中で展開する三〇分ほどのこの作品には『音楽図鑑』の楽曲がふんだんに使用されており、長編ミュージックビデオの趣きもある。この中で坂本龍一は、ジョン・ケージ、ローリー・アンダーソン、リヴィング・シアター、シャルロット・ムアマン、パイクなどと対話している。「A TRIBUTE TO N.J.P.」をバックに踊るマース・カニングハムの映像も貴重である。このコラボレーション以後、一九八六年一〇月の「バイ・バイ・キップリング」(ニューヨーク、東京、ソウルを生放送で結んだ「双方向コミュニケーション・テレビ・プロジェクト」。パイクが総合ディレクションを担当し、坂本龍一は東京のホストを務めた)など、彼とパイクはさまざまな形でコラボレートしていくことになる。

パイクと同じくフルクサスの一員で、現代美術界のスーパースターだったヨーゼフ・ボイス(『電子の拓本』にも登場する)も西武美術館の個展に合わせて一九八四年に来日し、パイクとボイスの二人展も開催された。ローリー・アンダーソンはこの年の六月に日本青年館、八月にラフォーレミュージアム赤坂で、それぞれパフォーマンスを行うために来日している。デヴィッド・ヴァン・

ティーゲムは彼女のバンドメンバーだったので、『音楽図鑑』のレコーディングに参加したのはこのいずれかの時だったのかもしれない。ローリー・アンダーソンも、坂本龍一の終生の友人となる。「TV WAR」パフォーマンスが行われる直前の一八八五年九月五日、7インチ・シングル「ステッピン・イントゥ・エイジア」がリリースされている。作詞は矢野顕子で、Somboon Kittisatayawaがタイ語に翻訳したラップパートを浅野智子が担当している。彼女はNHK-FMの「坂本龍一サウンドストリート」に、『音楽図鑑』収録曲「TIBETAN DANCE」のヒンドゥー語ヴァージョンを送ったことがきっかけで抜擢された。浅野はタイ語に堪能というわけではなかったようで、そのラップはたどたどしかったが、かえってそれが独特の魅力を放っている。ゆったりとしたオールドスタイル・ヒップホップのビートが特徴のダンサブルな曲だが、アルバムには収録されず、一部の音を差し替えたヴァージョンがベスト盤『Gruppo Musicale』に収録されている。

「メタリックかつニュメリック」な『Esperanto』

『音楽図鑑』に続いて坂本龍一は一九八五年一〇月にアルバム『Esperanto』をリリースした。モリサ・フェンレイの委嘱により制作したもので、当時、海外からの依頼はほとんどなかったため、彼は驚くとともに、「とても嬉しかった」と述懐している。

このアルバムはぼくの作品の中では決してポップなものではなく、実験色の強いものなんですが、新しいことに挑戦できたという満足感がありました。当時出てきたばかりのサンプラーや最新のコンピューターを使って録音し、音楽の部品をバラバラにしてつなぎ合わせる、というようなことをした。(…)とても面白かったし、結果としてすごいところまでたどり着いてしまった、と自分では思いました。

(『音楽は自由にする』)

本人も言う通り、サンプリングが主体の、フェアライトCMIやイミュレーターなど最新電子楽器が『音楽図鑑』以上に駆使された「メタリックかつニュメリック」(浅田彰)なサウンドが全面展開する。アート・リンゼイがギターで、YAS-KAZ(佐藤康和)がパーカッションで参加している。モリサ・フェンレイはニューヨークを拠点に活動していたコンテンポラリー・ダンスのコレオグラファー(振付師)で、坂本龍一のほかフィリップ・グラスやローリー・アンダーソン、ポーリン・オリヴェロス、フレッド・フリス、ジョン・ケージなどの音楽を用いた振付作品を発表している。フェンレイからは特に注文もなく音楽を一任された坂本龍一は、ポップミュージックの枠組みを気にせず過激な実験を思い切り繰り広げた。フェンレイの舞台の題名をアルバムタイトルにしているが、世界共通語を目指した人工言語エスペラントに倣って、坂本龍一は人工的な「世界音楽」の捏造を試みた。YAS-KAZ(一九八四年リリースのアルバム『縄文頌』は坂本龍一に大きな影響を与えた)が奏でるインドネシアの幽玄なゴング(ガムラン)の響き、空間を切り裂くアート・リンゼイの無調のギター、女声コーラスを含む種々雑多なサンプリング、デジタル感の強調されたソリッドなサウンドは、ダンスのための音楽ならではのフィジカルな魅力を放っている。
この年の一一月、モリサ・フェンレイが来日し、ダンサーたちと「Esperanto」の公演を行っている。ちょうどその時、日本に来ていたフランスの精神医学者・思想家のフェリックス・ガタリが、この公演を観に来て、バレエはつまらなかったが音楽は素晴らしかった、という感想を伝えてくれたという。「当時流行していた脱構築的な文脈で、ぼくの音楽を賞賛してくれた。これはぼくにとって最高の賛辞でした」(『音楽は自由にする』)。彼はこの話をインタビューで何度も語っているので、かなり嬉しかったのだろう。現代思想にも並々ならぬ関心を寄せていた彼らしいエピソードだ。依頼された仕事ではあったが、このアルバムは坂本龍一にとって非常に重要な作品になった。

どうして『エスペラント』の方向性で音楽を続けていかなかったんだろうと、今になって悔しく思ったりすることもあります。あのまま続けていれば、すごいことができたかもしれない、なんて。でもまあ、それが人生ですよね。(同前)

これは二〇〇八年の発言なので「今になって」というのはその時点での感慨である。確かに『Esperanto』の方向性を極めていったとしたら、坂本龍一の音楽家としてのキャリアはかなり違ったものになっていたかもしれない。だが、「それが人生」というのもその通りであって、そちらに行くことも可能だったが結局行きはしなかった、ということも、彼自身がした人生の選択だった。

本本堂という出版社

当時の活動として触れておくべきは、坂本龍一が設立した出版社、株式会社本本堂（ほんほんどう）である。高橋悠治と坂本龍一の対談本『長電話』がその第一弾で、一九八四年五月に出版された。本本堂というユニークなネーミングは、糸井重里の発案だという。フリー編集者の義江邦夫（九〇年代に太田出版で柄谷行人の著書などを手がけ、柳美里「石に泳ぐ魚」でモデルとされた女性がプライバシーの侵害などを理由に訴訟を起こした際に、柳、版元の新潮社、掲載誌『新潮』編集長とともに、同作の担当編集者として被告となる）、秋山晃男（てるお）（作曲を松平頼暁（よりあき）に師事。アルク出版企画の編集者／プロデューサーとして武満徹主宰の現代音楽フェスティバル「MUSIC TODAY」や同名の雑誌などに携わる。安芸光男（あきみつお）の筆名で執筆活動も行う）、浅田彰などがかかわっていた（のちに後藤繁雄も参加）。『長電話』の奥付を見ると、発行者は坂本敬子とある。本本堂の社長は、坂本龍一の母親だったのだ。名義貸しに近いものだったのかもしれないが。

一九八四年に本本堂を始めたわけですが、ぼくは本屋の息子なんですよね。父が書籍の編集者だったので、ぼくは本に囲まれて育った、というか本の背表紙を見て育ったんですけれども、一九八〇年代には既に本というものは古くさいメディウムというか、本をメディアとして捉える意識すら一般的にはなかったと思うんです。その古くさいものだと思われていたものを、パフォーマンスという大きな、ちょっと訳の分からない茫漠とした概念のもとで眺めてみると、とてもおもしろいパフォーマンス・メディアになりうると思ったんです。
(『坂本龍一のメディア・パフォーマンス』)

坂本龍一にとって「メディア」や「パフォーマンス」は、ヴィジュアル・イメージやデジタル・テクノロジーに限られてはいなかった。言語によるパフォーマンス、紙に印刷された活字の集積=本という、アナログの最たるものである「メディア」もまた、彼にとっては重要な「パフォーマンス」の道具であり舞台だった。この発言は二〇一九年五月のものだが、インターネットがまだ普及していなかった八〇年代半ばの時点で、坂本龍一は「本」という形態に(今も)なお潜在するポテンシャルを精確に見抜いていた。

本というデバイスは閲覧性も優れているし、後ろから読んでも前から読んでもいいし、飛ばして読んでもいい。あるページを読んでいるときに、パッと目次を見ることだってできる。とてもアクセシビリティが高いメディウムなわけです。そして、紙というものは五千年だって残るだろうけれども、ハードディスクに記録されたデータなんてものは何年かで消えてしまう可能性がある。本というメディウムのいいところをあのころにいろいろと感じたんですよね。だから本で遊んでやろうと思って本本堂を始めたんじゃないかな。
(同前)

『長電話』は、イエロー・マジック・オーケストラの「散開」ツアーの中休みだった一九八三年一二月一五日から一七日までの三日間、坂本龍一と高橋悠治が宿泊していた石垣島(高橋悠治のアイデアだったという）のホテルの内線電話を使った都合四回にわたる（二日目は朝夜二度）の長電話を文字に書き起こし、ほぼそのまま収録したものである。これも「本」という「メディア」による「パフォーマンス」である（一九八九年に刊行されたエッセイ集『SELDOM－ILLEGAL――時には、違法』で彼は、「内容はほとんどどうでもよかった」「出したかったのは希薄性」などと語っている）。書籍化を前提として録音された対話であるとはいえ、基本的には特にテーマのない雑談であり、リラックスしたムードの中、二人のお喋りが続く。だが、雑談がふと熱を帯びて議論めく箇所は多々あり、話題があちこちに行ったり来たりしながらも、音楽論、芸術論、文化論、日本論が縦横に語られてゆく。

たとえば、次のやりとりはなかなか興味深い。

龍　ぼくはね、たとえば音楽であれ何であれね、表現ていうのはやっぱり、主義主張とは違う次元のもんていう気がするけども、どうですか？

悠　ウーン、なるほどね。

龍　どうなのかしら。

悠　さあ、でも主義主張というものも、やっぱり、いいと思わないんだよね、本当を言うと。かなり何年もいろんなグループとつき合ったし、別に、つき合わないというつもりはないんだけども、これじゃダメだなと、いつも思う感じはあってね。そいで、なんていうかなあ、やっぱり今権力を持ってたり権威を持ってたりするものがあるとするじゃない。そうすっとね、それに代わってさあ、そういうものを持ちたいっていう人達なんだよね。

龍　ほとんどそうでしょうね。
悠　うん。だから、こっちの方向行きゃあ世の中よくなるんだからさあ、それはやっぱり自分達がそうしてやるんだからついてきなさいと、こう言うわけじゃない。それでまあ、ついていけば、ついていったということで前より、なんていうかなあ、自由でなくなると、いう感じはあるのね。
龍　ああ、そうかもしれないねえ。

嚙み合っているようでいて微妙にすれ違っているというか、どこか互いに遠慮し合っているような感じもあり（特に高橋悠治）、いまひとつ真意が摑み難いが、坂本龍一が言わんとしていることは明白だろう。「音楽であれ何であれね、表現ていうのはやっぱり、主義主張とは違う次元のもん」という態度が、この時以後も彼の基本スタンスとなる。だが、これまで見てきたように、坂本龍一はむしろ「主義主張」を人一倍持った、いわば政治的な人間だった。ならば彼は、「表現＝音楽」と「主義主張＝政治」を敢えて切り分けてみせる、芸術至上主義者とアクティヴィストの二重人格なのか？　坂本龍一について考える上で、これは重要な論点である。だが、このテーマについては、これ以降の彼の人生を追いながら、少しずつ考えていきたい。
『長電話』の刊行日、坂本龍一は渋谷PARCOの外壁に『長電話』の表紙をタイルのように三七一冊分（！）貼っていくという七時間に及ぶパフォーマンス「The Grey Wall」を、たったひとりで敢行した。本の内容だけでなく、いやむしろそれ以上に、オブジェとしての書物の可能性やコンセプチュアルな発想を重視していた当時の彼の関心のありようが如実に表れた試みだった。

本本堂はその後、高橋悠治の水牛楽団のカセットブック『水牛楽団 休業』（坂本龍一と浅田彰の共同編集）、『音楽図鑑』書籍版、デイヴィッド・シルヴィアンのポラロイド写真集『パースペクティヴ 写真日記82-85』、あとで触れる『未来派2009』、写真集『ラストエンペラー』、マンガ家の玖保キリコのエッセイ集『キリコのコリクツ』などを刊行したほか、『本本堂未刊行図書目録 書物の地平線』（朝日出版社）や吉本隆明との対談本『音楽機械論』（トレヴィル）など、他の版元の書籍にも企画や編集で関わった。本本堂としての活動は一九八九年まで続けられた。

『本本堂未刊行図書目録』は、一九八四年から八五年にかけて朝日出版社から刊行された「週刊本」の一冊で、本本堂から刊行予定という体で五〇冊の架空の書物の「目録」を、井上嗣也、赤瀬川原平、安西水丸、細野晴臣、浅葉克己、沼田元気、高松次郎、奥村靫正、日比野克彦、菊地信義という豪華極まりない顔ぶれによる装幀案とともに掲載し、浅田彰と坂本龍一の対談、菊地信義と井上嗣也と坂本龍一の鼎談を加えたものである。「週刊本」とは、文字通り週刊ペースで本を刊行するシリーズで、毎月四〜五冊、計四四冊刊行された。内容はサブカルチャーからニューアカ関係、アーティストブックまで幅広い。担当編集者は、七〇年代に先駆的な思想雑誌『パイデイア』の編集長を務め、のちに哲学書房を興す中野幹隆である（中野は朝日出版社で、坂本龍一と大森荘蔵の『音を視る、時を聴く』も担当した）。

この「目録」に掲載された浅田彰の『煉獄論 あるいはゴダール・スペシャル』は、浅田が当時、四方田犬彦、伊藤俊治らと責任編集を務めていた雑誌『GS たのしい知識』（冬樹社）の一巻として、『ソン・メタリック ヘルメスの音楽』（筑摩書房）として実現する。その他、アンディ・ウォーホル『ポッピズム』(リブロポート)、オクタビオ・パス『マルセル・デュシャン あるいはガラスの館』(『マルセル・デュシャン論』書肆風の薔薇)、中沢新一『森のバロック 南方熊楠論』(せりか書房)、バルガス・リョサ『世界終末戦』(『世界終末戦争』新潮社)など、のちに別の版元から実際に出版された本もあるが、面白いのは実現しなかった、あるいは実現するはずのなかった書物の数々だろう。浅田彰+坂本龍一『中上健次論〈カセット・ブック〉』、坂本龍一構成『家具の本』、『糸井重里児童文学全集』全一二巻、ジョン・ケージ『きのこ学大全』、『細野晴臣画集』、玖保キリコ『坂本龍一伝』、柄谷行人『禁煙の形而上学』、中上健次『神曲』などなど、今見てもワクワクさせられるような夢の出版企画揃いである。彼らが悪ノリ混じりに嬉々として編集会議に興じているさまが目に浮かぶようだ。

『本本堂未刊行図書目録』には『音楽図鑑』も載っており、アルバム・ジャケットともに「レコードは一〇月二四日に新しいレーベルSCHOOLより発売されますが、本の方は只今制作中でございます」とある。書籍『音楽図鑑——エピキュリアン・スクールのための』は実際に一九八五年四月、本本堂から刊行された。厚めの映画パンフのような本(六四頁)だが、YMOでもお馴染み奥村靫正のアート・ディレクションによる、非常に凝った造りの一冊である。テクストは、坂本龍一と盟友浅田彰の他、糸井重里、磯崎新、井上陽水、村上龍、篠山紀信、中島みゆき、村上春樹という錚々たる面々で、ドゥルーズ&ガタリやJ・G・バラードの著作から引用されてもいる。だがそれらの文字はデザイン処理され、徹底的にヴィジュアルに溶け込まされており、敢えて言うなら可読性には少々問題があるのだが、それもまた時代のモードの反映だった(アメリカで当時刊行されていたグラフィック・デザインの専門誌『EMIGRE』の過激なレイアウトが日本でも注目されていた)。

坂本龍一の「創作ノート」

書籍版『音楽図鑑』のページ構成はアルバムの曲順に即しており、それぞれの楽曲をヴィジュアライズした趣向になっている。巻末には坂本龍一による曲解説が載っているが、それとは別に、挟み込みの付録として、坂本龍一の手書きの「創作ノート」を印刷したものが添えられている。落書きのような絵や図、走り書きのメモなどがそのまま印刷された貴重な資料である。そこにはたとえば、次のような心情が刻まれている。

いつも音楽が自己目的化してしまう。/音楽を人と人が遊ぶ道具として使ってしまえばいいんだけど、それができない。/多分、それは音楽のせいとはいえない。/僕が生活の中で何を欲求しているかに関わっているんじゃないかな。/音楽が僕を超越的なるものの方へ引っぱりあげようとするのに、いつも抵抗していなくてはならない。/抵抗しなくてはならないということはない。/平気で忘我的なコーコツを受け入れられるならば—/だけどそれができない。

(「創作ノート」『音楽図鑑』)

「いつも音楽が自己目的化してしまう」という認識への当惑、果たしてそれでいいのか、そんな芸術至上主義でこの先もやっていけるのだろうか、というリアルな疑問を抱えつつ、しかし気づけばどうしてもそうなってしまっている、というパラドックスと、その後も彼は格闘し続ける。音楽は音楽のためにこそあるのだと毅然として断じることも、割り切って「人と人が遊ぶ道具」として音楽を使ってみせることも、彼にはできなかった。ここにはクラシック〜現代音楽の作曲家としての教育と訓練を受けた坂本龍一と、いつのまにかプロのミュージシャンになっていた坂本龍一の二面性が存在している。

「創作ノート」には『音楽図鑑』以外に三八のタイトル案が記されている。一部を挙げておこう。「音楽思考」「仮面と記号」「Passion（おそらくジャン＝リュック・ゴダールの映画から：引用者注）」「脳の窓（目）—Mind's Eyes（ダグラス・ホフスタッター&ダニエル・デネットの編著にちなんでいるのかもしれないが、同書の原題は「The Mind's I」：引用者注）」「遠方の不安」「Thousand Elephants」「Replica」「森のバロック」「音楽遊戯」「虹の色彩」「虹の時間」「Before the Paradise Come」「記号の山（アルトオ）」「記号説（北園克衛）」「数の歌（アルトオ）」「Neo-Futurism」「表層としての音楽」等々。これらのどれが採用されていたとしても、どこかしっくりこない気がする。やはり『音楽図鑑』がベスト・チョイスだったのだろう。シンプルだが素晴らしいタイトルである。

一九八六年の『未来派野郎』

一九八六年四月、アルバム『未来派野郎』がリリースされた。「未来派」とは、二〇世紀初頭にイタリアで興った前衛的な芸術運動で、詩人で批評家のフィリッポ・トンマーゾ・マリネッティがフランスの有名紙「フィガロ」に一九〇九年に寄稿した「未来派宣言」によって広く知られるようになった。この名称にも示されているように、過去（一九世紀）の芸術と訣別し、速度と機械化を是とする二〇世紀の文化芸術を志向したもので、その急進的な主張は、当時台頭していたファシズムとも結びついた。中心人物のひとりだったルイージ・ルッソロの論文「騒音芸術」（一九一三年）は、ノイズ・ミュージックの最初のマニフェストとされている。本本堂から一九八六年に出版された『未来派2009』は、『トランス・イタリア・エクスプレス』（一九八五年）の著書もある音楽学者の細川周平と坂本龍一の共同編集で、アルバム『未来派野郎』がリリースされた八六年に、「未来派宣言」から一〇〇年後に当たる二〇〇九年の「未来派」の再来を待望する、という構えの一冊となっている。

『未来派野郎』の制作時期は『Esperanto』と重なっており、フェアライトＣＭＩやイミュレーターによる夥しい（おびただしい）サンプリング音とヤマハＤＸ７の派手な音色、豪華ゲスト・ミュージシャンたちの華麗なプレイが特徴である。オリジナルのソロ・アルバムとしては『音楽図鑑』から一年半ぶりだが、まったくといっていいほどサウンドが違っており、フェアライトの登場は、この時期の多くのミュージシャンにとってと同様、坂本龍一にとってもやはり大きかったのだと思わされる（『音楽図鑑』でもフェアライトは導入されていたが、試用段階の感があった）。「音楽の図鑑」と言いながらも『音楽図鑑』と『Esperanto』からは意識的に排除されていたロックやファンクの要素が全面展開されており、『Esperanto』と同じく、非常にフィジカルな印象を与える作品である。

一曲目の「Broadway Boogie Woogie」は、サンプリングの強烈なドラムス、のちにローリング・ストーンズのバック・ヴォーカルとして知られることになるバーナード・ファウラーと吉田美奈子のソウルフルなツイン・ヴォーカル、ジェームズ・ブラウンのThe J.B.'sのメンバー、メイシオ・パーカーの荒れ狂うサックス、若冠二一歳の鈴木賢司のダイナミックでテクニカルなギターが一体となったインパクトの強いファンク・チューン。歌詞はピーター・バラカンだが、曲の途中に入ってくる男女の声は映画『ブレードランナー』（一九八二年）からサンプリングした会話をコラージュしたもので、おそらく著作権をクリアできなかったのだろう、このアルバムは今もリイシューされていない。曲名はピエト・モンドリアンの絵画から。

二曲目の「黄土高原」は、ガムラン的な小気味よい電子ビートに乗せて、坂本龍一らしい大陸的でおおらかなメロディが、シンセと女声コーラス（吉田美奈子の多重録音）で奏でられる。飯島真理が日本語歌詞を付けたカヴァー「遙かな微笑み―黄土高原―」も存在する。

三曲目の「Ballet Mécanique」は、もともとはアイドルの岡田有希子のために作曲した曲「WONDER TRIP LOVER」に矢野顕子が新たに歌詞を付け（英訳はピーター・バラカン）、バーナード・ファウラーが表現力豊かに歌っている。時計のチクタク音とカメラのフィルムを巻き取る音のサンプリングが、リズムになっている。この曲でも鈴木賢司のギター・プレイが冴え渡る。普遍的な魅力を持つ坂本龍一流のポップソングの名作。中谷美紀が一九九九年に「クロニック・ラヴ」としてカヴァーし、大ヒットしている。

四曲目の「G.T.II°」の「G.T.」とは「グラン・ツーリズモ」のこと。アルバムの先行シングルだった「G.T.」のヴァージョン違い。この曲も矢野顕子の歌詞をバラカンが英訳した。やはりB・フアウラーの歌声が映える。

五曲目の「Milan, 1909」は、アルバム・コンセプトである「未来派宣言」にちなんだ曲で、細川周平が書いた未来派にかんするレクチャー・テクスト（英語）を、マッキントッシュのスピーチソフトSmooth Talkerが読み上げている。歌舞伎のサンプリングの挿入も面白い。シンセの空間的な音像は、エイフェックス・ツインが約一〇年後に発表した『Selected Ambient Works Volume II』（一九九四年）に影響を与えているように思われる。

六曲目の「Variety Show」は、当時流行していたアインシュテュルツェンデ・ノイバウテンやSPK、テスト・デパートメントなどポスト・インダストリアル勢の音作りに近い、アッパーなメタル・パーカッション（サンプリング）に、録音されたマリネッティの演説が被さる。ただのスピーチがラップのように聞こえてくるから不思議である。ヒップホップ的なマシン・ビートは、七曲目の「大航海／Verso lo schermo」に引き継がれる。ヴォーカルは、歌詞を提供したショコラータのかの香織で、細川周平が訳したイタリア語でオペラチックな歌唱を披露している。

八曲目の「Water is Life」は、デイヴィッド・リンチ監督の映画『デューン／砂の惑星』（一九八四年）からのサンプリング・コラージュだという。この曲も著作権上の問題が生じたのかもしれない。

オリジナル盤では最後に置かれている「Parolibre」の「パロリブル」は未来派による造語で、いわゆる口語自由詩とほぼ同じ意味だと思われる。この曲にも、かの香織がフィーチャーされており、まさにイタリアオペラのアリアのような優美な歌唱と、初期の電子音楽を彷彿とさせる電子楽器オンド・マルトノの音色（ヤマハＤＸ７による）の組み合わせが面白い。先行シングルのＢ面に収録された。

『未来派野郎』のために録られたが収録が見送られた「Futurista」は、コンピレーション『Year Book 1985-1989』で聴くことができる。タイトルの「Futurista」は、アルバムの外国語題名と同じであり、採用されていたならタイトル・トラックになっていたことになる。電子機材をプレイフルに使い倒した痛快極まるサウンドで、なぜアルバムに入らなかったのか不思議である。

未来派のビジョンとＴＯＫＩＯ

それにしても、坂本龍一はなぜ、速度と機械化を是とする文化芸術を志向したイタリア未来派に、並々ならぬ関心を寄せたのだろうか。

未来派の運動の中に、20世紀的なパラダイムが全部含まれているんじゃないか、とぼくは思ったんです。そこからもう一度、20世紀というものを眺めてみたい。それが制作の動機でした。（『音楽は自由にする』）

確かに二〇世紀になって、モータリゼーションが急激に進み、通信技術も、電話からインターネットへと著しい進展を見せ、社会は際限もなく加速化していった。そんな二〇世紀をもう一度、見わたすために未来派を召喚してみせた。だからこそ、マリネッティの声がサンプリングされてもいるわけだが、だがなぜ一九八六年という、特に関連する出来事があったわけでもないタイミングで「未来派」だったのか？

未来派の芸術家たちは、変な音の出る、巨大なノイズ発生器みたいな楽器を作ったりもしていました。いわゆる騒音、ノイズを初めて音楽に取り入れ、サンプリング・ミュージックの元祖みたいな音楽も作った。やっぱり20世紀音楽の起源みたいなものがここにあるんだと、ぼくは感じました。（同前）

彼が言うように、未来派たちは、ノイズを音楽に取り入れた嚆矢（こうし）といってもいい。たとえばルイージ・ルッソロは一九一三年に「騒音芸術宣言」を発表し、騒音による音楽の拡張を図り、複数の騒音楽器「イントナルモーリ」を考案・制作してもいる。『音楽図鑑』の次なるアルバムを制作するに当たって、未来派によるこうした芸術運動が、大きな刺戟となっただろうことは想像に難くない。

『未来派２００９』は、雑誌『スバル』（第五号、一九〇九年五月一日）に翻訳紹介されたマリネッティの「未來主義の宣言十一箇條（未來派宣言）」（無署名だが森鷗外の訳と言われている）に加えて、坂本龍一が撮ったイメージ写真をあしらったグラビア、細川周平による長文のテクスト「イタリア未来派　ある未完のプロジェクト」、そして「速度」「雑音」「運動」の三つのカテゴリに分類されたキーワード集などから成っており、「未来派入門」の書として読めるようになっている。

細川はこのテクストで、「宣言を公表することだけで、既に完結した運動だった」と「未来派」を位置付け、『未来派２００９』においては「未来派本来の姿よりも、未完のプロジェクトにふさわしい未完の文脈を創造することに力点がおかれた」とし、書名は「「未来派――昨日・今日・明日」というほうが、内容に即しているかもしれない」と述べている。ここでいう「昨日」は一九〇九年、「明日」は二〇〇九年、そして「今日」は一九八六年を指す。つまり重要だったのは、これから論じるように「今日」だったのだ。

アルバム『未来派野郎』について、細川はほぼ何も述べていないが、坂本龍一の動機を精確に見抜いている。一九八〇年代半ばを過ぎて、かつて未来派が掲げてみせた数々の理念、未完のプロジェクトが、極東の小さな島国である日本の東京（ＴＯＫＩＯ！）という都市で、おそらくはその危うさも含めて実現されつつあるのだと、坂本龍一は言いたかったのではないか。未来派のテクノロジー賛美、スピード礼賛、ノイズ顕揚は、一九八六年の今こそ真のリアリティを持ってまざまざと立ち現れているのだと。そしてそれは間違いなく、フェアライトやイミュレーターに代表される最新の音楽マシンと、サンプリングという手法＝概念によって駆動されたものだった。

『未来派2009』のオビ裏の説明文（無記名）には、こんな一節がある。「今日の電気的・機械的戦争すらも讃美し、彼ら（イタリア未来派）はファシズムの台頭とともに、その勢力に吸収され色褪せた。しかし、76年後の今日、奇しくもハレー彗星の再来と時を同じくして、彼らの夢は20世紀のヴィジョンとして、新鮮で刺激的な輝きをもって、われわれを魅了している」。

一九八六年は、ハレー彗星が七六年ぶりに地球に最接近した年でもあった。このあたりに、『未来派野郎』のコンセプトが生まれる秘密があったのではないか。『未来派2009』の表1オビには「来るかな?! 21世紀」と大きく書かれている。二一世紀が到来するのはそれから一五年も先のことだが、一九八六年の時点で、彼らは来るべき「未来」を見据えていた。そして（しかし?）それは、八六年における現在の延長線上にあるものだった。つまり彼らにとっては、一九八六年という「今日」から、二一世紀という「明日」をリアルな像として予見することが可能な条件はすでに揃っていたのである。それは、音楽に留まらないテクノロジーの、高速にして飛躍的な進化であり、そのような状況を下支えする経済状況だった。「未来派」という「昨日」の「未完のプロジェクト」は、「明日」を「今日」において実感するための参照項として召喚されたのである。つまりそこにおいて重要だったのは、ノスタルジーでも未来予測でもない、現在だった。

フェリックス・ガタリとの対話

『未来派2009』には、坂本龍一とフェリックス・ガタリの対談も収められている（司会は浅田彰）。「F・ガタリ　サンプリングを語る」と題されたこの対談は、すでに来日三度目となるガタリが、モリサ・フェンレイの『Esperanto』東京公演を観た翌日、すなわち一九八五年一一月二五日に収録されたもので、話題は『Esperanto』（「バレエはつまらないけど（坂本の：引用者注）音楽は素晴らしい」とガタリに言われたのはこの対談）とビデオ作品「TV WAR」についてであり、未来派への言及は特にない。しかし、この対談（実質的には浅田も加わった鼎談）は刺激的な内容である。特にガタリによる「坂本龍一論」が、非常に興味深い。ガタリは彼の音楽を、ジョン・ケージ、ライヒやグラスなどのミニマル・ミュージック（「アメリカの反復音楽」とガタリは呼んでいる）、ピエール・シェフェールのミュージック・コンクレートを引き合いに出したうえで、「それより私が面白いなと思うところは、あなた（坂本龍一：引用者注）が自己放棄をしているという事実です。既成の音楽的マチエールを、既成の複雑性、さらには超複雑性といったものを、すすんで受け入れている。あなたはまずそれらに服従するのです」と指摘してみせる。

ガタリ（以下G）（…）あなたが自己を放棄して身を任せるそのコスモスは、（…）マス・メディアのコスモスなのです。それはあなた自身が創った音楽―フィルムそのもののコスモスでもある。というのは、昨日のコンサートの或る瞬間には『戦場のメリークリスマス』の音楽のエコーが聴き取れたからです。その種の音楽の引用があったし、また別の色々な音楽の引用がありました。つまるところ、そのコスモスは、我々の目の前に構成されている今日のコスモスであり、今日東京でこれから生まれてくる子供にとってのコスモスなのです。

その上でガタリが「容易さの中に落ち込んだり、一種の放棄の中に陥ったりする」といった、「危険があり眩惑」があると指摘したのを受けて、浅田が「いわゆるポストモダン流の「何でもござれ」方式ですね」と整理してみせると、ガタリは首肯した上で、次のように述べる。

G：（…）まさにそこのところにサカモトのパラドクスがある。つまり、自己を放棄するその瞬間にサカモトという音楽家が再び出現してくるのです。ああいった素材から出発するのだけれども、それを放置するのではなく作曲＝構成（コンポジション）という次元を再導入する、ただしこの次元は今度は形式的ではなく過程的なものとなっているわけです。その結果、この音楽を聴く者は二重の強度の場に捕えられます。一方では聴き手は音の波に呑まれ、流されるがままになってゆく。しかし次にはまた、ある作曲＝構成のシステムの中にも捕えられるわけで、このシステムは脱属領化を行ない、分節を作り出し、ほとんどバロック的な作曲＝構成（コンポジション）を生み出すのです。

（『未来派２００９』）

まさにガタリの文体というか、「脱構築的な文脈」（『音楽は自由にする』）から発せられた、ジャーゴンに彩られた発言だが、言っていることはさすがに鋭い。坂本龍一という音楽家の意識的／無意識的なポストモダン性と、にもかかわらずポストモダンからモダンへと回帰していくループ的な循環構造のようなものを、ガタリは独自の言い方で見事に言い当てている。

対談の題名にもある「サンプリング」についても、ガタリは面白いことを言っている。坂本龍一がサンプリングマシーンについて、言語と同じようにコンテクスト〈文脈〉をもっている音を、それは脱コンテクスト化した上で組み合わせることを可能にするし、異なるコンテクストから取ってきた音を、「複数化された次元」でモンタージュすることを可能にするという意味のことを述べると、ガタリは「それは実に重要なポイントだ！」と応じる。それを受けて坂本龍一が、サンプリング・マシーンで作った音楽では複数のコンテクストを持つ音が短時間のうちに現れ、消えていく、そんな「不連続な継起」から生じる感覚は「〈空虚〉」だと述べると、「それは、世界に充満するノイズや、音の汚染の一掃であり、消去ではないでしょうか」と答えている（『未来派２００９』）。

これは致し方ないことだとは思うが、ガタリはしかし、坂本龍一の言う「空虚」を、どうしても「東洋的なパースペクティヴ」と結びつけて考えてしまう。「ＴＶ ＷＡＲ」の音楽について、ガタリが「スピードは速いにもかかわらず、全体を貫くゆっくりとしたリズムが感じられる」と言うと、坂本龍一は、確かにテンポは遅いが「その中で分割されているユニットはすごく細かい」と返した上で、サンプリングを今後、ますます発展させていけば「超複雑性」に至れるはずだが、自分としては、こうした機械に頼らず、例えば伝統的な楽器を用いて、「同じような次元を達成すること」が夢の一つだと答えている。実際、その後のデジタル・テクノロジーの飛躍的な進化は、マイクロ・サンプリングやＤＳＰ（Digital Signal Processing）などによって、音楽に文字通りの「超複雑性」をもたらすことになるのだが、そうした方向だけでなく、この時点で「伝統的な楽器」による「同じような次元」をも志向していたのは、彼の先見の明を示すものだと言えるだろう。

続くやりとりで、この対話は終わる。

Ｇ：ああ、それは非常に重要なことだ！　そう、そのゆっくりとしたリズムの中には、私の見るところ、二つの肯定があると思います。ひとつは音楽家のアイデンティティーの肯定であり、もうひとつはたぶん東洋的な諸価値の再肯定なのでしょう。

Ｓ：極度にテクノロジカルな音楽の中にそういうものを聴き取られたというのはとてもうれしいですね。

（同前）

あらためて読むと、彼の「とてもうれしい」は、実のところ微妙だったのかもしれないとも思えてくる。だが、西欧人が日本の芸術家の表現に触れた時、そこに実際にあるのかどうかもわからない「東洋的なるもの」を見て取ってしまうという問題は、すでにイエロー・マジック・オーケストラが戦略的に利用したことでもあった（むしろ「イエロー・マジック」とはこのことだった）。

この問題が厄介なのは、同じ日本人である私には、「実際にあるのかどうか」が決定不能だということである。東洋的なるもの、日本的なるものが、日本人でも東洋人でもない者によって見出された時、それは単なる錯覚なのか、浅はかな思い込みに過ぎないのか、それともそこには、日本の、あるいは東洋にとっての「他者」であるからこそ感受し認識できる、真実と呼び得るような何かが存在しているのか？　これはアポリア（解けない難問）である。この意味で、坂本龍一のイエロー・マジックとの闘いは終わってはいなかった。それは結局、彼が生涯を閉じるまで続いた。なぜならそれは、彼のアイデンティティそのものでもあったからである。

『未来派野郎』のテンションの高さ

話をアルバムに戻そう。『未来派野郎』は、『音楽図鑑』『Esperanto』と比べても全体的にかなりアッパーな音作りになっている。アルバム制作に当たって坂本龍一は、レッド・ツェッペリンのアルバムを全部聴き直したという。黄金期のロックの熱量、ファンクのダイナミズムを、最新テクノロジーによって現在形にヴァージョンアップさせることが、コンセプトとはまた別の彼の狙いだったのだろう。この路線はこのあとも基本的に続く。いま聴き直してみると、あまりのテンションの高さに気圧（けお）されるほどだが、海の向こうではデュラン・デュランや、そこから派生したパワー・ステーション、フランキー・ゴーズ・トゥ・ハリウッドなどのパワフルでゴージャスなエレクトロ・ポップ・バンドが絶大な人気を博しており、ハイテンションは、この時期の音楽シーン全体のモードでもあった。このあと見ていくように、オリジナル・アルバムとしては次作の『NEO GEO』（一九八七年）で坂本龍一はソロ・アーティストとして本格的にアメリカ進出を果たすことになるが、『未来派野郎』には、その前哨戦の意味合いもあったのかもしれない。

『未来派野郎』の発売初日となる一九八六年四月二一日から約二カ月にわたる日本全国ツアー「メディア・バーン・ライヴ」を、坂本龍一は敢行した。計二八公演というかなりハードなツアーで、

『未来派野郎』の曲だけでなく、彼の八〇年代前半を総括するようなセッティング・リストになっていた。

このツアーで彼は、フェリックス・ガタリに話していたように、電子楽器の自動演奏に頼り切るのではなく、可能な限りバンド・メンバーの生演奏によってアルバムの楽曲を再現しようと試みた。バーナード・ファウラー、デヴィッド・ヴァン・ティーゲム、デヴィッド・シルヴィアンのファースト・ソロ・アルバム『ブリリアント・トゥリーズ』（一九八四年）に坂本龍一とともに参加していたギタリスト、ロニー・ドレイトンなど、ベースの小原礼以外は外国人メンバーで、ＹＭＯ時代のクールなイメージを一変させる極めてエネルギッシュな演奏が繰り広げられた。ＰＡＲＣＯのＣＭ曲「ゴリラがバナナをくれる日」など、音源化されていなかった曲も披露された。

ツアーからセレクトされたライブ盤『メディア・バーン・ライブ』が一九八六年九月にリリースされている。渋谷公会堂での二日間の公演を収めた映像ソフトも発表されているが、あらためて観てみると、バーナード・ファウラーが何度も客席に呼びかけ、黒人女性三人組がゴスペル調のコーラスで盛り上げる中、坂本龍一も彼女たちとダンスし、ショルダー・キーボードをジミ・ヘンドリックスばりに弾きまくるなど、非常にショーアップされたステージで、ジョナサン・デミ監督が『ストップ・メイキング・センス』（一九八四年）でフィルミングしたトーキング・ヘッズのライブに張り合おうとするかのような気迫を感じさせる。

『ラストエンペラー』、ベルトルッチからのオファー

一九八六年は「未来派」だけでなく、イタリアにかかわるもうひとつ重要な出来事が坂本龍一を待っていた。ベルナルド・ベルトルッチ監督の映画『ラストエンペラー』（一九八七年）への出演と、彼らにアカデミー賞をもたらすことになる音楽提供である。前章で触れたように、大島渚監督『戦場のメリークリスマス』（一九八三年）が出品されたカンヌ国際映画祭で、彼はベルトルッチと会い、この映画の構想を聞かされていた（『ラストエンペラー』のプロデューサーは、『戦場のメリークリスマス』と同じジェレミー・トーマスである）。だがその時は、実際になんらかの依頼が来るとは思わず、ベルトルッチも特にそうした話はしなかったようである。約三年が過ぎた八六年にようやく映画がクランクインすることになり、坂本龍一に正式なオファーがあった。ところがベルトルッチからの依頼は当初、映画への出演のみだった（これは大島渚監督の『戦場のメリークリスマス』の時と同じである）。

『ラストエンペラー』とは清朝最後の皇帝のことで、日本の傀儡国家となる満洲国の皇帝にもなった愛新覚羅溥儀（あいしんかくらふぎ）の自伝を元にした歴史大作だが、ベルトルッチは自身の問題意識にもとづいて史実を大幅に改変しており、権力と個、大義と私をめぐる独自のドラマに仕立て上げた。坂本龍一の役柄は、ジョン・ローンが演じた溥儀の運命を操る歴史上の人物、甘粕正彦（あまかすまさひこ）である。このキャスティングが、『戦場のメリークリスマス』のヨノイ（は架空の人物だが）を踏まえてのものであったのは、まず間違いないだろう。『戦メリ』の最後で、ロレンス（トム・コンティ）とハラ（ビートたけし）と

の会話から、日本の敗戦後にヨノイは戦犯として処刑されたことが示されるが、『ラストエンペラー』には甘粕が自害するシーンがある。
このシーンだが、坂本龍一が事前にもらった台本では、甘粕は切腹して死ぬことになっていた（現実の甘粕正彦は一九四五年八月二〇日、日本の敗戦を受けて旧満洲で服毒自殺している）。切腹に納得がいかなかった彼は、現地に到着してから、「切腹だけはどうしても嫌だ、日本人として恥ずかしい」と、強く訴えたという。ベルトルッチ監督に対し、「日本人といえば切腹というようなステレオタイプの発想は、あなたも恥ずかしく思うはずだし、世界中のあなたのファンもそれをよしとするはずがない」と、懸命に説得した。

甘粕は2年あまりフランスに滞在していたりもして、当時としてはかなりモダンな男でした。「そんな彼が切腹なんかするはずない、銃にしてくれ」とぼくは懇願しました。（…）。ぼくは「ハラキリを取るのか、ぼくを取るのか。ハラキリを取るのなら、ぼくは今すぐ日本に帰る」と言って粘った。

（『音楽は自由にする』）

「日本人といえば切腹というようなステレオタイプの発想」を嫌悪するという感覚は、考えてみればいささか複雑なものである。「ステレオタイプ」への嫌悪以上に、「日本人といえば」への嫌悪が感じられるからだ。ここにもイエロー・マジックが顔を覗かせている。「日本人として恥ずかしい」という発言には、倒錯的なナショナリズムも感じられる。思えば『戦場のメリークリスマス』で彼が演じたのも、一見するとステレオタイプな「日本男児」であった。

『ラストエンペラー』は、中国各地で大規模なロケーションが行われた。合作の座組みには中国も加わっており、北京の紫禁城（故宮）で外国映画の撮影が許可されたのは史上初のことだった。

中国でのロケは、北京市の紫禁城（現故宮博物院）、大連市の大連中山広場、満洲国の皇帝だった溥儀が暮らした長春市の満洲国皇宮（現在、「偽満皇宮博物院」として一般公開されている）など、複数にわたった。坂本龍一にとっても貴重な体験だったようで、南北に走る中軸線に沿って左右対称に配された紫禁城の宮殿群や、満洲国の帝都として建設され、道幅が五〇メートルにも及ぶ大通りがあり、碁盤の目状に区画された街区が広がる長春などは、強く印象に残ったようだ。そして大連は彼の父親、一亀が学徒出陣で赴任していた場所でもあった。


父はそのあと、ハルビンへ移動したそうです。ソ満国境近くで野営していると、国境の向こう側からはソ連兵が何か歌ったりしてるのが聞こえてきた——そんな話を小さいころに聞いたことがあります。自分の目で町を見ることも、当時の満州を描いたこの映画に関わることも、父の戦争体験を追体験するようで、やはり感慨深いものでした。（同前）

子ども時代の彼にとって父親は「とにかく怖い」存在だったが、他方で、大人になって以降も（大人になったからこそ？）、こうした感情があったというのは興味深い。

『ラストエンペラー』での坂本龍一の出演場面は、『戦場のメリークリスマス』と比べると少ないが（なにしろ劇場公開版は一六三分、オリジナル全長版は二一九分もある超大作であり、甘粕正彦が登場するのは後半になってからである）、口髭をたくわえた姿はダンディで、大日本帝国の偉大さを称揚しながら激昂するところなど、かなりの迫力である。拳銃で自殺するシーンは、川島芳子（マギー・ハン）が見守る中、銃声だけが響き、カットが変わると甘粕が頭から血を流しながら机に突っ伏しているというものである。

映画音楽への無理難題

『戦場のメリークリスマス』の後にもかかわらず、坂本龍一が最初から音楽を依頼されなかったのは不思議に思えるが、ベルトルッチ監督には『1900年』（一九七六年）以来組んできた作曲家エンニオ・モリコーネへの義理があった。実際、モリコーネから売り込みもあったという。にもかかわらず坂本龍一が音楽を手がけることになったのは、ある意味では成り行きによるものだった。長春の宮殿で溥儀が満洲国皇帝に即位するシーンで、ベルトルッチが突然、戴冠式の音楽を生演奏で入れたいと言い出した。曲を作れるのは坂本龍一しかいない。明らかに無理難題だが、彼は挑戦することにした（そうするしかなかったとも言えるが）。注目すべきは、次の回想である。

民族音楽には昔から興味があって、学生時代に勉強したりもしていましたが、中国の音楽というのはあまり好きになれず、中国風の音楽は書いたことがないし、ほとんど聴いたことすらなかった。撮影現場には機材もないし、作曲とレコーディングに使える時間は3日ぐらいしかないという。

ベルトルッチ監督は「エンニオはどんな音楽でもその場ですぐに書いたぜ」とニヤッと笑う。ぼくとしては、そこで引き下がるわけにはいきませんでした。（同前）

これまで見てきたように、YMOの「人民服」や「千のナイフ」「THE END OF ASIA」「東風」など、西欧的な視線による日本と近隣の国、特に中国との混同、イメージとしてのアジアに対する誤解に基づく無根拠な興味関心に、坂本龍一は晒されてきた。だが彼自身はこの時点でも、「中国風の音楽は書いたことがないし、ほとんど聴いたことすら」ないという認識だったのである。ここには、切腹＝ハラキリへの嫌悪感とはまた別の、だが同根の複雑な心情が窺える。彼はアジア人としてではなく、イタリア人作曲家のモリコーネに張り合う気持ちで、困難な条件での作曲に挑んだのだ。

だが、溥儀の戴冠式において、どのような音楽がどんな風に演奏されたのかを知る手がかりはほとんどなく、想像力によって補うほかなかった。

おそらく、（溥儀の戴冠式で演奏されたのは：引用者注）中国楽器を多少取り入れつつも、ちょっと洋風の音楽だったのではないかと思います。日本人が作る、国威発揚につながるような音楽ということですから、かなり妙ちきりんなものだったはずです。／ぼくが書いたのは（…）、ちょっとフランスの匂いが入った、ファンファーレ調の重厚なものです。（同前）

この時、演奏をしたのは地元の楽団だった。実際に聴いてみると、日本的とも中国的ともヨーロッパ的とも思えるような、だがそのどこにも定位しない、極めて荘厳で華美な音楽であり、実は世界のどこにも存在していない、いうなればフェイクの宮廷音楽なのだと知ると、不思議な気持ちになる（だが、このようなあり方は、溥儀というフェイクな「皇帝」に見事にマッチしているとも言えるだろう）。

その場を何とか乗り切り、イタリアのチネチッタ撮影所に移動して行われた撮影もすべて終わって、しかし映画は完成しないまま半年が過ぎた頃、ニューヨークに滞在中だった坂本龍一に、プロデューサーのジェレミー・トーマスから電話がかかってきて、『ラストエンペラー』の音楽を作ってくれと依頼してきた。映画の全ての音楽を、しかも一週間で作ってくれという。無茶苦茶な話だが、彼は引き受けた（さすがに二週間にしてもらったそうだが）。

ベルトルッチからの注文は「中国が舞台だがヨーロッパ映画であり、戦前から戦中の話だけれど現代の映画だ、それを表すような音楽を作れ」というものだった。無理難題にもほどがあるが、「西洋風のオーケストラの音楽に中国的な要素をふんだんに盛り込んで、20〜30年代のファシズムの台頭を感じさせるような、たとえばドイツ表現主義的な要素が入っているような音楽」（同前）という、おおよそのプランを立てた。このような禅問答のごとき空間的・時間的なパラドキシカルな混交は、坂本龍一の得意とするところだった。そして彼は早速、作業に取り掛かった。

とはいえ自分は東京に居るので、二〇巻もある中国音楽のアンソロジーLPのセットをレコード屋で買ってきて、丸一日かけて全て聴いて具体的なイメージを摑み、次に東京近郊の中国楽器の演奏家を探し出してスタジオに来てもらい、作曲と演奏と録音が渾然一体となった不眠不休の作業を一週間ぶっ続けで行った。そして出来上がった四四曲を携えて、ベルトルッチが待つロンドンのアビーロード・スタジオに向かってみると、なんと映画の編集がすっかり変わっており（「ベルトルッチ監督は、放っておくと半年でも編集を続けて全然違う映画にしてしまうような人」〔同前〕）、映画のシーンと音楽の尺を合わせるための徹夜の作業が続いた。

翌日にはもう録音をすることになっていて、でも合わないところがあちこちできてしまっているので、また徹夜でその晩のうちに上野くん（ゲルニカの上野耕路：引用者注）と、ホテルの部屋で書き直しました。ピアノも何もないホテルの部屋で、当時はコンピューターもないので電卓をたたいて「何秒減ったから、辻褄を合わせるためには何小節と何拍」というような計算を必死にやって、書き直す。もう大騒ぎです。結局ロンドンに着いてからの1週間も寝られず、昼間は録音、夜は書き直し、それを繰り返しました。（同前）

こうしてようやく『ラストエンペラー』の音楽は完成し、無事に納品したものの、坂本龍一は過労で入院してしまったという。タフな彼としては初めての出来事だった。それほど大変だったということだろう。ところが、ベルトルッチはその後も編集を続け、彼の預かり知らぬところで映画は更に変化していった。試写の日を迎え、完成した映画を観た坂本龍一は、「椅子から転げ落ちるくらい」驚いたという。というのも、必死になって作った四四曲の半分ほどしか使われておらず、しかも、音楽が流れる箇所も、少なからず変更されていたからだ。

必死に文献を調べて研究し、この場面ではきっとこういう音楽が流れているに違いない、と思えるぐらいまでエネルギーを注ぎ込んで作った音楽が、あっさりボツにされていました。（…）もう、怒りやら失望やら驚きやらで、心臓が止まるんじゃないかと思ったほどです。（同前）

しかしそれでも、私たちが既に知っているように、ベルトルッチ監督との関係は、これで切れるようなことはなかった。彼は結局、ベルトルッチの映画音楽を三本も手がけることになる。この本数は坂本龍一の作品歴において同じ監督の作品としては最も多い（ベルトルッチ作品の音楽としてもエンニオ・モリコーネと同数である）。アーティスト・エゴの権化のごとき専制君主ベルトルッチとの仕事は、坂本龍一をプロフェッショナルな映画音楽家にしただけでなく、人間としても成長（？）させたのかもしれない。

「世界のサカモト」の誕生

『ラストエンペラー』には、坂本龍一だけでなく、トーキング・ヘッズのデヴィッド・バーンも音楽を提供している（ドイツで学んだ中国人作曲家蘇聡（スー・ツォン）も一曲書いている）。二人が共同で音楽を作る案もあったようだが、スケジュールの都合で個別に作曲することになったらしい。編曲（オーケストレーション）は上野耕路と、のちに『耳をすませば』（一九九五年）の音楽を手がける野見祐二。この二人は坂本龍一が音楽監督を務めた映画『子猫物語』（一九八六年）と、長編アニメ『王立宇宙軍オネアミスの翼』（一九八七年）にも参加していた。電子楽器とオーケストラ（坂本龍一は『戦場のメリークリスマス』と同じくシンセサイザーだけにしたかったが、ベルトルッチ監督の強い意向で生楽器が使用された）を併用したスタイルで、フェアライトのオペレーションは、当時はまだ無名だったハンス・ジマーが担当している。

サウンドトラック・アルバムに収められた曲は、映画中の時系列順にはなっておらず、A面（CDでは前半）に坂本龍一、B面（CD後半）にバーンの曲が収録されている。坂本龍一もデヴィッド・バーンも一九五二年生まれの同い年だが、出自も経歴も、音楽家としてのタイプもまったく異なっていた。ただ、コンテンポラリー・ダンスへの楽曲提供（バーンは一九八一年に、世界的に有名なダンサーにして振付家のトワイラ・サープのために制作した音楽を、初のソロ・アルバム『Catherine Wheel』として発表）や、民族音楽（非西欧音楽）への関心など、共通点も幾つかあり、デヴィッド・ヴァン・ティーゲムという、二人ともつき合いのあるミュージシャンもいた。ある意味で同世代のライバルと言えなくもないが、この勝負（？）にかんしては、贔屓目（ひいきめ）なしに坂本龍一に軍配が上がる。『ラストエンペラー』のメインテーマは――『戦場のメリークリスマス』のそれと並んで――、彼が書いた最も美しいメロディである。彼の運命を変え、決定づけた二本の映画の音楽は、映画（音楽）史上に燦然と輝き続ける傑作中の傑作であり、ある意味では映画そのものを超えるほどの価値を持っていると私には思える。

『ラストエンペラー』は、一九八七年一〇月に開かれた東京国際映画祭でクロージング作品として世界初上映されたあと、翌八八年一月二三日に劇場公開され、同年四月の第六〇回アカデミー賞で、作品賞、監督賞、撮影賞、脚色賞、編集賞、録音賞、衣裳デザイン賞、美術賞、そして作曲賞（坂本龍一、デヴィッド・バーン、蘇聡の三人での受賞）の九部門に輝くと、日本でも大ヒットを記録した。大変な苦労はあったが、アカデミー作曲賞という最高の栄誉を手にしたことで、坂本龍一には国内外から映画音楽の依頼が殺到することになる。

「世界のサカモト」の誕生である。

虚構としての〝お約束〟と文化の壁

『ラストエンペラー』は、イタリア人の映画監督による中国を舞台とする歴史映画である。『音楽は自由にする』で坂本龍一は、この作品と、同じくベルトルッチ監督の『1900年』との共通点を挙げている。『1900年』もノーカット版は三一六分もある超大作であり、題名の通り（原題「Novecento」の意味は「1900年代」）、イタリアの現代史＝二〇世紀を描いた叙事詩的な作品である。この二つの作品は、その舞台がイタリアと清、ヨーロッパとアジアという違いはあるものの、時代は完全に重なっており、彼も指摘しているが、モチーフやスタイルも色々と繋がっている。

だが、ひとつ大きな違いがある。『1900年』では、イタリア人の登場人物は当然だがイタリア語を話し、フランス人はフランス語を、イギリス人は英語を話している。ところが『ラストエンペラー』では、溥儀も、他の中国人も、甘粕をはじめとする日本人も、一部を除いて皆、英語で台詞を言うのである。『ラストエンペラー』には中国人と日本人しか出てこないのに、英語映画なのだ。これは現在もヨーロッパ映画（特にエンターテインメント系）ではしばしばあることだが、正直言って違和感を禁じ得ない。確かに非英語映画の英語字幕や英語吹き替えでの公開は、特にアメリカの観客には受け入れられにくいという事情もあり、世界各国での公開のための判断であったことは間違いないし、この配慮がアカデミー賞九部門独占に結びついたのだとも言えるだろうが（アカデミー「外国語映画」賞にならずに済んだ）、しかしそれにしても、である。もちろん字幕作成の問題もあるし、ベルトルッチも中国語を解さなかっただろうから、台詞をすべて原語で、というのは演出上も無理があった。そもそも、あくまでも原語にこだわるのなら、この映画が撮られることはなかっただろう。甘粕が激昂する先述のシーンでも、坂本龍一は英語で台詞を言っている。そんなはずはなかったということを、観客の誰もが知っている。ベルトルッチが彼に告げた「中国が舞台だがヨーロッパ映画であり、戦前から戦中の話だけれど現代の映画」という禅問答のようなオーダーも、このことにかかわっている。

『戦場のメリークリスマス』では、連合軍俘虜は英語を、日本人兵士は日本語を話し、ロレンスは両者の通訳をしていた。実際の出来事ならどうであったのかを踏まえたからである。だがベルトルッチは、この点にかんしては、現実を捨てて虚構としての〝お約束〟を選んだのである。賢明な配慮だったと言えるのだが、ここには言語をめぐる文化的障壁の問題が明らかに存在している。思えばイエロー・マジック・オーケストラも、『浮気なぼくら』でドメスティックな成功（オリコンチャート一位）を狙うまでは、歌詞は英語だった（日本語でコントをやっていたが）。坂本龍一もアルバムによって、英語と日本語を使い分けてゆく。それはターゲット層の違いということではあるが、それだけではないし、それだけに収まる話でもない。

これまで見てきたように、坂本龍一は『ラストエンペラー』の音楽を作る際にベルトルッチ監督から到底実現できそうにないリクエストを出され、しかも制作時間が極めて限られている中で、なんとかサントラを仕上げている。普通に考えれば、自分の思うように作れるソロ・アルバムの方が、はるかに仕事がしやすいはずだ。ところが彼は、そうではないという。

映画の仕事はいろいろ制約が多い。でもぼくの場合、（…）制約や条件がある方が仕事はやりやすいんです。（…）／『ラストエンペラー』のときには、時間の制約もあったし、それまでまったく触れたことのなかった中国の音楽を採り入れた音楽を作らなくてはいけませんでした。しかも、監督はいつもいつも「モルト・エモーショナル！」、もっと感情的に、と怒鳴っていて、それは自分がやってきた音楽とはまさに正反対のことでした。でも、結果として良いものができた。／YMOの時もそうでした。グループとして活動していくために、自分の中にはなかったタイプの音楽を作ることになり、そのことが良い結果を生んだし、自分自身の音楽を発展させることにもなった。制約とか他者の存在というのは、とても重要だと思います。（同前）

前に私は、「彼は受動的なタイプの人間だった。だが、いったん受動した後のエネルギーの噴出と持続性が尋常ではなかった」と述べた。「制約とか他者の存在」は「とても重要」だと自ら吐露したこの発言にも、彼ならではのそうした特性が見て取れる。

ビル・ラズウェルと『NEO GEO』

話が（またもや！）前後するが、『未来派野郎』に続くオリジナル・アルバム『NEO GEO』は一九八七年七月にリリースされた。坂本龍一のソロ・アルバムとしては初めて、世界発売を前提に制作されたもので、当時飛ぶ鳥を落とす勢いの売れっ子プロデューサー、ビル・ラズウェルとの共同プロデュースで、ラズウェルがCBSソニー傘下に設立したTERRAPINレーベルからのリリースだった。

ビル・ラズウェルは、ニューヨークを拠点に活動するベーシスト、プロデューサーで、一九七〇年代末頃からNYのダウンタウン・シーンで頭角を現した。ノーウェイブの流れを組むアヴァンギャルドなジャズ・ファンク・バンド、マテリアルとしての活動や、その派生ユニットで、当時はニューヨークで活動していたフレッド・フリス（ex.ヘンリー・カウ）、マテリアルのフレッド・マーとのインプロヴィゼーション・ロック・トリオ、マサカー、フリス、クリス・カトラー（ex.ヘンリー・カウ）、アート・リンゼイ、アントン・フィアー（ex.フィーリーズ）らとのゴールデン・パロミノスなどで注目され、八〇年代に入るとアフリカ・バンバータとのコラボレーションなどジャンルを超えた活躍を見せるようになり、ジャズ・フュージョンとヒップホップを合体させたハービー・ハンコックの傑作アルバム『フューチャー・ショック』（一九八三年）をプロデュース、同作に収録された大ヒット・シングル「ロックイット」で第二六回グラミー賞最優秀R＆Bインストゥルメンタル・パフォーマンス賞を受賞した。

坂本龍一とラズウェルとの最初の出会いは、東京・渋谷で一九八四年三月に行われたライブ・イベント「東京ミーティング１９８４」まで遡る。このとき二人は、高橋悠治や渡辺香津美、近藤等則、仙波清彦、ペーター・ブロッツマン、セシル・モンロー、ヘンリー・カイザーらとともに即興セッションを行った。この出会いが縁となってラズウェルは、自らがプロデュースするジョン・ライドンのパブリック・イメージ・リミテッド（ＰＩＬ）のアルバム『ALBUM』のレコーディング・メンバーとして坂本龍一をニューヨークに招いた。一九八五年夏のことである。スティーヴ・ヴァイ、ジンジャー・ベイカー、オーネット・コールマン、山下洋輔など超豪華メンバーを揃えた、ラズウェルらしいオーバー・プロデュースの作品だが、この時の経験は『未来派野郎』のサウンド的な方向性にも多大な影響を及ぼした。

『NEO GEO』とは、「NEO GEOGRAPHY」＝「新地理」という意味である。イタリア未来派に想を得た前作とは打って変わって（といっても『未来派野郎』にはイタリア以外の要素も入っていたが）、ロックやファンク、中でもワシントンＤ.Ｃ.のラテン系ミュージシャンの間から生まれたゴーゴー

（GO-GO）を基調として、多様な音楽的（地理的）要素がこれまで以上に混入された、いうなれば坂本龍一による「ワールド・ミュージック」への返答のようなアルバムになっている。

序曲というべきごく短い「BEFORE LONG」は、ピアノとシンセによるメランコリックな曲である。そして、ブーツィー・コリンズの重低音ベースとともに、アルバム・タイトル・トラック「NEO GEO」が始まる。ゴーゴーのリズムに、沖縄民謡（「耳切り坊主」）とバリ島のケチャのフィールド録音がミックスされており、このアルバムのコンセプトを明確に表した曲である。

続く「RISKY」のヴォーカルは、元ストゥージズのイギー・ポップ。歌詞とメロディは、彼の即興によるものだという。イントロはカリプソ風だが、その後はオーソドックスなタイプのロック・バラードで、イギーのシンガーとしての魅力が堪能できる。日産自動車のセドリックのCM曲に使用された。

次の「FREE TRADING」は、『ラストエンペラー』にも参加していた野見祐二のユニット、おしゃれTVの代表曲「アジアの恋」のインストゥルメンタル・カヴァーである（オリジナルは女性ヴォーカル入り）。音色は完全に刷新されており、テンポアップされているが、原曲自体が坂本龍一へのオマージュなので、見事にハマっている。

「SHOGUNADE」は、坂本龍一とビル・ラズウェルの共作によるインスト曲で、ビートはゴーゴーだが、メインのメロディはインドネシア的なシンセの反復フレーズで、そこにサンプリングでセクシーな男声のシャウトが被さってくる。「PARATA」もインスト。映画音楽的なタッチの、淡々としながらも徐々に高揚していくドラマチックな曲である。「OKINAWA SONG－CHIN

NUKU JUUSHII」は沖縄民謡（「ちんぬくじゅーしー」とは里芋ご飯のこと）で、一九六九年にリリースされた沖縄女性四人組フォーシスターズのアルバム『おきなわはうたう』収録曲のカヴァー。レゲエの大物デュオ、スライ&ロビーのスライ・ダンバーがドラムを叩いており、レゲエではないが沖縄のリズムとは全く異なるタメの効いた重いビートになっている。

そしてラストの「AFTER ALL」には、ジャズとロックの両方で活躍してきたベテラン・ドラマー、トニー・ウィリアムスがシンバルレガートで参加、その他の要素は、坂本龍一がシンセとピアノでサウンドを構築している。曲の出だしは、バート・バカラックの「恋の面影（The Look of Love）」を参照しているように思われるが、やがて浮かび上がるメロディ・ラインには儚げな叙情が感じられ、九〇年代の坂本龍一の悲哀と優雅が共存する作風の先がけとしても聴ける。アルバムの最後を飾るにふさわしい、豊かな余韻の残る名曲である。

「共同体の音楽」へのリスペクト

坂本龍一は『NEO GEO』を『Esperanto』の発展形と捉えていた。それは、一〇代の頃から興味を持つようになった民族音楽に対する、彼なりのリスペクトの表明でもあった。「共同体が長い時間をかけて培ってきた音楽には、どんな大天才も敵わないと思うんです。モーツァルトだろうが、ドビュッシーだろうが。共同体の音楽には絶対に勝てない」（『音楽は自由にする』）。『NEO GEO』では、すぐ後で触れるように、沖縄民謡の歌い手である古謝美佐子、玉城一美、我如古より子の三人を東京に招き、レコーディングしている。だが、沖縄の音楽に一〇代の頃から持続的な関心を抱いてきた彼にとって、それは安易に扱うべきものではなかった。ようやく『NEO GEO』で、その機会が巡ってきたのだった。

「オキナワン・ポップス」の代名詞的な存在、ネーネーズ（古謝美佐子はその初代メンバーの一人）の結成は、一九九〇年まで待たねばならない。『NEO GEO』を制作していた八〇年代後半は、坂本が言うように、沖縄の音楽イコール伝統的な民謡という時代だった。

それ（沖縄音楽：引用者注）をポップスの土俵に持ち込んだのは、細野さんをのぞけばたぶんぼくが初めてだったと思います。そういうアイディアへの抵抗も強かったと思いますが、でもぼくには、博物館の中の民謡としてではなく、いろいろなものと触れて現在の音楽として変化していくことこそが、生きた音楽としての沖縄音楽に必要なものだ、という考えがありました。そして、自分の音楽がそういう流れにつながる新しい芽を生みだすことに少しは貢献ができたとの自負があります。（同前）

沖縄の音楽をリスペクトしながらも、ただそれを保存することをよしとせず、「生きた音楽」とするために「ポップスの土俵に持ち込む」ことも厭わない。ある種の折衷主義と見えるかもしれないが、それには留まらないものが、間違いなくここにはある。

この路線は、一九八九年一一月にリリースされた『BEAUTY』に引き継がれる。このアルバムから坂本龍一はヴァージン・レコード・アメリカと契約し、これをもって彼は本格的に海外メインで活動することとなった（『千のナイフ』の時に、英国でのリリースを「興味がない」と断ったヴァージンだが、このとき契約したのは八七年設立の米国法人）。翌九〇年にはニューヨークに移住する。日本では八九年一月七日をもって昭和が終わり、平成の世が始まっていた。『BEAUTY』リリースの一〇日前（一一月九日）にはベルリンの壁が崩壊、ソ連は消滅に向かっていく。同年六月四日には中国で天安門事件が起きていた。九〇年代を目前にして、世界は激動の只中にあった。

ゴージャスで文化横断的な『BEAUTY』

坂本龍一の単独プロデュースに戻ったアルバム『BEAUTY』は、前作同様、いや前作以上に、曲ごとに豪華ミュージシャンを招いた、極めてゴージャスな作品になっている。半数近くがカヴァー曲であることも大きな特徴である。

一曲目の「Calling From Tokyo」は、『NEO GEO』というタイトルを象徴するような、アルバムの方向性をクリアに示す曲である。スライ・ダンバーが叩くグラウンド・ビートに乗せて、沖縄の島唄風のメロディが奏でられるが、雅楽（琵琶）や中近東の音楽（ホルガー・シューカイの「ペルシアン・ラブ」〔一九七九年〕を思わせるサンプリング）、インド音楽（タブラ）、インドネシア音楽（アンクルン）の要素も感じられる。セネガル出身のアフリカン・ポップスのスーパースターであるユッスー・ンドゥールのほか、玉城一美、我如古より子、ネーネーズの古謝美佐子の三人から成るオキナワチャンズ、そしてメインヴォーカルにはビーチボーイズのブライアン・ウィルソンが参加するという、異種混交の見本のような曲。もともとは「JAZZ」という、シンプルながら意味深長な曲名だったが、ヴァージンの意向でこんなタイトルになった。作詞はアート・リンゼイ。このアルバムのオリジナル曲は、ほとんどリンゼイが作詞している。

「Rose」では坂本龍一自身が歌っている。ベースは、ロックやポップスで引っ張りだこだったピノ・パラディーノ、パーカッションはナナ・ヴァスコンセロス。一語一語を確かめるように歌う彼のヴォーカルは、この曲の落ち着いたムードに合っている。アート・リンゼイによるポルトガル語の語りが途中で挿入される。ノーウェイブ・バンドであるDNAの一員で、「コードを弾けないギタリスト」として登場したアートはこの時期、ピーター・シェラーとともにアンビシャス・ラヴァーズとして主に活動していたが、『BEAUTY』と同じ年にリリースされたカエターノ・ヴェローゾの傑作アルバム『エストランジェイロ』をシェラーと共同プロデュースして以降、急速にブラジルのMPB（Música Popular Brasileira）への傾斜を強めていくことになる。

三曲目の「Asadoya Yunta」は、細野晴臣も『はらいそ』（一九七八年）でカヴァーしていた、沖縄民謡の名曲である。坂本龍一は大胆なアレンジを施しており、メインヴォーカルは彼とオキナワチャンズだが、途中でンドゥールが入ってくる。タブラやストリングスも加えられており、「Calling From Tokyo」と同様、坂本龍一流ワールド・ミュージックの見本のような曲と言えるだろう。「Futique」でヴォーカルを取っているのはアート・リンゼイ。ラップと語りの中間くらいのスタイルがクールでカッコ良い。バック・トラックは、YMO時代を思わせるテクノでメカニカルなサウンドだが、インド出身のシャンカールがエレクトリック・ヴァイオリンで参加しており、アラビアやキューバの音楽的要素も入っている。

「Amore」では一転してフラメンコやサンバの要素が入っている。ヴォーカルはアート・リンゼイと坂本龍一、ユッスー・ンドゥール。アコースティック・ギターとパーカッションが大活躍しているが、後半にエディ・マルチネスのノイジィなギターが切り込んでくる。

「We Love You」は、何とローリング・ストーンズのカヴァーである。ロバート・ワイアット（！）がメイン・ヴォーカルで、そこにブライアン・ウィルソン、ユッスー・ンドゥール、オキナワチャンズが入ってくる。アフリカとブラジルがミックスされたようなリズムが印象的。

「Diabaram」は、即興で作詞したユッスー・ンドゥールが魅力たっぷりに歌い上げる。ほとんどフェンダーとハイハットのみのシンプルなバッキングが効果的。

「A Pile Of Time」は問題作かもしれない。ハドソンのPCゲームソフト「天外魔境 ZIRIA」のために坂本龍一が書いた曲がもとになっているが、その録音は昭和天皇の国葬＝「大喪の礼」の時期に行われており、歌詞でそのことが示唆されている。シンセのミニマルな反復に、能楽のサンプリングと韓国（朝鮮）の伝統楽器カヤグム（伽耶琴）が重なる。歌は坂本龍一、アート・リンゼイ、オキナワチャンズ。

「Romance」は、コマーシャルに使用されたこともあって、日本でも広く知られているスティーヴン・フォスター作曲の「金髪のジェニー（Jeannie with the Light Brown Hair）」に、オキナワチャンズがウチナーグチ（沖縄語）の歌詞を付けて唄ったもの。ギターに元ザ・バンドのロビー・ロバートソンが参加している。

次の「Chinsagu No Hana」は、オキナワチャンズの三味線がフィーチャーされた沖縄民謡。中盤から、シンセによる雄大なストリングスがゆっくりと立ち上ってくる。

そして最後の「Adagio」は、サミュエル・バーバーの曲。フォスターと並び、アメリカ音楽における偉大な作曲家の、広く知られた曲である。坂本龍一のピアノ、姜建華（ジャン・ジエンホワ）の二胡、アート・リンゼイのギターによるトリオ演奏で、透明な哀しみを帯びた美しい調べとともに、このアルバムは終わる。

と、ここまで書いたが、実は『BEAUTY』の日本盤と海外盤では曲目および曲順が異なっており、海外盤には「ADAGIO」は収録されておらず、代わりに「YOU DO ME（Edited Version）」が一曲目に置かれている。この曲は日本でも一九九〇年にシングルとしてリリースされるが、他の曲には参加していないジル・ジョーンズ（プリンスの『1999』にバッキング・ヴォーカルとして参加し、当時は恋人関係にあったシンガー）がメイン・ヴォーカル、ベーシック・トラックもアメリカのスタッフ（ラリー・ホワイトとカーク・クランパー）によって作られた、アメリカで坂本龍一を売り出したかったヴァージン側の主導で作られたもので、R&B的なダンサブルな演奏にジョーンズのコケティッシュな歌、オキナワチャンズがそこにコーラスを添えるというかなり単純な作りで、野心的な『BEAUTY』という作品の中では、派手さはあるがやや凡庸な仕上がりである。特に海外盤アルバムに収められた「エクステンデッド・ミックス」には、ジョーンズの「オネガイシマス」という日本語のヴォイス・サンプルが使用されており、複雑な気分にさせられる。この曲はMVも作られていて、ノリノリでシンセを弾きまくる坂本龍一（ジョーンズにキスされたりしている）や民族衣装を着たオキナワチャンズが映っている。

「みんなで出ちゃおうよ」――「アウターナショナル」という感覚

『BEAUTY』がリマスター盤として二〇二一年に国内リイシューされた際に、再発盤のライナーノートも担当した若林恵（けい）が、坂本龍一のインタビューを行っている（国内盤の曲目でのリイシューは坂本自身の意向による）。八九年にこのアルバムをリリースした時、坂本龍一は、「インターナショナル」ならぬ「アウターナショナル」という造語を使って、このアルバムのことを説明していた。それについて若林に問われると、「「インターナショナル」というのは「ナショナル」の内側にいる人たちが、結びつくというコンセプトじゃないですか」「それじゃだめなんだというのが「アウターナショナル」の考え方なんです。「ナショナル」の外に出ないとダメなんだ」と語っている。

それを受けて若林は、『BEAUTY』がリリースされた八九年当時を振り返り、ワールドミュージックに期待が寄せられた背景には、世界各地の様々な音楽が混じり合いながら、様々な地域の多様な人々に「手渡されていくような遊動性への憧れ」があり、アート・リンゼイだけでなく、坂本龍一も「新しいかたちのコスモポリタニズム」を体現した一人として、「わくわくしながら見ていた」

と述べ、本人にもそうした感覚があったのかと尋ねている。

それに対して彼は、八〇年代初頭のロンドンなどの都市で、「新しいエスニックな感覚を体現した人たちが、主に音楽やファッションの分野で出てきて、それがすごく新しいと思った」と答えている。その上で、リドリー・スコット監督の映画『ブレードランナー』（一九八二年）が描いた近未来世界を引き合いに出し、「ロサンゼルスの街中に多様なエスニシティをもった人間たちがうごめいていて、言葉もクレオール化しちゃってるみたいな、そういう世界観にドキドキ、ワクワクする感覚は、実際は80年代初頭から始まっていた」し、「80年代を通じてそのワクワクを追求していった集大成として『NEO GEO』『BEAUTY』があった」、「『ブレードランナー』のロサンゼルスという都市の中で、アジア系のおじいちゃんがＤＮＡをイジってるみたいな、そういう世界を自分としては執拗に求めていた」と答えている（「坂本龍一が語る、『BEAUTY』で描いたアウターナショナルという夢のあとさき」『ローリングストーン』https://rollingstonejapan.com/articles/detail/36968/3/1/10）。

ここで言う「新しいエスニックな感覚」が、「アウターナショナル」ということだろう。そういう世界を強く希求しながらも、自らを「アジア系のおじいちゃん」と称するあたりに、文化的な出自へのこだわりを見て取ることもできるかもしれない。

このあと若林は、そのような八〇年代の風潮が、今の言葉でいえば「文化搾取」として批判される危険性を話題にし、質問している。実際、ピーター・ガブリエル（坂本龍一とはニューヨークで交流があった）の『So』やポール・サイモンの『グレイスランド』（ともに一九八六年）、デヴィッド・バーンによって一九八八年に設立されたレーベル、ルアカ・ボップ（Luaka Bop）などのように、多様なエスニシティをルーツとする音楽＝ワールド・ミュージックに米英の有名ミュージシャンが接近するということが頻発していた。彼らが白人であったがゆえに、それらは賞賛と同時に批判も呼び寄せることになっていた。この点について、坂本龍一はこう答えている。

僕自身、本来はそうした文化搾取を批判する側だと思っていますので、ただ面白いからってエスニックなものを使うことについては常に警戒感はありますし、そういったものが批判されるのは当然だという気持ちも、もちろんあります。ですから『BEAUTY』は、エスニックな何かをネタのようなものとしては使っていないという自負はあります（…）。（同前）

沖縄の音楽も含め、「共同体の音楽」にリスペクトを抱いてきた彼らしい応答だろう。若林の質問に答えた上で、彼は具体例として「ROMANCE」を挙げている。フォスターの曲をオキナワチャンズに聴かせたところ、彼女たちはこれは絶対に沖縄の曲だと言ったという。「いやいや、アメリカのフォスターって人が作った曲」「いやそんなはずない。絶対沖縄の曲だ」というやり取りがあり、「じゃあもう、うちなーの言葉で作詞するから」ということになった。「これは僕にとってはアウターナショナルな行為なんです」。サミュエル・バーバーの「Adagio」にしても、中国の古典音楽のように聴こえることから、二胡をフィーチャーした。「そこにアート（・リンゼイ）のノイズっぽいギターがジャキーンと入ることで突然現代性が出てきたりします。これもやっぱり、僕としてはアウターナショナルなものなんです」（同前）。

「インターナショナル」っていうのは、それぞれの「ナショナリティ」があって、そのナショナリティにおいて手を繋ぎましょうということで、これは「ナショナリティありき」の感覚ですよね。『BEAUTY』でやりたかったのは、そうではなく、個々人が自分の「ナショナリティから出る」ことだったんです。「どこでもないところに、みんなで出ちゃおうよ」という。それが自分の考えるアウターナショナルで、それを音楽的にどう実現しうるのかという実験が、フォスターを題材にした「Romance」であったり、バーバーの「Adagio」や「ちんさぐの花」「安里屋ユンタ」なんです。（同前）

一九八〇年代末の坂本龍一の「アウターナショナル」という感覚は、日本も世界も激動の渦中にあるという時代状況と無関係ではない。だが、インターナショナルではなく、トランスナショナルでもなく、アウターナショナルを志向すべきだという坂本龍一の主張は、冷戦構造が急激に終焉を迎えつつあり、東西対立が解消されるという期待と不安が渦巻いていた時代にあって、ひときわ過激な考えだったと言ってよい。「ナショナリティから出る」ということは、国（籍）からの離脱、もっと進めば国家（ネーション）の廃棄を意味しかねないからである。それはある意味で、今日言うところの「文化搾取」の土台そのものに疑義を呈することでもある。このような坂本龍一の考えは、「ワールド・ミュージック」に対する彼独自のスタンスを表してもいるように思われる。

ひとが新たな音楽と出会うには、二種類の方法しかない。今まさに行われている演奏を耳にするか、録音されたものを聴くか。楽譜を見ながら頭の中で鳴らすこともできるかもしれないが、それには専門的な知識が必要になる。つまり、一度も行ったことがない、どこにあるのかもわからない場所、地域、国の、それまで聴いてきた音楽とはまったく異なった、不思議な調べや奇妙なリズムを持つ音楽を、わざわざそこに赴くことなく知るためには、音楽家のほうからこちらに来てくれるか、そうでなければレコーディング（もしくは何らかの手段による実況放送）に頼るほかはない。レコード＝録音物は、ここぞそこ（どこか）のあいだに横たわる、空間的な（あるいは時間的な）距離を無化してくれる。

西欧で誕生し発展してきた音楽しか聴いてこなかった者が、西欧の外部で誕生し発展してきた音楽を、物理的な移動なしに耳にするには、録音物（でなければ放送）が必須だった。レコードという複製技術の産物と、その流通が、西欧の耳に非西欧の音楽の聴取・鑑賞を可能にした。そしてレコード産業がある程度成熟して、西欧的な音楽だけでなく非西欧の音楽も商品として幅広く扱うようになってくると、かつては「第三世界」などと呼ばれたりもした地球上の（西欧から見て）マージナルなさまざまな土地の音楽が、録音物を介して人々に聴かれるようになり、さまざまな反応や影響を生じさせることになった。

こうして「ワールドミュージック」が誕生した。

「ワールド・ミュージック」というワードには複数の語源と定義があり、アカデミズムにおける用例とポピュラー音楽におけるジャンル名（のごときもの）にも違いがあるが、ここでは、この時期に西欧（日本を含む）諸国の音楽シーン／マーケットで一種のブームとなっていた「世界音楽」へのスタンスを意味している。基本的には誰しも、生まれ育ちによって何かしらのナショナル・アイデンティティやエスニック・ルーツを持っている。ワールド・ミュージックとは、多様なルーツとアイデンティティ、ナショナリティを母体とする無数の音楽が世界には存在するという事実を前景化・意識化し、そのこと自体を音楽への取り組みや音楽性に導入しようとする一連の試みのことである。

先に挙げたガブリエルやサイモンのアルバムでいえば、彼らは自分自身のナショナリティと他者（たち）のナショナリティの遭遇を企図した。比喩的に言うならば、「ここ（西欧）」と「よそ（非西欧）」の接続（こちらが向こうに行くのか、向こうがこちらに来るのかはともかく）、そして「ここ」に「よそ」を導入することを意味している。つまりそこでは、各々のナショナリティは特に揺らいでおらず、むしろ温存され尊重されている。もちろんそのような移動や貫入は、両者のナショナリティに不可逆的な影響を与えることにもなるわけだが。

しかし坂本龍一が目指したのは、そのようなことではなく、自分も「ここ」から、「よそ」の者たちも「そこ」から、みんなで「外」に出てしまおう、ということなのだ。それはつまり――これが非常に重要だと思うのだが――、彼には「ここ」へのこだわり、ナショナリティの自認と自覚自体が限りなく希薄というか、そもそも最初からほとんど存在していないのである。

いや、最初から、というのはやや大袈裟かもしれない。すでに見たように、彼が『ラストエンペラー』で甘粕正彦の切腹シーンを「日本人として恥ずかしい」と拒んだのは――「日本人であることが恥ずかしい」という感覚も無意識には含まれていたのかもしれないが――ＹＭＯが「日本人であること」を自らパロディにしてみせたことの裏返しであり、そこには明らかに逆説的なナショナリズム（のようなもの）が顔を覗かせていた。だから坂本龍一にもそれがないとは言わないが、ただひとつ確実に言えることは、彼はそのことこそが嫌だったのだ。自分が選んだわけでもないナショナリティに、自分の行動や思考が――たとえ無自覚にであっても――拘束されることを彼は嫌悪していたのだと私は思う。だから彼は、「ワールド・ミュージック」が喧伝される時代にあっても、「ここ＝日本の音楽」に「よそ＝異郷の音楽」を取り入れるのではなく、日本も単に一要素でしかなく、西欧音楽も一要素でしかなく、非西欧音楽のそれぞれも一要素でしかないという、出来る限りフラットなコンテクストの中で、複数の、無数のナショナリティに根ざした音楽を混交させようと試みたのだ。

しかしながら、このような姿勢は、「アメリカのレーベルから世界デビュー」であるとか「日本人ミュージシャンの海外進出」といったことと、論理的必然的に軋轢を来すことになるのではないか？　求められているのは、日本的（アジア的）な要素（と「よそ」者たちが思っているもの）と、西欧や西欧以外の要素との出会いであったのだから。だが、彼はそうしなかった。あるいは、そうするべきだとわかっていたのかもしれないが、それに十分に応えることはできなかったし、おそらくはしたくなかったのだ。だから『NEO GEO』と『BEAUTY』は、「ワールド・ミュージック」の作品ではない（一九九一年八月に日本で開催されたワールド・ミュージックの国際フェスティバル「WOMAD」に彼は出演しているが）。むしろアンチ・ワールド・ミュージック、「世界音楽」という欺瞞と虚構を根本から否定するような試行だったのだと私は思う。

『NEO GEO』と『BEAUTY』の間に、ナム・ジュン・パイクによる双方向通信プロジェクト「ラップ・アラウンド・ザ・ワールド」が一九八八年九月に行われ、東京－ソウル－ボン－リオ・デ・ジャネイロなど世界の一〇都市が同時衛生中継で結ばれたが、坂本龍一はこれに参加し、画面越しにデヴィッド・ボウイと再会した（その様子はまるでZOOMの会話のようだ）。オキナワチャンズによる「Chinsagu No Hana」のライブ演奏をバックに（またもや）マース・カニングハムが踊るという一幕もあった。

この同年の四月に東京NHKホールで行われたコンサート「Sakamoto Plays Sakamoto」（演奏は東京交響楽団、指揮は大友直人。小林武史がシンセサイザーで参加）は、早くも一二月にライブ・アルバム『プレイング・ジ・オーケストラ』としてリリースされている（ヴァージン移籍後初のアルバムだが、日英米のみでのリリース）。『戦場のメリークリスマス』と『ラストエンペラー』（映画で使用されなかった楽曲を含む）を中心とする本格的なオーケストラ公演で、彼は一カ月半かけて徹夜でスコアを書いたという。このアルバムの初回限定盤は、大竹伸朗（しんろう）のアート・ディレクションによるボックス仕様で、大竹のマルチプル作品にもなっているという、凝りに凝った作りである。このアルバムのリリースに合わせて一二月二二日、坂本龍一のピアノ・ソロ・コンサート「Playing the Piano」が、寺田倉庫（東京・天王洲）で開かれた（自作曲の他、モリコーネ作「ロマンツォ」〔ベルトルッチ監督の映画『1900年』のテーマ〕なども弾いている）。このコンサートはシリーズ化され、その後、長きにわたって続けられていくことになる。世界に飛び出していこうとしながらも、彼は自分の出発点を確かめ直すことを忘れてはいなかった。

苦楽を共にしてきた生田朗の死

ここでひとつの事実に触れておかねばならない。生田朗の死である。牧村憲一率いるアワ・ハウスのスタッフとして、坂本龍一、細野晴臣らと出会い、独立して以降は、イエロー・マジック・オーケストラの誕生（坂本龍一がＹＭＯに加入するきっかけとなった大貫妙子宅の鍋パーティーにも彼は居た）から「散開」までマネージメントやコーディネートを担当、ＹＭＯ「散開」以後は、坂本龍一のマネージャーとして苦楽を共にしてきた。

坂本龍一が生田と初めて会ったのは、生田がまだ慶応大の学生だった時だ。生田は彼よりも三学年下になる計算だが、当時から音楽のことをよく知っていて、楽器についても機械についても詳しかったという。英語を流暢に操ることができた生田は、一時期、坂本龍一との仕事から離れ、海外ミュージシャンのコーディネイト、レコードのプロデュースなどをしていたが、八〇年代半ば頃、海外の仕事が増えてきた坂本の依頼で、再びマネージメントを担うことになった。生田は音楽以外のジャンルにも顔が広いアイデアマンで、坂本龍一のヴァージン移籍にも深く関わっていた。『ラストエンペラー』の撮影にも同行し、日本人医師役でカメオ出演してもいる。

キャブ（ＫＡＢ）というぼくの個人事務所も、彼と一緒に立ち上げました。空里香もすでにスタッフに加わっていて、彼と空とぼくとで、いつも一緒にいた。『冒険者たち』の３人みたいな感じでした。

（『音楽は自由にする』）

『冒険者たち』（ロベール・アンリコ監督、一九六七年）は、中年のエンジニア、若きパイロットの二人の男と、若き彫刻家の女の三人が登場する映画だが、たしかにこの三人は、海底に眠る財宝を探し当てようと、常に一緒に行動していた（結末は悲劇的なものだが）。

一九八八年八月に坂本龍一は、ややまとまった夏休みを久しぶりに取った。それに合わせて生田も休暇を取ってメキシコ旅行に出かけ、プエルト・バヤルタで自動車事故に遭い客死した。参謀にして親友の突然の悲報を、休暇で沖縄に行く直前に受け取った彼は、すぐさまメキシコに渡り、生田の遺体とともに帰国し、しばしの間、喪に服した。

大人になってしまうと、大切な人をとつぜんに失ってしまっても、休むことができない。ナム・ジュン・パイクのプロジェクトへの参加も、ピアノ・ソロ・コンサートも、生田を失い、喪に服していた期間に行われたものだった。生田は『プレイング・ジ・オーケストラ』の共同プロデューサーとしてクレジットされている。大竹伸朗を初回限定盤のアートワークに起用したのも、生田のコーディネートによるものだった。だが、あの異様にして豪奢な箱を生田が手に取ることはなかった。

それから半年ぐらいは立ち直れませんでした。本当に大切なものが急に失われること、それに抗うことができないという不条理を、感じざるを得なかった。それからもう一つ強く感じたのは、（…）いかに自分がその人のことを知らないか、ということでした。彼とは何年もの間、毎日一緒に過ごしてきたのに、彼が本当はどういう人間だったかということを、ぼくは知らなかった。その、人間と人間の越えられない溝の深さに、打ちのめされました。（同前）

一九八九年一〇月刊行の『SELDOM-ILLEGAL――時には、違法』は、生田朗の死の直後から『月刊カドカワ』に一年間にわたって連載されたエッセイをまとめたもので、基本的には身辺雑記と回想録なので、さまざまな話題が出てくるのだが、一貫して生田への「喪」の意識が通奏低音のように鳴り響いている。この本の中で「ＡＫＩ」とだけ記される生田のことを、彼は折に触れて思い出し、そういえばあのときＡＫＩが、などと特に前半はこのアルファベット三文字が何度も出てきて、痛ましい気持ちにさせられる。連載第三回は「MONOSHIGOTO」と題されており（この本では全ての章タイトルがアルファベット表記）、ほぼ全編が神経科医の松浪克文（まつなみかつふみ）との対談になっている。テーマはもちろん「喪の仕事」である。

その中にこんなくだりがある。

坂本　「喪の仕事」の場合、最初に喪失、それから悲哀の反応があって、その次に怒りの感情が起きてくるという、たとえばその順番が一度にきた場合はどうなるんですか。

松浪　それは結局、ノーマルコースじゃないわけだから、どこかで落ち着かせて、「さあ、始め」というのがないと駄目ですね。要するに、それは急性の反応の混乱状態になるんじゃないですかね。

坂本　ぼくがそうだったです。もちろん悲哀なんですけれども、やることが多くてね。だから、ディフェンスですね。それで短い個人的な時間をみつけて、数分の間にワッと悲哀をやったり怒ったり、それを一か月ぐらい繰り返してて、それでまあやるべきことが全部、大体終わったので、葬式や何かもいろいろ終わったんで、やっとスタートラインについて……。

（『SELDOM-ILLEGAL——時には、違法』）

坂本龍一が多忙をきわめる中で、「毎日一緒に過ごしてきた」生田との繋がりが、暴力的なほど唐突に断ち切られてしまったことが、彼にとってどれほど大きな衝撃で、いかに受け止め切れずにいたかが伝わってくる。

坂本龍一が生田朗に捧げた曲「The Garden」（生前の生田が映っている、坂本龍一のプライベートビデオを編集した映像のBGMとして作曲された。ライブでは何度か演奏されたがリリースされることはなく、ファッション・ブランド、トキオ・クマガイの非売品CDに初めて収録された）は、現在は『Year Book 1985-1989』で聴くことができる。ピアノとシンセのみによる、美しい、美しい曲である。

映画『シェルタリング・スカイ』の音楽

一九九〇年、アルバム『BEAUTY』が海外でリリースされ、坂本龍一は国内ツアーとワールド・ツアーに忙殺された。それらが一段落した同年四月、彼は家族とともにニューヨークに移住した。アメリカ時代の始まりである。

渡米後の最初の大仕事は、『ラストエンペラー』に続くベルトルッチ監督の作品『シェルタリング・スカイ』の音楽だった。ポール・ボウルズの同名小説の映画化である。小説家にして作曲家のボウルズは、ウィリアム・バロウズとともにビートニクの長兄というべき存在で、ニューヨーク生まれのアメリカ人だが、フランス滞在などを経て、一九四七年にモロッコのタンジールに移住し、四九年に最初の長編小説『シェルタリング・スカイ』を発表した。作家で妻のジェイン・ボウルズと自分自身をモデルにした半自伝的なこの小説は、ベストセラーになった。映画では、主人公の夫婦をジョン・マルコヴィッチとデブラ・ウィンガーが演じている。『ラストエンペラー』に続き、プロデューサーはジェレミー・トーマスである。

『ラストエンペラー』と同様、坂本龍一にとって今回も時間的にはかなりタイトだったが、ベルトルッチと組むのは二度目だったし、中国が舞台だがヨーロッパ映画であり、戦前から戦中の話だが現代の映画であることを表現した音楽を作れという無理難題と比べると、『シェルタリング・スカイ』は舞台となる北アフリカの音楽の要素を入れればよく、彼にもすでに一定の知識があった。だが、それだけに音のイメージを摑むのが難しい面もあった。ベルトルッチ監督と話し合った結果、『1900年』の冒頭でも流れるジュゼッペ・ヴェルディ（同作の冒頭シーンでは「ヴェルディが死んだ！」と叫びながら農民が走ってくる）を出発点にしてはどうかということになった。

坂本龍一は、『ラストエンペラー』のイタリアロケの合間にベルトルッチの案内でヴェルディの家を訪ねたことがあった。最終的にヴェルディをそのまま使うということはなくなったが、西欧のクラシック音楽をベースにモロッコ音楽の要素を入れるという方針で制作された。これは映画における物語内容に即してもいた。『シェルタリング・スカイ』のメインテーマは、『戦場のメリークリスマス』『ラストエンペラー』におけるそれと勝るとも劣らぬ、咽ぶような哀感が溢れる美しいメロディで、坂本龍一はこの仕事で、一九九一年のゴールデングローブ賞で作曲賞を受賞する。こうして、アメリカに移住して以後、サントラの依頼はますます増え、ひとりのミュージシャンとしてだけでなく、むしろそれ以上に、映画音楽の作曲家としての名声が世界に広まっていった。「はじめに」にも書いたように、『シェルタリング・スカイ』には原作者ポール・ボウルズが出演している。そこでボウルズが——自らの小説から引用して——口にする台詞「How many more times will you watch the full moon rise?」が、坂本龍一の最後の書物のタイトルになる。だが、そこに至るまでには、まだ三〇年以上の時間がある。

「移住者の匂い」

ニューヨークへの移住について、彼はこんなことを述べている。

移住してまもなく、村上龍が映画の仕事でニューヨークに来たんですが、彼に「移住者の匂いがする」と言われたのを思い出します。彼とは日本に住んでいるころから親しくしていましたが、ニューヨークに引っ越したぼくに接して、故郷を捨てた人間の雰囲気というか、根無し草っぽい感じというか、そういう「匂い」を感じたんだそうです。

（『音楽は自由にする』）

村上龍との交友関係については、あらためて記すことにするが、さすがに最も親しい友人のひとりだけあって、彼の匂い（？）にも敏感である。ここで言われている感覚こそ、まさにアウターナショナルということだろう。だが実際には、渡米してしばらくの間、さまざまな不便や困難、トラブルがあったと彼はインタビューなどで何度も語っているし、ニューヨークという街への憧れも持ち合わせていなかったというが、それでも「人種のるつぼ」としてのＮＹ、すなわち「世界音楽のるつぼ」としてのＮＹにはやはり大いに刺激を受けた。

もう一つ、ニューヨークという土地の持つ、一種の無関心というか、そういうものが心地良いというのはあるかもしれません。ニューヨークというのは、共同体的なものに寄りかかれないというか、安易には愛してくれない街ではあるんです。でもぼくの場合、何かに所属するということが子どものころからとにかく嫌いだったので、そういう意味では楽なんです。とりあえず何者でもなく暮らせる。それはぼくの性に合っている。

（同前）

アウターナショナルであるだけでなく、いわばアウターアイデンティティ。望まずして国際的な有名人になってしまうことと、それでもなお何者でもないこと＝匿名性を確保したいと望むことの、不可能な共存。彼のこの特異な存在様態は、ニューヨークに移って以降、ますます強まっていくことになる。

渡米した翌年、一九九一年一月一七日に坂本龍一はニューヨークで初の誕生日を迎えるが、この日、(第一次)湾岸戦争が始まった。海の向こうで起きている出来事とはいえ、連日連夜の報道と、知り合いが兵役に就いたこともあり、日本にいた時と違って彼は、こんなにも戦争が身近であることを強く意識せざるを得なかった。「世界のサカモト」は、誰かが呼んだキャッチフレーズにすぎないが、「世界」に対して何ができるのかという自らへの問いかけは、この頃に生じたのかもしれない。そしてそれは、アウターナショナルであることと何ら矛盾してはいなかった。

坂本龍一はこの年の後半に、大島渚監督の新作『ハリウッド・ゼン』に出演することが決まっていた。しかも、主演の早川雪洲役である。ところが、資金調達に問題が生じて制作が延期され、そのままこの企画は立ち消えになってしまった。実現していたなら、『戦場のメリークリスマス』からほぼ一〇年ぶりの大島監督との仕事になっていたわけで、間違いなくその時は音楽も担当することになっていただろうから、色々な意味で非常に残念なことである。坂本龍一は、大島監督の遺作『御法度』(一九九九年)の音楽を手がけている。

一九九一年の『Heartbeat』

坂本龍一の九〇年代最初のソロ・アルバム『Heartbeat』は、一九九一年一〇月にリリースされた。レコード会社は前作に続きヴァージン。本作は完全にハウス・ミュージックのアルバムである。当時、ハウスはアメリカで大流行していた。四つ打ちのハウスのビートを「ハートビート＝心音」になぞらえたコンセプトで、ノリノリのダンス／クラブ・ミュージックが展開する。

アルバム・タイトル曲「Heartbeat」には、ニューヨーク在住のＤＪでハウス・ミュージック・プロデューサーのサトシ・トミイエ（富家哲）が作曲に参加、ミックスも担当している。ゴージャスな女性ヴォーカルが印象的な、華麗なハウスである。後半に出てくるミュート・トランペットは、ラウンジ・リザーズのスティーヴン・バーンスタイン。

続く「Rap the World」は、ディー・ライト（Deee-Lite）のディミトリーがロシア語でラップしている。ディー・ライトは、ディミトリーとレディ・ミス・キアーの二人がニューヨークで結成したユニットで、坂本龍一とは旧知の間柄であるテイ・トウワがのちに加入し、三人組になった。一九九〇年のデビュー・シングル「グルーヴ・イズ・イン・ザ・ハート」とアルバム『ワールド・クリーク』が大ヒットを記録していた。「Rap the World」では、ジミ・ヘンドリクスの「Third Stone From the Sun」がサンプリングされている。

三曲目の「Triste」は、たまたまビル・ラズウェルのプロデュースによりＮＹのスタジオでレコーディング中だったフランスのグループ、ＦＦＦのマルコ・プリンスが即興でラップを担当している。ライトなノリの曲だが、リリックの内容は湾岸戦争をテーマにしたシリアスなものである。続く「Lulu」は、ラウンジ・リザーズのジョン・ルーリーのサックスをフィーチャーした、ムーディーなジャズ・ナンバー（ビートは打ち込み）。シティポップ的な「High Tide」は、「海の見える風景」というお題を出されたムーンライダーズの鈴木慶一が、「東京湾岸」と「湘南」をイメージして作詞した。坂本龍一が甘いヴォーカルを披露しており、二番ではアート・リンゼイがポルトガル語で入ってくる。

六曲目の「Song Lines」はピアノ・ソロ。陶然とさせられるロマンチックな憂鬱さは、坂本龍一の得意とするところである。この曲のメロディは、彼が音楽を手がけたペドロ・アルモドバル監督作品の『ハイヒール』（一九九一年）に転用されている。一転して「Nuages」は、アラブの伝統的な音楽。アルジェリア出身でパリ在住の教師フーリア・アイチがヴォーカルで、彼女が幼少時に祖母から教わった歌を、わざわざニューヨークまで来てもらって録音した。詞の内容は湾岸戦争を想起させる。鈴木慶一が歌詞を提供した「Sayonara」はシングルカットされた曲で、坂本龍一が歌っている。基調は沖縄音楽で、エキゾチカというよりはリゾート・ミュージックの趣きがある。良い曲なのだが、少々狙いが透けて見えてしまうきらいもなくはない。

「Borom Gal」は、前作『NEO GEO』で大活躍したユッスー・ンドゥールが作詞を担当、作曲は坂本龍一と共作した、シンプルな反復ビートの佳曲。敢えて感情を抑えた雰囲気のンドゥールの歌唱が素晴らしい。坂本龍一は一九九一年四月に一時帰国し、日本武道館でンドゥールとデュオ・コンサートを行っている（このコンサートは世界二九カ国に衛星中継された）。一〇曲目の「Epilogue」は、ＹＭＯの『テクノデリック』収録曲とは同名異曲で、ゆったりと落ち着いたピアノの旋律が麗しい。

エピローグと言いつつ、アルバムはこの曲では終わらず、ラストの「Tainai Kaiki」は、硬質なマシン・ビートに乗って、アート・リンゼイがエモーショナルに歌い上げるドラマチックな名曲。

少数民族ピグミーの呟きのような歌声と、減速したジョン・ケージの声がサンプリングで重ねられている。この曲はサントリーのCMに使用された。なお海外盤では、デヴィッド・シルヴィアンの歌詞とヴォーカルによるヴァージョン「Heartbeat (Tainai Kaiki II) - Returning To The Womb」に差し替えられており、さらにシルヴィアンがヴォーカルで、ビル・フリーゼル、イングリッド・シャヴェイズ（シルヴィアンの当時の恋人）が演奏に参加した、日本盤未収録曲「Cloud #9」が追加されている。ヒップホップのビートによる、なかなか面白い曲だが、『BEAUTY』に続いてこのアルバムも、日本盤と海外盤で一部が異なる内容になってしまった。

『Heartbeat』は、ダンス・ビートという基本スタイルはあるものの、トータルなアルバムとしては曲ごとの違いが大き過ぎて、特に後半に入ると、やや散漫な印象を拭えない。だが、前作との断絶があるわけではなく、『NEO GEO』『BEAUTY』の延長線上にあることは確かだろう。いや、それは『音楽図鑑』から始まっていた、マルチプレックス（多重的）な音楽を追究する営みの延長上にあるものだった。

以前と違うのは、ニューヨークという、多様な民族が集まり多言語が話される都市で生きるようになったこと、そして湾岸戦争である。「世界のサカモト」になる／であることを、彼は否応なしに受け入れ、そのことに耐えつつ、次第に慣れてゆく。やがてそれは、彼にとってまったくどうでもいいことになる。もちろんその時、彼は真の意味で「世界のサカモト」になっているのだが。

『Heartbeat』に続くソロ・アルバム『Sweet Revenge』（一九九四年）のリリースまで、三年近い月日が流れる。それには理由があった。イエロー・マジック・オーケストラが「再生」するのである。

第四章

「J」との遭遇

一九九二年、坂本龍一は七月に開催されたバルセロナ・オリンピックの開会式の音楽を担当した。スペイン在住でもなければ、特に縁が深いわけでもないアジア人の作曲家への依頼は極めて異例のことだった。それだけ世界から注目されていたということだろう。スポーツイベントは苦手なので一度は断ったが（ナショナリズムと結びつきがちなオリンピックという催し自体、彼は好きではなかっただろう）、バルセロナ・オリンピック＆パラリンピックの開閉会式のプロデューサー、ペポ・ソルの熱心な説得にほだされて引き受けたのだった。結局、彼は開会式で総勢百名を超えるフル・オーケストラを指揮することまでした（他の仕事も並行しながらなので、準備が非常に大変だったらしい。いつものことだが）。

このとき作曲した『El Mar Mediterrani（地中海のテーマ）』は、一九九六年に同名タイトルで音盤化されている。国際的なスポーツの祭典にふさわしい壮麗な曲で、ドラマチックだが現代的な展開は、ストラヴィンスキーやエドガー・ヴァレーズの交響楽曲を思わせる（鈴木行一（ゆきかず）編曲による吹奏楽版も存在し、現在も日本各地のオーケストラによって演奏されている）。九二年の四月には、森山良子、オルケスタ・デ・ラ・ルスとともにセビリア万博のジャパン・デーにゲスト出演しており、音楽を手がけた映画『ハイヒール』（ペドロ・アルモドバル監督）の日本公開もあり、彼は「スパニッシュ・イヤー」と呼んでいたという。

YMOの「再生」と『TECHNODON』

この「スペインの年」の翌年、一九九三年にイエロー・マジック・オーケストラは「再生」した。解散ではなく「散開」だったように、今回も再結成ではなく「再生」という言葉が選ばれた。三人が集まるのは九年ぶりのことだった。時が流れるのは早いものである。

この「再生」について、後に坂本龍一は次のように述懐している。「3人とも、音楽的に一緒に何かやろうという思いがあったわけではなくて、(…)周囲の人たちのお膳立てで再結成したんです。騙されたというと言い過ぎですが、まあ、のせられちゃったんですね」(『音楽は自由にする』)。この発言からも分かるように、この「再生」は、必ずしも彼らが望んだことではなかった。

「再生」の核となるアルバム『TECHNODON』は、EASTWORLD/東芝EMI(当時)からリリースされた。「YMO」という語は、アルファ・レコードが商標登録していたために使用できず、「YMO」の上にバッテンを付けた表記(ノットワイエムオー)で宣伝が行われた。当然ながら、こうした事情は当時、表立っては伝えられず、いかにもYMOらしい屈折した振る舞いとして受け取られた。

レコーディング(一部の作業は日本でヨージ・ヤマモトのスタジオを借りて行われたという:引用者注)やミックスはニューヨークでやりました。(…)ずいぶん強引に自分の好みを押し付けたように思います。(…)当時はハウスが流行していて、ハウス独特のテンポや音色でないとダサい、みたいな思い込みがちょっとあったんです。そもそもぼくはハウスのミュージシャンでもなければ、ニューヨークのスタイルを代表しているわけでもないのに、なんだか子どもっぽいですよね。/(…)ファンはいい迷惑だったと思いますし、自分としても、音楽的にそんなに面白いものは作れなかったという悔しさはあります。どうせ再生するんだったら、音楽的にも自分たちが誇れるものを残したかったんですが、うまく力がかみ合っていませんでした。（同前）

彼はこう回想しているが、そして当時の反応も必ずしも絶賛ばかりではなかったが、『TECH-NODON』はけっしてつまらないアルバムではない。このタイトルは、「テクノポップ」のオリジネイターである大人気バンドが「テクノ」ブームの真っ只中に帰ってきたことを示唆しているだけでなく、恐竜の名前の末尾につく「〜ドン」を用いることで、自らを恐竜になぞらえてみせていて、例によってそれは自尊と自嘲が二重焼きになったアイロニカルな態度だが、あらためて聴いてみると、「テクノポップ」と「テクノ」を繋いだ作品として、歴史的な評価を受けてよい内容となっている。

八〇年代末あたりから勃興したハウス・ミュージックは、クラブでのＤＪミックスに特化した四つ打ちのビートを基調に、よりエレクトロニックな音に純化／変化していき、それらの一部は九〇年代に入るとテクノ・ミュージックと呼ばれるようになった。テクノはアメリカ、イギリス、ドイツを中心に各国のクラブ・カルチャーで圧倒的な人気を博し、WARP（イギリス）やR&S（ベルギー）、Tresor（ドイツ）など新興レーベルが次々と誕生、デリック・メイ、ジェフ・ミルズ、ブラック・ドッグ、オウテカ、エイフェックス・ツインなど、新しいタイプのアーティストが次々と現れた。

テクノ・ブームは日本にも波及し、テクノポップ〜ニューウェーブ・バンド「人生」を前身とする電気グルーヴは一九九三年末のアルバム『VITAMIN』で、人を食ったユーモアはそのままにサウンド的にテクノ化し、R&Sからのリリースによって海外で先に注目されたケン・イシイは鳴り物入りでSONYレコードと契約、今やジャパニーズ・テクノのクラシックとなった名作アルバム『Jelly Tones』を一九九五年に発表することになる。『TECHNODON』は、これらに先んじた作品だった。

日本は、「テクノポップ」と「テクノ」という、一〇年を隔てた、似て非なる、だが深部では繋がっている二つの音楽ジャンルが一世を風靡した、世界で唯一の国である。そしてYMOは、その特殊性を体現した存在である（もう一組は電気グルーヴ）。

『TECHNODON』は、往年のYMOのファンにも、当時の若いテクノ・リスナーにも、戸惑いと未消化感を与えてしまった感があったが、個々の楽曲にはもちろん優れたものはある。追ってシングルカットされた一曲目の「BE A SUPERMAN」は、ウィリアム・バロウズの声のサンプリングと、坂本龍一がニューヨークで知り合った神谷（かみや）るり子の拙い発音の英語で曲名が連呼されるキャッチーな曲だが、ビートは当時インテリジェント・テクノなどと呼ばれていた粒の立った音になっている。

二曲目の「NANGA DEF?」は完全にデトロイト・テクノだが、途中からアフロ・キューバン風（？）のコーラスが入ってくる。そして、サイバーパンクを代表する作家ウィリアム・ギブスンが自作の歌詞を朗読する「FLOATING AWAY」、イルカをテーマにした「DOLPHINICITY」と続き、「HI-TECH HIPPIES」は初期YMOを彷彿とさせるファンキーでポップなナンバー。イタリア語で「三羽のクロツグミ」という意味（ニューヨークにあったイタリア料理店の名前だが、もちろんYMOの「三羽ガラス」に掛けているのだろう）の「I TRE MERLI」でもバロウズの朗読がフィーチャーされている。トラックはYMOとエイフェックス・ツインが共作したかのようだ。坂本龍一単独作の「NOSTALGIA」は、環境音や空間音をまぶしたミニマル・ミュージック。音響的には（こちらの方が先だが）オヴァルのメタ・アンビエントを思わせるところも。アルバムの中ではやや例外的な曲である。

八曲目の「SILENCE OF TIME」は、タイトなエレクトロ・ビートをバックに、坂本龍一が英語で書いた歌詞を再び神谷るり子が淡々と歌うクールな曲。「WATERFORD」も似たムードのダークな曲調だが、サビでなぜかアコーディオンのような音が重なってくる。重いシンセ・ベースが効果的。「O.K.」は細野晴臣が歌っている。ますます渋味を増したダンディな声が魅力的だ。坂本龍一作曲の「CHANCE」は一気にBPMが上がって、テクノど真ん中の音である。『テクノドン』の二カ月前にリリースされたブラック・ドッグ・プロダクションズの『bytes』を想起させる、グルーヴ感のあるサウンド。だがこの曲には、過去のYMOの楽曲のパーツが含まれている。曲の最後に一瞬だけ聞こえる「RYDEEN」は一聴してそれとわかるが、その他、「SOLID STATE SURVIVOR」「EPILOGUE」「KEY」「LIGHT IN DARKNESS」「LOOM」の各要素が使われている。そして先行シングルだったラストの「ポケットが虹でいっぱい（Pocketful of Rainbows）」は、なんとエルヴィス・プレスリーのカヴァーである。日本語の訳詞は湯川れい子。ヴォーカルは高橋幸宏。

プレスリーの曲は、他にも「ラヴ・ミー・テンダー」など数曲が録音されたという。

「再生」の記者会見は、四月一日のエイプリルフールに行われた。直立した白いベッド（「死」から「再生」したということである）に三人が並んで入った状態で質問に答え（むろん、レノン&ヨーコのパロディ）、布団から出ると、互いに手錠で繋がれているというブラックユーモアは、しかしほとんど本音だったのだろう（当時はよくわからなかったが）。「再生コンサート」は六月に東京ドームで二日間にわたって開催され（映像は「TV WAR」に参加していた元ラジカルTVの原田大三郎。フロントアクトはTHE ORBだった）、興行としては成功だったが、喜ばしい「再生」であるはずなのに、ポジティヴさがあまり感じられない、終始、どこかささくれ立った雰囲気が滲み、坂本龍一にとっては、いや、他の二人にとっても、多くの点で悔いの残る再結成になってしまった。記者会見では、ワールドツアーや『TECHNODON』に続くアルバムについても言及されたが、それらが実現することはなかった。この苦い経験の反省から、彼らはその後、YMOとしての活動を忌避するようになる。次に三人が一緒にステージに立つのは、一〇年以上も後のことである。

「Jポップ」に挑戦した『Sweet Revenge』

「ノットワイエムオー」の不幸な「再生」劇が終わると、すぐに坂本龍一はベルナルド・ベルトルッチ監督の『リトル・ブッダ』（一九九三年）の音楽を完成させるため、日本を発った。ある意味、通常運転に戻ったわけである。だが、今度もやはり相当な難産だった。何度も編集を変え、曲にダメ出しをし続ける監督に対し彼は不満と怒りを禁じ得なかった（「もっと悲しい曲を！」と要求され、書き直した曲を聴かせたら、「悲しすぎる、希望が必要なんだ」と言われてさすがにキレてしまったという）。そのせいなのか、坂本龍一が以後、ベルトルッチの映画音楽を手がけることはなかったが、友人としての親しい関係は続いた。映画を観ながら観客が抱くであろうエモーションをひたすら極大化しようとするベルトルッチの姿勢は、映画音楽家としての彼のスキルを鍛え上げたとも言えるかもしれない。

一九九四年六月、坂本龍一はニュー・アルバム『Sweet Revenge』をリリースした。国内の所属レコード会社としてフォーライフと新たに契約し、「güt」という自らのレーベルを立ち上げての第一弾だった。海外ではエレクトラ・レコードからリリースされているが、かつてアメリカのレコード会社が、自身の過去作について意に沿わない改変を強いてきた嫌な経験から、このアルバム以後、海外盤の内容も自分でコントロールするようになった。

『Sweet Revenge』には、『NEO GEO』『BEAUTY』『Heartbeat』と続いてきた「音楽（の）図鑑」路線とは異なる方向性の曲が入っている。一言でいうならば、それは「Jポップ」への挑戦である。もちろん坂本龍一は、「ニッポンのポップス」に今さら挑戦する必要などない。すでに世界を股にかけて活躍していたのだから。だがしかし、日本国内でのプレゼンスはというと、海外での活動がしばらくメインになっていたせいもあって、音楽シーンにおける彼の立ち位置は随分と変化していた。

八〇年代末に「Jポップ」という言葉が誕生し（この点については烏賀陽弘道『Jポップとは何か――巨大化する音楽産業』二〇〇五年、拙著『ニッポンの音楽』を参照）、「イカ天」と略称されたテレビ番組『三宅裕司のいかすバンド天国』が主導したバンド・ブームを経て、九〇年代に入ると、フリッパーズ・ギター、ピチカート・ファイヴなどの「渋谷系」の流行があり、元TMネットワークのシンセサイザー奏者／作曲家の小室哲哉が、作詞作曲プロデュースを全面的に手がけたTRFのブレイクを機に快進撃を開始していた。小室のみならず、ビーイング系（B'z、ZARD、WANDSなど）、DREAMS COME TRUE＝ドリカムなど、以前の「歌謡曲」とは一線を画す「Jポップ」のシーンは活況を呈し、地価高騰や土地投機を抑えるために一九九〇年に実施された総量規制を一つのきっかけにバブル経済が崩壊して日本の景気は急速に減退し始めていたにもかかわらず、音楽市場は九〇年代末まで膨張に膨張を続ける。老舗のレコード会社フォーライフに移籍した坂本龍一は、この状況を無視することはできなかったのだろう。

とはいえ『Sweet Revenge』は、「Jポップ」に振り切ったアルバムというわけではない。坂本龍一らしく多様な音楽的要素が入っており、その中の一つに「Jポップ」的な曲があるという感じである。ただし、前作までと比べると全体的にかなり「ポップ（ポピュラー＝大衆的）」な志向性を持った作品であることは確かである。『Heartbeat』に続いて富家哲（サトシ・トミイエ）がプログラミングを担当し、テイ・トウワがサンプリングで参加している。

アルバムは「Tokyo Story」で幕を開ける。タイトルは小津安二郎の名作『東京物語』から来ており、同作のCD-ROM（CDに映像やテクストなど音楽以外のデータを入れられるCD-ROMは一時期、流行っていた）を制作するという企画のために書かれたという（結局この企画は実現しなかった）。ピアノの優美なメロディと、それとは無関係に響く電子音、ランダムに打たれるスネアとハイハットの組み合わせが新鮮。

二曲目の「Moving On」は、いわばアーバン・レゲエである。ニューヨークの無名の女性ラッパー、J-Me Smith がフィーチャーされている。ラップと歌の間を行きつ戻りつする、どこか調子が外れたヴォーカルが面白い。

三曲目「二人の果て」は、当時フォーライフに所属していた今井美樹と坂本龍一のデュエット・ソングで、今井が出演した明治製菓のチョコのＣＭにも使用された。坂本龍一 featuring 今井美樹名義でシングル・カットされている。作詞は大貫妙子。ミシェル・ルグランあたりのフランスの映画音楽のような、ジャジーでドリーミーな曲である。坂本龍一は、一九九四年九月にリリースされた今井美樹のアルバム『A PLACE IN THE SUN』に二曲提供している。

続く「Regret」には再び J-Me がラップでフィーチャーされている。スタイルとしてはトリップホップ（ヒップホップとダブの要素を併せ持つ、イギリス発祥の音楽ジャンル。マッシヴ・アタックやポーティスヘッドが代表格）に近い。曲の終わりに、台湾の先住民族である高山族の歌声が重なってくる。

五曲目の「Pounding at my Heart」でヴォーカルと作詞を担当しているポール・アレクサンダーは、おそらく坂本龍一のニューヨーク人脈の一人だろう。ライブ映像を観るとアレクサンダーは、女性用のキモノを身に纏（まと）っている。楽曲的にはこれもトリップホップ的だが、ボサノヴァのフレイヴァーも感じられる。

「Love and Hate」は、八〇年代に世界的なヒットを飛ばしたフランキー・ゴーズ・トゥ・ハリウッドの元メンバー、ホリー・ジョンソンが作詞とヴォーカルを担当。イントロで道路工事のドリル音がサンプリングされているが、もちろんインダストリアル・ノイズ風ではなく、テクノ以後のビートに溶け込んでいる。ジョンソンのやや芝居がかった歌唱が聴きどころである。

アルバム・タイトル曲「Sweet Revenge」は、ベルトルッチ監督『リトル・ブッダ』のエンディング・テーマとして書かれたが、もっと悲しい曲にしろとベルトルッチに命じられて書き直したところ今度は「悲しすぎる」と言われてボツになった曲。曲名の「甘い復讐」には、この時の感情が込められている。荘厳なオーケストラとピアノの旋律は悲哀に満ちている。こんな曲が、アルバムのちょうど真ん中に位置していることも興味深い。

J-Meの三度目のフィーチャーとなる「7 Seconds」は、ニューヨークのクラブで演奏されていそうなアシッドジャズ。続く「Anna」も生演奏主体（に聴こえる）ナンバーで、管楽器の響きがムーディーなスローテンポのボサノヴァ。もともとは、ある女性アーティストのために書かれた曲だというが、確かに歌が入っていてもおかしくない。

「Same Dream, Same Destination」の作詞とヴォーカルは、アズテック・カメラのロディ・フレイムが担当。坂本龍一は、アズカメ（日本ではこう呼ばれていた）のアルバム『DREAMLAND』（一九九三年）のプロデュースをしていた。いかにもフレイムらしい歌詞だが（曲名はアズカメの『High Land, Hard Rain』を彷彿させる）、サウンドはアズカメとは全く違って、アダルト・コンテンポラリーな雰囲気に包まれている。

一一曲目の「Psychedelic Afternoon」には、『ラストエンペラー』で共にアカデミー作曲賞を受賞したデヴィッド・バーンが歌詞を提供しており、五曲目「Pounding at my Heart」のポール・アレクサンダーとアート・リンゼイがツイン・ヴォーカルで歌っている。これもボサ。もともとはＦＩＦＡワールドカップの日本誘致キャンペーン曲として依頼されて作曲した「日本サッカーの歌」だった。聴き比べてみると全く印象が違う。「Interruptions」も生演奏主体のボサノヴァで、J-Me の友人ラターシャ・ナターシャ・ディグスが、歌詞とポエトリー・リーディングに近いラップを担当している。

そして最後の「君と僕と彼女のこと」は、大貫妙子が作詞。高野寛がギターとヴォーカルで参加している。一番を高野が、二番を坂本龍一が歌っている、曲名の通り、歌詞は長い時間にわたる三角関係を描いている。美しいサビを持った、隠れた名曲である（私が偏愛している曲でもある）。

こうしてみると、日本語で歌われているのは「二人の果て」と「君と僕と彼女のこと」のみで、音楽的にはボサノヴァとトリップホップ的な要素が強い、Ｊポップのアルバムとは到底言えない内容である。全一三曲収録されているが、約二カ月でレコーディングされており、同時期には今井美樹のアルバムもプロデュースしていた。前作『Heartbeat』で海外のクラブ／ダンス・ミュージックに寄せ過ぎたことへの反動もあって、ビートよりもメロディに才気を発揮する自らの資質により意識的になったということなのかもしれない。

個人的な話になるが、このアルバムから私は、たびたび彼にインタビューをするようになった。

私のライターとしてのデビューは一九八八年、ロック雑誌『CROSSBEAT』の創刊号だった。だが、やっていたのは映画を紹介する連載コラムであり（私は当時、映画館に勤めていた）、前後して書くようになったパンク雑誌『DOLL』も映画コラムで、しばらくは音楽の雑誌に映画のことを書くという、やや特殊な状態が続いた。その後、もともと音楽も好きだったので、主に海外の音楽のレビューやインタビューの仕事も来るようになった。

最初の本『映画的最前線 1988-1993』は一九九三年の末、二冊目の『ゴダール・レッスン――あるいは最後から2番目の映画』は九四年末に出版されたが、いずれも映画評論の本だった。だが、思うところあって九五年頃から仕事の重心を映画から音楽へと移し、編集者（当時）の原雅明(はらまさあき)とともに九五年五月にライター&エディターの事務所HEADZを立ち上げ、音楽ライターとしての仕事だけでなく、レコード会社の販促キットの製作、プロモーション協力、海外ミュージシャンの招聘およびコンサート／ツアーの制作、音楽雑誌『FADER』の編集発行、CDレーベルとしてのリリースなどを行うようになった。

『Sweet Revenge』がリリースされた一九九四年から三年ほど前に、私は完全なフリーランスのライターになり、音楽雑誌、映画雑誌のみならず、情報誌、カルチャー誌、週刊誌、ファッション誌まで、各種媒体に連載を持って原稿を書きまくっており、映画から音楽への移行期に当たる。それまで得意としていたオルタナティヴ・ロックやアヴァンギャルド音楽、テクノなどのダンス／クラブ・ミュージック、電子音楽だけでなく、日本の音楽、Jポップにも守備範囲を広げようとしていた。坂本龍一と直接話をするようになったのは、そんな頃だった。だが、この時はまだ、彼にとって私は、有象無象のライターの中のひとりでしかなかっただろう。それが少し違ってくるのは、二一世紀以降のことである。

GEISHA GIRLS、そして小室哲哉

『Sweet Revenge』のリリースから一カ月後の九四年七月、フォーライフ／gütから謎のアーティストがデビューした。その名はGEISHA GIRLS。だが、シングル「Grandma Is Still Alive」を聴き始めた瞬間に誰なのかわかるし、そもそもその正体は最初から日本全国に知れ渡っていた。GEISHA GIRLSとは、漫才コンビ、ダウンタウンの変名だった。人気テレビ番組『ダウンタウンのガキの使いやあらへんで!!』の観覧席に坂本龍一が居たことを松本人志がトークでネタにして、世界のサカモトにプロデュースしてもらって全米デビューしよう！とぶち上げ、あれよあれよという間にニューヨークでのレコーディングが実現、GEISHA GIRLSが誕生した。出来すぎた話だが、事実だという。

「電子芸者」をジャケットにあしらった『YELLO MAGIC ORCHESTRA』US盤から一五年の月日が流れていたが（まだ一五年しか経っていなかったのかと驚くが）、浜田雅功（まさとし）と松本人志がキモノを着てゲイシャに扮するのは明らかにYMOのパロディである。「Grandma Is Still Alive」では、荘厳なシンセをバックにダウンタウンの漫才が延々と続く。やがて強烈なテクノ・ビートが登場し、

二人の声がサンプリングされて繰り返される。松本と浜田はKen & Shoを名乗り、キーボードのKoumeは坂本龍一、DJのShungikuはテイ・トウワ、ドラムスのKatsunoはサトシ・トミイエと、全員が変名で活動した。この時期、坂本龍一はダウンタウンに急接近し、テレビで一緒に漫才を披露したりもしていた。ダウンタウンが司会の音楽番組『HEY!HEY!HEY! MUSIC CHAMP』の第一回放送(一九九四年一〇月)にも出演している。

GEISHA GIRLSは一九九五年六月にアルバム『THE GEISHA GIRLS SHOW—炎のおっさんアワー』をリリースしている。Koumeこと坂本龍一のトータル・プロデュースで、テイ・トウワ、サトシ・トミイエの他、森俊彦、アート・リンゼイ、ヴィニシウス・カントゥアリア、ヤン富田、バカボン鈴木、スチャダラパーのANI、ボアダムズ、佐橋佳幸(さはしよしゆき)、リトル・クリーチャーズの青柳拓次、小室哲哉など、超が付く豪華ゲストが参加したアルバムである。ヒップホップ、ボサノヴァ、ジャングル(ドラムンベース)、アヴァンギャルドなど、さまざまな音楽スタイルが入れ替わり立ち替わり現れるヴァラエティに富んだアルバムだが、小林克也のナレーションから始まり、曲間にダウンタウンのコントが挟まる構成は、小林がメンバーだったスネークマンショーとYMOの『増殖』も思い出させる。

GEISHA GIRLSは世間では大いに話題になったが、アルバムは音楽的に凝り過ぎていたせいか、期待されたほどのセールスには至らなかった。このアルバムには、当時イギリスで爆発的に流行していたジャングルが取り入れられているが、その内の一曲「炎のミーティング」を担当した小室哲哉は、『THE GEISHA GIRLS SHOW—炎のおっさんアワー』のリリース直前に、浜田雅功をヴォーカルに迎えたユニット、H Jungle with tとして、日本初のジャングルという触れ込みの「WOW WAR TONIGHT ～時には起こせよムーヴメント～」で大ヒットを飛ばしていた。リリース元は、小室哲哉が数々のプロデュースを行っていたエイヴェックス・トラックス（当時）である。フォーライフとしては、相乗効果を期待した面もあったのだろうが、あまり上手く繋がらなかった印象が残った。

一九九五年六月、GEISHA GIRLSのアルバム・リリースに合わせて、小室哲哉がフジテレビでMCを務めるトーク番組『TK MUSIC CLAMP』に坂本龍一がゲスト出演している。この対談は活字化され、「NON EDIT TALK」というタイトルで、番組の公式ホームページ上に掲載されているが、互いに探り合うような序盤から次第に話が盛り上がっていく様子が生々しくドキュメントされていて、大変に面白い。

たとえば、次のようなやりとりがある。

坂本：（…）ウチの娘がね、小室さんのすごいファンなんで。（…）子供だ子供だと思ってたら、もう完全にハマってるんですけどね、あの、それで彼女に「これ読んでみなさいよ」なんて言われて、小室さんのなんかインタビューを読んで、もう「自分のやっていることは100％マーケティングだ」と。（…）その潔さっていうか、潔白な感じで、あの、彼女はすごくいいっていうわけ。僕なんかは、それがなかなかできないタイプの人間だから。うーん、そうかなぁ。やっぱ僕なんかは「音ありき」で、まあ、音から始まる。でね、なかなかね、学ぶことがありますけどね。

小室：そんなことはないんですけど。あの、だから、裏方は好きなんですけど、ウケるのは好きなんですよ。もう、基本的にウケないとやだっていうとこが昔からあったから、その、「どういうのが好きなの？　聴きたいの？」っていうのを、まずやっぱり知りたいっていう習性からだと思うんですよね。だから、それを聞かない前に出しちゃうと、怖いと思うんですよ、自分では。

坂本：（…）「どういうのがウケるの？」っていっても、１００万２００万単位の人間を相手にね、まあ１００万人いれば１００万人のテイストがあって、まあ、日本人が画一的だとはいっても、かなりいろんな趣味趣向の人が増えてきた中で、１００万人っていう単位の人を想定するっていうのは、非常に困難だと思うんだけど（…）

（「TKMC NON EDIT TALK：小室哲哉★坂本龍一」
https://www.fujitv.co.jp/TKMC/BACK/TALK/r_sakamoto.html）

あくまで「音ありき」が基本だという坂本龍一と、「ウケないとやだ」という小室。実際、小室はこの後、「１００万人」規模のヒット曲を出していくわけだが、ここにはっきりと示されている二人のスタンスの違いは非常に興味深い。と同時に、坂本龍一の苦悩のようなものも伝わってくる。ダウンタウンという当代随一の人気者のアルバムを作るプレッシャーは確実にあっただろうし、自らのアルバム『Sweet Revenge』への思いも透けて見える。

小室はTM NETWORKの時代にオリコンチャートで一位を獲得したシングル曲が五曲ある。そうしたことも念頭に、坂本龍一はこんなことを言っている。「ＴＭ（ネットワーク）時代からこう、ヒット曲作ってきて、（…）日本人の耳をね、教育しちゃったとこがあって。あの、まあ、僕なんてちょっと困るとこもあるんだけど、（…）小室流のメロディ・ラインとか、まあ、転調とかアレンジも含めて、そのビート感も含めて、（…）教育しちゃったから、その、ある層をね。だからそれに引っ掛かるようなパターンを出すと、必ず売れるっていう現象が今起こってると思うわけ。この10年ぐらいで（…）」。「僕なんてちょっと困るとこもある」と正直に口にしてしまっているのが坂本龍一らしい。もちろん彼としても、敢えて単純化して話をしている自覚はあっただろうが、しかしこれはやはり本音だったのだと思う。

坂本：（…）一般的な傾向として、日本のヒット曲っていうか、日本の流行ってる曲、あの、なんか学校唱歌形式っていうのかな？　きちんとAがありBがありCがあり、またリピートされるっていう形が多いんだけど、（…）日本以外の、まあ欧米のっていうか、そうなってないものが、ずいぶん多いですね。（…）それから一番と二番のメロディの上がり下がりが違ってたりとか。そういうのが普通なんですけどね、向こうだとね。そこが日本だと（…）、パターン化されてる。それが興味深いなって。いわゆる小学校の唱歌みたいな、ずっと持ってるんだろうけども。

小室：もうそれは僕たちもいけないと思うんですけど、パターン化しちゃってるんでね。変えなきゃいけないとは思うんですけど。

（…）

坂本：だから、あの、ちょっとね、そういうパターン化されてないと売れないっていう面があるんで、あの、残念ながらその、音楽シーンとしての、音楽マーケットとしての成熟度は、ちょっと下がるのかなっていう。まあ、購買層が、まあ本当に僕の娘みたいに、14〜5が中心っていうことから見てわかるように、マーケット全体のその成熟度っていうのは低いな、と僕は思うんだけどね。
（同前）

Jポップも現在では、ここで言われているような定型を守らないパターンが増えているが、それは海外のポップスに近づいてきたというより、日本独自の進化という気がする。先の対談での坂本龍一の発言は、あくまで一九九五年時点のものだが、重要なのは彼自身が、ここで語っているような認識を、この後の活動において内面化していったのではないか、ということである。たとえ日本の「音楽マーケットとしての成熟度は、ちょっと下がる」と彼が考えていたのだとしても（そしてそれはある程度正しかったのだとしても）、日本でリリースするからには、そんな「市場（マーケット）」における商業的成功をレコード会社からは求められるし、売れ行きはシビアな結果として受け止められる。ここにはジレンマがある。それに彼自身、YMO時代には小室哲哉並みに売れていたのである。

「Jポップ」への更なる挑戦、『Smoochy』

話を進めよう。坂本龍一の（J）ポップ路線は、次作の『Smoochy』（一九九五年一〇月）で、より極められる。

一曲目「美貌の青空」の作詞は売野雅勇（うりのまさお）である。コピーライターだった売野は八〇年代初頭から作詞家としての活動を開始し、シャネルズ〜ラッツ&スター、中森明菜、菊池桃子、荻野目洋子、チェッカーズなど人気歌手／グループに歌詞を提供、売れっ子作詞家の仲間入りをした。GEISHA GIRLSの二枚目のシングル「少年」（ダンス・ミュージック的なアルバムでは異色の青春歌謡）の作詞は売野である。坂本龍一と売野雅勇のタッグは、この後の話にも繋がる。「美貌の青空」では、ミディアム・テンポのダンス・ビートに乗って坂本龍一が感情を込めて歌っており、メロディはかなり（Jポップというより）歌謡曲的に思えるが、のちに『１９９６』で歌抜きのアコースティック・トリオで演奏されると、映画音楽と同じ路線の憂愁に満ちた曲に一変するから不思議である。

「愛してる、愛してない」は、中谷美紀と坂本龍一のデュエット曲。作詞は大貫妙子。曲の前半は中谷の話し声（？）が微かに聴こえる他はビートのみで、中盤以降に歌が出てくる。坂本龍一の「J」時代に極めて重要な役割を演じた中谷美紀については、あとで詳述する。

三曲目の「BRING THEM HOME」はインストゥルメンタル。チェロはジャキス・モレレンバウム、ヴァイオリンはエヴァートン・ネルソン、そして坂本龍一のピアノ。このトリオの初お披露目は一九九三年末、渋谷オーチャード・ホールのコンサートだった。モレレンバウムは、ボサノヴァの創始者アントニオ・カルロス・ジョビンのバンドの元メンバーで、坂本龍一とアート・リンゼイがプロデュースしたカエターノ・ヴェローゾのアルバム『シルクラドー（Circuladô）』（一九九一年）のレコーディングで知り合った。『１９９６』（一九九六年）と『THREE』（二〇一二年）は、基本的にこのピアノ・トリオで坂本龍一の曲を演奏したアルバムである。モレレンバウムとエヴァートンは、この二枚のアルバムのほとんどの曲に参加している。「青猫のトルソ」も、モレレンバウム、ネルソンとのトリオ演奏だが、坂本龍一はエレクトリック・ピアノを弾いている。重厚な弦の音とエレピの軽やかさのコントラストが魅力的。

五曲目の「TANGO」は、曲名と違って音楽的にはボサである（ムードとしての「タンゴ」を表現したものらしい）。歌詞のうち日本語は大貫妙子が書き、スペイン語の部分は、『Heartbeat』以降のニューヨークでの録音に欠かせない存在となったエンジニア、フェルナンド・アポンテが書いて、坂本龍一が歌っている。扇情的なメロディは、加藤和彦のヨーロッパ連作を思わせる。アコーディオンが入っているのが、かろうじてタンゴ的と言えるだろうか。大貫妙子が歌ったら似合いそうな曲で、実際に彼女のアルバム『LUCY』（一九九七年）でカヴァーされている。

インタールード的な短い「INSENSATEZ」はジャジーな雰囲気。続く「POESIA」は、いきなりレゲエのリズムとなる。後半に入ってくる女声のコーラスは、ジャキスの妻パウラ・モレレンバウム。八曲目の「電脳戯話」の歌詞は高野寛が担当し、この頃に本格的な運用が始まったインターネットがテーマとなっている。坂本龍一のヴォーカルは「美貌の青空」とは異なって、どこかリラックスしたムード。「電脳」というタームは八〇年代的だが（サイバーパンク！）、いよいよ現実の世界になってきた。坂本龍一は音楽とネット技術の接続にも熱心で、この頃から数々の試みを行っていく。そしてそれは、一九九九年のオペラ『LIFE a ryuichi sakamoto opera 1999』に結実することになる。

「HEMISPHERE」は、THE BOOM の宮沢和史が歌詞を提供している。明るさのうちにサウダージ（郷愁、憧憬、切なさなどを意味するポルトガル語）の宿るサンバの曲調（ドラムスは打ち込みだろう）、坂本龍一の呟くようなヴォーカル。コーラスはパウラ・モレレンバウム。一〇曲目の「真夏の夜の穴」は、ジャキス・モレレンバウム、エヴァートン・ネルソンとのトリオ演奏による完全な室内楽から始まるが、後半は「真夏の夜」のだろう、生々しいフィールドレコーディングが立ち上がってきて、遠くでアレックス・シピアジンのトランペットが奏でられる。

「RIO」は、声を加工したサンプル・ループに、水の音、空間音、電子音などが織り重ねられたニューエイジ的な一曲。爪弾かれるシンセとピアノは即興のように聴こえる。

アルバムの最後を飾る「A Day in the Park」は、ナンシー・ウィルソンの姪ヴィヴィアン・セッソムスが歌うジャジーでシックなトリップホップ／シティポップ。

こうして聴いてくると『Smoochy』というアルバムは、坂本龍一自身が歌う日本語曲は増えているが、『Sweet Revenge』よりはやや「Jポップ」に寄せたと言える程度で、全体としては前作と同様、ボサノヴァとクラブミュージックの要素が色濃い。この二枚のアルバムは、ディスク・レビューなどで「ポップ路線」と評されることが多く、私も基本的にはそう思うが、実際には『Sweet Revenge』は「ボサノヴァ路線」、『Smoochy』は「クラシカル路線」なのではないか、という疑念も生じてくる。むしろ、『Sweet Revenge』の「二人の果て」「君と僕と彼女のこと」、『Smoochy』の「美貌の青空」「電脳戯話」のような広義の「Jポップ」的な曲は、アルバム全体の中で浮いているような印象さえある。

フォーライフ移籍後第一弾となった『Smoochy』について、彼はこう述懐している。

自分としては、最高にポップなものを作ったつもりだったんですが、世間には全然ポップだと思われなかったようだし、レコード会社にも、全然うけなかった。それでもう頭にきて、誇りも何も脱ぎ捨て、「俺がこんなにポップにしようと努力してるのに、なんでお前らポップだと受け取ってくれないんだ」と匙を投げちゃったんです。売り上げは以前とほとんど変わらないし、もうあれこれ考えたって無駄だ、と思った。

(『音楽は自由にする』)

彼はこう——率直すぎる物言いがいかにも坂本龍一らしいが——言っているが、しかし私はそれでもやはり、この時期の坂本龍一は「Jポップ」と切り結んでみせたのだと思う。だがそれは、彼自身のアルバムによってではなかった。それは中谷美紀という存在を通してだったのだ。

中谷美紀というミューズ

中谷美紀は、九〇年代半ばにはすでに人気女優の地位を確立していた。一九九一年、アイドルグループのメンバーとして芸能界にデビューし、ソロ・シングルも一枚出していたが、フォーライフに移籍して、シンガーとして再デビューした。その曲「MIND CIRCUS」(一九九六年五月リリース)から、坂本龍一が全面的にプロデュースするようになった。「MIND CIRCUS」の作詞は売野雅勇で、その後も中谷のシングルは基本的に坂本龍一と売野のコンビで制作されていく。

「MIND CIRCUS」は、耳に残る非常にキャッチーなサビから始まる（「サビアタマ」は、小室哲哉との対談でも話題になっていた。私も当時のインタビューで、坂本龍一から「敢えてサビをアタマにした」と聞いたことがある）坂本龍一流のシティポップで、中谷が当時出演していたテレビドラマ『俺たちに気をつけろ。』の挿入歌だったこともあり、ヒットを記録した。先述のように中谷は、『Smoochy』に収録された「愛してる、愛してない」にヴォーカルで参加していたが、その時点でその後の展開がすでに決まっていたのかもしれない。

一九九六年九月、坂本龍一プロデュースによる中谷美紀のファースト・アルバム『食物連鎖』がリリースされた。全一〇曲中「MIND CIRCUS」を含む五曲が坂本龍一の作曲で（そのうち、売野雅勇の作詞が四曲、中谷美紀の作詞が一曲）、残り五曲はそれぞれ、ピチカート・ファイヴの小西康陽（やすはる）の作詞作曲編曲、大貫妙子の作詞作曲、高野寛が作詞でヴィニシウス・カントゥアリアが作曲、高野寛が作詞で森俊彦が作曲編曲、アート・リンゼイとヴィニシウス・カントゥアリアの二人が作詞作曲（日本語詞は売野雅勇）という構成になっている。

坂本龍一が作曲した曲は、いずれも完成度の高いポップスである。「STRANGE PARADISE (Paradise Mix)」は、「MIND CIRCUS」と同じく中毒性のあるサビから始まるドラマチックな曲で、アルバムに先駆けてミックス違いがセカンド・シングルとしてリリースされた。「汚れた脚 The Silence of Innocence」はメロディの展開が凝っているが、ポップなムードから外れることはない。「WHERE THE RIVER FLOWS」は、アコースティック・ギターから始まるフォーク調の曲——

同じ作詞作曲コンビによるGEISHA GIRLSの「少年」を思わせる——で、シティポップならぬ大都会歌謡とでも呼びたくなる曲調だが、エンディングではジャズ・フュージョン的なシンセが活躍する。中谷美紀が作詞した「TATOO」はシンプルなビートだが、メロディの進行が面白い。うねうねと響くシンセが妖しい雰囲気を高めている。

私はこの時期、中谷美紀のインタビューも何度か行ったのだが、女優の余技の域をはるかに超えた、非常に前向きかつ意識的な態度で音楽活動に臨んでいることが、言葉の端々(はしばし)から伝わってきた。けっして歌がすごく上手いというわけではないのだが、やや低めの落ち着いた声質が、坂本龍一の音楽性に合っている。彼にとって中谷は、自分のメロディを見事に表現してくれる、これまでいなかった歌姫＝ミューズとなった。『食物連鎖』は、シンガー中谷美紀のデビュー・アルバムとしてだけでなく、坂本龍一のプロデュース作品としても高い評価を受け、オリコンのアルバム・チャートでは最高第五位まで上昇した。

坂本龍一による中谷美紀のプロデュースはこの後も続くが、その前にSister Mのことを書いておかねばならない。一九九七年一月、テレビドラマ『ストーカー 逃げきれぬ愛』の主題歌として一枚のシングルがリリースされた。曲名は「The Other Side of Love」。アーティストの名前は、「坂本龍一 featuring Sister M」だった。当初、魅力的な声を持ったSister Mの素性が伏せられていたことで、この曲はある意味でドラマ以上の話題性を獲得し、全編英語の歌詞だったにもかかわらず、オリコンのシングル・チャートで第六位のヒットを記録した。Mという頭文字から中谷美紀であるとする説もあったが、Sister Mの正体は当時一六歳だった彼の娘、坂本美雨（みう）だった。坂本美雨はこの年の一一月に、LUNA SEAのSUGIZOをプロデューサーに迎えたミニ・アルバム『aquascape』でソロ・シンガーとしてデビューすることになる。

「The Other Side of Love」がリリースされてから二カ月後にこの曲は、中谷美紀 with 坂本龍一名義のシングル「砂の果実」としてリリースされた。歌詞は売野雅勇のものに変わっている。「The Other Side of Love」には及ばなかったが、この曲もオリコン第一〇位のヒットを記録、坂本龍一は二曲連続で自作曲をオリコンのベストテンに送り込んだ。「砂の果実＝The Other Side of Love」は、『Sweet Revenge』『Smoochy』にも参加していた佐橋佳幸のアコースティックギターから始まるスローテンポのバラードで、坂本美雨／中谷美紀の澄んだ歌声（この曲にかんしては聴き比べてみても区別がつかないほど似ている）が胸に響く。中谷はこの後、ほぼ二カ月ごとにシングルを発表してゆき、『食物連鎖』からちょうど一年後に、それらのシングルを含むセカンド・アルバム『cure』をリリースした。収録曲のうち「スーパースター」はデラニー&ボニーが一九六一年に発表し、カーペンターズがカヴァーして大ヒットした曲だが、それ以外は全て坂本龍一が作曲しており、前作以上に力のこもったアルバムになっている。

『cure』は、先行シングルの一曲「いばらの冠」のアルバム・ヴァージョンから始まる。この曲は松本隆が歌詞を提供している。バンド演奏による王道のジャパニーズ・ポップソングである。サビは明快だが、メロディの展開はユニークで、落ち着いた曲調ではあるが意外性がある。

このアルバムは他にも作曲面で面白い曲が多い。やはり先行シングル曲の「天国より野蛮～

WILDER THAN HEAVEN～」は、チョッパーベースが印象的な、かなり歌謡曲的な曲である。サビで鳴り響くストリングス・シンセと、曲間の泣きのギター・ソロも特徴的。この曲の後、シングル曲「砂の果実」が入り、それに続く「水族館の夜」も「天国より野蛮」と同様、歌謡曲風の曲。生バンドをバックに中谷が情感豊かに歌っている。ストリングスも効果を上げている。中谷美紀作詞の「鳥籠の宇宙」は、電子音が主体の曲。ビートはレゲエ調だが、メロディは歌謡曲風である。原曲とはまったく異なるダークなエレクトロニカに仕立て直した「スーパースター」のカヴァー（中谷のヴォーカルも電子的に変調されている）を挟んで、「キノフロニカ」は打ち込みの四つ打ちで、このアルバムでは唯一、クラブミュージック寄りのサウンドになっている。そして最後の「corpo e alma」は大貫妙子の作詞で、パーカッションとフェンダーローズの戯れから、軽やかに四つ打ちのリズムが立ち上ってきて、賑やかなコーラスとともに中谷が歌い出すブラジリアン・チューン。

実は『cure』はCD二枚組のアルバムであり、ディスク2には「Aromascape」と題された三〇分二四秒に及ぶエレクトロニック・アンビエント・ミュージックと、その「ノー・ピアノ・ミックス」ヴァージョンの2トラックが収録されている。アルバム本体では思い切った「Jポップ」をやってのけながら、その一方でこのような実験的な音響作品を制作するという二重性は、極めて坂本龍一的と言ってよいだろう。このような大胆な試みにもかかわらず、アルバム『cure』はオリコン第七位を記録した。

坂本龍一は一九九八年に、それまで所属していたフォーライフを離れ、ワーナーミュージックジャパンに移籍したが、中谷美紀も共に移籍し、一九九九年二月にシングル「クロニック・ラヴ」を、同年一一月にサード・アルバム『私生活』をリリースする。

「クロニック・ラヴ」は一〇年以上の長い歴史を持った曲である。坂本龍一が岡田有希子に提供した曲「WONDER TRIP LOVER」がその最初だが、坂本はこの曲の歌詞を変えて（作詞は矢野顕子）、「Ballet Mécanique」としてセルフ・カヴァーした（アルバム『未来派野郎』収録）。「クロニック・ラヴ」では、同じメロディに新たな編曲を施し、中谷美紀が歌詞を付けている。彼自身、非常に気に入っている曲ということだろう。『私生活』には、ダンサブルなリミックス・ヴァージョンが収められている。「WONDER TRIP LOVER」と「Ballet Mécanique」と「クロニック・ラヴ」は、同じメロディがアレンジとサウンドによって大きく印象の異なる曲に変貌するという音楽のマジックを鮮やかに示す好例である。

『私生活』に収録されたのは全一三曲。気鋭の音楽家として当時注目されていた竹村延和（のぶかず）と半野喜弘（はんのよしひろ）が、中谷美紀の朗読や声、室内音などをフィーチャーしたインストゥルメンタル（当時の竹村と半野のトレードマークだった、コンピュータによるデジタル加工を駆使した実験的なサウンド）を二曲ずつ担当、J-WAVEの番組「PAZZ & JOPS」で坂本龍一が担当していたコーナーへの投稿で優秀作に選ばれた京極和士（のちにゲーム音楽の作曲家になる）が作詞作曲した「promise」、大貫妙子の「夏に恋する女たち」（一九八三年リリース。原曲のアレンジも坂本龍一）のカヴァー、中谷が歌詞を付けたガブリエル・フォーレの「ペレアスとメリザンド」と、その「ドラム・ミックス」、それ以外の五曲（「クロニック・ラヴ」を含む）は坂本龍一が作曲している。

アルバムの一曲目に据えられた「フロンティア～Album Version～」にも来歴がある。先に触れた坂本美雨の『aquascape』に収録された「awakening」に、中谷が新たに歌詞を付けた（原曲の作詞は坂本美雨）。アレンジは、美雨のヴァージョンとほぼ同じで、イントロから鳴り響くエモーショナルなギターは両曲ともにSUGIZO。二曲目の「雨だれ」にも原曲があり、後で述べる坂本龍一のピアノ・ソロ・アルバム『BTTB』（一九九八年）収録の「opus」に中谷が歌詞を付けたもの。歌と囁きと語りを行き来する中谷のヴォーカルによって、ポップスに生まれ変わっている。「フェティシュ（Fetish）～Folk Mix～」は、シングル「クロニック・ラヴ」のカップリング曲のリミックスで、バック・トラックはパーカッションだけで、ブラジル音楽のようになっている。「all this time」は、一曲目の「フロンティア」からエレキギターとビートを抜いた、英語ヴァージョンである（坂本美雨の「awakening」とは別の詞）。

おわかりのように、このアルバムのために坂本龍一が新たに作曲した曲はなく、全てがシングル曲か、あるいは他のリリースのために作曲された曲の別ヴァージョンとなっている。おそらくだが、この時期の坂本龍一は、同じ年の九月に上演されたインターネット・オペラ『LIFE』に忙殺されていたのではないか。竹村や半野、京極の投入、大貫妙子の過去曲のカヴァー、フォーレの翻案などは苦肉の策であったのかもしれない。だがその結果、『私生活』というアルバムは、不思議な魅力を持った作品になっていると思う。何よりも評価すべきは、中谷美紀のヴォーカリストとしての覚醒ぶりである。『食物連鎖』の時はまだ音符を丁寧に辿っている感じだったのが、曲ごと、アルバムごとに歌のテクニックが向上し、高音も伸びやかに出るようになり、歌詞を自身で手がけるようになって、それぞれの楽曲の持つイメージによってカラフルに表情を変える、実力とチャームを兼ね備えたシンガーに成長した。

坂本龍一による中谷美紀のプロデュースは、この後もしばらく続いた。シングル「こわれたこころ」が二〇〇〇年五月に、同じくシングル「エアーポケット」が〇一年五月にリリースされている。だが、オリジナル・アルバムは『私生活』までの三枚で終わった。

若者文化の〝祭り〟、そして内閉化

中谷美紀というミューズを得て、いっときの期間ではあるが、坂本龍一は間違いなく「Jポップ」に一石を投じてみせた。この時期は、ニッポンのポップ・ミュージックの商業的な意味での最盛期に当たっている。『Sweet Revenge』と『Smoochy』という自身のアルバム、GEISHA GIRLS、そして中谷美紀。小室哲哉が頂点に君臨する「Jポップ」の牙城にチャレンジする気持ちがなかったはずはないだろう。だが、やればやるほど、向き不向きというか、根本的な違いのようなものが浮き上がってくる結果となった。「俺がこんなにポップにしようと努力してるのに、なんでお前らポップだと受け取ってくれないんだ」(『音楽は自由にする』)という忸怩たる思いは、本人にしてみれば真剣そのものだったに違いない。

ここにあるのは、簡単にいえばマーケティングとクリエイティヴィティの両立の困難、商業性と創造性の止揚の不可能性という問題である。それは音楽が芸術文化であると同時にビジネス＝商行為でもあるということ、一枚のCDが「作品」であり「商品」でもあるという端的な事実が孕む問題でもある。もちろんこの問題は、日本だけに限らない。音楽が産業と結びついたあらゆる国について言えることであり、彼はすでにアメリカでも辛酸を味わっていた。しかしニッポンには、この国ゆえの特殊性が存在していた。

前にも述べたように、バブル期の日本では地価が高騰し、土地投機が過熱したが、一九九〇年の総量規制を一つのきっかけに、日本経済は失速していった。景気は低迷し、「失われた二〇年」どころか、「失われた三〇年」となってしまい、いまなお景気は回復し切れていない。だが、文化的な事象、特にユース・カルチャーにかんしては、バブル崩壊後もしばらくの間、〝祭り〟の状態が続いた。小室哲哉をスターダムに押し上げることになった、アッパーできらびやかなダンス／クラブ・ミュージックや、その揺り籠となった巨大なディスコ／クラブ、いわゆる大ハコは、むしろ九〇年代に入ってから大衆的な人気を獲得した。日本でのCDの売り上げは、一九九八年まで右肩上がりの急成長を続ける（そしてその後は下落傾向が延々と続く）。その最大の貢献者が小室哲哉であることは言うまでもない。

だが、その一方で日本社会は、九〇年代のちょうど真ん中に位置する一九九五年の阪神淡路大震災と、オウム真理教による地下鉄サリン事件以後、それまでの明るさを失っていった。いや、すでに光源がほとんど失われていたことにようやく気づいたと言うべきかもしれない。だから、九〇年代後半に日本の音楽産業がピークへと向かう曲線は、日本という国が本格的に凋落を始めた時期と完全に一致している。そしてこの頃から、日本文化は明らかにドメスティックな傾向を強めていった。「内向き」になっていくのである。

これは音楽だけに限らないが、敢えてシンプルに纏めてしまうなら、戦後日本のカルチャーの成り立ちは、基本的にずっと「輸入文化」だった。だがそれは一九九〇年代の前半までであり、その後は日本の内部で閉じた〝生態系〟がメインとなり、ガラパゴス化していく。私は『ニッポンの音楽』で、音楽における輸入文化の申し子である「リスナー型ミュージシャン」の歴史を跡付けた。細野晴臣も大瀧詠一も、坂本龍一も、渋谷系も、そして小室哲哉も、海外の音楽を大量に聴くことによって自らの音楽を形成したリスナー型ミュージシャンである。

先に言及したテレビ番組「TK MUSIC CLAMP」の対談で、小室哲哉は日本のポップスが英語を重宝することに疑義を呈している。

小室：（…）無意味に英単語が入ってくるのが、昔からあんまり好きじゃない。あの、敢えて狙ってとんでもない英語をポッカリ入れるのはよかったんですけど。あの「日本語でいいじゃん」って思うとこに、あんま英語が入ってったりすんのは。

（「TKMC NON EDIT TALK：小室哲哉★坂本龍一」）

この発言に続けて小室は、「日本語でいいじゃん」と思う一例として、「このシーズンが好きかい？」というフレーズを挙げ、それなら「この季節」でいいと思うと述べている。一連のこの発言は九五年段階のものだから、すでに日本社会の内閉化が進行し出した頃である。「無意味に英単語が入ってくる」歌詞がそれでも目についたということは、「輸入文化」が長らく続いてきたことの結果でもあるだろうし、閉じた〝生態系〟の中で独自に進化してきた結果でもあるだろう。

この対談で坂本龍一は、小室哲哉が書く歌詞について、「いわゆるプロの作詞家が作った、書いてあるものではなくて、いわゆる話し言葉って感じが、僕はすごく新鮮だと思ったね」と評価している。小室哲哉は一九五八年生まれで、坂本龍一の六歳年下である。この対談が放送された一九九五年五月、坂本龍一は四三歳、小室哲哉は三七歳。もちろん年齢だけで語ることはできないが、九〇年代半ばの気分、特に若者たちの無意識のようなもの――小さな共同体の内に留まり、その中で小さな幸せを求めつつ、寂寥と不安を持て余している――を、より若い小室は敏感に察知し、時代の空気を摑み取った上で歌詞や曲調に反映させることによって、次々と大ヒットを生み出していった。小室本人も認めているように、それは徹底したマーケティング戦略によるものではあったが、自分自身の欲望よりも不特定多数の大衆の欲望を優先させるという、ある種の確信犯的な身振りでもあったのだと思う。小室の歌詞に対する彼の評価は、まさにこの点を衝くものだったと言える。

坂本龍一にそれは出来なかった。やり方はわかっていたとしても、やれなかったし、やろうとしたのかもしれないが、やり切れなかった。小室哲哉は間違いなくこの時代と踊った――つまり「J」と踊った――が、坂本龍一にはどうしても踊れなかった。彼は小室と同じく、いや、ひょっとしたら小室以上に流行に敏感だったかもしれないが、彼にはどうしても、消費財としての音楽、ただ商品としてのみ存在するCDは作れなかった（これは小室哲哉を誹謗しているのではない。小室にも迷いや葛藤はあっただろう）。このことは、一〇年以上前に『音楽図鑑』（一九八四年）の創作ノートに書きつけられた、「いつも音楽が自己目的化してしまう」という言葉と明らかに通じている。

全国ツアー「坂本龍一 PLAYING THE ORCHESTRA “f”」

『Smoochy』を一九九五年に出した翌年、中谷美紀の「MIND CIRCUS」と同時期に、ジャキス・モレレンバウム、エヴァートン・ネルソンとのピアノ・トリオを中心とするセルフ・カヴァー・アルバム『1996』をリリースしている。過去のオリジナル・アルバムと映画音楽からセレクトされた珠玉の名曲を生演奏で再現した、美しくも緊張感のあるアルバムで、高い評価を受けた。このアルバム中、唯一の新曲である「1919」は、ロシア一〇月革命を牽引したウラジーミル・レーニンが一九一九年に行った演説の録音を使用した、ハイテンポでスリリングなスティーヴ・ライヒ的ミニマル・ミュージックで、その後のコンサートの定番になる。

一九九七年一月、Sister Mとのシングル「The Other Side of Love」がちょうどヒットしていた頃、坂本龍一はツアー「坂本龍一 PLAYING THE ORCHESTRA “f”」で日本各地を回っていた。同年七月にリリースされたアルバム『Discord』のほぼ全編を占める「untitled 01」は、このツアーのために作曲された、四楽章から成るオーケストラ曲である。「一種の反動ですね。ちゃぶ台をひっくり返すみたいな感じで「もうクラシックをやってやる」と」(『音楽は自由にする』)。一九八八年以来、彼は「PLAYING THE ORCHESTRA」と「Playing the Piano」と題されたコンサートを断続的に行ってきた。それは、その時々の流行や彼自身が置かれた状況とは別に、坂本龍一が自分の音楽の芯を摑み直し、初心に帰るためのものでもあった。

「坂本龍一 PLAYING THE ORCHESTRA "f"」の最終公演は同年一月二三日、横浜アリーナで行われ、ライブDVDには、その時の模様が収録されている。グランドピアノの坂本龍一に、若手指揮者のホープだった佐渡裕(さどゆたか)が振るフル・オーケストラ、デヴィッド・トーン(デヴィッド・シルヴィアンやデヴィッド・ボウイの録音にも参加したアメリカのギタリスト。『Heartbeat』などにも参加している)がギターとキーボードで、DJスプーキー(本名ポール・D・ミラー。イルビエント=イル(ill=病んだ)+アンビエントなどと呼ばれたNYの新しい音楽シーンの中心人物。理論的な著作も発表している)がターンテーブルで加わったユニークな編成で、「untitled 01」の他、「El Mar Mediterrani」と「1919」に加えて、『戦場のメリークリスマス』と『ラストエンペラー』のテーマも演奏された。佐渡の指揮がすこぶるエネルギッシュで、髪を振り乱しながらピアノの鍵盤を叩く坂本龍一に引けを取らない存在感を放っている。

「untitled 01」は、第一楽章「Grief」(悲嘆)、第二楽章「Anger」(怒り)、第三楽章「Prayer」(祈る者)、第四楽章「Salvation」(救済)という構成になっている。大編成であることを最大限に活かした、緩急に富んだドラマチックな作品になっており、同じくフル・オーケストラ用に書かれた「El Mar Mediterrani」の発展形と見做すことができる。特にバスーンとオーボエの独奏から始まる第三楽章、そして、ローリー・アンダーソン、DJスプーキー、D・トーン、柄谷行人が「救済(Salvation)」について語る声が最初に置かれた第四楽章の迫力あるクライマックスは、「クラシック」の作曲家としての坂本龍一の、この時点での到達点を示している。そんなジャンルの越境ぶりもまた坂本龍一らしい(コンサートでは映像も流された。この時の「untitled 01」の演奏と、第二楽章をDJ

スプーキーがジャングルにライブミックスしたバージョンを収めたのが『Discord』で、エンハンスドされたデータには、ローリー・アンダーソン、DJスプーキー、D・トーン、柄谷行人の他、ベルナルド・ベルトルッチなどの映像が収められている)。

実際のところ、ぼくのリスナーというのはいわば固定客で、あんまり変動しないんですよね。だから、自分がかなりポップにやったつもりでも、クラシカルなものをやっても、そんなに売り上げは変わらないんです。なんだか可笑しいですね。

(『音楽は自由にする』)

確かに、この時期には、坂本龍一のリスナーのコア層は、ある程度固定化していた。YMOの最盛期から十数年が経過していたが、その頃からの熱心なファンは、彼と一緒に年齢を重ねてきた。音楽の図鑑のページをめくるように次々と新たなモードやスタイルを取り入れてきた彼の変身ぶりにリアルタイムで立ち会ってきた年季の入ったリスナーたちは、彼が次にどのような音楽に挑んでも難なく受け止められる許容力と好奇心を備えていた。それはまた、彼の多数で多種多様な音楽の内に流れる一貫性のようなもの、坂本龍一という音楽家の芯を、長年のリスナーは聴き取り、大切にしてきたということでもある。

もちろん、新たなファンや若い聴き手も、その時々の作品と出会うことで増えていたに違いないし、九〇年代以降の活動は、以前とはまた異なるイメージを醸し出してはいたが、端的に言って、坂本龍一はすでにかなりのヴェテランであり、まぎれもない巨匠だった。キャリア的にも年齢的にも、彼はすでに変化よりも安定を求められる存在になっていた。右の発言は、彼自身、そのことをよくわかりつつも、それに抵抗したい気持ちがあったことを示している。

「坂本龍一 PLAYING THE ORCHESTRA "f"」は、ヤマハの全面協力のもと、同社が開発した「インターネットMIDIライブシステム」を使用した、別会場への同時配信も行われた。『Smoochy』(一九九五年)の「電脳戯話」でインターネットをテーマにして以降、坂本龍一は実験的なインターネット・ライブをすでに行っていたが、一九九七年当時も技術的な問題がまだまだ多く(特に回線速度は、現在と比較にならないほど遅かった)、現場は相当に大変だったようだ。とはいえ、このようなライブが実施できるほど、この時期、インターネットは凄まじいスピードで進化していた。この試みは、一九九九年のインターネット・オペラ『LIFE』への布石だったのだろう。

「はじめに」でも触れたが、一九九八年の一〇月に、私は東京ドイツ文化センター(現ゲーテ・インスティテュート東京)の依頼で、青山スパイラルホールで二日間にわたるライブ・イベント「EXPERIMENTAL EXPRESS 1998」をオーガナイズした。HEADZを拠点に音楽ライターを続けていた私は、この頃には海外ミュージシャンのライブやツアーの企画制作を始めていた。「EXPERIMENTAL EXPRESS」は、その最初期の大掛かりなイベントだった。ドイツからマウス・オン・マーズ、オヴァル、トーマス・ケナー、カールステン・ニコライ(当時はノトというアーティスト名だった)らを招聘し、日本からは池田亮司とクリストフ・シャルルが参加した。カールステンはこの時が初来日であり、池田とのデュオ・プロジェクト、サイクロ(cyclo.)に繋がったことも感慨深いが、坂本龍一が招待客として来場しており（私は現場に付きっ切りで実はご挨拶したのかどうかも覚えていないのだが）、結果として彼とカールステンの長い友情と共同作業の始まりを準備したことになる。

私は音楽批評家としての最初の著書『テクノイズ・マテリアリズム』（二〇〇一年）で、テクノ・ミュージックが隆盛を極めていた九〇年代半ばに、同じような機材を用いながら、まったく異なる発想による電子音響が世界で同時多発的に登場したことを述べた。そこで紹介したのが池田亮司であり、ノトことカールステン・ニコライである。倍音を含まず、単一の周波数しかもたない正弦波（サイン・ウェイヴ）を、二人とも楽曲の素材として使用するという点で共通していた。二一世紀に入ると、坂本龍一はこの方向に接近していくことになるのだが、それはまだ少し先の話である。

『BTTB』という「原点回帰」

一九九八年一一月末、坂本龍一は『Discord』に続くソロ・アルバム『BTTB』をリリースした。準備を始めて六週間、曲を書き始めて四週間という、きわめて短い時間で完成させている。フォーライフからワーナー・ミュージック・ジャパンに移籍しての第一弾で、全曲新曲のピアノ・ソロ・アルバムである。東京オペラシティコンサートホールのタケミツメモリアル（一九九六年二月に没した武満徹の名前を冠したコンサートホール）で録音され、五種類のマイクを立て、ホールの残響音をそのままリヴァーブとして利用した、完全に生演奏のアルバムとなっている。

タイトルは「Back to the Basic（原点に戻る）」の略。こちらも『Discord』に続く「反動」の賜物だったのかもしれないが、彼が一〇代の頃から好きだったドビュッシーやサティ、ラヴェル、バッハ、ケージ（後半の数曲はプリペアド・ピアノで演奏）らのピアノ音楽への憧憬と敬愛に満ちた、美しく深みのある曲揃いである。先にも述べておいたように、一曲目の「opus」は翌年、中谷美紀の「雨だれ」になる。また一四曲目の「aqua」は、坂本美雨の歌入りバージョンが、同時期に発売された彼女のデビュー作『aquascape』に収録されている（坂本龍一が最後にサントラを担当した映画『怪物』（是枝裕和監督、二〇二三年）でも、この曲は使用された）。七曲目の「do bacteria sleep?」にはモンゴルの口琴（マウスハープ）が、三〇秒に満たない一三曲目の「uetax」には水中マイクによる音が入っているが、それ以外はピアノのみの演奏である。

坂本龍一はホームページ「sitesakamoto」内の一九九八年一〇月五日の日記に「昨日、「BTTB」のマスタリングが終わった。できた」と記し、こう書いている。

非常に短い制作期間だったが、「Esperanto」以来、あるいは「音楽図鑑」以来の充実感がある。自分にとって、何かが見えた、という感じだ。真剣に「書く」ことに集中した曲は、それなりに響く、ということを実感した。特に左手。この「BTTB」は、来年のオペラの準備でもある。「Back To The Basic」というのは、意味深なタイトルでもある。

「原点回帰」という意味を持つ『BTTB』は、本人にとって手応えのある作品になった。派手ではないが、シンプルで美しい、儚さと力強さを兼ね備えたアルバムである。

「できてしまうこと」と「やりたいこと」

ところがこの後、思いがけない出来事が起こる。アルバムの流れで、ピアノだけで作曲した三共製薬の「リゲイン」のCM曲「エナジー・フロウ」が、一九九九年三月に放映が始まるやいなや大評判となり、急遽リリースが決定した。この曲はもともとCMで流す三〇秒ほどの長さしかなく、急いで他のパートを付け加えて一曲に仕上げた。さすがにピアノ・ソロ一曲だけでリリースするわけにもいかないので、TBS系列のニュース番組『筑紫哲也NEWS23』のテーマ曲のピアノ・ヴァージョン、サントラを手がけた映画『鉄道員(ぽっぽや)』(降旗康男(ふるはたやすお)監督)で坂本美雨が歌う主題歌のピアノ・インストゥルメンタルの二曲と合わせて『ウラBTTB』としてリリースしたところ、これがオリコンチャート第一位の大ヒットになってしまったのだ。

ところが意外にもすごく受けたのが、「エナジー・フロー」でした。さらさらっと5分ぐらいで作ったピアノ曲で、ポップがどうとかいうことは何も考えず、ただ書いた曲ですが、これは160万枚売れた。それで、ちゃぶ台をひっくり返したのが正しいことだったというのがわかったんです。つまり、多少「ポップに」なんて考えても意味がない。何も考えないで作ったものが一番売れちゃうんですから。「エナジー・フ

ロー」がどうして売れたのかは、いまだにわかりません。（同前）

この時も私は彼にインタビューしたが、そこでも「五分ぐらいで作ったのにすごく売れてしまった」と、自慢する風でもなく、こともなげに、ほんとうに不思議そうに語っていた。実は『戦メリ』の時もそうだったのだと話してくれた。『Sweet Revenge』と『Smoochy』で、あれほど「（J）ポップ」にフォーカスしようとしても受け入れられなかったのに、YMO以来、ソロとしては初のオリコン一位をもたらしたのは、純然たるピアノ曲だったのである。「ぼくがポップにと思って作るポップスっていうのは、全然ポップじゃない」（同前）のだと、いよいよ彼は認めざるを得なかった。

このことを坂本龍一はたびたび語っている。多くの人を感動させる美しいメロディは、特に苦労することなく書けてしまうのだと。だから、それが高く評価されることに戸惑いや違和感を抱くことがあると。「ほとんど、気がついたら目の前にあるという感じ。その曲が好きなのかどうかさえ、自分ではよくわかりません」（同前）。それこそが、彼が「天才」であることの証明なのだといえば、それはそうに違いない。だが、ここには坂本龍一という音楽家を、いや、坂本龍一という人間を理解するための鍵がある。

ずっと考えていることなんですが、自分ができてしまうことと、ほんとにやりたいことというのが、どうも一致しない場合が多いんです。できてしまうから作っているのか、本当に作りたいから作っているのか、その境い目が、自分でもよくわからないんですね。

（「sitesakamoto」内、一九九八年一〇月五日の日記）

これは極めて重要な発言である。欲望と現実の不一致、努力と結果の不整合は、坂本龍一の人生に何度となく起こってきた。栄誉や成功は、多くの場合、彼自身の意志や希望とは別の角度からやってきたり、失望や幻滅と引き換えに得たりしたものだった。だがしかし、「自分ができてしまうことと、ほんとにやりたいこと」のズレは、多かれ少なかれ誰にとっても（私にとっても）言えることである。彼が特別だったのは、「できてしまうこと」がもたらしたものの手に負えないほどの大きさと、それでもなお、「ほんとにやりたいこと」を手放そうとしなかった、という点にある。

「破壊の世紀」と対峙した『LIFE』

『LIFE a ryuichi sakamoto opera 1999』は、一九九九年九月に大阪城ホールと日本武道館で計五日にわたって上演された、坂本龍一にとって初の、そして唯一となるオペラ作品である。朝日新聞の創刊一二〇周年およびテレビ朝日開局四〇周年を記念した大規模な公演で、構想、作曲、指揮は坂本龍一、クリエイティヴ・ディレクションを空里香（そらのりか）、オリジナル・テクストを村上龍、映像を高谷史郎、衣装を山本耀司、ＣＧを原田大三郎、振付と身体表現をアントニー・リッツィ（フランクフルトバレエ団)、インターネットシステムコンサルタントを村井純、引用テクストを後藤繁雄、そしてスーパーバイザーを浅田彰が務めた。キャストは、ダニエル・テーラー(カウンター・テナー/カナダ)、サリフ・ケイタ(ヴォーカル/マリ共和国)、シャリーン・チメドツェイエ(ヴォーカル/モンゴル)、スザンヌ・ローゼンベルク(ヴォーカル/スウェーデン)、オキナワチャンズの古謝美佐子、我如古より子、玉城一美(ヴォーカル/沖縄)、ニューヨークとフランクフルトのダンサー/パフォーマーたち、そしてスペイン出身の高名なテノール歌手ホセ・カレーラスが全体のナレーションと案内役を担当した。演奏は、ジャキス・モレレンバウム(チェロ/ブラジル)、L・サブラマニアム(ヴァイオリン/インド)、ザ・ソリッド・ストリングス(イギリス)、東京少年少女合唱隊、ジ・オーケストラ(指揮は篠崎史紀(しのざきふみのり))ほか。

以上の顔ぶれだけでも非常に豪華な、そしてグローバルな「オペラ」であることがわかるだろう。加えてこの作品には、以下の人々が、舞台上に姿を見せることはないが、コントリビューター(協力者)としてクレジットされている。ローリー・アンダーソン、ピナ・バウシュ、ベルナルド・ベルトルッチ、平松英子、ダライ・ラマ一四世、ジェイムズ・ラヴロック、マルタン・マルジェラ、リン・マーギュリス、サルマン・ラシュディ、アマルティア・セン、ロバート・ウィルソン。更に、テオドール・アドルノ、ウィリアム・バロウズ、パウル・ツェラン、ウィンストン・チャーチル、ジャック・デリダ、ブルーノ・ガンツ、ジャン・ジュネ、埴谷雄高、マルティン・ハイデガー、樋口源一郎、ダリウス・カウフマン、マーティン・ルーサー・キング、ロバート・オッペンハイマー、田村隆一、エリック・サティ、ルイージ・ルッソロ、マルグリット・デュラス等々、二〇世紀を代表する文学者、芸術家、知識人、科学者が、ビデオや音声やテクストで「出演/引用」して/されている。

坂本龍一は『LIFE』のマニフェストを、こう始めている。

20世紀、なんという世紀だったのだろう。20世紀を総括せよ、と言われればぼくは即座に「戦争と殺戮の世紀だった」と言うだろう。あるいはぼくらが暮らしている惑星も視野に入れて言うなら、一言「破壊の世紀だった」と言うだろう。

世紀の終わりを記念した大規模な催しとしては、あまりにペシミスティックだと取られかねない文言である。だが、これは事実でもある。彼は数世紀に及ぶ長い歴史と伝統を持ったオペラという音楽/芸術様式を敢えて用いることで、二〇世紀の夥しい破壊に、戦争と殺戮に向き合おうとした。

いったい我々は、我々自身が行ったこのような破壊を修復することができるだろうか? 救済はいかに可能か? 非常に困難な問題だとしても、これに答える努力をしなければ、我々は愛する子供たちに、我々が暮らしている環境より、いっそう困難な環境に暮らすことを強いることになる。現在よりさらに悪化した空気を吸い、より悪化した水を飲ませることになる。その先にあるのは、我々が今世紀に消滅させた種がたどったのと同じ運命だ。

二〇世紀が破壊したのは、人間だけでは、生命だけではない。自然、環境、地球、今まさに生きている、そしてこれから生まれてくる人間、いのちの、生存と継承の基盤それ自体が破壊されてきたのだし、現在も破壊され続けている。人類という種の消滅へとひた走るこのベクトルを、なんとかして食い止めなくてはならない。


技術は科学の知識に基づいて作られる。

とすれば、このような破壊の技術を生み出した、我々の科学の知識がまだ幼稚なのだ。まず40億年におよぶ生命の進化を知らなければならない。そして、それを育んだこの惑星のことを知り、さらにこの惑星が属する宇宙を知らなければならない。そして物質の流転と生命の共生に耳をかたむけ、技術の運用の仕方を学びなおさねばならない。

救済はそこから始まる。

物質と生命が織りなす複雑性に少しでも近づくこと、それをスローガンにすることなく、体験すること。

それがオペラ「LIFE」だ。


『LIFE』という壮大にして複雑な作品のテーマは、ほぼここに言い尽くされている。「救済」は、「untitled 01」の第四楽章の題名でもあった。二〇世紀の終わり（正確には二〇〇〇年まで二〇世紀だが）に一〇〇年を振り返ってみた時、彼の脳裏に浮かんできたのは、戦争、殺戮、破壊、消滅といった否定的なワードばかりだった。疑いもなく無数の悲劇の集積だった二〇世紀の末に、来るべき新世紀、二一世紀に向けて、いかなるメッセージを発することができるのか？　まもなく終わるこの世紀を顧みて、我々は何を反省し、何を希望とすればいいのか？　救済は可能か？　この問いが『LIFE』の主題であり、坂本龍一は音楽を中心に据えつつ、ありとあらゆる表現手段を駆使して、この難問に向き合おうとした。

「衝突」「軋轢」「齟齬」というテーマ

だが、坂本龍一のこのような考えは、『LIFE』の時に突然生じたものではなかった。その二年前（一九九七年）にリリースされた『Discord』に収められた「untitled 01」を書いた日のことを、彼は『音楽は自由にする』で思い返している。その日、彼はテレビのニュースで、ルワンダ紛争の難民のことが取り上げられているのを見て、衝撃を受けたという。

> その日の夜、夢のなかで「このことについてオーケストラの曲を書こう」と思い、ガバッと起きて地下の仕事場に降りていき、急に書き出した。（同前）

ルワンダ紛争は、ルワンダで長年弾圧されてきた少数民族のツチ族がルワンダ愛国戦線（ＲＰＦ）を結成し、一九九〇年一〇月、フツ族を中心とするルワンダ政権に武力闘争を仕掛けたことから始まった。フツ族政権と同政権に装備援助を行ってきたフランスと、ＲＰＦと彼らを支援するウガンダ政府という対立構図となるなか、九四年四月、当時の大統領が暗殺されると、フツ過激派によるツチ族およびフツ穏健派の大量虐殺が起きた。この年の七月、ＲＰＦがフツ過激派を武力で打倒し、ビジムング大統領（フツ）とカガメ副大統領（ツチ）による新政権が樹立されて、ようやく収束した。坂本龍一は九〇年四月にニューヨークに移住したので、ちょうど彼が渡米した頃に、この紛争が始まったことになる。

知られているように、坂本龍一は日本だけでなく、世界が抱える諸問題にも強い関心を持っていた。だから、ルワンダ紛争のことも、アフリカの飢餓の問題も、前々から知っていた。にもかかわらず、九〇年代半ばを過ぎた段階で、そのことを音楽にしようとしたのはなぜなのか。

何か黙っていられない気持ちになってしまった。自分にとって、大きな転機だったと思います。／『ディスコード』というタイトルは、もちろん単に音楽的なディスコード（不協和音）だけではなくて、社会的なディスコード（衝突、軋轢、齟齬）のことでもあります。内戦や飢餓のイメージと、何かポップスではない音楽のイメージが、そこで一体になった。（『音楽は自由にする』）

「救済」と題された楽章を含む「untitled 01」の初演は一九九七年一月である。衝突、軋轢、齟齬を意味する「discord」も、『LIFE』のテーマのひとつと言ってよいだろう。

20世紀を総括する、という壮大なコンセプトを、かなり大上段に振りかざした作品です。／20世紀は、戦争と革命で何千万、何億という人間が死んだひどい世紀だったけども、21世紀はそのゴミを掃除して、環境問題も解決し、人類が少し賢くなれるのではないか、そうなればいいなあという願いと少しの諦めを、ぼくはこの作品に込めました。（同前）

私には、先に引用したマニフェストにあった「スローガンにすることなく、体験すること」という言い方が、とても彼らしいものに思える。すでに「教授」と呼ばれて久しかったが、坂本龍一は理論や理性よりも直感と実感によって動く人物だった。

『LIFE』は「オペラ」と銘打たれながら、伝統的なオペラとは大きく異なる作品である。坂本龍一は以前からオペラ嫌いを公言しており、制作発表の席でもそのことは口にしていた。批判も予想していたかもしれない。それでもやってみる気になったのは、ひとつには先に述べた「20世紀」への問題意識、そしてオペラという古式ゆかしき形式をテクノロジカルにアップデートするという野心があったからだろう。舞台後方にはビデオモニターが設えられ（同様のスタイルは「坂本龍一 PLAYING THE ORCHESTRA "f"」でもすでに試みられていた）、ダムタイプの高谷史郎のディレクションによって映像化された種々様々なイメージがめまぐるしく映し出される。日本におけるインターネットの第一人者だった慶應義塾大学の村井純の統括の下で世界複数箇所をリアルタイムで繋ぎ、その場にいない出演者が登場する。『LIFE』はオペラの衣装を着た、マルチメディアによる「引用の織物」であり、最先端のインターネット・ライブ・イベントだった。

坂本龍一、浅田彰、原田大三郎の三人は、つくば科学万博の「TV WAR」（一九八五年）で一緒だった。それから約一五年で、サイエンスとテクノロジーは飛躍的に進歩した。だが、それでも現在と比べるとインターネットはまだ発展途上であり、当時、これほどの大掛かりな試みは世界的にも稀だった。ある意味、ネット技術の実験、デモンストレーションという側面もあったのではないか。実は「坂本龍一 PLAYING THE ORCHESTRA "f"」（一九九七年）の時には本番で技術トラブルが起きていたので、スタッフは非常な緊張感をもって上演に臨んだであろうことは想像に難くない。

村上龍が書き下ろしたテクスト

先に名前を挙げておいたが、『LIFE』のオリジナル・テクストは、村上龍の書き下ろしだった。ここで坂本龍一と村上龍の関係について述べておこう。

村上龍は一九五二年二月一九日の生まれ。坂本龍一と一カ月違いの同い年生まれである。『限りなく透明に近いブルー』でデビュー、同作で芥川賞を受賞したのは一九七六年、坂本龍一はまだ東京藝大大学院に在籍していた。

一九八二年六月二八日に開かれた東京混声合唱団の定期演奏会で、村上龍作詞、坂本龍一作曲による合唱曲「小説」が初演されているので、二人の出会いは少なくともそれ以前ということになる。

龍は『コインロッカー・ベイビーズ』（一九八〇年）で人気作家としての地位を確立していた。「小説」は、『Year Book 1980-1984』に収録されているが、相当な問題作である。龍のテクストはここに引用するのが憚られるほど確信犯的な卑猥さに満ちており、合唱団のメンバーからも反発があったという。ともあれ、同い年ということもあって公私ともに親しくなった二人は『月刊カドカワ』でゲスト（吉本隆明、河合雅雄、浅田彰、柄谷行人、蓮實重彦、山口昌男）を招いた対談連載を行い、単行本『EV.Café 超進化論』（一九八五年）に纏められた。

その後も、五二通もの二人の往復書簡を一冊にした『友よ、また逢おう』（一九九二年）、坂本龍一が見た夢を数行のメモにして村上龍にFAXで送り、それをもとに龍が執筆した掌編小説集『モニカ――音楽家の夢・小説家の物語』（一九九六年）、『EV.Café』の続編で、北野宏明、浅田彰、伊藤穰一、竹中直純、赤尾健一、塩崎恭久との鼎談集『村上龍と坂本龍一――21世紀のEV.Café』（二〇一三年）――『超進化論』との顔ぶれの違いが興味深い（それでも浅田は入っているが）――の共著があり、これら以外にも、折に触れてさまざまな形でコラボレーションをしていった。『LIFE』という初のオペラを作るにあたって坂本龍一が、「引用」ではないテクストの執筆を村上龍に依頼したことは、極めて自然な選択だった。

村上龍のテクストは「MONOLOGUE OF THE DEAD LETTERS POSTMAN」と題されており、ビデオ出演のホセ・カレーラスによってカタロニア語で朗読される（紙束をめくる音が生々しい）。短い二つの章から成るこの作品の始まり（このオペラの始まりでもある）は、『LIFE』という作品の核心をあらかじめ告げるものとなっている。

膨大な量の手紙がわたしの腕の中で眠っている。わたしはまるで生まれたばかりの赤ん坊を抱くようにその手紙の束をこうして抱いている。たぶん、まだあなた方には見えていないはずだ。その手紙の束も、そこに書かれている多種多様な国の文字も、さまざまな筆跡も、まだあなた方には見えていない。20世紀に書かれ、相手に届くことのなかった、無数の手紙。

（「MONOLOGUE OF THE DEAD LETTERS POSTMAN」『LIFE-TEXT』）

「わたし」は列車に乗っている。「わたしは兵士として、あるいは機関士として、またあるいは旅行者として、その列車に乗り合わせていた」「どこへ行こうとしていたのかはわからない。ただ、わたしは、これが後戻りできない旅ということを知っていた。その列車は一つの方向へだけ進むことが許されていた。時間、という方向である」。

わたしは列車の中で、ある人物に手紙を託された。

「この手紙を届けてくれないか」

（同前）

そして、身なりも風貌も性別も年齢もなにひとつ「わたし」には思い出せないその人物は、手紙を渡して立ち去る時に、こう言う。

「その手紙は音楽と反応する」（同前）

それから「わたし」は、行く先々で、人々から手紙を託される。「列車は平原を抜け、砂漠を横断し、山脈を越え、港に着き、数えきれないほどの都市や町や村を、それに大工場地帯や牧場やワイン畑、そして無数の戦場を通過した」。「わたし」が立ち寄り、手紙を託されたところには、（名指されてはいないが）ユダヤ人たちを乗せてアウシュビッツに向かう操車場や、（やはり名指されてはいないが）原爆が落とされた直後の広島もあった。

わたしが抱えている手紙を、今からあなた方に託したい。わたしの役割はもうすぐ終わろうとしている。この手紙の束を、次に受け取るのはあなた方だ。（同前）

見事なプロローグというべきだろう。作中でジャック・デリダの『火ここになき灰』が引用されるが、この「手紙」というモチーフは、『絵葉書』という著作もあるデリダを、そして、登場して間もなかった東浩紀を想起させる。「郵便」「誤配」をキーワードにしてデリダの哲学を論じた東浩紀のデビュー作『存在論的、郵便的』は一九九八年に刊行されていた（浅田彰と柄谷行人が責任編集を務めていた雑誌『批評空間』での連載はそれ以前に遡る）。ビデオ出演のカレーラスによる朗読が進むうち、黒の衣装で身を固めた坂本龍一が静かに舞台上に現れ、グランドピアノの前に座り、おもむろに序曲を弾き始める。オペラ『LIFE』は、こうして始まる。

マルチメディアによる「引用の織物」

オペラ『LIFE』は、第一幕第一場「War and Revolution（戦争と革命）」、第一幕第二場「Science and Technology（科学とテクノロジー）」、第二幕第一場「Evolutton of Life（生命の進化）」、第二幕第二場「History of Gaia（ガイアの歴史）」、第三幕第一場「Art（芸術）」、第三幕第二場「Response（責任）」、第三幕第三場「Light（光）」という三幕構成になっている。マルチメディアによる「引用の織物」と先に書いたが、実際、各テーマに沿って、音楽と声と身体と映像と言語からの引用が縦横に織り重ねられながら、圧倒的な情報量とともに、観客の知覚と思考を試すかのように、この舞台は進んでいく。

音楽は、坂本龍一の曲に加えて、二〇世紀の数々の音楽がシームレスに連なり、時には数曲がオーバーラップしたりもする。客入れの時間から流れているサティの「ヴェクサシオン」（最後まで演奏するには、同じ旋律を八四〇回繰り返さなくてはならず、それには丸一日近くかかるこの曲は「時間」というテーマを暗示する）に始まり、ドビュッシー、ストラヴィンスキー、ヴァレーズ、ケージ、リゲティ、武満、ブーレーズ、シュトックハウゼン、クセナキス、初期のコンピュータ音楽、テリー・ライリーと、二〇世紀初頭から中盤までの西欧音楽史を辿るかのように「引用」が続き、後半には、スウエーデン、沖縄（オキナワチャンズが唄うのは「てぃんさぐぬ花」）、モンゴル、アフリカと、世界各地の土地に根ざした音楽（ワールドミュージック！）が奏でられる。それらの楽曲／演奏と、坂本龍一が書いたスコアが、同一時間軸上に編成されていく。

ビジュアル面でもそれは同様で、二〇世紀とは（一九世紀末に発明された）「映画」の世紀であり「映像」の世紀であったわけだが、ジョルジュ・メリエスの『月世界旅行』（一九〇二年）――「見世物」としての映画＝映像の誕生を告げる作品である――が最初に「引用」された後、先に名前を挙げたさまざまな分野の人たちに「救済」と「共生」をテーマに行ったインタビューと、膨大な数と種類のニュース／ドキュメンタリー映像／映画のフッテージ／アーカイヴがエディット&コラージュされる。その過剰なまでのミックス&リミックスのありようから、ジャン＝リュック・ゴダールが映画史を対象に一〇年を費やして完成させた巨編『ゴダールの映画史（Histoire（s）du cinéma）』（一九八八～九八年）を意識して制作されたと思われる。年月日と場所だけが記された「20世紀の歴史的出来事」や「20世紀を象徴する数式群」「20世紀に絶滅した種の一部」の長いリストが流れる場面もある。

読み上げられたテキスト群に目を向けると、英国下院で一九四〇年六月一八日に行われたウィンストン・チャーチルの演説「彼らが最良の時」、ブルーノ・ガンツによる朗読――ハイデガーが引用したヘルダーリンの詩「今こそ来たれ、火よ！」～ツェラン「氷はよみがえるだろう、〈刻（とき）〉が閉じる前に。」～アドルノ「アウシュヴィッツ以後、詩を書くことは野蛮である。」～デリダ「そこに灰がある　灰」～デュラス『ヒロシマ　わが愛』の「きみはヒロシマで何も見なかった。何も。」

「私はすべてを見たの。すべてを。」――と続き、マーチン・ルーサー・キングが六三年八月二八日にワシントン・モールで行った、「I HAVE A DREAM」で始まる演説（『LIFE』の約一〇年後、二〇〇九年にバラク・オバマが米大統領就任演説で引用したことで再び注目された）、オッペンハイマーが原爆投下について語ったインタビューからの抜粋などが取り上げられ、後半には田村隆一の詩「1999」（一九九八年）より「さよなら 遺伝子と電子工学だけを残したままの人間の世紀末」、ローリー・アンダーソンが八九年に書いたヴァルター・ベンヤミンに捧げる詩「THE DREAM BEFORE」、ロバート・ウィルソンが朗読するベルトルッチの詩「救済」、サルマン・ラシュディの書き下ろしテクスト「入れ替わった男」を経て、ウィリアム・バロウズによる「マタイによる福音書」の朗読、「主よ」が意図的に省略された「レクイエム」と「リベラ・メ（我を解き放ちたまえ）」（この間に村上龍のもうひとつのテクスト「昔の展望台にて」とダライ・ラマ一四世へのインタビューが挟まる）、そして『般若心経』の「引用」によって、「20世紀を総括する」坂本龍一のオペラ『LIFE』は終幕を迎える。

既におわかりかと思うが、『LIFE』という途方もなく巨大で濃密で、マルチメディアによる「引用の織物」の内容を、文章というアナログな手段によって十全に再現することは不可能である。もちろん私も、一九九九年九月の上演の場に居合わせていたが、この作品はその後、現在に至るまでソフト化されておらず、ライブ録音が『RAW LIFE OSAKA』『RAW LIFE TOKYO』（いずれも一九九九年）という二つのCDに収められ、全公演からのベストテイクが『AUDIO LIFE』（二〇〇〇年）としてリリースされているのみであり、坂本龍一がマニフェストで述べていた「体験」は、残念ながら私たちには聴覚のみに限られている。そもそも、あのような作品をどうやってパッケージ化できるのか、という問題もあるだろう。ここまでの記述は、二種類の『RAW LIFE』のCDと『LIFE』関連のテクスト（当日の秒単位の進行表やインタビューの文字起こし、坂本龍一の日記などを含む）を同梱したボックス・セット『SAMPLED LIFE』（一九九九年。クリエイティヴ・ディレクションは空里香、エディトリアル・ディレクションは後藤繁雄、アート・ディレクション中島英樹）と、『LIFE』の初演一〇周年に当たる二〇一〇年に、坂本龍一と高谷史郎によるインスタレーション『LIFE-fluid, invisible, naudible...』（二〇〇七年）の映像に加えて、『LIFE』に関連する文字資料を集成したヴィジュアル・ブック『LIFE-TEXT』（二〇一〇年）に依っている。

「ポストモダン」の音楽家

『LIFE-TEXT』にも再録されているが、坂本龍一と浅田彰が初演に際して行った対談で、二人は『LIFE』の構成を音楽史に沿ってやや詳しく解説している。浅田はこの作品の参謀と呼ぶべき存在だったので、実質的にこの対談は半ば自己解説と言ってよい。オペラの流れに則した話が終わったところで、浅田が「ポストモダン」をめぐる話題を持ち出す。

浅田　とにかく、モダニズムに基づいたいわゆる現代音楽もジャズも60年代の終わりまでにほぼ飽和し、他方でロックのようなものが出てくるとともに、現代音楽の中からもミニマル・ミュージックのようなものが出てくる。これが実はポストモダンといってもいい転回だったのかもしれませんね。
坂本　それは現在までまっすぐつながっているね。結局、ドミソの音楽をもういちど聴きたい、と（笑）。
浅田　だからこそ、モダニズムの音楽を見直してリメイクしてみるという坂本さんの今回の試みは、すごく意味があると思う。モダニズムが飽和したというのは事実だとして、その後でポストモダンとかいっていたのが、ふと気がつくと、プレモダンに戻っている可能性があるわけでしょう。

（「音楽史の転換点に立って――Opera「LIFE」の位置」『LIFE-TEXT』）

「何でもあり」としての「ポストモダン」というキーワードが人口に膾炙したのは八〇年代のことであり、浅田彰は、そして坂本龍一も、その旗振り役とされていたわけだが、それから一五年以上が経過して、二〇世紀の終わりを迎えようとする時、ポストモダンの果てに顔を覗かせていたのは、モダンどころかプレモダンだった、というのである。このような認識は、九〇年代後半の日本社会の空気の変化とも関係していただろう。このやり取りの少し後で浅田が「「癒し」なんて、音楽がやるべきことじゃないし、それをやると称すると、たいてい安っぽいリラクゼーション・ミュージックに終わってしまう」と述べるところがあり、おそらく浅田は「エナジー・フロウ」の大ヒットも苦々しく感じていたのではないかと推察されたりもする。
だが、参照しておくべきは、その後である。坂本龍一が「60年代までは、音楽はいつも進化しなきゃいけないという単線的な進歩史観があった、それがなくなっちゃって、同じ土俵の上に、

1000年前のケルト音楽もあれば20世紀の前衛音楽もある、エスニックな音楽もあればヨーロッパ音楽もある、そういう一種のプラトー状態になったというのは、とても大きな意味があると思うんです」と、ポストモダンのプラス面を語ってから、アカデミズム批判を口にする。「フランスなんかのアカデミーでは、いまだに50年代のダルムシュタットのパラダイムを信奉して、教えたりしている。それはそれでいいとしても、ほとんど見るべき成果がないんですよ」。

浅田　逆にいうと、この坂本さんのオペラこそがニュー・アカデミズムならぬ真のアカデミズムなんじゃないの?（笑）つまり、20世紀音楽の本質的構造はこうで、こういうふうに操作すれば動くんだということを、全部コンパクトにまとめてあるわけだから。

坂本　まあ、教科書ですよね。来世紀に可能性があるとしたら、この中からしかないんだもの。人類の手持ちのカードは、音楽に関してはこんなものだから。

浅田　そういう意味で、今世紀の終わり、あるいは近代の終わりに、手持ちのカードを全部リストアップした作品だという感じがするんですよ。その先にいくのはきわめて難しいけれど。

坂本　難しい。

（同前）

坂本龍一は、本質的かつ徹底的に「ポストモダン」の音楽家である。彼は、すでにある音楽、他者たちの音楽、すなわち「手持ちのカード」を増やすこと、良い札を引くこと、それらの札を組み合わせて強い役を作ることを、音楽というジャンルで行ってきた。ポストモダンの「何でもあり」

は、彼にとっては単に事実、大前提であり、それを認めることからしか何ごとも始まらないし、何もなし得ないということが、彼の表現と創造の出発点だった。

カードはすでに全部、いや、ほとんど全部が配られ、あたり一面に散らばっており、まずはそれらを拾い集め、カードをためつすがめつ吟味して手札にしていくことが重要なのだと。なかば無意識で書いてしまったメロディ、聴く者すべてを感動させる普遍的な魅力を持ったメロディに対して、彼がほとんど冷淡なまでに無頓着なのは、おそらくはこのせいである。彼は自分でカードを作ることを、いわばルール違反のように感じてしまうのだ。

『LIFE』では例外的に、一八世紀の作曲家であるヨハン・セバスチャン・バッハの「マタイ受難曲」のコラール（グレゴリオ聖歌に端を発する合唱曲）が重要な場面で何度か流れる。坂本龍一と浅田彰の対談の最後で、彼は次のような発言をしている。

> 坂本（…）具体的な音としてどこまでバッハに近づけるか、相当悩んだんです。たとえばリゲティだってレクイエムを書いているけれども、リゲティが書くと60年代の音楽になってしまう。僕がいまレクイエムを書くと、いまの音楽になってしまう。やはりバッハの音楽がもっている時代を超えた強さには及ばないんですよ。それで、結果的には、やはりバッハ的な音に近づいているんですけどね。
>
> （同前）

『LIFE』は、確かに「20世紀を総括するオペラ」ではあったが、当然ながら、そこには「坂本龍一が」という但し書きが隠されている。この意味で『LIFE』は、二〇世紀が折り返し地点を過ぎてまもなく生まれた坂本龍一というひとりの人物の個人史、彼自身にとっての歴史、音楽とそれ以外の芸術や文化、そして世界と地球に対する彼の想念と思考の集積としての歴史=記憶を振り返ることでもあった。

第一章に記したように、バッハは彼が小学生の時に最初に出会った作曲家だった。だからある意味で『LIFE』は、個人的な作品でもあったのだと思う。「総括」を必要としていたのは、坂本龍一自身だったのだ。

第五章

調べから響きへ

一九九九年の末に坂本龍一は、オペラ『LIFE』に参加したクリエイティヴ・ディレクターの空里香、編集者の後藤繁雄、アート・ディレクターの中島英樹とともに「code」という組織を設立した。codeは、二〇〇〇年から〇三年にかけて計四冊刊行された機関紙『unfinished』(全号に坂本龍一+半野喜弘のユニットhoonのCDが付いていた)を中心に、さまざまな活動を積極的に展開した。『unfinished』創刊号にはダライ・ラマ一四世、毛利衛(もうりまもる)、吉本隆明、細野晴臣、ブライアン・イーノ、デヴィッド・トゥープ、HIROMIX、パンソニック、節子・クロソフスカ・ド・ローラなどのインタビュー記事や大竹伸朗のドローイング作品が掲載された。音楽だけでなく芸術文化一般、社会問題やエコロジー、政治経済など、多岐にわたるトピックが議論されており、『LIFE』のポジティヴな副産物と言えるだろう。

二〇〇〇年には、柄谷行人が『トランスクリティーク——カントとマルクス』(刊行は二〇〇一年)の実践版として設立した「国家と資本への対抗運動」であるNAM(New Associationist Movement)のシンポジウムに、柄谷、浅田彰、文芸批評家の山城むつみとともに登壇した。この討議は『NAM生成』(二〇〇一年)に採録されているが、彼は「僕は浅田さんや柄谷さんのように原理的に思考できる人間ではない」と断りつつ、極めて率直に資本主義や地球環境にかんする自分の考えを述べている。

二〇〇一年九月一一日、アメリカ同時多発テロ事件が起こった。
この年の一月に坂本龍一は、ブラジルのリオ・デ・ジャネイロにあるアントニオ・カルロス・ジョビンの自宅で、ジョビンの名曲のカヴァー・アルバム『CASA』をレコーディングした。ジャキスとパウラのモレレンバウム夫妻と坂本のアコースティック・トリオでの演奏だった。長年にわたる彼のボサノヴァへの情熱、ジョビンへの敬愛は、この作品に結実した。

坂本龍一とボサノヴァは、それだけでひとつの重要なテーマである。ＹＭＯ時代、坂本龍一＆カクトウギ・セッション名義で出した『SUMMER NERVES』（一九七九年）は、もともとレコード会社からボサノヴァのアルバムを提案されていたが、出来上がったのはレゲエを主体とするアルバムだった。その頃の彼は、二十数年後に自分がそのオーダーに、このような形で応えることになるとは想像もしなかったに違いない。しかも、ボサノヴァの父、ジョビンの屋敷で。

この年の四月、ＴＢＳ五〇周年特別企画番組『地雷ＺＥＲＯ 21世紀最初の祈り』のテーマ・ソング「ZERO LANDMINE」の作曲とプロデュースを坂本龍一は担当した（作詞は英語版がデヴィッド・シルヴィアン、日本語版が村上龍）。クラフトワーク、Ｄ・シルヴィアン、シンディ・ローパー、ブライアン・イーノ、アート・リンゼイ、サムルノリ、タルヴィン・シン、ヤドランカ、ヴァルデマール・バストス、細野晴臣、高橋幸宏、大貫妙子、佐野元春、桜井和寿、DREAMS COME TRUE、UA、DJ KRUSH、SUGIZO、TAKURO、ヤマンタカEYE、伶楽舎（れいがくしゃ）、東京少年少女合唱隊など、地雷撲滅のテーマに賛同したミュージシャンたちが世界各地から集ったプロジェクトで、一八分にも及ぶこの大作では、韓国、カンボジア、インド、チベット、ボスニア、アンゴラ、モザンビークの各セクションの間に、クラフトワークがサウンド・ロゴを担当したブリッジが挟まれる。英国王室のダイアナ妃、ダライ・ラマ一四世の声もフィーチャーされている。N.M.L.（NO MORE

LANDMINE）名義でリリースされたこの曲は、オリコン・チャートで第一位を記録した（オリコン一位となった曲の中で、演奏時間の最長記録を現在も保持している）。CDには完全版の他、ショート・ヴァージョンやリミックスなどが収録されており、売り上げの全額は地雷撤去のNGOに寄付された。「ZERO LANDMINE」ではイベントも開催され、夏にはアルバム『CASA』の日本ツアーを行った。この頃を振りかえって坂本龍一は、「何かとても美しい、心が洗われるような、と言ってもいいような時間を過ごし」、「このまま、地球とか世界が、もしかしたら良くなっていくのかもしれない（…）。『LIFE』に託したような願いが、叶えられるかもしれない」と感じていたと述懐している（『音楽は自由にする』）。

「9・11」の衝撃

だが、そうはならなかった。その日の朝九時前、マンハッタンの自宅で、通いのお手伝いから彼は、世界貿易センタービルが燃えていると聞き、事故かと思いテレビをつけると、そこには超高層ビルに旅客機が突っ込んでいくさまが映っていた。その様子を見て彼は、慌ててカメラを手に七番街まで行き、写真を撮ったという。

ふだんは、特に熱心に写真を撮っているわけではないんです。上手（うま）くもないし。でもそのときは気がついたら写真を撮っていた。それは、たまたまそこに居合わせた人間の義務として、写真を撮っておかなければいけない、と思った。（同前）

『音楽は自由にする』には、その時の彼の衝撃と驚き、その後の彼の不安と恐怖が、生々しく綴られている。「とにかく経験したことのないことが起こっている」「新しいもの、本物の恐怖との遭遇でした」。

よく知られていることだが、9・11同時多発テロの直後に現代音楽の作曲家であるシュトックハウゼンは、このテロについて「アートの最大の作品」だと発言したとして、激しいバッシングを浴びた（「シュトックハウゼン事件」とすら言われるが、その発言の前後には「破壊のアートの、身の毛もよだつような効果」、「間違いなく犯罪」とも述べており、一部が切り取られて流布してしまった）。シュトックハウゼンのこの一件について、彼は次のように述べている。

あのテロはたしかに、すべての人を謎に引き込む、解釈を超えたイベントでありパフォーマンスではあった。解釈不能な状態に人を一瞬陥れて、何か恐怖とか畏れのようなものを与える、それは芸術が目指してきたものです。（…）そういう意味では、あの事件の圧倒的な衝撃を目の前にして、アートは形無しだった、と言っていい。（同前）

地球上の地雷をすべて撤去するというメッセージを掲げた曲を世界中の仲間たちと奏でたばかり

の彼が感じた無力感は凄まじいものだっただろう。だがその時点では、恐怖の方が勝っていた。アメリカから逃げ出そうかとも思ったが、ではどこに逃げるというのか？　この世界に、戦争やテロとは一切無縁の、完全に安全な場所など存在するのだろうか？　戦争は、どうしてなくすことができないのか？　そもそも戦争とは、いったい何なのか？　彼はそこに留まり、恐怖心が少しずつ緩和されていくと、戦争という人類最大の宿痾（しゅくあ）と、テロリズムという戦争の新たなかたちについて、あらためて考え始めた。

> 恐怖が本当に極限にまで達すると思考停止になってしまうのかも知れませんが、その一歩手前の段階では、人は必死で思考するんですね。（…）きっと、そこから科学になったり、芸術ができたりするんだろうと思います。（同前）

「非戦」というメッセージ

坂本龍一も、暴力が暴力を生むような状況をどうすればいいのか、「必死で思考」したはずだ。そして何人かの友人たちと、それぞれが重要だと思う論考や記事をメールで教え合い、共有するということを始めた。やがてそれはメーリングリストへと発展し、そこでの繋がりが『非戦』と題された一冊の書物に結実した。刊行は二〇〇二年一月だ。作家、翻訳家、新聞記者、ジャーナリスト、実業家、環境活動家など、さまざまな分野の専門家と坂本龍一から成る集合体「sustainability for peace」の編集による、「非戦」のための論集である。「戦争が答えではない」とオビに記されたこの書物には、同時多発テロと、その後のアメリカの「テロとの戦い」にかかわるテクスト、戦争と平和についての歴史的資料とともに、村上龍、中村哲、加藤尚武、辺見庸、重信メイ、梁石日、TAKURO、桜井和寿、大貫妙子、佐野元春、宮内勝典などの発言が収められている。

『非戦』には、坂本龍一が二〇〇一年九月二二日付の『朝日新聞』に寄せた、「報復しないのが真の勇気」と題された記事も再録されている。

「テロリズムはなんとも卑怯だ。テロによって影響を受けたあらゆる人々に深く哀悼の意を表したい」と書き起こされるこの文章は、ごく短いものだが、同時多発テロからまだ一〇日しか経っていなかったことを思うと、極めて生々しい。ニューヨークを象徴するワールドトレードセンター（WTC）の崩壊はすさまじい被害規模だったが、原爆でも水爆でもなく「通常爆弾の破壊力」ですら、その「何十倍の規模」にも達するだろうこと、それゆえ「いかに戦争が悲惨で愚かで、人々の無数の努力を一瞬にして奪ってしまう非情なものか（…）が皮膚感覚として迫ってくる。と同時に、世界のあちこちで今回のテロの犠牲者と同じように傷ついている人々が跡をたたないということに、暗澹となる」と述べている。ここからも分かるように、彼は事件からまださほど時間が経っていない段階で、戦争やテロという、構造的な暴力の問題をも視野に収めて考え始めていた。

この文章に続いて彼は、平和憲法を持つ日本政府（当時の総理大臣は小泉純一郎）が戦争反対のメッセージを発信するべきだと提言し、アメリカによる報復に警鐘を鳴らし、「巨大な破壊力をもってしまった人類は、パンドラの箱を開けてはいけない。本当の勇気とは報復しないことではないか。暴力の連鎖を断ち切ることではないか。人類の叡智と勇気を誰よりも示せるのは、世界一の力を自ら動かすことのできるブッシュ大統領、あなたではないのか」と問いかける。このように、国際政治において誰がパワーを持っているのかを冷静に踏まえた上で問題提起するところには、アクティヴィストとしての側面も見て取れるだろう。

だが、ここで注目しておきたいのは、この文章の最後の部分である。

> 事件から最初の三日間、どこからも歌が聞こえてこなかった。唯一聞こえてきたのはワシントンで議員たちが合唱した「ゴッド・ブレス・アメリカ」だけだった。そして生存の可能性が少なくなった七二時間を過ぎたころ、街に歌が聞こえ出した。ダウンタウンのユニオンスクエアで若者たちが「イエスタデイ」を歌っているのを聞いて、なぜかほんの少し心が緩んだ。しかし、ぼくの中で大きな葛藤が渦巻いていた。歌は諦めとともにやってきたからだ。その経過をぼくは注視していた。断じて音楽は人を「癒す」ためだけにあるなどと思わない。同時に、傷ついた者を前にして、音楽は何もできないのかという疑問がぼくを苦しめる。（同前）

「腰が萎（な）えるようなショック」（同前）を受けながらも、彼は事件後、ニューヨークの街中で、歌が、音楽がどうなっているのかに耳を傾け、意識を向けてもいたのだ。そして、彼がここで「癒し」について言っていることは、『LIFE』をめぐる対談で浅田彰が言っていたこと——音楽がやることではなく、それをやると称すると、大方、安直なリラクゼーション音楽になってしまう——とほぼ同じである。中谷美紀や坂本美雨との仕事、そして何よりも「エナジー・フロウ」のせいで、坂本龍一の音楽は「癒し」という言葉とともに語られることが多くなっていた。

戦争には二種類ある。「私」が体験する戦争と、そうではない戦争。この違いは途轍もなく大きい。人類の歴史上、戦争は何度となく起こり、そのたびに夥しい数の罪なき人々の命が、生活が、幸福が失われても、戦争がなくなることはなく、世界のどこかで常に起こり続けてきたし、現に今も起こっている。だが、自分や、自分の大切な人たちが、実際に戦争に巻き込まれない限り、どこまでいっても、それは結局のところ他人事である。「9・11」は、私たちのこのような戦争への認識に亀裂を生じさせた。ある意味で9・11は相変わらず他人事だったが、いつ自分事になるかもわからない、現実的な可能態としての災禍になったのだ。坂本龍一は、私たち、私とは比べものにならない近さで、この転換を経験した。

前章に記したように、一九九〇年にニューヨークに移って以後、彼は世界で起こっている政治的な諸問題に、より意識的になっていた。だが彼は、そのはるか昔、ティーンエイジャーの頃から、明らかに政治的な人間だったのだ。しかし、運命の転変に翻弄されたり、目の前に立ちはだかる壁を乗り越えることに傾注するあまり、遠くを見ることが（あるいは遠くから自分のいる場所を見ることが）なかなか出来ないでいた。誤解を怖れずに言えば、それどころではなかった。自分のことで精一杯だったのだ。それが変わってきたのは、九〇年代後半くらいからだと思われる。『Discord』～『LIFE』～「ZERO LANDMINE」という流れは、世紀を跨いだ彼の意識の変化を表している。そしてそれは、「9・11」をきっかけに「非戦」という明確なメッセージのかたちを取るに至った。

今また、核戦争の脅威が世界のあらゆる人間たちの頭上を覆い始めた。この、暴力の連鎖という煉獄から、人類はどうやって這い上がるのか。ぼくたちは、生きている間にそれを見ることができるのだろうか。それとも人類の集団自殺という終末に向かうことを、止めることができないのか。どこに希望を見出したらいいのだろうか。

(『非戦』あとがき)

この「あとがき」には、「二〇〇一年十二月十日　ニューヨーク」という日付と場所が付されている。「どこに希望を見出したらいいのだろうか」。誰もが知っているように、その後の世界は、核こそかろうじて使用されずに済んでいるものの、「暴力の連鎖」という「人類の集団自殺という終末」への歩みを緩めるどころか、ますます加速させている。「傷ついた者を前にして、音楽は何もできないのか」。この問いは答えを得られないまま、ひたすら重量を増していくばかりだ。坂本龍一のみならず、この問題に真摯に向き合えば向き合うほど、無力感を感じざるを得ない。

ならば彼は絶望に陥って、この問いを自らに課すことを放棄したのか？　そうはしなかった。確かにこの星から戦争をなくすことは出来そうにない。暴力と武力による争いを人間どもはどうしてもやめようとしない。だから仕方がないのだと自分に言い聞かせ、非戦の大義を掲げて積極的に行動することを諦めて、「私」のものではない戦争、自分に直接かかわりのない問題には見て見ぬ振りをして、自分と自分の周りの人たちの安全と幸せだけを守っていく、というのではなく、彼は、自分にやれることをしようとしたのだ。

ここでもう一点、触れておくべきは、彼が『Discord』のきっかけとなったルワンダ紛争について、内戦や飢餓の問題であると同時にそれは環境問題でもあると述べていたことである。坂本龍一にとって、地球上の、世界の大問題は、すべて繋がっていた。いや、それらは現実にすべて繋がっているのだが、ひとはなかなかそのようには考えないし、個別の問題だけで手に余るのも事実である。だが、すべてが繋がっているのなら、そのうちのひとつをどうにかしようとしても、やはり駄目なのではないか。だからとにかく、自分の目に触れた問題、自分が気づくことが出来た問題のひとつひとつについて、自分なりにコミットしていくことを彼は選んだ。そのためには情報収集と学習が必要であり、対話と議論が重要であり、たとえすぐには結果に結びつかなくとも、何らかのかたちでの実践が求められた。こうしてこれ以降、彼は極めて意識的に、世界や社会のさまざまな問題について積極的に発言し、行動していくようになる。環境問題については、すでにフォーライフ時代から、自分や自分のレーベルのCDのケースを、プラスチックから紙を用いたエコパッケージへと変更していた。これはのちのワーナー、commonsでも踏襲される。彼はまさに自分にやれることから始めていたのだ。

二〇〇二年の『ELEPHANTISM』

二〇〇一年に坂本龍一は、『CASA』とその関連リリース（シングルカットやライブ盤など）、「ZERO LANDMINE」の作曲とプロデュース以外に、ライブ・アルバム『IN THE LOBBY AT G.E.H. IN LONDON』（モレレンバウム夫妻とその娘ドーラやタルヴィン・シンなどとの演奏）をリリースしている（『BTTB』の海外盤リリースに伴うヨーロッパ・ツアー最終日の翌日、二〇〇〇年七月二九日にロンドンのグレート・イースタン・ホテルで行われたシークレット・ギグの模様を収めたもの）。九〇年代の後半から坂本龍一は、オリジナル・アルバムの他にライブ盤や映画のサントラ、映画以外の依頼された音楽、ベスト盤など、非常に多くのリリースを行うようになる。これはレーベルとの契約によるものかもしれないが、それだけのニーズがあったということだろう。

純然たるソロ・アルバムは、一九九八年の『BTTB』に続いて、二〇〇四年二月に『CHASM』がリリースされているが、〇二年から〇三年にかけて、それとは別に数枚のアルバムがリリースされている。映画『アレクセイと泉』『ファム・ファタール』『デリダ』の各サントラ、NHKの同名ドキュメンタリー番組のサントラ『変革の世紀』（シンセサイザーとピアノ、女声の歌唱＋男声の演説から、壮大なオーケストレーションが立ち上がる、テレビ番組のオープニングにふさわしいメインテーマ曲と、その室内楽による変奏）、二〇〇一年にオープンした日本科学未来館の館内BGMとして制作された『コミカ』（ピアノ＋シンセによる幽玄なアンビエント）、そしてDVDブック『ELEPHANTISM』である。

二〇〇二年四月に刊行されたDVDブック『ELEPHANTISM』は、人類が誕生したアフリカへと坂本龍一が赴き、人類の過去から、人間という存在の本質に思いを馳せたり、ゾウの暮らしぶりを観察したりした時の模様を収めたものだ。アフリカ探訪はこれが初めてではなく、9・11が起きる前に、何度か家族で訪れ、「素晴らしいな」と思っていたという。そして、「あの事件が起きたあとの自分の目で、もう一度アフリカを見てみたいと思った」（『音楽は自由にする』）。「観光客」の目線とは異なる意識でのアフリカ再訪は、彼に驚きと気づきをもたらした。見えていたが視ていなかった光景、聞こえていたが聴いてはいなかった音が、彼の前に鮮やかに立ち現れた。

このアフリカ旅行は、元マガジンハウスの編集者、小黒一三（おぐろかずみ）が独立して一九九九年に創刊した雑誌『ソトコト』の企画であり、坂本龍一はその後もこの雑誌にたびたび登場することになる。『ELEPHANTISM』は、音楽的にはシンセサイザーを基調としていて、映像に合わせてアンビエントな曲もあればリズミカルな曲もある。トゥルカナ族、エルモロ族、マサイ族といった現地の人たちの歌声も入っている。このDVDは「教授、アフリカゾウに会う」というべき内容で、野生の象たちが暮らす広大な自然の中、リラックスした表情の坂本龍一の姿が記録されている。最初にサバンナに来た時に非常に印象的だったのは、その静けさだった、その静けさを録音してみようとしたが、無理だった、そう語っているのが、実に彼らしい。

若いころから坂本龍一は、音楽以外の音に惹かれる傾向が強かった。いつもDATレコーダー（高性能な録音機）を持って街を歩いた。現実音、具体音、自然音、環境音、フィールドレコーディング、どんな呼び方でもいいのだが、要するに彼は、世界のあらゆる「音」に興味があったのだ。ちょうど半世紀前にジョン・ケージが自らの作品（「4分33秒」一九五二年）で示したように、静寂も、沈黙も、音である。音とは物理的な振動現象のことだ。それはつまり、空気のふるえ、世界の響きである。

アルヴァ・ノトとデジタルな唯物論

二〇〇二年にはもう一枚、重要なアルバムがリリースされている。一九九八年に坂本龍一がその存在を知ったアルヴァ・ノト（最初はno-to（n）＝「非-音」＝ノトと名乗っていたが、より音楽的な作品を発表する際のアーティスト名としてアルヴァ・ノトを用いるようになり、現在はこちらに統一している）ことカールステン・ニコライとの初コラボレーション・アルバム『vrioon』である。カールステンのレーベル Raster-Noton からのリリースで、坂本龍一のピアノとアルヴァ・ノトのサイン・ウェイヴ（クレジットでは「アディショナル・サウンド」）だけで、すべての曲が作られている。曲作りは、彼がまずピアノを即興で爪弾き、そこにカールステンが音を足していくことで進められたという。二人の共同作業は当初から五部作として構想されており、実際にこの後、『insen』（二〇〇五年）、『revep』（二〇〇六年／シングル）、『utp_』（二〇〇九年、アンサンブル・モデルンとの共演コンサートを収録したライブ盤）、『summvs』（二〇一一年）と、長い時間をかけて完結させている。これら五作のタイトルの頭文字を繋げると「V.I.R.U.S（ウィルス）」となる（ある意味、おそるべき予見性を持ったプロジェクトだった）。カールステン・ニコライは一九六五年生まれ、坂本龍一より一三歳年下である。これだけ年の離れた二人が「親友」と呼び合えるまでの関係になったことを、ひとつの奇跡と呼んでみたくなる。

時間的には少し先のことになるのだが、坂本龍一とカールステン・ニコライが二〇〇六年一〇月に「insen」（二枚目のアルバム・タイトルに因んでいる）としてジャパン・ツアーを行った際に、私は二人にインタビューした。その記事を適宜注釈を加えながら一部再録する。

坂本龍一とアルヴァ・ノトことカールステン・ニコライは昨年（二〇〇六年）の秋から冬にかけて、過去数年間にわたるコラボレーションの現時点での総括として、大規模なワールド・ツアーを行った。ヨーロッパ、オーストラリア、アジアを経巡るこの長い旅は、一〇月末の東京国際フォーラムでの公演で、ひとつのクライマックスを迎えた。

ピアノの旋律とラップトップ・コンピュータが発するサイン・ウェイヴ、そしてもう一台のラップトップから出力されるサウンドと同期したヴィジュアル・イメージという極めてシンプルなステージでありながら、二人のライブ・パフォーマンスは、驚くべき豊穣さと、こう言ってよければ、ある紛れもない豪奢さとを備えていた。音と美の、音楽と音響の、アナログとデジタルの、人間とテクノロジーの、幸福にして奇跡的な邂逅。出会いの新鮮さはとうに越えて、そこには深い理解と揺るぎない共感に支えられた、優雅でかつ挑戦的なクリエイティヴィティがたゆたっていた。

——もともと坂本さんとカールステンのデュオは、スタジオで二人で音を作るという作業から始まっているわけで、それをライブで、しかもかなりたくさんのお客さんの前でやるようになってきた。そのせいでいろいろ変えてきたことがあると思うんですけれども。

カールステン　もちろん、スタジオではリアルタイムで演奏する必要はないし、後から修正もできる。それで、〝ピアノとエレクトロニクスをコンバインさせる〟というこのプロジェクトのコンセプトをライブで表現するにはどうしたらいいかと考えました。そこで周波数を分析するアプリケーションが必要になってくるし、迅速で簡単に操作でき、状況にフレキシブルに対応できるシーケンサーも必要になります。それと、ステージ上のビジュアルコンセプトも考えました。ピアノは、すでにオブジェとしてあります。誰もがピアノがどんな形なのかは知っているわけですから。それに比べると、コンピュータはビジュアル的に弱いのです（笑）。なので、コンピュータを置く台をオブジェとして製作しました。そして、ピアノとその台を繋ぐブリッジとして、横長のスクリーンを設置したんです。そして映し出す映像は、音楽とインタラクティブに同期するようになっています。

坂本　ご承知のように、そもそもCDで出した音楽も即興がもとになっていて、僕が即興したピアノの音楽をカールステンが足したりいじったりして作っているのです。それでいつも思うんですけど、即興的に作ったものを忠実に再現するほどバカらしいものはないんですよ。だから、ライブで僕らがやっている即興性というのは、時間軸上に何も決まっていないということですね。普通、時間軸上で八小節やったらここへいくとか、テンポが決まっていたりとか、最近だと映像やライティングもあるので全部プログラムされたショウが多いですけど、このライブは何も決まっていないので全く自由です。通常は一時間半くらいで収まっているものでも、二〇分くらいでやろうと思えばやれるし、逆に倍の時間やれと言われればやれる。どこに行くのも自由なので、結局目配せでやっています。

――ツアーをやる時に、しかも即興をやろうとすると、いちばん怖いのは慣れてきてしまうということだと思うのです。そうならないように、どこかで刺激というか、違和を導入することがお互いに興味を保ち続けるコツだと思うのですが。

坂本　それもよく二人で言っているんですけど、こんなにも文化やバックグラウンドが違う、東ドイツ出身のカールステンと僕なんですが、「このへんはパターン化されてるからもう変えたいよね」とか「壊した方がいいよね」という感覚がかなり似てるんですよね。なぜか分からないですけど。まあ、そこだけじゃなくて、日本食やお寺が好きだとか（笑）、いろいろ共通点はあって。二人とも簡単に言えばパターン化されたものを繰り返すことが本当に嫌いなので、工夫して飽きないようにやっていますが、今回で「insen」と名の付くものももう三つ目なので、ここらでピリオドを打って次のステージに行きたいと思います。

カールステン　龍一とは世代も違うけれど、彼は私がやっている音楽をとてもよく理解しているし、自分よりも若い世代が作る音楽にすごく敏感です。私はすでに〝若い〟というよりは中間ぐらいの世代だけれど。いずれにせよ彼はすごくオープンだし、新しいサウンドのアイデアのすべてに好奇心を持っています。彼はテクノミュージックのパイオニアの一人だけれど、同時によりトラディショナルな音楽、クラシックやボサノヴァに戻ったりもしている。ポップミュージックにも大きな関心を払っていて、なおかつ私がやっているようなエクスペリメンタルな文脈にも通じている。そして私もアルヴァ・ノトのような実験的なユニットをやりつつも、ポップミュージックにすごく興味があるのです（笑）。そんなふうに、私達は興味の範囲が重なっていて、そういう意味ではそれほど遠い位置にいるわけではないと思います。

――カールステン・ニコライという一人のアーティストの進み行きの中でも、アコースティック楽器と共演することはブレイクスルーだったと思うのですが。

坂本　彼にはメロディ恐怖症みたいなところがあって。いままで僕の方はメロディをずっと作ってきたわけですが、その音楽ももちろん音響ででき上がっているので、メロディは怖いかもしれないけど、「うんと近づいて見ていけば音響じゃないか。そんなの怖がる必要ないんだ」ということがカールステンも分かってきたのだと思います。それで、たまたまですけど、カールステンが僕のピアノの即興を自由に扱いやすいように、音を弾いてから次の音が鳴るまで音が減衰して、ピアノの音だったものが背景のノイズに溶け込んで、ノイズになってから次の音が出る、というような素材を渡していたのです。ピアノの特性で、ノイズの中に消えていく部分ではたしてピアノの音なのかノイズなのか分からない領域があるんですよ。サウンドと沈黙の溶け合った部分、あるいはサウンドとノイズが分けられない領域が最初から含まれていたんです。

カールステン　ファーストアルバム『vrioon』のときは、ある意味とても注意深くてシャイでした。

当初のコンセプトは、ピアノのディケイ（減衰音）を増幅させた単音のサイン・ウェイヴをエディットすることでした。基本的に私はそのディケイの境界線をシフトしたかったのです。ピアノの音はアタックを持っていて、それから徐々に消えていく。その残響音が完全に消える時点に興味があった。そしてピュアなサイン・ウェイヴを作り、それを延々とのばしていく。それで両者がどんなふうに干渉するのかを知りたかったのです。（…）

（「INSEN（坂本龍一＋アルヴァ・ノト）ミュージック・オブ・サウンド」『SWITCH』二〇〇七年二月号）

坂本龍一が言っているように、音の顕微鏡を使ってみれば、メロディも音響である。カールステン・ニコライや池田亮司らが制作する、サイン・ウェイヴを主体とする電子音楽は「マイクロスコピック」と呼ばれたりもする。九〇年代半ばくらいから、音を扱うデジタル・テクノロジーは飛躍的に進化した。あらゆる音は振動現象だが、それを数値化した上で波形として見ることが容易になった。倍音を含まず、単一の周波数（カールステンや池田の作品は「フリークエンシー（周波数）・ミュージック」とも呼ばれた）から成るサイン・ウェイヴは、波形で見ると美しい弧の曲線である。第三章で見たように、一九八三年の時点で浅田彰は音楽について、「シニフィアン（能記＝意味するもの：引用者注）ではなく数がある、リズミックに運動する数が」あるのであって、「メタリックかつニュメリック（数値的：引用者注）。それが音楽だ」（『ヘルメスの音楽』）とすでに喝破していたが、デジタル・オーディオは、それを完全に具現化した。そのような「音楽」の原基まで遡行してみれば、ピアノと電子音は同等の立場となる。

重要なことは、音にかんするこうした一種のデジタルな唯物論（私はそれを「テクノイズ・マテリアリズム」と名付けた）が、フィールドレコーディングとも繋がってくるということである。それはそうだろう。あらゆる音が数で（も）あるのならば、自然音、環境音だって同じなのだから。すべての音を平等に扱うこと。これはジョン・ケージ的な思想だと言えるだろう。人間がある種の音の連なりと重なりを「音楽」として認知するのは、ヒトの聴覚的な特性——人間の可聴域はおおよそ20 Hz（ヘルツ。周波数の単位。一秒間に繰り返す波の数）から20000 Hzの範囲であり、その外側の音は聴取できない——と、もっぱら記憶や習慣によるものであり、私たちは常に「聞く＝HEAR」と「聴く＝LISTEN」を意識的／無意識的に転換させながら生きている。音楽としては聴いていない音も、私たちは聞いている。ケージが「4分33秒」で示したのはこのことだった。HEARはしていたがLISTENしていなかった音を聴くように仕向けること。それは誰にでも簡単に出来る。ただ世界の響きに耳を澄ましてみればいい。そして実に興味深いのは、HEARとLISTENの境界が、デジタル・テクノロジーによって融解したということである。調べから響きへ、ではなく、調べとは響きなのであり、響きを調べとして聴くことだって可能なのだ。

坂本龍一も、この境地に立ち至った。いや、このことに彼はずっと前から、そもそもの始めから気づいていたのだろうが、長い間、響きよりも調べの魅力のほうが勝っていたのだった。だがこの頃から、彼は明確に変化する。それは世界に対する態度の変化でもあった。

不可逆的な変化が刻まれた『CHASM』

二一世紀に入って最初の坂本龍一のオリジナル・ソロ・アルバム『CHASM』は、彼の不可逆的な変化の第一歩が刻まれた作品である。リリースは二〇〇四年二月。楽曲構成としては『音楽図鑑』を想起させるようなヴァラエティに富んだアルバムだが、二〇年前とは明らかに違う。それは「音楽」の変化であり、「世界」の変化であり、それに伴う彼自身の変化によるものである。

この時、私はニューヨークまで赴き、『CHASM』が制作された坂本龍一のプライベート・スタジオで長時間のインタビューを行った。以下は私がＨＥＡＤＺで編集発行していた音楽雑誌『FADER』に掲載した記事である。

坂本龍一のニュー・アルバムは、溝、隔たり、割れ目、裂け目などといった意味を持つ、キャズムという一語を纏って我々の前に現われた。

この言葉を、しかし彼は否定も肯定もしていない。

ただじっくりと、音の、音楽の、世界の、数多の、しかしある意味では「ひとつ」のキャズムを見据えること……そのために坂本龍一が選んだのは、ループ＝反復という方法だった。

極寒のニューヨークで、3時間にわたった会話の記録をお届けする。

――『CHASM』は9年ぶりのソロ・アルバムということになりますが、制作の出発点はどういうものでしたか？

「2002年の秋にアントニオ・カルロス・ジョビンのツアーが2ヶ月間あったんですが、その間どっぷりジョビンの曲に漬かっていたことで、そこから離れて自分の音楽をやりたいという気持ちがすごく湧いてきたんです。ジョビンの音楽に深く潜行したことで、自分の中での音楽の新しい見え方や感触の手がかりができて、そこで摑んだものを自分の音楽として表したいという欲求が高まっていった。でもソロ・アルバムを作ろうという意識ではなく、単に〝作りたい〟という気持ちで、自分でもどこに向かっているのか分からないような状態でただいろいろと作っているという感じですね」

――アルバムのスタートと言えるような出来事はあったんでしょうか。

「2003年の2月頃に、スタジオに入ってピアノの即興のピースを6個くらい録ったんです。〝こんなふうに使えるかな〟ということを予想しながら暗中模索でポツポツと弾いていって。この素材作りがスタートだと言えますね」

――それは素材になるようなものを弾くつもりで弾く、という感じですか？

「普通〝インプロヴィゼーション〟というと、いわゆるジャズ的なインプロヴィゼーションというものを思い浮かべるかと思いますが、僕の場合は、ひとつのハーモニーであったり、ひとつの〝音〟だったりするので、本当に〝素材〟なんですよね。あとでどういう風にも使えるように。なるべく装飾を削ぎ落とした〝原石〟の状態のものをとりあえず弾くわけです」

——完成形やありうべき形などが見えていない状態で、とにかく具体的な音を集めていく中で曲が立ち上がってくると。『BTTB』の頃にお話をうかがった際に、〝ピアノで作曲する時、いわゆる「いい曲」といわれるような、人が感動するようなメロディの曲はすぐできてしまう〟と言われていました。〝こういう曲を〟という形で目的意識を設定して作業すると簡単にできてしまうとすると、作る面白味が残らないのかもしれないと思うんです。だから、何もない状態まで削り取って自分に目的意識を持たせないことで、自分自身の作品を作るモチベーションが上がっていくということでしょうか？

「そうですね。だから今回は最後までどういう形になるか本当に分からなかったです。去年（2003年）の12月にプロモーションが始まろうとしてたから日本に行かなくてはいけなくて、そこで時間切れだったんですが、時間があったらもっとやっていたかもしれない。逆にもっと前の時点で止めることもできたかもしれないし」

——今回はマスタリングは結構ギリギリまでやられたということですが、作品の方向性などは作業のどれくらいの段階で見えてくるものなんですか？

「アルバムとしてどういう作品になるかが分かったのは、僕自身も昨日ぐらいです（笑）。人の手に渡す段階に来て初めてトータルな像が見えたというか。あらかじめ青写真があったわけではなく極端に自分の皮膚に近い音楽なんです。だからいわゆる〝product〟というようなものじゃない。僕が感じたままの音をCDに焼いて皆に聴いてもらいたいというような、インティメイトな、プライベートな感じの作品ですね」

——その〝インティメイトな仕上がり〟というのは、僕もアルバムを何回か通して聴きながらそう感じました。電子音とかがたくさん入っていたりもするんですが。そういう作り方云々ではなくて、ジャケット写真も、普通な感じのポートレートのようで、それも含めて非常に生々しいというか〝素の坂本龍一〟という感じがありました。

「それまではずっと近視眼的に作業しているわけなので全体がよく分からなかったけれど、手を離れてみて初めて、インティメイトな感じの作品になったと把握した感じですね」

——そういう〝没入感〟はこれまでの作品でもずっとあったんですか？

「ソロ・アルバムと名の付くようなものはそうですね。割と〝一枚の大きな絵〟みたいなものが見えちゃうと面白くないから拒否している部分もあるのかもしれないですが。僕にとっては、青写真があってそこに辿り着くということは一番面白くないことなんですよ。『B-2 UNIT』や『音楽図鑑』なども自分にとっては位相が変わった作品で大事なんですが、今回はそれに匹敵するような重要なものになる感じがありましたね」

——曲について個別にお伺いしたいのですが、まずシングル・カットされた1曲目の「under-cooled」ですが、この曲自体は、最初からシングルとして作ったわけじゃないじゃないですよね。

「いえ、全然そういうわけではないです」

——韓国語のラップを入れたのは？

「言葉が絶対に乗っていなきゃいけないという必然性はないんですけれども、乗っていた方がこの曲が潜在的に持っている力が出てくるんじゃないか、という感じですかね。自分でも理由はよくわからないんですけど、韓国語かフランス語を入れたかったんです。フレンチのラッパーのリサーチをしてみたりもしたんですけど。それで、以前にMCスナイパーからMP3ファイルが送られてきていたので、彼に頼んだわけです」

――この曲の歌詞はかなり強い意味を持っている言葉がたくさん出てきますね。もちろん日本人はパッと聴いただけでは分からないわけですが、この曲の持つ強いメッセージ性はいろんな形で受け取られていくと思います。

「そうですね、そうなればいいと思いますが。僕は見なかったんですけど、去年の紅白のトリでSMAPが「世界に一つだけの花」を歌う前に〝平和を〟とか〝PEACE〟とか言ったらしいんですけど、あのSMAPの曲は反戦の意味が読み取れるものでピースウォークなどで歌われていたという背景は皆知っていて、さらにちょうど日本ではイラクへの派兵の問題も重なっていた。国民の半分がそれに反対しているという状態ですから、とても興味深い」

――2曲目の「coro」は、このアルバムの中でも、音的にかなりの問題作と言えると思います。しかもこれは小山田（圭吾）君との共作でもあるわけですが、この音だけを聴いて坂本さんと小山田君の二人が作ったと思う人はまずいないだろうと。パンソニックなどを思わせる、非常にアグレッシヴな音になっていますが、これはどういう形で作業されたんですか？

「小山田君のスタジオに行ってギターを録っていたんですが、一通り終わってたまたま僕のハードディスクに入っていたドラム・ループを素材にKORGのカオス・パッドで彼と遊んでたんです。その後NYに帰って、それにいろんなプラグインなどを使っているうちに複雑な音響現象になっていった。だからこの曲には元になったひとつのドラム・ループしか入ってないんですよ。シンプルさと複雑さの取り合わせが面白くて自分でも結構好きですね」

——あと、この曲も非常に重要だと思うんですが、4曲目のアルバム・タイトルにもなっている「CHASM」はアート・リンゼイとアントニオ・カルロス・ジョビンがインスパイアを与えたというものですね。ジョビンのプロジェクトをずっとやっていたというお話でしたが、それに対しての反動もあるけれどもそこから得たものがあるとすると、〝ジョビン的なもの〟は「CHASM」という曲にどういう影響を与えているのでしょう?

「ジョビンをやっていて、自分なりに摑んだものを使うということはずっと長いこと考えていて、それのヒントになったのが、実はカールステン・ニコライのリミックスなんですよね(註:『CASA』のリミックスのこと。カールステンが坂本龍一の作品にかかわった最初の仕事だった)。僕らがやっていたボサノヴァの余白のある断片を超ミニマルに繰り返しているだけなんですけど、それがすごく美しくて。以前からエレクトロニカあるいはミニマルな世界とジョビンのようなむしろ情熱的な世界にどう接点を見出せばいいのか悩んでいた部分があったんですが、その答えのひとつのあり方をカールステンが偶然にもポンと見せてくれて、とても参考になったんですね。そこからできたのが〝CHASM〟と名付けられたこの曲なんです」

——この「CHASM」はアルバム・タイトルになっていますが。

「それはやっぱり、ジョビンとミニマルな世界との接点を、最初に自分の中でひとつの形として呈示できた曲であって、このアルバム全体の最初のワン・ステップになった曲であるということで。

もともと〝CHASM〟というタイトルは、アルバム全体という纏まりにつけるタイトルとして考えていたものなんです。この曲自体のタイトルがなかなか決まらなかったのでアルバム・タイトルと同じ曲名にしたということで、曲のタイトルがアルバム・タイトルに昇格したということではないんですね。地味ではありますが、このアルバムというひとつの〝塊〟を象徴している曲なんです。その応用形が次の曲の〝World Citizen〟という曲で、同じ様式で作っているのでわざと並べたんです」

――「World Citizen」はデイヴィッド・シルヴィアンとの共作ですね。この曲ができたきっかけというのは？

「〝CHASM〟というなかなか気に入った形ができたので、今度は他の素材でその応用編を作っていきポツポツとループができたんですが、そのピアノの4つのループというのが耽美的ですごく綺麗だったんです。それで〝これはデイヴィッド・シルヴィアンなら何か感じてくれるはずだ〟と思って、彼に送ったんです。そうしたら彼もすごく気に入って、〝じゃあ歌にしよう〟という流れです。今回のアルバムのヴァージョン（註：この曲は２００３年にシングルとしてリリースされていた）では、この曲のプロトタイプであるピアノとシルヴィアンの声だけで始まって、SKETCH SHOW（細野晴臣＋高橋幸宏）の音が入って、その後に小山田君がＣＤＪ（ＣＤをレコード盤のターンテーブルのようにＤＪプレイできる機材）を足していって、というように、聴きながら時間軸に沿う形で曲が出来上がっていく過程が分かるんです」

――〝ジョビン的なもの〟という意味でいうと、「Ngo」も、そういう要素が非常に強いですよね。

「もともとは全部入りヴァージョンというか、ハーモニーとリズムとメロディーがあるという、いわゆるボサノヴァの古典的なものを満たしていたものだったんですが、それを全部削って肉を剝いでしまって、骨にしてしまって。ピアノのような人間的な生々しさと、クレジットに〝Audio bits〟と入っているように、カールステン・ニコライがプチプチと色々いじっているんですが、そういう非常に無機的なものが、妙に合うんですよね。抽象的な点みたいなものと生々しいピアノのミスマッチングが妙に気持ちいいんです」

——このアルバムの中では随所にそういったマイクロスコピックな音が入ってますよね。〝クリック〟的なものって90年代後半から結構出てきて、それこそクリックだけの音楽というのもあるわけですが、坂本さんの場合はオーガニックな音やさまざまな楽音とクリック的な音を組み合わせていて、それによってクリックがある種のアクセントになっている気がします。

「クリックだけという音楽はもうすでにあるし、極端にミニマルなものという指向性の人もいるわけですが、それを僕が真似しても仕方がないので。ただ僕もそういう音は好きだし気持ちいいと思うから、僕が使うとしたらそういう形で、クリックだけの音楽ではなくて、いろんな楽音と組み合わさって可能性が広がるようなものにしたい、と」

——クリックだけだとそれは当然クリックでしかないので、ある意味出てきた時から結論が出ているようなものですが、それ以外の楽音と組み合わせることでその間にある関係性を探ることができますよね。マイクロスコピックなものが出てきて見直されたことというのは、人間の聴覚というか、人間の耳が持っているある種のスペックに関してだと思います。コンピュータで厳密に作業できるようになり、可聴域ギリギリの部分でどういうことができるのかを追求できるようになった。

「厳密さという意味では、11曲目の“20 msec.”は、ピアノのインプロヴィゼーション素材を編集したものですが、何ミリくらいずらした時のグリッチが一番気持ちいいかいろいろ試して作ったものです。それで20ミリセカンドの時の〝プチ〟が一番良かったんで、こういう曲名になったと」

——昔は、そういう〝20ミリセカンドを動かす〟ということはできなかったわけじゃないですか。そういう顕微鏡的な音の作り方って、実は〝耳で聴く〟という以前に〝目で見ている〟というものになっていると思うんです。音だけだと、〝これとこれはどうちがうか〟といわれても実は分からないかもしれないのに、画面上の波形で見ると絶対分かってしまう。目と数字で分かることによって、逆に耳の方が影響を受けて耳の〝解像度〟が上がっていっているような気がします。つまり、本来人間の耳はもともと解像度が高かったのに、以前はそれだけの解像度を求めている音楽がなかったわけで。

「そうですね。確かに解像度は上がってると思います。昔の音を聴くとなんかズレてますよね。音程に関してはすごくラフだったというか。歌手なんかは大変ですよね。声帯という人間の身体だけで音を出しているから解像度はなかなか上がらない。だからオートチューン（プラグイン）で直していくということになっていっている」

——10曲目「the land song」は、六本木ヒルズのテーマ曲のヴァージョン違いですが、この曲と最後の「Seven Samurai」は、楽器の篳篥（ひちりき）が使われていて、その音がすごく印象的ですね。邦楽器というのは、今の話のような顕微鏡的な厳密な作業とは逆のものでもあるわけですが。

「この篳篥をやっていただいた方は伝統音楽もきちんとやっている方なんですけど、篳篥にはキーがない、っていうんですよね。だから自分が何のキーを吹いているか分からないという。そういう意味でもいろんな不安定さがあっていいんですよ」

——篳篥とか笙もそうですけど、いわゆる雅楽の邦楽器の音って電子音みたいに聞こえるんですよね。それがすごい不思議で、逆にある種の電子音とすごく合う。ほとんど同じ音に聞こえる所とかもありますし。あと、変わったところでは、8曲目の「break with」ではタクシー無線の音、9曲目の「+pantonal」にはタイの僧侶のお経が使われていますが。

「NYで面白い音といえば、タクシードライバーの交信音ですね。一番好きな音です（笑）。ドライバーはタクシー会社といつも無線でしゃべっているんですけど、その無線が音も悪くて非常にモジュレーションがかかっていて、さらに変にフィードバックがかかってたりもして、すごくいいんですよ。タイの僧侶のお経は実際には3時間くらいあるんです。この曲のリズムって、ジェームス・ブラウンの"The Payback"ですね。それがカッコイイのでカヴァーということで」

——それは意外ですね。ファンキーなリズムだなとは思っていたんですが、ジェームス・ブラウン・ミーツ・タイのお坊さんだったとは（笑）。今回は特に音的にもすごくバラエティに富んでいますよね。いろんな要素が入っているというのは坂本さんのアルバムのひとつの特徴ではあるのですけれども。

「確かに僕のアルバムには、いろんな要素、いろんなスタイル——それこそクラシカルなものから抽象的なものまで——いろいろ入っているけど、これでもできるだけ挟めていて、似たような共通の肌触りを持たせようとしているんですよ。本当はもっとバラバラになってもおかしくなかったんですが、ひとつの盤の上に同じようなデザインのものがずっと1時間くらい並んでいる、というのが僕だけじゃなくて皆の今の〝気分〟のような気がして」

——曲のタイプというか形式性みたいな部分だけで見ると、このアルバムって1曲1曲はやっぱりかなりちがうわけですが、アルバム・トータルとしてはある種の〝感情〟というか、どこかで同じ〝エモーション〟が流れているとすごく感じます。それはさっき言われた〝インティメイトな感じ〟ということとすごく関わっている気がしますね。

「最後にまとめる段階では、そうであったらいいなと思っていましたね」

——あとは、ある種〝ループ的なもの〟が散りばめられているというのも今回のアルバムのひとつの特徴だと思います。

「そうですね。全体で言うと〝反復する〟〝ループする〟ことが頭にあって、とにかく〝発展させないでどこまで作れるか〟という部分でやってみたわけです。発展的な思考というのは限界ももう分かっていて、その思考に留まってしまうと過去のものと同じになってしまう。どうしても〝時間〟というものの中で発展の思考を使うとヘーゲル的な弁証法的な思考に陥って、音楽で例えるとベートーヴェン的な方向に嵌まっていってしまう。あと、ループだけで音楽を作っている人たちに憧れみたいなものもありましたし。ダンス・ミュージックだったら〝ずっと繰り返す音楽〟というのも分かりますが、ダンスでもないのにそういう音楽がありますよね」

——そうですね、一種のミニマリズムなんでしょうけど。

「例えばライヒなどの古典的なミニマリズムは、反復していても常に変化していてそこには差異が残っている。今から思うとあれも一種の〝発展〟で、つまり擬似的な反復であって、発展的な思考だと考えられるわけです。ただ、実際に作る段階の作業として、ただペーストして終わりのループというもので本当にいいのか、と考える部分もありますが」

――それに耐えられるのかという思いは湧き上がらざるを得ないですよね。ある種のテクノとかエレクトロニカ以後の音楽では、そういうことを何も考えずにただ反復している人たちもやっぱりいて、そこには今言われたような〝反復でいいのかどうか〟という考え自体がもはやなくて、彼らはただそれが気持ちいいからやっている。もちろんそれに対しての〝いい／悪い〟という評価は色々あるわけですが、普通に考えると、やっぱりただひたすらずっと同じものが続くということには、人間は耐え難いわけで。

「いや、それが不思議なことに、逆に反復がないことも耐え難いんですよね。反復がないと音楽として認識できないわけです。どうしても、反復現象を認識しようとする思考が脳から自然に出てきてしまうんです。人間は完全なランダム状態には耐えられないし完全な反復にも耐えられない。つまりその中間でやるしかない。だから〝音楽〟と名が付く限り、音は反復してますよね」

――〝始まりがあって終わりがあってその間に何秒〟という形式の音楽は、絶対に反復していることになりますもんね。

「ループでどこまで作れるかというのがテーマでもあったので、素材に関しては、反復させて面白いもの、つまり反復に耐えられるような素材しか使っていないんです」

——一瞬だけならよくてもずっとひたすら繰り返していくとダメだと分かるものも当然ありますよね。

「そういう作業をしていく中で、〝時間〟というのは〝記憶〟なんだということがはっきりしてきた。〝記憶〟というのは脳であって、現在に近いところは記憶は生き生きとしていて、過去になるほど記憶は鮮明ではなくなって忘却していく。この時間の流れに、音楽も従っているんですよね。いろいろな記憶の塊が音楽として形になっているわけですが、それは曲の中でさまざまに関連づけられていて、それは時間順/記憶順に並んでいるわけではない」

——新たな音楽作品を作る時に、現在から少し過去のところまではすごく濃密に、具体的に音の形として作品に投影されていくけれど、その背後には尻尾のように、忘却しているものにも繋がっている、と。

「それで、〝人間はなんで反復に飽きるんだろう、なんで変化を求めるんだろう〟ということを考えて、〝記憶〟ということを考え始めた。それは結局、脳が何を捉えているか、何を認識しているか、何を欲求しているか、ということなんですよ。例えば、3回くらい同じものが続くと〝反復〟だとして、それを認識した時点で〝次は何が来るかな?〟とちがうものを求めているんですよね。ただし〝反復である〟と認識される時間の幅というのはある程度あって、これが1ヶ月くらいのスパンの反復だとなかなか認識するのが難しいわけです。1秒とか5秒とか、5分くらいの反復だと分かりやすいけれど、1時間以上となるとだんだん怪しくなってくる。だからループだったら本当は何十時間でもいいはずなのに、みんな1秒とか2秒、せいぜい10秒とかで作っているわけですが、それは人間の脳の仕組みの問題なんですね。例えば〝第九〟のような長い曲でも1楽章で考えると10分くらいで、その中に2回くらいちゃんと反復があるわけです」

——本当に永遠に終わらなかったら、聴いている方も気が狂うんじゃないですかね。

「だからこそ反復に耐える素材じゃなければ、ループをしても聴いている方は変化を求めてしまうわけです。ただ、そこで変化を与えて物語に導いてやろうとすると、さっき言った弁証法的な発展の思考に陥ってしまう」

——〝反復〟という概念が再浮上してくるというのは、音楽だけのことではないような気がします。それは人間の文化にも当てはまっていて、発展的に考え差異を積み重ねて進化していくこと自体、もしかしたら頭打ちなのかもしれない。

「そういうことも関係あるでしょうね。この先も世界が必ず続いていくはずだと思えるような社会条件や環境条件があった時代と現在とでは、〝時間〟に対する考え方が、ずいぶんちがうと思います」

——〝有限である〟と思うことで色々なことがちがってきますよね。社会だけでなく地球の有限性も、もともと分かっていたにしても昔の人が考えていたよりもっと早くに限界が来そうだということが分かってきて、そうすると〝時間〟という考え方は必然的に変わらざるをえない。永遠にあり続けるのが〝時間〟だと思ってきたけれど、今はどこかに終わりがあるということを意識せざるをえない。

「人間の活動が自然に与える負荷が、この30年間ぐらいで急速に強まっている。やはり20世紀の中頃まで、あるいは19世紀末までは、人間が何をしようとも〝マザー・ネイチャー〟というものは揺るがない、ということが前提としてあったわけです。しかし今や、〝歴史〟という捉え方自体も含めて変わらざるを得ない。これは本当に人類にとって初めての事態だと思います」

（「Looping in the Chasm」『FADER』vol.9、二〇〇四年四月五日）

二〇世紀末から二一世紀初頭にかけての世界の激動の中で、坂本龍一がどのように変化してきたのかがよくわかるインタビューになっていると思う。

ここでは語られていないが、第一章で述べておいたように、二〇〇二年の九月、モレレンバウム夫妻とのヨーロッパ・ツアーの最中に、坂本龍一は父・一亀を亡くしている。『音楽は自由にする』の中で、彼はその時の感覚を「それまで自分の後ろにあった大きなものがなくなったような、そんな感じ」と表現している。父親の死が『CHASM』というアルバムに影響を与えたところもあったのかもしれない。ひとは、身近な者を失った経験から、死について（自らのそれについても）考え始めるものだから。

死とは、生という反復＝ループの途絶である。「戦争」と同じように「死」にも、「私」の死と「私」のものでない死とがある。「私」は自分の死を体験できない。ただ他者の死によってそれを知るのみだ。二〇〇三年の三月には、アメリカを中心とする多国籍軍によるイラクへの爆撃があった。「私」のものではない、名も知らぬ無数の他者たちの死は、溝、隔たり、割れ目、裂け目などといった意味をもつ「キャズム」という語に、この言葉が冠されたアルバムの内に、間違いなく響いている。

クリスチャン・フェネス

ニューヨークでの取材は、レコード会社の担当者が同席していたわけではなかったので、インタビューの後に、彼と初めて夕食を共にして、ゆっくりと時間をかけて話をすることができた。その時にうかがった話は（プライベートな席でもあったので）、ここに記すことはできないが、共通の知人のことや、「9・11」以後のアメリカのこと、世界のこと、日本のこと、生と死のことなど、坂本龍一というひとりの人間への理解（のようなもの）が、以前よりも少し深まった気がしたものである。

この時、私は彼に一枚のCDを手渡した。HEADZがリリースしたフェネスの『Live in Japan』である。クリスチャン・フェネスは、オーストリアはウィーンのレーベル、メゴ（MEGO）を拠点とする電子音響アーティストで、二〇世紀の終わり頃から世界各国で勃興したラップトップ・ミュージックの中でも「グリッチ（故障・誤動作・電圧異常）」と呼ばれるノイジィなコンピュータ音楽を代表する音楽家の一人だったが、二〇〇一年にリリースされたアルバム『エンドレス・サマー』でグリッチと哀愁を帯びたギター・サウンドを有機的にミックスして音楽シーンで大きな評判となった。私自身、このアルバムに魅了され、フェネスが二〇〇三年の初めに別件で来日した際に、東京のライブハウスでのコンサートを企画して（実はそこに至るまでにかなりの紆余曲折があったのだが、それは『Live in Japan』のライナーノートを参照していただきたい)、同年二月九日、渋谷NESTでの一時間ほどのソロを丸ごと収録してライブ・アルバムとしてパッケージした。ギターとラップトップ・コンピュータのみを使った、『エンドレス・サマー』の楽曲を含む素晴らしい演奏で、スタジオ盤とは別にリリースするに足る内容だと思ったのだ。

私はこのCDを坂本龍一に聴いてほしいと思った。アルヴァ・ノトとの『vrioon』はすでに出ていたので、彼はフェネスの最新の音楽にも必ず興味を持つだろうと思ったのだ。その後、坂本龍一とフェネスはミニ・アルバム『Sala Santa Cecilia』(二〇〇五年)、アルバム『cendre』(二〇〇七年)、アルバム『flumina』(二〇一一年)と三枚のデュオ作を発表、クリスチャンは坂本龍一のライブ・バンドのギタリストになる。フェネスは、坂本龍一が発起人となって二〇〇三年から始まった、アメリカのイラク侵攻に抗議する世界各地の音楽家によるインターネット上のプロジェクト「Chain Music」にも参加していたし、坂本龍一はフェネスがメゴの他のメンバーと初来日した一九九七年の「MEGO@ICC」も観ていたそうなので、その存在は知っていたはずだが、カールステン・ニコライに続いて坂本龍一と海外の電子音響ミュージシャンの親交のきっかけに僅かながらでも関与したのだとすれば、彼の音楽に自分が何かしら貢献できたことがあるとするなら、ライターとしてではなく、こういうことだったのだろう、とも思えてくる。

『CHASM』の後、坂本龍一は、ピアノによるセルフ・カヴァー・アルバム『/04』(二〇〇四年)、『/05』(二〇〇五年)を録音した。過去の自作曲を、ピアノを中心としたアレンジで演奏したこの二作のリリースに合わせて、彼のピアノ曲としては初めてスコアも発売された。

二〇〇四年の六月、『CHASM』にも参加していたスケッチ・ショウこと高橋幸宏と細野晴臣（二〇〇二年からこの名義でエレクトロニカ・デュオとして活動していた）に坂本龍一が加わった。YMOならぬHAS（HUMAN AUDIO SPONGE）である（「AUDIO SPONGE」は、スケッチ・ショウのアルバム名でもある）。彼らはバルセロナ（スペイン）での大規模な電子音楽フェスティバルSONARに出演した。前年にHAS名義でリリースしたオムニバス・アルバム『audio sponge 1』で、すでに坂本龍一は「Quarter Dream」という曲に参加しており、あの「再生」から一〇年が経って、YMOの三人は前回とは異なり、ゆっくりとしたペースで再結集を開始していた。SONARのライブで取り上げられた曲の多くは、スケッチ・ショウと坂本龍一の近作からのものだったが、YMOの「riot in Lagos」の『/04』ヴァージョンが演奏されたりもした。二〇〇四年秋には日本でもSONARの関連イベントが行われ、HASは小山田圭吾が加わった編成で出演した。

社会運動へのコミットメント、そして新レーベルの設立

この頃には坂本龍一は、アメリカなど海外の問題のみならず、日本国内のさまざまな問題に対しても積極的に関与、発言するようになっていた。二〇〇四年に音楽業界を一時揺るがした輸入盤規制法案の際には共同声明に参加、環境問題にもより深くコミットするようになり、二〇〇五年から

は自分のコンサートで使用する電力を全て再生エネルギーに転換した（ニューヨークの自宅の電力も転換）。『非戦』から派生した、分野を超えたアーティストや専門家たちを繋ぐメーリング・リスト「ap（アーティスト・パワー）」は、小林武史、桜井和寿と共同で設立した、環境に関するさまざまなプロジェクトへの融資などを行う非営利組織「ap BANK」に繋がった。ap BANKは、全電力を自然エネルギーで賄った野外音楽フェスティバル「ap BANK fes」を二〇〇五年七月に主催し、以後、会場が変わったり何度かの休催を挟んだりしながら、年に一度のペースで継続していく（二〇二三年七月にも開催した）。二〇〇五年は終戦六〇年に当たっていたが、元ちとせ（はじめ）をフィーチャーした反戦・反核ソング「死んだ女の子」を八月にリリース、広島原爆ドーム前の演奏にも参加した。

アクティヴィスト坂本龍一の活動は続く。二〇〇六年五月、青森県六ヶ所村の核燃料再処理施設の問題を情報発信するウェブサイト「STOP-ROKKASHO org.」を創設し、反原発運動に積極的に取り組むようになる。「no nukes, more trees」は、このサイトのために製作したTシャツにプリントした文言で、彼がふと思いついたものだった。「NO NUKES」は、二〇一一年三月一一日の東日本大震災と福島第一原発事故を受けて二〇一二年から一九年まで（一六年、一八年は開催せず）計六回開催されたフェスティバルの名称になる。地方の野外フェスであるap BANKフェスとは違い、NO NUKESの初回会場は幕張メッセ、二回目以降はZepp DiverCity～豊洲PITの屋内会場で、坂本龍一の呼びかけに賛同したミュージシャンがスペシャル・ユニットを組むなどしながら多数出演した。

更にこの年には、東京と京都で開催された「ロハスクラシック・コンサート２００６」のプロデユースを行うなど、LOHAS（ロハス、Lifestyles Of Health And Sustainability の頭文字を取った略称）関連の発言や出演も多い。『ELEPHANTISM』のきっかけを作った雑誌『ソトコト』が、この時期にロハスを熱心に特集しており、流行語の様相を呈していた。それ以前にも、『ソトコト』が主導した「スローライフ」が話題になっており、坂本龍一も流行現象に乗っているだけという一部の批判もあったが、彼のエコロジーへの関心が筋金入りであることは過去を遡れば明白だろう。

同じく二〇〇六年には、改正電気用品安全法の施行に伴い、電気製品を製造・輸入する業者は、その安全性を確認してPSEマークを付けるよう義務付けられたため、中古家電などの販売業者らが販売できなくなると反発、ヴィンテージの電子楽器なども対象となるため、音楽家らが反対運動を展開したのだが、これにも関わった。

こうした運動に携わりながら、アルヴァ・ノトとの日本を含むワールド・ツアーや、クリスチャン・フェネスとの共演ライブも行っていたわけである。

坂本龍一のワーナーとの契約は二〇〇五年をもって終了していた。彼が新たに日本国内のレコード会社として選んだのは、エイベックスだった。彼の人生にはこういう奇運（?）が多い。『千のナイフ』の海外ライセンスを断られたヴァージンとは、ヴァージン・レコード・アメリカとではあるが九〇年代に契約し、九〇年代に「J」をめぐってしのぎを削った小室哲哉と長く蜜月関係にあったエイベックスと一〇年後にタッグを組む。だが今回は、エイベックスグループとともにレーベル commmons（共有地を意味する COMMONS に MUSIC のMを加えたレーベル名）を設立しての移籍だった。フォーライフ時代の güt に似ているが、コモンズはより独立性の強いレーベルであり、坂本龍一以外のアーティスト、特に新人を積極的に送り出していくことになった。

ここで、またしても私の話になってしまうのだが、HEADZから二〇〇四年にデビューして三枚のアルバムをリリースしたポップ・ユニット、□□□（クチロロ）がメジャーデビュー先としてコモンズに移籍することになった。クチロロは複数のレコード会社からオファーを受けていたのだが、HEADZのレーベル担当と私が相手先と何度か交渉した末、メンバーの意向もあってコモンズに行くことにしたのだった。実はワーナー時代の坂本龍一のディレクターもコモンズに移ってきており、移籍前からその人がクチロロの獲得に熱心だったことも大きかった。そのような縁もあって、コモンズの成り立ちについて私は多少の知識を持っており、坂本龍一がエイベックスという器で、それまでとはまったく違うことを始めようとしているという予感を抱いていた。

コモンズについてのインタビューも行った。その中で彼はこんなことを語っている。

> 前提には、僕自身がいままで二十年以上、いわゆるメジャーレーベルと言われるあっちこっちのレコード会社と仕事をしてきて、いろいろな不満が溜まりに溜まっていたのですが、特にエンターテイメント業界のアメリカ的なシステムというのがとにかく「お金、お金」で、トップは数字しか見ていない。別に音楽に興味があるのではなく、数字の事実としてやっている。そんな力を借りて自分の音楽を世界に出していくということを、よくここまで耐えてきたと思います。もっと早々に辞めていてもよかったですね。
>
> （「COMMONSという理念」『SWITCH』二〇〇七年二月号）

苛烈な口ぶりである。よほど不満や憤懣が溜まっていたのだろうと思わされる。もちろんエイベックスも九〇年代には業界の風雲児と呼ばれ、小室哲哉とともに時代を謳歌していたわけだが、比較的若い会社であることもあって、進取の精神に富んでいた。フリーハンドとまではいかないが、やりたいことをかなりフレキシブルに実現できる環境を得て、坂本龍一はレーベル代表として腕を振るうことになる。

それともう一つ、大事なことを言うと、コモンズでは音楽産業のエコ化を進めたいと思っています。たとえばコモンズの制作に使用する電気を百パーセント自然エネルギーにしてしまうとか、完全にリサイクル可能なCDを開発するとか。いまCDは破砕してゴミでしょう。コモンズが先頭に立って、そういうものを開発して、使えるものをエイベックス全体で使ってもらったら、ものすごいインパクトになるでしょうから。

（同前）

一貫している。彼は理想を掲げただけで事足れりとすることは絶対になかった。彼の主張は必ず、何らかの行動、具体的な目標を持つ実践に結びついていた。実際、コモンズは二〇〇八年以降、全てのリリース作品をカーボン・オフセット印刷（印刷工程で排出したCO_2を、CO_2削減に取り組む団体を支援することで、相殺〔オフセット〕を図る）に変更することになる。コモンズは坂本龍一、□□□（クチロロ）の他、コトリンゴ、小山絵里奈、naomi & goro、青柳拓次、ボアダムズ、Open Reel Ensemble、HASYMO/Yellow Magic Orchestra、AOKI takamasa、東野珠実、フェネス、OO-

IOO、ASA-CHANG＆巡礼、蓮沼執太とU-zhaan等々、多彩なアーティストの作品をリリースし、現在に至っている。

二〇〇七年の二月、ＹＭＯの三人はキリンビールのＣＭに揃って出演し（「KIRIN LAGAR meets YMO」という文字が出て、原始人や花魁（おいらん）の扮装をした三人が「RYDEEN」を奏でる）、そこで流された新録音「RYDEEN 79/07」を、ダウンロード・シングルとしてコモンズよりリリース（のちにＣＤ化）。このあたりからＹＭＯは、アンビエント的（？）に復活を遂げていく。以前のような大々的な「再生」の身振りは微塵もないが（あの祭りには三人ともこりごりだった）、その名をスケッチ・ショウ＋坂本龍一にしたり、ＨＡＳにしたり、ＨＡＳＹＭＯにしたりと機会ごとに変えながら、ふと気づいたらＹＭＯが、イエロー・マジック・オーケストラが、いつのまにか帰ってきていた、とでもいうように。大ごとにはしたくなかったのだ。

ダムタイプの高谷史郎とのコラボ

この年の三月、山口情報芸術センター（ＹＣＡＭ）にて、坂本龍一＋高谷史郎のインスタレーション『LIFE-fluid, invisible, inaudible...』が発表された（同年九月、東京／西新宿のＮＴＴインターコミュニケーション・センターに巡回）。タイトルからもわかるように、これは一九九九年のオペラ『LIFE』で映像を担当していた高谷と坂本龍一の共同作品である。

ＹＣＡＭは日本、いや世界有数のアートとテクノロジーの美術館／研究機関であり、池田亮司やカールステン・ニコライも、過去に大規模な展示を行っていた。『LIFE-fluid, invisible, inaudible...』は、ＹＣＡＭの全面協力のもとに坂本龍一と高谷史郎が制作した、オペラ『LIFE』上演から七年以上を経て制作された、スピンアウトとしてのインスタレーション作品である。だが、マルチメディアを縦横に駆使していたとはいえ、『LIFE』は約二時間にわたる不可逆的な上演に枠づけられていたのに対し、そうしようと思えばいつまでも展示の前に留まっていられるし、すぐさま通り過ぎることも出来るというインスタレーションとなると、同じ素材を使っていたとしても、作品としての様相はまったくと言っていいほど違ってくる。「fluid（流体）、invisible（不可視）、inaudible（不可聴）」という副題が示しているように、「20世紀の総括」というメガロマニアックなスペクタクル体験を観客に強いる（そもそもオペラとはそのような形式なのだが）『LIFE』と比べると、こちらは繊細さや精妙さ、脆弱さを重視したアモルフな美学を志向した作品になっていた。中でも話題になったのは、霧が湧き立つ水槽に映像が投射され、坂本龍一による音の粒が降り注ぐインスタレーションだった。水槽から霧を発生させるというアイデアは、高谷によるものだ。浅田彰をモデレーターに行われたＹＣＡＭでのアーティスト・トークでは、この作品が展示自体のテーマと絡めて語られている。

坂本　（…）発生している霧に水の一つの状態である雲の映像が映っているとすると、不定型なものに不定型なものが映っているわけですね。その霧が無くなってしまうと、映っているものも消えていってしまう。

建築とか人間のような固いものも、霧が晴れると消えてしまう。これが今回のインスタレーションの核心部分なんだけれども、見えるものと見えないものの境界の曖昧な部分がそこにある。（…）実は見えることと見えないことの境界領域がいつもある。（…）それがないかのごとくに、われわれは社会活動をしている。だから、そういう曖昧な境界領域をはっきり体験できるような空間時間というのも面白い、というのが発想の核にありました。

（「Installation「LIFE-fluid, invisible, inaudible...」アーティストトーク」）

この発言に触れた後で、改めてタイトル『LIFE-fluid, invisible, inaudible...』のことを考えると意味深長である。「流体・不可視・不可聴」はいずれも、近代的な「知」によって分節し把握することを困難にするものである。これら三つのワードを、メインタイトルに充てられた「LIFE」という言葉が統べているということなのか。とすると、それこそが「生」だということなのか。

高谷史郎が所属するダムタイプ（Dumb Type）は、京都市立芸術大学の大学院生だった古橋悌二を中心に一九八四年に結成されたアーティスト・グループである。アート、ダンス、パフォーマンス、演劇、映像、音楽、デザイン、建築など、さまざまな分野のクリエイターたちが共同でひとつの舞台を作り出すマルチメディア・コレクティヴの先駆けと呼べる存在で、初期の頃から人種や国籍、ジェンダーやセクシャリティ、資本主義といった先進的でアクチュアルなテーマの作品を発表、国際的な注目を集めるが、ＨＩＶに感染していた（そのことも作品の中で公表していた）古橋が敗血症のため一九九五年に三五歳の若さで亡くなって以降、映像担当だった高谷が実質的なリーダーとなって活動を継続している。池田亮司もかつてはダムタイプの一員として音楽を担当していた。

坂本龍一とダムタイプの交流はいつ始まったのだろうか？　『LIFE』以前に高谷史郎が坂本龍一の活動に関わったことはないようだが、一九九四年に高谷と古橋悌二がニューヨークに彼を訪ねてきたことがあったという。それ以前にダムタイプとは活動初期から関わりがあった京都在住の浅田彰が引き合わせていたのかもしれない。いずれにせよ『LIFE』以降、坂本龍一と高谷は急接近し、二〇〇五年には京都の法然院で音楽と映像の即興パフォーマンスを行っていた。

「形がない空気の振動」が音

先述のアーティスト・トークで坂本龍一は、かつては茶道に興味などなかったが、歳を取ってきたせいか、そうしたものの良さが少しわかってきたと、心境の変化を語っている。そして、茶人の金森宗和（かなもりそうわ）が好んだと伝えられる茶室、庭玉軒（ていぎょくけん）（京都大徳寺塔頭真珠庵（たっちゅうしんじゅあん））について、次のように述懐している。

狭い茶室に30分ぐらい三、四人で座っていると、たまたまその日は嵐で大雨が降ってきて雷が鳴って、（…）「宇宙の気配」みたいなものを感じた。気配というのは形があってないものだから、面白い。音も形がない空気の振動ですから。それをわれわれは「あるがごとく」操作しているんですよ、まるで煉瓦のように。そういう約束事のなかで音を操作しているんだけれど、それは約束事であって本当ではないような気がしているんですね。
（同前）

音楽とは、作曲とは、ある意味では、この「約束事」のことである。極言してしまえば空気の振動に過ぎない物理的な現象を、或るルールに則って特定の時間の枠の中に並べたり重ねたりして、それを聴く者に何らかの情緒的な反応を喚起すること。だが、煉瓦が粘土や泥から成るように、音楽は音響に、音響は振動に、どこまでも微細に分解され得る。この意味で、音楽とは世界の振動、地球の微動のことなのだ。デジタル・テクノロジーは、それを数値化し、制御し、編成することを可能にした。それも新たな「約束事」である。物理学と数学と計算科学が、音楽の定義を、音楽とは何なのかという根本的な問いへの答え方のアップデートをもたらした。「宇宙の気配」「気配というのは形があってないもの」という彼の認識は、それが茶室での体験であることを思うといかにも東洋的な感覚への接近のようだが、そこには西欧の先端的な知も大いに作用していた。

トークの後半では「時間」のことが話題となり、「25年ぐらい前からずうっと引っ掛かっていて、コンサートなどやりながら「どうして始まったら途中で終われないのだろう」と思ったりしていたんですよ」と語っている。確かにインスタレーションと比べたら、音楽／演奏の時間は不自由なものだろう。彼の「時間」への本質的な疑問は、遡れば遥か昔からのものだろうが、この頃により深化したと言える。

もっとも純粋で真正な他者愛

二〇〇七年五月には、STOP-ROKKASHOの一周年記念イベントが、桑原茂一のプロデュースで行われた。坂本龍一が発案した「no nukes, more trees」というフレーズの前半は「NO NUKES」というフェスティバル（名）になったが、後半からその名を取った森林保全団体「more trees」が彼らによって設立され、このイベントで、その発足が発表されたのだ。森林破壊に警鐘を鳴らし、地球温暖化が招来する危機に対しアクションを起し、植林やセミナーなどを通じて「都市と森をつなぐ」ことを、非営利の事業として行うmore treesの一員としても、彼はエネルギッシュに活動していく。この時のイベントには細野晴臣と高橋幸宏がサプライズで登場し、環境問題について坂本龍一と真摯に議論した。ＹＭＯの三人は音楽だけでなく、社会に向けた活動でも、さまざまなかたちで協働していくようになる。

このイベントの翌日、細野晴臣、坂本龍一、高橋幸宏の三人はＨＡＳ名義で、パシフィコ横浜国立大ホールでライブを行った。「財団法人がんの子どもを守る会」を支援する「Smile Together Project」の一環としてのチャリティ・ライブだった。この時、私は三人に、個別にインタビューを行った。そして、高橋幸宏が話してくれたことに、私はひどく感銘を受けた。このことは過去に書いたことがある。その一部を引用したい。

ＹＭＯの他の二人には子どもがいるが、高橋幸宏にはいない筈である。だが「Smile Together Project」への参加を言い出したのは幸宏さんだった。そう聞いて私は、彼にそのことを尋ねてみた。すると幸宏さんはおおよそ次のようなことを言ったのだ。

「僕には子どもがいない。これから自分の子が生まれることもおそらくないだろう。しかしだからといって、僕が子どもたちの病気に無関係ということにはならない。むしろ自分の子どもが存在しないからこそ、この世界のすべての子どもたちを自分の子どもと同等の存在として考えるようになったんだ」。精確にはこんな言葉遣いではなかったかもしれないが、幸宏さんは大体こんなことを語ってくれた。私はこの発言に、ほとんど静かな衝撃と言ってもいいほどに強く揺さぶられた。ともすれば、これは単なる綺麗事に聞こえるのかもしれない。だが、私はそうは思わない。いわゆる博愛主義、べったりとしたヒューマニズムともまるで違う。「子どもがいないので関係ない」でも「子どもがいないのに関係ある」でもなく「子どもがいないからこそ関わろうとする」ということ。私の考えでは、これこそがもっとも純粋で真正な他者愛のかたちだと思う。他者愛とは文字通り自己愛の反転である。思うに、自己の延長線上で他者と出会うひとと、自己から切断された場処で他者を見出すひとがいるのだ。どちらが良いとか悪いとかを言うのではさしあたりない。だが高橋幸宏は明らかに後者であり、だからこそ彼は「がんの子どもを守る」ことにコミットしようと考えた。そしてＹＭＯの他の二人に話して、チャリティ・ライヴを実現させたのだ。

（「幸宏さんについて私が思っている二、三の事柄」
『ユリイカ　10月臨時増刊号　総特集＝高橋幸宏』二〇一三年九月二五日／『批評王』〔二〇二〇年〕に再録）

「自分がいなくなった後の世界」のことをひとが真剣に考え始めるきっかけは、多くの場合、子どもを持つことだろう。坂本龍一には四人の子どもがいるが、いちばん下の音央は一九九一年にニューヨークで生まれている。四〇歳を目前にして異国で息子が誕生したことが、彼に何らかの回心(が大袈裟なら、単に気持ちの変化でもいい)を促したということは考えられないだろうか? このことについては、最終章でもう一度考えてみたい。

話を戻す。二〇〇七年七月に京都で開催された「ライブ・アース」(アル・ゴア元米副大統領の呼びかけによって実現した、地球温暖化を食い止めるための世界九カ国同時開催チャリティ・イベント)にもYMOは出演した(今度はYMO名義だった)。また、STOP-ROKKASHOとしては、二〇〇七年七月の新潟県中越沖地震によって停止していた柏崎刈羽原子力発電所の安易な再稼働に反対する署名運動キャンペーン「おやすみなさい、柏崎刈羽原発」を展開した。

二〇〇八年、commonsの全リリース作品のカーボン・オフセット化を記者会見で発表。その第一弾として、坂本龍一のシングルCD「koko」をリリースした(これがコモンズからの彼の最初の単独リリースである)。この曲の録音とCDを製造する過程で生じたCO_2を、その削減に取り組む団体を支援することでオフセット(相殺)を図るだけでなく、売り上げの一部を植林のための費用に充てるとした。「koko」は、彼らしい普遍的な優しさを湛えたピアノ曲である。

KDDIが開設した、環境をテーマとするEzwebサイト「solamido」(ソラミド)では、コモンズが提供するEZ「着うたフル®」の収益がmore treesに寄付され、国内外の森林整備に役立てられるという仕組みを作った。二〇〇八年に続いてこの年も開催された「ロハスクラシック・コンサート」を運営するロハスクラブ（坂本龍一も理事のひとり）から発売された、リサイクル素材で作られたエコバッグのプロデュースもした。六月には渡欧し、フェネスとのイタリア・ツアー後、ロンドンに移動し、細野晴臣、高橋幸宏と合流、YMO名義でロイヤル・フェスティヴァル・ホールでコンサートを開き、続いてYMOとしては初のスペインでのライブを行った。

八月に帰国すると、高橋幸宏がキュレーターを務めるロック・フェスティバル「ワールド・ハピネス」（会場は葛西臨海公園・汐風の広場）にHASYMO名義で出演した。実質的にはYMOであり、観客も皆そのことをわかっているのだが、この時点では、ギャランティが発生するライブにYMO名義では出られなかったのかもしれない。

「schola」という「啓蒙」プロジェクト

二〇〇八年には、坂本龍一が監修した、音楽の歴史とジャンルを通覧するCDブックのシリーズ「schola」がスタート、第1巻『J.S.Bach』が刊行された。その後、『Jazz』『Debussy』『Ravel』『Drums & Bass』『The Classical Style』『Beethoven』『The Road to Rock』『from Satie to Cage』『Film Music』『Traditional Music in Africa』『Music of the 20th century I』『Electronic Music』『Traditional Music in Japan』『Music of the 20th century II 1945 to present』『Japanese Pop Music』『Romantic Music』と、二〇一八年までに計一七巻が刊行された（当初は全三〇巻と予告されていた）。坂本龍一がホスト役で、浅田彰と小沼純一がほぼ全巻を通じて座談会や解説に参加し、テーマに即した専門家やミュージシャンのゲストを招いて、じっくりと話をする、非常に読み応え／聴き応えのある、前代未聞の「音楽全集」である。このシリーズは非常に好評で、二〇一〇年からはNHKで関連番組が放映されるなど、CDブックに留まらない広がりを持った。

音楽だけでない「知」という点で言うと、「最新流行」の「知」の時代だった八〇年代（浅田彰を中心とするニューアカデミズムはその象徴）に広くその存在を知られるようになった坂本龍一は、東京藝大作曲科、同大学院へと進み、クラシックから現代音楽までの作曲理論／技法を修めていたが、本来なら一定の学習と研鑽が必要なはずの「知」を、次々と更新される「情報」としてライトかつスピーディに扱うモードの中で生きてきたと言える。だが、二〇〇〇年代の後半に至って、そういうわけにはいかなくなってきた。気づいてみれば「知」の底が抜けてしまっており、音楽なら音楽について、ベーシックな知識の教育が、つまり「啓蒙」が必要になってきたのである。

二〇一〇年に坂本龍一は、スコラという試みについて、こう語っている。

スコラ（schola）とはラテン語でスクール「学校」という意味です。「音楽学」や、堅苦しい「音楽鑑賞」を強要しようというわけではありません。そういうものから自由になることを目指しているのです。自分だけの好みの世界に閉じこもるのでもなく、みんながゆるやかに共有できるスタンダード（標準）を作り直すことにより、音楽の歓びを、より広く、より深く共有することができたら素晴らしい。ここではポジティブに。勉強の楽しさを。

（「坂本龍一が語る commmons: schola のこれまで、そしてこれから。」https://www.commmons.com/schola/interview2.html）

かつて坂本龍一は、「人民」という言葉に強い意味を込めて用いていた。「人民のための音楽」というように。しかしその時は、音楽の基礎知識を、開かれた仕方で人々（＝人民）と共有するような「スコラ」という場が必要だとは認識していなかったのではないか。彼をして、このような「啓蒙」が必要だと思わせるほどに、時代の様相が変わってきていたのである。

こうして坂本龍一は、ほんとうは教授ではなかったが、「校長」になった。彼自身、音楽のあれこれをあらためて学び直したいという気持ちもあったに違いない。

「一枚の絵」のような『out of noise』

二〇〇九年三月、坂本龍一はコモンズから遂に初のソロ・アルバムをリリースした。タイトルは『out of noise』。この時も私は、自分の雑誌を含む複数の媒体で彼のロング・インタビューを行っている。以下に再録する。

純然たるソロとしては約5年ぶりとなる坂本龍一のニュー・アルバム『out of noise』は、前作『CHASM』からの彼の（音楽活動だけには留まらぬ）マルチ・レイヤー的な歩みのすべてが投入された、きわめて美しい作品である。だがその美しさの陰には、名状し難い悲哀を帯びた儚さと、決然とした静かなる激しさとが潜んでいる。ここには過去の作品群に刻み付けられていたのとはまた違った、新たな坂本龍一が居る……渾身のダブル・インタビューをお届けする。

――『out of noise』を最初に聴いた時、ある種の驚きがあり、続いて驚きと矛盾しない納得がやってくる感じがありました。前作の『CHASM』から5年が経っているわけですが、あの時にはNYにお邪魔させていただいて、あれからもう5年も経ったのかと思うと時間の流れの速さにちょっと戸惑うところもあるのですが、その5年の間、正式なソロのアルバムは出されていなくて、勿論その間には幾つものコラボレーションやYMO~HASYMOもあったり、すごくいろんなことがあって、むしろ多忙を極めていたわけですが、ともあれソロ・アルバム自体は5年振りということですね。

「リリースということだけで言えば、色んな現実的な条件が作用しているわけですが、具体的にここで使われている音は、正確に5年ってわけじゃなくて、その前からの音源も入っていて、日々出会ってフィールドワーク的に録ってる音とか、旅に行った時の音とか、独り言のようにスタジオで弾いている自分のピアノのインプロとか、ある日コーネリアスのスタジオに押し掛けて録ってきた音とかが、それらをどうしようってこともないまま、ただ時間順にハードディスクの中に並んでるんですよ。

それがカールステン（・ニコライ）との仕事で使われたり、これはクリストファー・ウィリッツ（サンフランシスコを拠点とするエレクトロニカ・アーティスト。坂本龍一とは2007年に『Ocean Fire』、2012年に『ANCIENT FUTURE』の2枚のデュオ作をリリース）に送ってみたら面白そうだなって送ってみたり、自分の他のプロジェクトになったり、今度の坂本の括りの中で作ろうという時も、まあ手順としてはそんなに変わらない。時間も場所もバラバラの、コンピュータのフォルダの中に入ってるいろんな音を思い返して、これはどうしても使いたいっていうのを持ってきて、そこに色々、まるで生け花をやるみたいに、この枝が中心なんだけど、この花も挿してみたい、でも挿し過ぎちゃったから、やっぱり刈ってみようとかね。そういうような作り方」

――『CHASM』の時に、ピアノの一音から始まっていく、っていう話があったと思うんですけど、このアルバムも、ある意味では出発点は同じなのかもしれないけど、やはり時間が流れているので、その結果が違ってくるっていうことがあり、それに『CHASM』は、今から思えばやっぱりある種のバラエティがあったと思うんです。でもこの作品は極めて一貫している。坂本さんの中に、ある一貫したトーンが、おそらくは音楽的なものだけじゃない何かが芽生えていて、それに従って、ハードディスクに貯まっていた音たちが、次第に統合されていくプロセスがあったのではないかと思うのです。

「今回、12曲で一枚の絵のようになっている感じがするのです。近寄って見れば、いろんな細部があるし、いろんな色彩もあるのだけれど、遠くから見ると一枚の大きな絵になっている。実際に色はいろいろあるけれど、その絵のトーンっていうのは一つですよね。絵には一つのトーンがある、そんな感じ。画家によっては生涯一つのトーンを貫くような作家もいますよね。たとえばセザンヌなんかもそう。僕はこれまではバラバラだったと思う。それは自分でもまだ引け目を感じている。もっと統一したい、一つのトーンというものを出せないかという思いが強いですね。それと今回の場合は特に、去年の9月から4ヶ月間、集中して作り出して、最初はまだ音のかけらみたいなものしかなくて、これがどういう一つの大きな絵になっていくのか自分でも分からないわけ。実は1曲目と2曲目だけは7月か8月ぐらいにはもう出来ていたのだけれど、でもこの2曲だけではどういう絵の音になるのか自分でも分かっていなかった。一曲一曲のディテールも大事なんだけど、大きな絵の全体のトーンというものをとても気にしていたことは確かですね。あるいはそのトーンに収斂させようっていうのかな、そういうところがこれほど気になったのは初めてかもしれない。

傍らにね、（ジョルジョ・）モランディの画集がいつもあるんですよ。イタリアのモノトーンで有名な画家。ほとんど静物しか描いてなくて、同じような題材しか描いてない、ミニマルな人なんだけど、好きなんです。もう一つはモンドリアンの画集。有名な幾何学的になった時代のはあまり好きじゃないんですが、そうなる直前、初期の試行錯誤の時代に、かなり具体物をデフォルメしていって、何ていうのかな、筆の揺らぎが残っている感じの、ちょっとパウル・クレーとかにも近いような時代のものがあるんですよ。それがすごく良いなって思い出したのが昨年ぐらいかな。何かそれが気になっていて。ある意味で、ジョン・ケージの「ヴァリエーションズ」とかね、ああいう風に見えてきたわけ、絵自体がね。楽譜のように思えてきて、実際その絵を見ながらピアノを弾いたりとかもしてたんです。図形楽譜のつもりで、そのまま弾いても、そんなには面白くないんだけど、筆致とか、ミニマリズムの中のいろんな揺らぎとかが、とても気になっていて、それが好きでずっと置いてあったりとか。

それとモートン・フェルドマンの世界が、この数年、ずっと気になっていて。共通した傾向が見られると思うんですよ。揺らいでいるけどミニマルっていうね。そこにもっと微細な揺らぎっていうか、ヴァイオリンにしろヴィオラにしろ、非常にゆっくりとした、弓の圧力を加えずに——まあハーモニクスですよね——弾くと、本当に複雑な揺らぎが、音量的にも周波数的にも出てくるんですよね。そういう筆の揺らぎみたいなものがすごく気になるんですよ。それで全体としては静謐な、シーンとしたものに強く惹かれる」

——今のモンドリアンからフェルドマンへの話は、このアルバムの印象とピッタリ重なる気がします。『CHASM』の後で3つのコラボレーションがありましたけど、相手は皆、基本的にエレクトロニクスのミュージシャンなわけですよね。僕が今回のアルバムを聴いた時に、最初にある種の驚きがあり、そのあと納得したというのは、まず、いわゆる電子音響的なアルバムにはなっていなかったということなんです。アコースティックの楽器がいっぱい入っていて、にも関わらず、実はやっぱり電子音響の人たちとのコラボレーションがないと、こういう音にはならないっていう感じがすごくしたんです。最終的にはアコースティック楽器のアナログな音の内にある揺らぎとか、変異みたいなことに専心しているのだけど、その前提にあるのは、微細な電子音を聴き取る耳であるような気がする。

「モンドリアンの例が一番分かりやすいんだけど、彼の幾何学的な絵画は、今だったらCGで簡単に描けちゃって、別に人間が描く必要はないんですよ。特に印刷で見ると面白くもなんともないわけですよね、見飽きたデザインみたいな感じで。でも、そこに至る直前の、揺らいでる絵は面白いんです。そっちの方が面白い。それと似ているのかもしれない。そこに至る直前の、揺らいでる絵は面白いんです。そっちの方が面白い。それと似ているのかもしれない。電子音で作り込んだ精緻な世界っていうのも魅力はあるけれど、そうじゃない筆の揺らぎみたいなもの。一回そっちに目を通してみると、もっと面白く見えてくるっていうのかな。たとえば電子的な微細なものを体験した後に、変な例ですけど日本画の長谷川等伯とかですね、ああいう墨のものをみると、まったく違って見えてくる」

――12曲から成る、一枚の大きな絵、そして先ほどの生け花の喩え、というのは、とてもよくわかる気がします。

「音楽を作るっていうよりは、音を置くっていうのかな。だから生け花のような感じ。拾ってきた木の枝が好きだからただ挿してみたりとかね。それをずっと眺めてるような。だから今回ほど録音した音を聴いている時間が長かったことはないですね。出来ちゃうことはあっという間に出来ちゃう。でもそれを腑に落ちるまで見ていて、いやこれ要らないなってプチっと切っちゃったりとか、刈る作業がすごく多かった。面白いのは、最初に面白いと思って置いた音、最初のモチーフになってる音に、枝を付けたりとか色々と置いていって、やっていくうちに最初の音が邪魔になってとっちゃったり。だからそこは影になっちゃってる。でもそっちの方がしっくり来るんです。そういうのが2曲ぐらいあるかな。

眺める、取り去る、刈る。そういうような作業っていうのは過去にはあまり経験がなくて、すごく新鮮だった。何でもっと早くこうしなかったんだろうって。

大袈裟にいえば、近代から現代へ向かって、特にヨーロッパを中心に、人間が音楽をコントロールして、全面的に管理しようっていうベクトルがあったわけで、それが極端なピークに達したトータル・セリエリズムの50年代に、同時に全く正反対の、全く管理しないでやろうっていうジョン・ケージが出てきた。ケージは禅から影響を受けている。なんだか一回りして禅的なものに出会ってるのかなとも思う。ただ眺めていて、少しずつ刈ったりしながら、ふと腑に落ちる」

――ハードディスクにどんどん貯めてある音を、最終的にはでもそれらを一枚のCDに纏め上げていかなきゃならないっていう時に、どの音が使えるか、どの音がどの音と合うのかとかいった判断をするためには、覚えていなければならないわけですよね。コンピュータの中にある膨大な録音のアーカイヴと、坂本さんの脳内メモリは、どのように繋がっているのか。

「いや、忘れてるものも多々ありますよ（笑）。やったのはいいけれど、もう全然聴き返さないものも当然たくさんあるわけだし。まあどっかに行って、ちょっと時間があったら、カールステンと2〜3時間即興して、それを貯めといたりとかね。一人でピアノで即興して貯めてみたり、そういう素材も随分あるんです。その中から、さっきも言ったように、ここがカールステンっぽいからと思って送ったり、ここはクリスチャン（・フェネス）に送ったりとか、クリストファーが「コードっぽいジャジーなものないか」ってメールしてきてから、それはあれかなとか。鰹の一部を切り取って送ってるような感じかな。いつ料理して返ってくるのかはわかんないけど。でも、注文された素材が大体あるんだよね」

――新たにやらなくても、必ず過去に必要な音が既にある。

「そうそう。最近はテイラー・デュプリー（NY在住のエレクトロニカ・アーティスト。レーベル12Kを主宰。2013年に坂本龍一とのデュオ作『Disappearance』をリリース）とも仲が良くて、「こういう音あるか」って言われたら、あるよって送ったりとかしてる。一手にその辺を引き受けて、まるで素材の送り屋みたいになってますけどね（笑）。面白いのは自分の家でもね、僕、大体ほとんどNYでは引きこもりですから、どこにも出掛けない。ご存知のように、あんな庭でも雨が降っても面白いしね、何もなくても、レコーダーを10分くらい廻していたら、しょっちゅう飛行機も飛んでるし、NYのあのもわっとした変な音、あれも面白いし、野生の鳥が10種類も来たりとか、なかなか面白いんですよ。近所の犬がワンと鳴いたり、夫婦喧嘩してたりとかですね」

――ほとんど常にレコーダーが廻ってるんですか。

「廻ってます。レコーディングしていても、雨が降り出したと思ったらすぐレコーダーを置いてね、雨はほら粒子だから、降り出してから止むまでに、風などによって、いろんな変化があったりするんで面白い」

――レコーディングの途中の昨年9月に、北極に行かれたんですよね。

「グリーンランドに魂を置いてきちゃった感じがしてるんですよ。こっちの世界にいるのがちょっと居心地が悪くて、またあそこに帰んなきゃいけないかのような不思議な感覚に襲われてるんです。あそこに行った人はどうもそうなる人が多いらしくて、Cape Farewellという、イギリス人のアーティスト、デヴィッド・バッグランドが始めたプロジェクトなんですけど、彼自身がそうで、毎年どうしても行きたくなっちゃうって言ってました」

――そういえば、今度のアルバムは、フェネスの『ブラック・シー』（2008年）とも共振しているように思えました。

「そう、すごく寒い感じっていうのは似てるところがあると思う。でも客観的に見るとね、フェネスの方がロマン派だなって。以前はもっと恥ずかしそうにしてたけど、それが取れてきて、素直になってきて好感が持てますね」

――『out of noise』っていうタイトルは、とても深読みを誘うわけですが、あまりご自分からネーミングの意味を語りたくないとか？

「今回は珍しく全体のトーンに気持ちが行っていて、そのトーンを表すようなタイトルをずっと考えていて、候補は幾つもあったんですけど。フレットワーク（英国の古楽アンサンブル）との録音で2泊ロンドンに行って、初めて会った人たちと3〜4時間の良いセッションができて、イギリス人だから終わった後でパブに行くんです。僕も一緒に行って雑談していて、ルネサンス音楽の話をしてた時に、ポロッと急に出てきた言葉なんですよ。自分で言ったんだけど、これ戴き！っていう感じで。ああ、これが言いたかったんだっていうね。「noise」っていろんなメタファーを含んだ言葉だし、「out of」っていうのも、いろんな意味に取れると思うんで、非常に多義的なもの。単純に「ノイズの外に」っていうことではなくて、いろんな意味に取っていただきたいので、僕からは説明しないというスタンスなんですよ（笑）」

——ジョン・ケージに引っ掛けて言いますと、「noise」っていう言葉は本来的には「music」という言葉と対立している筈なんだけれども、「noise」って呼ばれていた音も次第に「music」になっていく、みたいな捉え方がある。でもそこでは「noise」と「music」がまだ二項対立になってるわけですね。しかしその二項対立自体が意味を成さなくなってきたっていう状況があると思うのです。

「そういうことです。サウンドとノイズというケージ以来の二項対立も、溶解しているわけだし、ノイズとミュージックの明確な区切りがない、という事が言いたいわけですよね」

——雨が降るとレコーダーを廻しちゃうんですもんね。

「そうなんですよ。エレクトロニカ系の人たちと付き合ってきて、僕も集中して聴いてきて、まあちょっと飽きてきてるっていうのもあったりですね。あれは確かにノイズ/電子音を使ってるけれども、むしろノイジーじゃないというか、非常に管理された、コントロールされた音楽と言うこともできる」

——「音楽」と呼ばれるものの定義がどんどん広がっていって、広がったからといってすべての音とイコールになるわけじゃないんだけれども、でもまあ広がっていってることは事実だっていうことがあった時に、音楽の作り手自身が、そういう意識を強く持っていくっていうことは、危険なことでもあるわけじゃないですか。「いや、作曲や演奏などしなくても、ただ耳を澄ませばいいのだ」ってことになってしまうと、何をしたらいいのか分からなくなってしまう。でもその両方というか、どんな音でも音楽になりえるということを分かった上で、尚かつ、自ら音楽を作るということが一体、どういうことなのかっていう……。

「それもあるでしょうね。すごくある。ノイズさえ出せばいいんだという、いわゆるアンチ音楽って、もう殆どいないのかもしれないけども、かつてはいたわけですよ。雑音こそ美なんだ、みたいなね。それもすごく安直であってね。でも、そういう人たちはあんまり僕は面白くないと思っている。じゃあ枯れ枝をポンと切って置けば、それで作品なのかと。禅だとか言っても、それも安直だしね。僕はそれだけじゃあ「作品」にはならない気がしているんですね。ただ切り取ってきただけ、単なる音のコラージュじゃあ、それはやはりコラージュであって、「音楽」にはならないような気がするんです。やっぱり僕は「音楽」が作りたいと思うんですよ。そのための素材は、楽器の音もサウンドもノイズも全部ありだし、「music」って言った時のフォルムの問題とかも全部了解した上で、それでも「音楽」を作りたい。もう既成の構成とか公式とか全部捨てているわけですから、面白いですよ。アンチ何々でもない、だから生け花みたいだって言ったんです。何も公式がないっていう、感覚だけで枝を切ったりするっていうところまで来ている。やっとここまで来たかなっていう感じはしてるんですけど」

——このアルバムがリリースされるとすぐにピアノのツアーが始まりますね。

「ピアノ一本でやれと言われて(笑)。でも、過去の曲も『out of noise』な気持ちで弾きます。『out of noise』の耳で昔の曲を聴くと、うるさくてしょうがない、もう本当に若いって嫌だなと思って(笑)。ちょうど10年前の『BTTB』とか聴き直してみたら、とてもじゃないけど聴けない」

——このアルバムを何度か聴いていて、レクイエムっていう言葉が思い浮かんだんですけど、でも何に対するレクイエムなのか、っていうのも、すごくいろいろな受け取り方ができると思うんです。

でもそれは絶望の感情とは違う。悲嘆ではあっても、希望とまでは呼ばないまでも、そこには光がある、そんな気がします。

「腑に落ちるものができた、っていう感じはしています。それが百年に一度と言われる経済危機や、ブッシュの8年が終わってオバマが就任したりとか、いろんな出来事と重なってますけども、それは偶然というか、まあ気にはしますけど、よく分からないですね」

ここからは全曲解説（こちらはＦＡＸで質問を送って返送してもらった。ダブルインタビュー後半部）。

――「hibari」は、アルバムのプロローグとなる印象的な楽曲ですね。即興的に弾いて録音したピアノのフレーズの一部を切り取って、そこから作っていったとのことですが、ピアノを弾いている時は「メロディを探す」「作曲をする」というような意識はどの程度持っているのでしょうか？

「普段は「無心」に即興することが多いです。「ひとりごと」のように。たまに、テーマを決めて、和音だけを弾こうとか、無調でとか、クロマティックにとか、キーを決めて旋法でとか、カールステンのためにとか、フェネスのためにとか、Jazz っぽくとか、Satie っぽくとか……という場合もあります」

――録音したピアノの即興をあらためてご自分で聴いてみて、思いも寄らぬ発見がある、ということはありますか？　むしろそう思えるものが曲になってゆくのでしょうか？

「即興している最中に「む、これはいいな」という瞬間があるので、そういうものは覚えていて、後で使ってやろうと思います」

――この曲は多重録音でしょうか。それにしてもこのフレーズは前後があったなんて思えないほど、美しく独立している、と思えます。

「これはたった1つの音源です。ループの長さの微妙な調整で、変化の豊かさが生まれるように試行錯誤しました。4小節の完結したシンプルさをもっています。元の即興の中でも、えんえんと繰り返していますよ」

――なかば無意識で旋律を奏でる坂本龍一と、自ら奏でた音も含めて周りの「聞こえ/聴こえ」に耳を澄ます坂本龍一がいて、しかしその二人の坂本龍一の間に、第三の、ほんとうの、音楽家としての坂本龍一がいる、そんな気がします。

「ふむ……音を切り取るだけでは音楽にならない。聴くだけでも音楽にならない。ただ、聴くことなくしては音楽にならない。操作だけでは音楽にならない……ということでしょうか」

――「hwit」はフレットワークをフィーチャーしていますね。彼らを知ったきっかけは?

「『Schola』を刊行するにあたって、古楽をたくさん聴きはじめたのがきっかけです。なかでもフレットワークの繊細さには、特に魅かれるものがあった」

――この曲は彼らの演奏を前提に書かれたものですか?

「最初から彼らの響きを想定していました」

――レコーディング・セッションはどのように進められたのでしょうか?

「ロンドンで。あらかじめ譜面は送っておきました。フレットワークはメンバーは6人で、この曲は11声で書かれているので、ダビングしました。数時間のセッション。「hwit」と「still life」の2曲を録音。その後、メンバーらとパブへ」

――「Schola」でバッハを聴き直したことが、むしろバッハ以前のヨーロッパの音楽を遡る興味へのきっかけになったと仰っていましたが、アルバム全体に、そうした要素はちりばめられている？

「影響はあると思います。ジョン・ケージのストリング・カルテットや武満徹さんの「地平線のドーリア」などに中世的な響きがするので、10代の頃から気になっていましたが、より身近に感じられるようになってきました」

――深い悲哀に満ちた楽曲ですね。「hibari」からこの曲への展開／変化が、このアルバムを貫く「感情」を象徴していると思えます。

「ええ……何というか……自分でも言葉にならない感情です」

――「still life」では、フレットワークにピアノ、笙、ギターが加わっています。これらの演奏は同じレコーディングで録られたものですか？

「それぞれ、全く別の時間に、別の空間で」

――ヴァイオリンの高音や笙の音は、生楽器であるにもかかわらず、まるで電子音のように聴こえます。美しい軋みと震え。このようなアコースティック楽器の扱い方は、むしろ『CHASM』以後の電子音響アーティストたちとの一連のコラボレーションが影を落としているように思えるのですが。

「ええ、そう思います。その影響でフェルドマンなどがまた新鮮に聴こえてきたのかもしれません。

なぜか、管理できない・予期できない揺らぎ、不安定さ、などにとても魅かれます。この世とあの世の境？」

――「in the red」は、小山田圭吾、フェネス、高田漣という、ライブバンドのメンバーと録られてますね。3人の演奏はおそらく、それぞれ別々に録られたのではないかと。

「はい、別々な時間と空間です」

――このヴォイス・サンプリングは何でしょうか？

「たまたま家でTVを見ていて、NYのニュースチャンネルのNY1というのがあるんですが、どこかの黒人のおじいちゃんが火事で焼け出されて、インタビューを受けていた言葉が耳に飛び込んできた。非常にシンプルで短いが深い言葉。

I just feel like, you know a little lost but / I'll be alright / yeah, I'm alive

（そりゃあちょっと失った感じがするけど、俺は大丈夫だよ／うん、俺は生きてる）」

――「tama」はふたたび東野珠実の笙とロブ・ムースのヴァイオリンとで録られています。ムースはNYで活動しているギタリスト／ヴァイオリニストですよね？　しかしこの曲ではほとんど彼の弦は旋律を奏でていないように思えます。作曲クレジットは3人ですが、これは即興的なセッションで作られたものということでしょうか？

「元はぼくが置いていった、非常に高い周波数が重なりあっているトラックがあり、それに東野さんに即興をしてくれるように頼み、送られてきた5〜6個のファイルから選んだもの。無調で笙を吹いていて、非常におもしろいもの。それに対して、ロブに即興をいくつかしてもらった。彼は耳がとてもよいので、東野さんの笙の音にわざとぶつけるように音を選んでいます。非常にゆっくりしていて、とても静謐ですが、音は激しくぶつかりあっています。一番最後に、ぼくが備長炭を鳴らして録音し、それをプロセスしました」

――曲の冒頭から聴こえている、非常に印象的なサウンドは、どのようにして演奏されているのでしょうか？

「あれが備長炭ですね」

――「nostalgia」は坂本さんのピアノとムースのヴァイオリンによる、空間的な音作りが特徴の楽曲ですね。タイトルはタルコフスキーの映画から？

「うーん、もちろん影響はありますが、nostalgiaという言葉は一度使ってみたかった。もちろんタルコフスキーは好きですが、ぼくには遺作の『サクリファイス』の方がおもしろい」

――「firewater」ではneoのギターと南都晃耀会（こうようかい）のお神楽による壮大な楽曲です。お神楽のこんな処理の仕方、はじめて聴きました！　一体この曲はどうやって作られたのでしょうか？

「neoのギターをループし、プロセス。それが下地になり、その上に、ぼくが手にもってフィールド・レコーディングした、東大寺お水取りのお神楽をのせ、プロセス。最後に低い周波数で弦のようなコードをダビング。少しマーラーなどを意識。コード感がぎりぎり破壊されるまでのプロセス」

――この曲は次曲から始まる「北極圏三部作」へと連なる、前半からのブリッジの役割を果たしていると思えます。アルバムの曲順を決定するまでには、かなり試行錯誤があったのでしょうか？それともスムースに決まった？

「いや、試行錯誤しました。並べてみて、どうしても入らないので、落としたトラックが2〜3あります」

――「disko」からグリーンランドでの決定的な体験がもたらした三部作の始まりです。小山田君がギターで入っていますが、彼は北極圏には行っていないですよね？　彼の演奏は以前からハードディスクに入っていて、この曲に接合された、ということでしょうか？

「小山田くんのギターは、２００７年の夏に彼のスタジオで即興的に録ったものです。『CHASM』の時の素材もまだあるし、６時間分ぐらいの素材があります。三部作に関しては、北極圏で録った音がやはり数時間分あり、そこから特に愛着のある3つの短い素材を使っています。それが「disko」「ice」「glacier」それぞれで使っている素材です。「disko」は、disko islandという島で、ハンディマイクで録音した犬の鳴き声です。「ice」は文字通り海の氷のつぶつぶ。「glacier」では氷河の小さな水の流れを録音したものに、現地のイヌイットの女性の語り、氷河の氷の洞窟で録音したベルの音など」

――「ice」は水と氷の音がまるで音楽の一部のように縦横に取り入れられています。散逸的なシンセサイザーの音と溶け合っていますね。

「よく考えたら、今回の『out of noise』では一切シンセサイザーや電子音は使ってないのです。

電子音のような聴こえる音は全て楽器や具体音をプロセスしたものです」

――「glacier」は水の流れる音から始まり、バンドのメンバーでもあるSkúli Sverrissonのドブロ・ギターと、高田さんが入っています。僕の印象としては、この曲が本作の核となるものだと思えます。

「はい、アルバムの重心がここにありますね。特に意図したのではないですが、「氷河」の音楽には最低これぐらいの時間が必要だったんです。もっと長くてもいいんだけどね。僕たちが上陸した氷河の、本当に寒い日で凍てつくようだったんですけど、その氷河の情景っていうのかな、その情景が常に記憶にあって、思い出すとその氷河の向こうから、グリーンランドの女神がね、イヌイットはやっぱりシベリア系のモンゴロイドなんで、モンゴロイド系の神話なんですよ。一番偉い女神が、水の底にいるんだけども、それが意地悪してアザラシが捕れなかったりする。その女神の声っていうのかな、周波数にもならないような、不気味な声が氷河を通って風のように聴こえてくるようなニュアンスなわけですね。そういう心象情景っていうのかな。そういう感じなんですよ全体が。あまりそういうのは普段やらないんだけど、これはやりたくなっちゃったな」

――Karen H. Filskovはネットで調べたところ、グリーンランドの方のようですね? 彼女のこと、このサンプリングについてご説明願えますか?

「彼女はCape Farewellのガイドの一人です。イヌイット、デンマーク、イギリスの混血です。旅の終わりに、ぼくの船室でイヌイット語の語りをハンディ（ediroll）で録音しました。グリーンランドにおける気候変動の深刻さについて語っています」

――「北極圏三部作」はグリーンランドから帰国後、集中して作曲されたのでしょうか？

「そうです。氷河ができるように、ゆっくり毎日少しずつ」

――Cape Farewell の体験は非常に大きかったとのことですが、グリーンランドの絶対的な風景に「音」で対峙しようとするにあたって、具体的な制作の上で考えておられたことがあれば教えてくださいますか？

「いや、音で対峙することはできないのです。人間が対峙することができない。（まあ、原爆を爆発させて海氷を壊して、海底の資源を得ようとする計画は実はソ連時代からあったそうです。人類はどこまでバカなのでしょう！）

ともかく対峙はできないので、ただとても好きな音の粒を、ほんのいくつか少し出しただけなんです」

――「to stanford」は前曲までと一転して、コトリンゴ作曲によるメロディアスなチューンです。彼女の曲をこのアルバムに入れようと思った理由は？　作曲家としてのコトリンゴをどのように評価していますか？

「数年前、初めてコトリンゴのこの曲のデモを聴いた時からこの曲に惚れ込んでいました。昨年夏の「lohas classic concert」に彼女とピアノ2台の duo をして、とても素晴らしかったので、アルバムでは自分一人でインストとして duo をしようと思いました。彼女の曲はそれぞれ好きですが、この曲はなぜか別格に好きです」

――「composition 0919」は、このアルバムの中ではかなり異質な印象を受ける、ライヒ的なミニマルのピアノソロです。グリーンランドに行く前に作られた曲とのことですが、こういうタイプの曲は他にもあったのでしょうか？　しかしある意味では、ピアノでミニマルという意味では1曲目の「hibari」と対になっているとも思えます。この2曲がアルバムの冒頭と末尾に置かれていることには、明らかに構成上の意図があると思われるのですが。

「はい。ぼくは音楽を聴く時はほとんどiTunesで聴くので、その場合repeatしていることが多いので、最後のトラックから最初のトラックにつながるように「hibari」との関連性を考えていました」

――最後に改めて『out of noise』というタイトルに込められた意味について、もう一度だけ伺ってもいいですか？

「実は、これにあと二つの単語を加えたものが元々のタイトルだったのです。でもそれは秘密」

（「out of noise/our of music」『ヒアホン』vol.1、二〇〇九年三月三日）

アルバムリリースのペースダウン

『BTTB』から『CHASM』までに九年、『CHASM』から『out of noise』までに五年の時間が経過している。『out of noise』は、commonsを立ち上げて約三年が経ってからのアルバムであり、レーベルの創立者でもある音楽家としては異例と言ってよい。レーベル設立に当たって語っていた、音楽の資本主義におもねらないスタンスを自ら遂行したかたちである。次作『async』（二〇一七年）までに、更に八年の月日が流れる。もちろん映画音楽をはじめとするコミッション・ワーク（受注制作）やコンピレーションへの参加、そして多数の社会活動など、相変わらず坂本龍一は忙しく動き続けているのだが、その中心であったはずの自分自身の音楽制作、アルバム作りは、明らかにスローペースになっていく。これには時代の変化、音楽産業の変化も強く作用していたと思われる。

CDの売り上げは、最盛期だった八〇年代〜九〇年代とは比較にならないほど低下しており、「世界のサカモト」と言えども、かつてのように予算のかかるアルバムを次から次へと作ることは難しくなっていた。だが、おそらくはそれ以上に、彼自身の意識の変化が大きかったのではないか。ひとつの曲や一枚のアルバムは「作品」であると同時に「商品」だと前に述べた。そのことへの疑問も相変わらずあっただろうが、むしろ「作品」とは何なのか、という、より根本的な疑問が彼の中で育ちつつあったのではないか。曲を、アルバムを、音楽を完成させる、あるかたちに固定するとは、いったいどういうことなのか？　それは「時間」に対する疑問でもある。

音楽は時間芸術である。そう、問題は「時間」なのだ。時間というものが本来的に持っている、直進性、不可逆性、一回性、有限性に、どうすれば抗うことができるのか？　たとえそれが不可能であるとしても、なんとか一矢報いることぐらいはできないものか？　このようなことを彼が本当に考えたのかはわからない。だが高谷史郎との共同作業は、その現れのひとつと解することができるし、アルバムのリリース・ペースの鈍化も、このことにかかわっていたのではないか、私にはそう思われる。

「社会的活動」という「行きがかり」

『out of noise』のリリース後、坂本龍一は日本全国二四カ所を回るピアノ・ツアーを行った。しかも、それぞれの公演について、終了してから最短で二四時間以内に、コンサートの収録音源をiTunes Storeで配信するという大胆な試みを敢行した。全米をツアーで巡るロック・バンドがライブ会場で、以前の会場で行われたライブの収録音源を収めたCDRを販売したり、宝塚歌劇団が公演の模様を収めたDVDをすぐに製作して販売するといったことは昔からなされていたが、インターネット配信によって、時間をおかずに提供することがより容易になった。とはいえ、坂本龍一のような大物ミュージシャンがそれをすることは非常に珍しいことだし（逆に大物ミュージシャンだからこそ可能という見方もできるが）、実際にやるのはかなり大変だったようである。もちろん、このツアーでもmore treesとさまざまなレベルで協働し、CO_2排出の削減や森林保全のための啓発に努めた。坂本龍一にとって音楽活動と社会活動は、すでに切っても切れない関係になっていた。この年の秋にはピアノ・コンサートによるヨーロッパ・ツアーが実施され、同ツアーに伴う移動も含め、そこで排出されたCO_2に対するカーボン・オフセットが行われた。

『out of noise』のリリースに合わせて、坂本龍一の一冊目の「自伝」、『音楽は自由にする』が出版されている。自動車雑誌『ENGINE』に連載されたもので、同誌編集長だった鈴木正文が聞き手となって行われたインタビューがもとになっている（その縁で二冊目の「自伝」である『ぼくはあと何回、満月を見るだろう』でも鈴木が聞き手を務めることになる)。その中で彼は「社会的活動」について、こんなことを述べている。

そういう活動をしてはいますけれども、世界の状況を注視して、積極的に関与して、というようなつもりはないんです。ぼくは本当はすごく怠け者だし。自分としては、やむを得ずやっているんです。(…)しょうがないなあ、始めちゃったなあ、と思っているうちに、どんどん拡がってきちゃった。(…)/自分としては、あまり手を広げずに、むしろなるべく狭めて、音楽だけやっていられれば幸せなんですけどね。いろいろなことに関わって、いろんな体験をする羽目になっているんです、行きがかり上。

(『音楽は自由にする』)

なんとも自嘲的な口ぶりだが、半ば本気、半ば照れによるものだろう。だが、そんな「行きがかり」は、この後もますます増えていく。

二〇一〇年は、まず母・敬子の死から始まった。春には非営利団体「FreePets〜ペットと呼ばれる動物たちの生命を考える会」を友人たちと立ち上げた。「人間と動物のより幸福な関係を目指して、啓蒙活動/イベント活動/教材制作等」(ウェブサイトより)を行うもので、シンボルマーク「ふりぺくん」のイラストは坂本龍一が描いた。夏には、女優の吉永小百合が長年にわたって続けてきた原爆詩の朗読と、その活動に共鳴したアーティストらによるコンサート「吉永小百合 平和への絆」が開かれ、彼もこれに出演、以後、共演を重ねることになる。

この年の夏、坂本龍一は、三五年に及ぶ長い長い協力関係の中で初となる大貫妙子とのデュオ作を北海道の札幌芸術の森スタジオで録音し、一一月にアルバム『UTAU』としてリリースした。坂本龍一のインストゥルメンタル曲に大貫が歌詞を付けたもの、二人の共作／共演曲のカヴァー、唱歌「赤とんぼ」、映画『鉄道員（ぽっぽや）』主題歌（原曲は坂本美雨が歌った）、新曲「a life」などから構成されたアルバムで、彼のピアノと彼女のヴォーカルのみでレコーディングされた、親密な空気に満ちた作品である。リリースに合わせた国内ツアーも行われた。

『UTAU』や『out of noise』の「hibari」、ピアノ・コンサートの音源などを聴いた時に強く感じられるのは、坂本龍一のピアニズムの変化である。本人もボサノヴァを弾くようになった頃からピアノの弾き方が変わってきたと何度か語っているし、『out of noise』についてのインタビューでも、一〇年前の『BTTB』を「とてもじゃないけど聴けない」と言っていたわけだが、一言でいえば「調べ」から「響き」へ、と形容できるようなドラスティックな質的変化が、彼のピアノ演奏には起こっていた。それは彼の「耳」の変化によるものであり、すなわち彼の音楽の変化によるものであった。

二〇一〇年夏、ロック・フェスティバル「ワールド・ハピネス」に三年連続で出演した際、その名義がHASYMOではなく遂にYMOになった。何が変わったわけでもない。だが、これ以後、YMOは、気が向けば三人がいつでも集まって音楽することができる、ある意味では気軽な「昔やっていたバンド」になった。彼らは「元YMO」であり「現YMO」でもあり、「時々YMO」になった。こんな関係性は理想的ではないだろうか？　そしてそれは、二〇二三年に高橋幸宏と坂本龍一が相次いで世を去るまで続いたのである。

二〇一一年、東日本大震災と福島第一原発事故が起こった。その日、坂本龍一は東京にいた。三池崇史（いけたかし）監督の映画『一命』のサントラのレコーディング中で、ギター奏者の村治佳織（むらじかおり）をスタジオで待っていた時、地震が発生した。村治は無事に到着し、レコーディングは行われたが、それからは次々と未曾有の事態が続いた。しばらくは何もできなかったが、三月のうちにニューヨークに戻ると、彼は行動を起こした。被災地の復旧・復興を支援するための参加型のプロジェクト「kizuna-world.org」、地震や津波によって多くの学校で失われた楽器や音具を再生する「こどもの音楽再生基金：School Music Revival」、被災地での木造仮設住宅の建設支援を中心とするプロジェクト「LIFE311」を設立、不安で身動きが取れない中、ニューヨーク―東京間で友人たちと交わした「いまだからこそ読むべき本」をめぐるやりとりから形成されたブッククラブとともに編集した『いまだから読みたい本――3・11後の日本』を刊行し、commons で関係ができていた大友良英の「プロジェクト FUKUSHIMA」にもかかわった。

この年の初夏、ＹＭＯとしては実に三一年ぶりとなるアメリカ公演を行い、秋には、チェロのジャキス・モレレンバウム、エヴァートン・ネルソンに代わってヴァイオリニストに抜擢されたジュディ・カンとの三人でヨーロッパ・ツアーに赴き、ツアーを終えたポルトガルのポルトで、このトリオによるアルバム『THREE』（二〇一二年）をレコーディングした。ヴァイオリンが異なることもあるが、同じ楽器編成で録音された『１９９６』とは趣きがかなり違っている。何よりも、彼のピアノが違うのである。アルヴァ・ノト、フェネスとのコラボレーション・アルバムもそれぞれリリースされ、箏曲家の沢井一恵（かずえ）に委嘱されて作曲した四楽章から成る「箏とオーケストラのための協奏曲」を含む沢井のアルバム『点と面』も、コモンズからリリースされた。

二〇一二年に入ってからも、「3・11」にかかわる活動は続いた。八月には、反原発をテーマにしたロック・フェスティバル「NO NUKES 2012」が幕張メッセで二日間にわたって開催され、「ZERO LANDMINE」以来、親交のあるクラフトワークが来日し、広く知られる彼らの曲「放射能（RADIO ACTIVITY）」を、坂本龍一による日本語訳詞で演奏した（歌詞には「FUKUSHIMA」が盛り込まれた）。それだけでなく彼は、脱原発の集会に可能な限り参加し、求められればスピーチを行った。七月一六日に開かれた反原発の集会で語った、「たかが電気のために何で命を危険にさらさなきゃいけないんでしょうか？」という発言が、悪意ある者によって切り取られ、ネット上に拡散して炎上したこともあった。「たかが電気」という発言だけを取ってみれば、行き過ぎた言い方に聞こえるかもしれないが、その後を聞いてみれば、坂本龍一の真意はすぐにわかる。彼は続けて、こう言っている。

（…）いつごろになるかわかりませんけども、（…）2050年ぐらいには、電気などというものは各家庭や事業所や工場などで自家発電するのが当たり前、常識という社会になっているというふうに僕は希望を持っています。そうなってほしいと思います。たかが電気のために、この美しい日本、そして国の未来である子供の命を危険にさらすようなことはするべきではありません。お金より命です。経済より生命。子供を守りましょう。日本の国土を守りましょう。最後に、Keeping silent after Fukushima is barbaric.（福島の後に沈黙していることは野蛮だ）というのは私の心情です。

ここまで読めば、誤解の余地は微塵もないだろう。彼は電力供給を軽視してはいない。ただ、技術の進歩によって、十指にも満たない大手電力会社が電力を独占するような体制が解体され、それぞれが自分が良いと思うやり方で発電できるようになることを希求し、利益ばかりを追い求める経済活動よりも、未来ある子どもたちの命が、そして人々が暮らすこの地の自然の方が、はるかに大事だと述べているのだ。

「福島の後に沈黙していることは野蛮だ」は、『LIFE』でも引用したアドルノの言葉「アウシュヴィッツ以後、詩を書くことは野蛮である」のもじりである。だが、ネット上の炎上は続き、坂本龍一は以前からカジュアルに使用していたTwitter（現X）のアカウントを削除してしまった（私が勤めていた大学の学生の卒論のためにTwitter上で気軽にやりとりしてくれたこともあった）。同じ七月には、大飯（おおい）原子力発電所（福井県）の再稼働に対する抗議デモの音声を使った、Shing02、TOKiMONSTAとのシングル「ODAKIAS」（SAIKADO＝再稼働の逆読み）を発表、「こどもの音楽再生基金」の活動の一環として宮城県で第一回「スクール・ミュージック・リヴァイヴァル・ライブ」を開催、一〇月には『THREE』のリリースに合わせたトリオ・ライブを日本と韓国で行いつつ、同時期の第四六回衆議院議院総選挙に向けたメッセージ・サイト「政治家のみなさんへ」、統一地方選挙の立候補者に原発政策をアンケートで訊く「候補者のエネルギー政策を知りたい有権者の会」を立ち上げた。『THREE』のツアー・ファイナルの舞台は山口情報芸術センターで、同館の開館一〇周年記念イヤー（坂本龍一が総合ディレクターを務めた）のプレイベントでもあった。アート関係では東京都現代美術館（MOT）の「東京アートミーティング［第三回］／アートと音楽―新たな共感覚を求めて」の総合アドヴァイザーも務め、高谷史郎、オノ・セイゲンとのコラボレーション作品を発表、MOTではアルヴァ・ノトとのライブも行った。

二〇一三年、大島渚が没した。享年八〇。坂本龍一は弔辞を読んだ。『戦場のメリークリスマス』は間違いなく彼の人生を変えた一作である。アカデミー賞を射止めたのは『ラストエンペラー』だったが、作曲家に自由にやらせてくれた大島監督よりも先に、コントロール・マニアックなベルナルド・ベルトルッチと仕事をしていたら果たしてどうなっていただろう？　彼はうんざりして映画にかかわるのをやめてしまったかもしれない。大島とベルトルッチは重なるところもあるが、基本的には正反対の資質を持った映画作家である。その二人の巨匠と三〇代前半の若さで出会った彼は幸運だった。もちろんそれは、大島とベルトルッチにも言えることだが。この年の五月、日本では一六年ぶりとなるコンサート「Playing the Orchestra」が開催された。この時に感じた違和感がきっかけで、翌年から彼は自ら指揮しながらピアノを演奏するという「弾き振り」をするようになる。それまで数多くの映画音楽を制作してきたこともあり、作曲家・坂本龍一の最高の指揮者は、坂本龍一自身になっていた。

その他、二〇一三年には、「NO NUKES 2013」、第二回「スクール・ミュージック・リヴァイヴァル・ライブ」、そこから生まれた東北ユースオーケストラとの共演、アルヴァ・ノトとの欧州ツアー、ロンドン・ロイヤルフェスティバル・ホールでの「メルトダウン・フェスティバル」（キュレーターはオノ・ヨーコ。同フェスは毎年開かれており、一九九七年にローリー・アンダーソン、二〇〇七年にマッシヴ・アタックがそれぞれをキュレーターを務めて開催された際にも、坂本は出演している。ただし前者はYMOとして)、NHKの大河ドラマ『八重の桜』サントラ、テイラー・デュプリーとのアルバム、山口情報芸術センター(YCAM)一〇周年記念祭での、高谷史郎とのインスタレーションの展示などなど、八面六臂の活動が続いた。

坂本龍一の「愛国」

二〇一四年には非常に意義深い書物が刊行された。坂本龍一と一水会顧問・鈴木邦男との対談本『愛国者の憂鬱』である。きっかけは、官邸前で二〇一二年に行われた反原発デモに二人とも参加しており、お互いの存在を認知していたことだった。鈴木邦男の提案により、この異色の顔合わせが実現した。坂本龍一は以前から、右翼でありながら新左翼系の論者とも盛んに交流し、保守を名乗る多くの人が、日本の歪んだ原子力政策を擁護する中、反原発の立場を敢然として打ち出した鈴木に関心を抱いていた。

坂本　福島第一原子力発電所の事故が起きた二〇一一年の夏の終わりぐらいに、初めて「右からの脱原発運動」のデモがありましたね。「子供たちを救い出し美しき山河を守れ!!」という幟(のぼり)が出てきたときは「日本にも本物の右翼がいたんだ」と感動しました。我が意を得たりという感じで。それ以前は右からのそういう声が聞こえなかったので、僕自身が右翼の愛国者になって、脱原発を言わなきゃいけないんじゃないか、と真剣に思ってました。

鈴木　坂本さんが「俺こそ右翼だ」「愛国者だ」と言ってくれたら面白かったでしょうね（笑）。僕は原発に反対する方が本当の愛国者だと思ってます。

坂本　「愛国」と名乗っている人たちが、もっと脱原発を言ってくれないと困ります。

鈴木　そうですよね。右翼の中でも、「原発がなくなったら今の経済成長はどうするんだ」みたいな人もいて。僕は「それはアメリカの論理だろう」と言ってるんだけれども。右翼でも資本主義論理にどんどん侵されてますよね。

坂本　それは残念です。

（『愛国者の憂鬱』）

本一冊分の対談なので、さまざまな話題が語られているのだが、最初の方のこの箇所には坂本龍一の人となりがクリアに現れていると思う。イデオロギーではなく、経済的な損得計算でもなく、ある意味ではいたって素朴に「子供たちを救い出し美しき山河を守れ!!」と叫ぶことこそが「愛国」なのだということ。彼が「no nukes, more trees」という言葉を思いついたのは、「3・11」より五年も前のことだった。STOP-ROKKASHOもmore treesも、東日本大震災と福島第一原発事故をきっかけに始めたものではない。坂本龍一にはむしろ自分こそが「愛国者」なのだという自負があった。それはこの本の題名にも示されている。あやまった道に進もうとする国を憂う者が、真の愛国者なのである。この「愛国」の「国」は、国家＝ネーションではない。それは「故郷」とも言い換えられる、いや、故郷を遠く離れて、そこで生きることを選んだ場所のことでもいい。つまり、ここでの「愛国者」とは「愛郷者」のこと、自分の「郷＝居場所」を愛する者のことなのだ。「アウターナショナル」という、坂本龍一による造語を思い出そう。ネーションから離脱したとしても、ひとは必ず、どこかで生まれたのだし、今はどこかで暮らしているのである。自分の、かつての、現在の「居場所」を大切に考えるということに、右も左も関係ない。

ガン宣言、そして『レヴェナント』の音楽制作

『out of noise』に続くソロ・アルバムの制作も開始していた。この時点では翌年（二〇一五年）のリリースを目指していた。また、二〇一四年七月末から始まる「札幌国際芸術祭２０１４」のゲスト・ディレクターとして、展示や関連イベントの準備も行っていた（カールステン・ニコライや高谷史郎も参加していた）。だが、思いもよらないことが起こる。六月、喉の異常を感じて検査を受けたところ、中咽頭ガンと診断されたのだ。

彼は七月にこのことを公表し、ニューヨークで闘病生活に入った。札幌国際芸術祭は無事に開催された（坂本龍一はRhizomatiksの真鍋大度（だいと）とのコラボレーション作品などを発表した）が、会期中、坂本龍一が現地に姿を見せることはなかった。ニュー・アルバムの制作も中断することになった。

ガンの治療に当たって、まずは西洋医学か代替医療か、という迷いが生じた。西洋医学の限界や問題点は知っており、代替医療については、すでにかなりの知識があった。だが考えた末に、ひとまず西洋医療で対処し、「免疫力が落ちるところを代替医療でバックアップする」ことにした（『ぼくはあと何回、満月を見るだろう』）。自宅と病院を行き来するだけで、ニューヨークからほとんど出ない生活が続いた。世界中を飛び回る生活を何十年も続けてきた彼にとっては、思いがけない長い休暇となった。放射線治療の副作用は過酷だったが、NYの四季を楽しんだり、DVDで映画をまとめて観たりと、病を得なければ出来なかっただろう小さな幸せも体験した。ロンドンや伊豆に行き、馴染みのなかったハワイにも長く滞在した。二作目の伝記には、この時期のことが、穏やかな筆致で綴られている。

『ぼくはあと何回、満月を見るだろう』によると、二〇一五年四月、ニューヨークの小さなライブスペース「THE STONE」で、大友良英と行ったシークレット・ライブが、ガン宣告後の初演奏だった。彼も書いているように、ストーンは非常に小さなスペースなので、気負わずリラックスして復帰できたのだろう。ガン治療後の療養期間中だったが、彼は仕事を再開することにする。すると、メキシコ出身で国際的な評価を得ている映画監督アレハンドロ・ゴンサレス・イニャリトゥのエージェントから、現在撮影中の作品の音楽をやってもらえないかという電話が突然かかってきた（ベルトルッチの時もそうだったが、有名監督との仕事がこんなラフな感じで決まっているとは驚きである）。ガンであることは伝えたが、担当者に説得され、そのまま引き受けることになった。映画の題名は『レヴェナント：蘇えりし者』だった。

坂本龍一はイニャリトゥ監督と面識があった。『バベル』（二〇〇六年）のサントラに「美貌の青空」が使用されたのが始まりで、その時は電話で話しただけだったが、その後、二〇一〇年の彼のアメリカ・ツアーをイニャリトゥが観に来た。『レヴェナント』のラッシュ・フィルムを見るためにロサンジェルスで再会したのが二度目で、映画音楽家として正式に仕事をするのは初めてだった。マジカルなカメラワークと卓抜なストーリーテリング、アイロニカルでエモーショナルな独特の世界観で映画好きを魅了してきたこの寡作の天才映画作家は、『レヴェナント』の前作『バードマンあるいは（無知がもたらす予期せぬ奇跡）』（二〇一四年）で第八七回アカデミー賞作品賞を受賞し、まさに乗りに乗っていた。

いざ『レヴェナント』制作が始まってみると、イニャリトゥ監督は、映画の〝音〟にも尋常ならざるこだわりがあることが分かってきた。坂本龍一が担当する音楽とは別に音響効果を担うチームなどは二度、入れ替わっている。このうち最初のチームは一晩で解雇され、二番目のチームもクビになり、ようやくルーカスフィルムのチームに来てもらって落ち着いたという。

監督たちは映画館と同じ上映環境を作り、細部までとにかく徹底的にチェックしていくから、例えば戦闘シーンでインディアンが放つ弓矢の飛ぶ音はもちろん、走っている人間の財布の金具が鳴る音までも聞き逃さない。それで少しでも違和感を覚えたら、翌日までに音を作り直させるのです。

（『ぼくはあと何回、満月を見るだろう』）

映画における「音」は、撮影時に録音された生の音もあれば、後から付け加えられた人工的な音もある、いわばリアルとアーティフィシャルの複雑な編み物のごときものである。イニャリトゥ監督は映像表現に並々ならぬこだわりを持つ映画作家だが、同時におそろしく〝耳の良い〟映画作家でもある。『レヴェナント』には、そんなイニャリトゥの鋭敏な聴覚センスが、あらゆる場面の隅々まで遺憾なく発揮されている。

「音楽」だけでなく「音響」にこだわる監督が、「調べ」から「響き」に重心移動した坂本龍一に、向こうの方から近づいてくるとは、偶然とは思えない出来事だが、実はこの時期、彼は吉永小百合主演、山田洋次監督の『母と暮せば』の音楽も並行して作っていた。こちらは、ガンを公表する前から決まっていた仕事だったが、その作業を進める中で、イニャリトゥ監督の要求が非常にハードで、しかも彼は病み上がりどころか闘病の真っ最中だったから、尋常でない大変さである。その上、『レヴェナント』はアカデミー賞を狙うため、二〇一五年中に劇場公開しなければならず、しかも二時間半を超す長尺の作品だったため、必要とされる曲が増えていった。締め切りが近づくにつれて彼は、時間的に追い込まれていった。

昔は16時間ぶっ続けで仕事をしてもへっちゃらで、還暦を超えてからも12時間は集中できたのに、やはり病気後の体力では6時間が精一杯。それでも終わらないから、無理して8時間、青ざめながら作業をしているという状態でした。(…)/(…)これはひとりではもうどうしたって間に合わないと判断し、親友のカールステン・ニコライに助けを求めました。いつもは忙しいカールステンは、たまたま運よくその時期ぽっかりとスケジュールが空いていて、ぼくの無理を聞き、すぐにラップトップを持ってロサンゼルスまで駆け付けてくれた。幸い、彼のシグネチャーである電子音での加工は、イニャリトゥのイメージにもうまくハマりました。（同前）

こうして「親友」の助けを得て、『レヴェナント』のサントラは何とか完成した。この映画の音楽担当が「坂本龍一／アルヴァ・ノト」と連名になっているのは、そのためだ。残念ながらこの作品はアカデミー賞を受賞できなかったが、坂本龍一とカールステンはともにゴールデングローブ賞の授賞式に出席し（こちらも受賞はならなかった）、その模様は日本のニュースでも取り上げられた。『ぼくはあと何回、満月を見るだろう』の中で、彼はこの時の体験を「生まれて初めての挫折」と呼んでいる。納期には間に合わせたのだし、映画を観てもサントラを聴いても、そこまで自分を責めることはないと思うのだが、本人は体力的にもっと頑張れなかった自分を不甲斐なく思う気持ちがあったのだろう。だが『レヴェナント』の音楽は、まさに「調べから響きへ」の変化が刻印された素晴らしい仕上がりである。アイスランド出身のチェリスト、ヒドゥル・グドナドッティルをフィーチャーした荘厳なオーケストレーションと、アルヴァ・ノトのけっして楽音に溶け込むことのないサイン・ウェイヴが、微細で印象的な干渉を惹き起こすという、雄大かつ斬新なサウンドになっており、彼の過去の映画音楽とは一線を画すものになっている。イニャリトゥとの仕事は、彼にとっては悔いの残るものではあったが、これ以降の坂本龍一の映画音楽にも大きな影響を与えた。たとえば、すぐ後に手がけた李相日（リ・サンイル）監督の『怒り』（二〇一六年）は、明確に『レヴェナント』以後の音作りになっている。

「非同期」の音楽、『async』

さらに驚くのは、並行して制作が進められていた『母と暮せば』のサントラを聴いた時である。『ぼくはあと何回、満月を見るだろう』では「あえて凡庸に仕上げ」たと述べているが、一聴して坂本龍一の曲だとわかる優しい光に満ちた旋律が、オーソドックスなオーケストラによって奏でられる。これを「凡庸」と呼ぶなら、世の多くの映画音楽は凡庸ということになってしまうだろう。ともあれ、この二作のサントラによって、ほとんどなし崩し的に彼は仕事に復帰した。解禁してしまえば次々と仕事は舞い込んで来るし、幾らでもやることはある。彼は再び多忙な日々に帰っていった。だが、何と言っても最優先すべきは、中断していたソロ作である。アルバム『async』は、二〇一七年三月二九日にリリースされた。

「async」とは、「非同期 = asynchronization」の略称である。中咽頭ガンと診断される前に作っていた曲は全て破棄され、あらためてイチから制作されたという。私はこの頃には音楽ジャーナリズムから遠ざかっており、インタビューの機会はなかったが、音源を聴かずにニュー・アルバムの内容を「予想」するというcommonsのアンケート企画には参加した（『async』ではメディアに試聴盤を配布せず、リリース当日まで内容を極秘にするという異例のプロモーションが行われた）。以下が、その回答である。

予想

1．まったくの妄想ですが、完全な純邦楽アルバム（邦楽器しか使用されていない）、にもかかわらず、そこには坂本龍一のこれまでのありとあらゆる音楽性をそこかしこに聴き取ることが出来る。

2．まったくの妄想ですが、完全な歌ものアルバム。しかも本人によるピアノ弾き語り。

3．まったくの妄想ですが、完全なジャズ・アルバム。

もちろん、当てようと思って書いたのではなかったが、単なるネタというわけでもなかった。できることなら、こんな三枚を私は聴いてみたかった。

ともあれ現実の『async』は、アコースティック／オーガニックな音に急速に接近した『out of noise』を更に推し進めた作品になっている。坂本龍一は前作と同じく、演奏にデジタル機材を使用しておらず、アナログ・シンセサイザーとピアノのほか、前作よりも抽象度を増したさまざまなフィールドレコーディング、クリスチャン・フェネス（ギターとコンピュータ）、石川高（笙）、本條秀慈郎（三味線）、デヴィッド・シルヴィアン（声）など数人のゲスト・ミュージシャン、ベルナルド・ベルトルッチやカールステン・ニコライに朗読してもらった曲、パーカッションのアンサンブルやシアトルのセッション・オーケストラをフィーチャーした曲もあるが、基本的に極めて簡素な体制で制作されている。

アルバムは、くぐもったピアノの音色が印象的な「andata」から始まる。途中から、飛びすさぶ嵐のような空間音とともにパイプオルガンが入って来る。坂本龍一のバッハへの積年の思いを感じさせる曲である。「disintegration」は、演奏空間がそのまま生け捕られたかのようなプリペアド・ピアノの爪弾きと、アナログシンセの響き。「solari」もバッハを思わせる曲調で、古いレコードのようなサーフェス・ノイズを伴いながらアナログシンセが奏でられる。「ZURE」もアナログシンセが主体で、カールステン的なクリックやピアノ（東日本大震災で被災した宮城県農業高等学校の「津波ピアノ」）が重なってくる。「walker」は、タイトル通り森の中を枯葉を踏みしめながら歩くフィールドレコーディングに、ハリー・ベルトイア（後述）の音響彫刻（Sound Sculpture）の音。「stakra」は、シンセが同じフレーズを反復するミニマルミュージックだが、まるでポータブルレコーダーで録ったかのような生々しさがある。「ubi」では、クリックとピアノの共演。このアルバムの中ではかなり「音楽的」な曲で、やはりバッハを想起させるが、ニルス・フラームやフランチェスコ・トリスターノなどポストクラシカルと呼ばれる潮流に近い雰囲気もある。「fullmoon」は、『ぼくはあと何回、満月を見るだろう』という題名の元となるポール・ボウルズの小説『シェルタリング・スカイ』の一節を、ベルトルッチ監督の同名作品のラストでボウルズ自身が口にするシーンのサンプリングに続き、ベルトルッチがイタリア語で、カールステン・ニコライがドイツ語で、セルゲイ・ミハイロフがロシア語で、というように出身地がバラバラな一〇人の友人たちが、それぞれの言語で朗読する（だが日本語はない）。ガラスのシンギングボウルの音も入っている。タイトル曲の「async」は、いきなりかき鳴らされるストリングスに意表を突かれる現代音楽的な曲。「tri」は、小さな鐘を叩く音が重なっていき、最後にパーカッシヴにデジタル・コラージュされる。「Life, Life」では、坂本龍一が長年敬愛する映画監督アンドレイ・タルコフスキー(アルバムの当初のアイデアは「架空のタルコフスキー映画のサウンドトラック」だった)の父でウクライナの詩人アルセニー・タルコフスキーの詩の英訳をデヴィッド・シルヴィアンが朗読する。ピアノの旋律は、これぞ坂本龍一という儚い美しさ。石川高の笙も聞こえる。「honj」は、タイトルにあるように本條秀慈郎の三味線が、雨の音、シンセの響きと溶け合う。この曲と「Life, Life」には、ベルナール&フランソワ・バシェ(バシェ兄弟)の音響彫刻の録音が使われている。「ff」は、アナログ・シンセが織り重なり広がってゆくアンビエントな曲。そして最後の「garden」は、シアトルのノースウェスト・シンフォニアの演奏だが、まるでアナログ・シンセの重奏のように聴こえる。

アルバムのセルフ・ライナーノート(「あまりに好きなので、誰にも聴かせたくない」という一文が宣伝で盛んに使われた)に、彼はこう記している。

・朝、起きてすぐ、頭で鳴っている音をアナログ・シンセサイザーで表すこと。
・バッハのコラールを、薄霞のかかった音色にアレンジすること。まるで規則のないように見える霧の動きの中から、厳密な論理が姿を見せてくるように。
・事物(もの)の音を収集すること。
・環境音を収集すること。雨の音、廃墟の音、雑踏の音、市場の音、(ママ)
・一つのテンポにみなが合わせるのでなく、それぞれの音パートが固有のテンポをもつ音楽を作ること。

（『async』ライナーノート）

『async』というアルバムの特徴は、以上の覚え書きに端的に説明されている。レコーディング・スタジオのように整備された環境とは異なる、彼自身の生活や人生と結びついた空間で鳴らされるアナログシンセと、世界の物音としてのフィールドレコーディング、特にアナログシンセは、今回の主役と言ってよいだろう。独特のくぐもった質感を持つアナログシンセが、バッハを思わせる典雅で哀調を帯びた旋律を奏でる、電子音によるバロック音楽。

それから音響彫刻。パリ出身のバシェ兄弟は、武満徹の依頼によって一九六九年に来日し、ガラスや鉄などを用いた楽器としての彫刻作品を制作、一九七〇年の大阪万博の鉄鋼館に展示された。万博終了後は倉庫に放置されたままだったが、修復されたうちの三基は、万博記念公園（大阪府吹田市）にある記念館「EXPO'70パビリオン」（旧鉄鋼館）に展示されている。坂本龍一は、京都市立芸術大学が修復した音響彫刻を録音し、このアルバムに使った。音響彫刻は、音楽を奏でるというよりも、ただ音を発するものである。だがそれを耳にする者は、そこに「音楽」を聴き取る。「規則のない」はずの不定形に、ひとはかたちを、「緻密な論理」を読み取る。かたちのなさとかたちの見いだしは、それを捉える者の意識と認識によって移り変わる。彼はこのことを、アルバムのテーマにしようとしたのだろう。

「walker」でその音響彫刻が使用されたハリー・ベルトイアは、イタリアに生まれアメリカで活動したアーティストである。大学で同窓だったイームズ夫妻とともに前衛的な家具デザイナーとしても有名だが、金属加工の技術を活かした一連の巨大な音響彫刻「ソナビエント＝SON（音）＋AMBIENT」を発表、七〇年代にリリースされていたソナビエントの録音を収めた一枚のレコードがCD化されると、一部の音楽マニアの間で旋風を巻き起こした（私も夢中になった）。坂本龍一は、マンハッタンの美術館にソナビエントが展示されていることを知り、録音に赴いた。「このベルトイアの彫刻たちは素晴らしい音響を発するので、ぼくのアルバムはもうこの音だけで充分なのではないかとさえ思う」とライナーに記している。確かにベルトイアの音響彫刻は、このアルバムの中で強い存在感を放っている。とはいえ、それだけではソナビエントの作品になってしまう。彼がしたかったのは、ソナビエントと同じ効果を、ベルトイアの音響彫刻以外の手段を使って（も）現出させることだった。

彼はライナーで、続けて次のように述べている。

> 正確に言うと、アルバムは完成したのではなく、ここまでにしておこうというタイミングを計って筆を下ろしたのだ。
> 一筆書きの良さが、上から色をつけたり余白を埋めたりしているうちにどんどん失われていき、それに気がついて、重ねたものを剝ぎ取っても、すでにそれが初めにもっていたアウラは失われている。今回のアルバム制作では非常に神経をとがらせて、それぞれの曲の筆の下ろしどころを見計らっていた。

『async』は「非同期の音楽」（同前）をテーマにしたアルバムであり、実際、多くの曲で複数の要素が同期することのないまま共存させられているのだが、それと同時に、以前から生じていた「不定形の音楽」への欲望も強く働いていると思える。レコーディング技術、音楽制作のテクノロジーの進化とともに、ひとつの曲を完成させることは、そうしようと思えばいつまでも先延ばしが可能な、いわば無限を内包する作業になった。だが多くの場合、それは「やれることが無数にある」という選択可能性の増殖によるものであり、すなわち足し算や掛け算の発想なのだが、ここで彼が言っているのは、引き算の発想、あるいは計算の否定である。加算でも乗算でも減算でもない、音を、何かの響きを、そこに、ここに、置く、ということ。『async』で彼が立ち至ったのは、このような境地だった。

「非同期」とは、音楽的な意味だけではないだろう。ここには、「同期しない連帯、非同期の共闘は可能か?」という真摯にして困難な問いかけが存在している。「async」という言葉は、アウトナショナルとも、社会活動とも繋がっている。

『async』は、通常のCDとは別に5.1chのサラウンド・ミックスも作られ、リリース後まもなく東京・青山のワタリウム美術館で始まった「坂本龍一:設置音楽展」で、高谷史郎が映像を付けたオーディオ&ヴィジュアル・インスタレーションとして展示された(このヴァージョンはのちに『async surround』としてBlu-ray化されている)。この展覧会では、高谷以外のアーティストが『async』の曲をもとに制作した映像作品も上映されたが、中でも話題になったのは、タイの映画監督にして美術作家のアピチャッポン・ウィーラセタクンの「first light」である。以前から面識はあったが、二〇一六年の秋に東京都写真美術館の個展(私もカタログに論考を寄せた)の開催に合わせてアピチャッポンが来日した際に再会し、もし気が向いたら何か作ってくれないかと、まだ完成していない『async』の音を渡してあった。「first light」は、「disintegration」と「Life, Life」を繋げた約一〇分のサウンドに映像を付けた作品で、彼の音楽とアピチャッポンのリアルかつアンリアルなイメージ映像が見事な相乗効果を生み出している（その後、坂本龍一は、アピチャッポン・ウィーラセタクンが国際芸術祭「あいち2022」からの委嘱で制作した初のVR作品『太陽との対話（VR）』の音楽も担当している）。

「設置音楽展」には、坂本龍一が昔から大ファンだった「もの派」の代表的アーティスト・李禹煥（リ・ウファン）が訪れた。初対面だった。この出会いが『12』のジャケットの作品に繋がることになる。

『async』のセルフ・ライナーノートは、こんな言葉で終えられている。

'async'のような音楽に正解はないので、ぼくが出した答えは100パーセント恣意的なものだ。
例えば、まだ登ったことのない山に地図もなく登るようなもの。
一つの山を越えると、次の山が見えてくる。
それがいつまで続くのか自分には分からない。

それがいつまで続いたのか、今の私たちにはわかっている。

第六章

彼の最後の歌

二〇二一年一月、坂本龍一が直腸ガンであること、すでに東京都内で手術を終え（二〇時間に及ぶ大手術だったという）、これから長期間の療養に入ることが発表された。二度目のガンは、前年の六月には検査で判明していたが、その事実を伏せたまま彼は仕事を続けていた。最初の中咽頭ガンは放射線治療が功を奏して無事寛解し、それからは——二〇二〇年以降は新型コロナウイルスによって状況が変わったが——以前と変わらぬ忙しい日々を送ってきた。だが、今回は放射線治療と抗ガン剤を併用したにもかかわらず病状は刻々と進行し、二〇年末にはリンパや肝臓にも転移していることがわかった。医師からは半年の余命宣告を受けた。それは当たらなかったが、彼はその後、二年と少ししか生きられなかった。

病と闘いながら

『ぼくはあと何回、満月を見るだろう』には、闘病の日々と、その中で彼の内に去来したさまざまな想いが赤裸々に綴られている。二〇一八年には三本の映画のサントラを担当したベルナルド・ベルトルッチが逝っていた。一度目のガンを経て、彼の死生観は変化していたことだろう。だがそれにしても、まさかこんなに早く別のガンに罹（かか）ってしまうとは、予想だにしなかったに違いない。

『async』のリリース後、二〇一七年四月末には数年間撮影が行われていたスティーヴン・ノムラ・シブル監督による坂本龍一のドキュメンタリー映画『Ryuichi Sakamoto: CODA』が、ニューヨークの映画祭でプレミア上映された。撮影は中咽頭ガンが発覚する前から始まっていたが、途中からひとりの偉大な音楽家のドキュメンタリーということだけでなく、病いとの共生が重要なテーマになっていった。彼は「CODA＝終章」というタイトルに最初は難色を示したという。まだ「終章」のつもりはない、彼は当然、そう思ったことだろう。だが他に代わる良いタイトルがないということで、最終的に受け入れた。

その後、『戦場のメリークリスマス』（一九八三年）からすでに三五年になろうとしていた映画音楽家としてのキャリアにおいて、初の韓国映画『天命の城』（ファン・ドンヒョク監督）のサントラの仕事があり（前後して韓国制作のアニメ映画『さよなら、ティラノ』の音楽も担当している）、年末には、子どもの頃から一番好きなピアニスト、グレン・グールド（一九八二年没）の生誕八五年と、その母国カナダの建国一五〇年を記念したイベント「グレン・グールド・ギャザリング」のキュレーターを務め、カナダ大使館の隣にある草月ホールで、アルヴァ・ノト、フェネス、フランチェスコ・トリスターノ、坂本龍一の四人がグールドの音楽を「リモデル／リワーク」するスペシャル・ライブをプロデュースした。二〇〇七年に彼は、映画『SILK』（フランソワ・ジラール監督）のサントラの仕事でカナダに行った際、亡きグールドのスタジオを訪ね、グールドのピアノを弾いて録音したこともあった（彼はジョビンの自宅のピアノも弾いた。こういうファン気質も坂本龍一の一面である）。

そしてこの頃から、『LIFE』に続く二作目の「オペラ」を構想し始めていた。『async』での高谷史郎とのインスタレーションやオーディオ＆ヴィジュアル・パフォーマンスの経験を踏まえ、やがてそれは「オペラ」ではなく「シアターピース」と呼ばれるようになり、漠然と『LIFE 2.0』と呼んだりしていたタイトルは『TIME』に決まった。そう、もはや坂本龍一にとって最大のテーマであると言ってよい「時間」である。

二〇一八年には、韓国のソウルに出来た新しいアートスペース「piknic」のオープニングとして、大規模な個展『坂本龍一・特別展LIFE、LIFE』が開催された。韓国はナム・ジュン・パイク（二〇〇六年一月没）の母国である。piknicでは、『LIFE-fluid, invisible, inaudible...』『async』のインスタレーションに加えて、パイクと共作した過去作も展示された。八〇年代以降、坂本龍一はたびたび韓国を訪ね、二〇〇〇年にはソウルで大規模なコンサートも行っていた。韓国映画『天命の城』の音楽も手がけたばかりだった。近年は韓流ドラマも好んで観ていた。そんなこともあってか、ガンの手術後の一時的なせん妄状態の時、東京の病院なのに韓国の地方都市の病院にいると思い込み、看護師に拙い韓国語で話しかけようとしたこともあったと、『ぼくはあと何回、満月を見るだろう』には記されている。

この年にはその後、ベルリン、バルセロナ、ロンドン、釜山、オーストラリア、北京、日本と世界各地を飛び回り、アルヴァ・ノトや細野晴臣らと共演した。ロンドンでは、先進的な音楽&アートのイベント「MODE」（二〇二三年には日本でも開催された）に参加し、現代美術アーティストの毛利悠子（ゆうこ）、空間現代、goatという二組のバンド（ちなみにこの二組はどちらもHEADZからデビューした）をそれぞれ推薦し、彼（女）らの海外進出のきっかけを作った。坂本龍一と空間現代は、共作シングル『Zureru』もリリースしている。

二〇一九年に入ると、「設置音楽展」以来、交流が生まれていた李禹煥がフランスのメスで開いた個展の音楽を手がけたほか、二年ぶりの開催となる「NO NUKES」に出演、トークや大友良英とのデュオなどを行った。シンガポール国際芸術祭でのソロ・パフォーマンス、高谷史郎の新作舞台『ST/LL』への音楽提供、蔡明亮（ツァイ・ミンリャン）監督の『あなたの顔』と半野喜弘監督（この頃には、音楽家から映画監督に転向していた）の『パラダイス・ネクスト』のサントラ制作、そして『CODA』の公開に合わせて台湾にも行った（オフには台湾の先住民族ブヌン族の居留地を訪ねた）。more trees、そして東北ユースオーケストラとの活動も続けていた。水俣における公害被害を撮った写真家ユージン・スミスをジョニー・デップが演じた映画『MINAMATA』（アンドルー・レヴィタス監督）の音楽も担当し、秋にLAで行ったピアノ・ソロ・コンサートでは、前年に亡くなったベルトルッチに捧げた新曲「BB」を披露した。

秋以降は、シアトルを拠点とするNPO「Music of Remebrance」（MOR）の委嘱による弦楽四重奏曲「Passage for MOR」の初演、シンガポール・ビエンナーレへの参加、アルヴァ・ノトとのローマ公演、玉川髙島屋S・C開業五〇周年記念の more trees のイベント「love and trees」、山下洋輔トリオの結成五〇周年記念ライブへの飛び入り参加、熊本地震からの復興を祈るイベント「Ryuichi Sakamoto presents: reconnect」に、東北ユースオーケストラのメンバーと熊本市の若者たちで構成された「熊本ユースシンフォニーオーケストラ」、吉永小百合とともに参加するなど、相変わらず国内外を飛び回る生活が続いた。

そして二〇二〇年、新型コロナウイルスが世界を襲った。年が明けてまもなく、坂本龍一は沖縄県名護市辺野古に向かい、埋め立て工事が続く海を視察し、翌日は宜野湾市の沖縄コンベンション・センターでの吉永小百合とのチャリティ・コンサートに臨んだ。同地ではオキナワチャンズ～ネーネーズのメンバーだった古謝美佐子とも再会し、吉永、古謝、沖縄の子どもたちとともに「てぃんさぐぬ花」を演奏したという。その後、ベルリン国際映画祭での『MINAMATA』初上映に立ち会い、長年の友人であるローリー・アンダーソンの、ニューヨークでのトリビュート・イベントに参加した。

新型コロナウイルス感染症（COVID-19）の最初の患者が肺炎を発症したのは、中国の武漢だった。コロナが急速に蔓延する中国の人々に向けて、彼は演奏や映像でメッセージを送った。だが、その後、誰もが覚えているように日本もコロナの波に襲われ、坂本龍一の予定も次々と延期・中止された。最初の緊急事態宣言が発出される直前の四月頭には、無観客の配信コンサートを東京で行った。

その後、ニューヨークに戻ったが、アメリカの感染状況は日本よりも酷かった。それでも苦心しながら彼は、出来る仕事、やるべき仕事を進めた。安達寛高（乙一）の原作、天野喜孝のキャラクターデザイン、サトウユーゾー監督によるNetflixのスペースホラーSFアニメ『exception』の音楽はそのうちの一つである。この頃に直腸ガンと診断され、治療を始めていたが、それでも仕事は続けた。高谷史郎とのコラボレーション『TIME』の準備も進めていた。パンデミックの中、自主隔離を挟んで日本に来て、京都市立芸術大学が所蔵するバシェ兄弟の音響彫刻を『TIME』のためにあらためて録音したりもした。ピアノ・コンサートの配信を二度行い、オンラインのトークイベントにも幾つか出演した。緊急事態宣言の合間を縫って開催された、大貫妙子の久々のソロ・コンサートに客演し、『UTAU』以来四年ぶりに二人でピアノと歌を披露した（これが最後の共演になった）。

リリースは翌二〇二一年になるが、坂本龍一とつんく♂が共同制作し、YU-KI（TRF）、hitomi、ピコ太郎、河村隆一、ISSA（DA PUMP）、鈴木亜美、持田香織（Every Little Thing）、倖田來未、鬼龍院翔（ゴールデンボンバー）、大野雄大＆花村想太（from Da-iCE）、FANTASTICS from EXILE TRIBE、小児ガンを克服した子どもたちを中心とするLECこども合唱団などが参加したチャリティ・ソング「My Hero〜奇跡の唄〜」の作曲もした。この企画は最初、坂本龍一ひとりに来たものだったが、同じガン患者として、以前から交流のあったつんく♂に彼が声を掛けて実現したものだった。二人の接点はこの時が最初で最後だった。

二〇二一年、東京で闘病生活を送りながらも彼は、『exception』のサントラ制作、何本かの映画音楽、コミッション・ワーク、北京の私設美術館「木木芸術社区（M WOODS HUTONG）」で三月に開催される過去最大規模の個展「坂本龍一：观音听时｜Ryuichi Sakamoto: seeing sound, hearing time」の詰め、そして六月にオランダのアムステルダムで開催される国際舞台芸術祭「ホランド・フェスティバル」で初演される『TIME』の仕上げと、幾つもの仕事をこなしていった。北京もアムステルダムも現地入りすることはかなわなかったが、彼は〝遠隔操縦〟で先頭に立って働いた。高谷史郎らコラボレイターやスタッフの熱意と働きもあり、個展も『TIME』も大成功に終わった。七月には「東風（Tong Poo）」をコムデギャルソンの副社長Junya Watanabeのショー用にリメイクし、その時のヴァージョンが二〇二二年一二月の配信コンサートで披露されたピアノ・ソロ版「東風（Tong Poo）」の原型になった。

「いま時間が傾いて」

二〇二二年一月一七日、坂本龍一は七〇歳になった。古希である。ガンの経過は思わしくなかったが、コロナで中止が続いていた東北ユースオーケストラの定期演奏会が三年ぶりに開催されるに当たり、彼は参加を表明した。だが、三月に東北地方を襲った福島県沖地震のせいで、東北三県で予定されていたコンサートは盛岡公演のみとなり、交通事情のせいで彼は盛岡に行くことができなかった。それでも、リモートで熱心にリハーサルに参加し、この年の初頭には完成していた書き下ろしのオーケストラの新曲「いま時間が傾いて」の世界初演が行われた。そして、東京のサントリーホールでの三月二六日の公演では、東北ユースオーケストラと坂本龍一のピアノによる「いま時間が傾いて」の演奏が実現した。聴衆の前で彼がピアノを弾いた、これが最後の機会となった。「いま時間が傾いて」という曲名は、ドイツの詩人リルケの最初の詩集『時禱集(じとうしゅう)』第一部の詩句から取られたものだ。これを詩人の尾崎喜八が次のように訳した。

時間は傾いて私に触れる、
澄んだ、金属的な響きを立てて。
私の感覚がふるえる。私は感じる、私にはできると——
そして私は造形的な日をつかむ。

この詩について彼は、「普通に解釈すれば、教会の鐘が鳴り響く様子をリルケは描いたのだと思うけれど、尾崎喜八はそれを「時間は傾いて私に触れる」という日本語に置き換えました。（…）ぼくはこの独特の言語感覚が面白いなと思って、曲のタイトルに使わせてもらいました」と述べている（『ぼくはあと何回、満月を見るだろう』）。

つまり、「いま時間が傾いて」という曲名には、その後に続く「私に触れる」が隠されている。この「私」とは坂本龍一自身であり、この曲を演奏する東北ユースオーケストラの少年少女たちであり、それを聴くコンサートの観客であり、それ以外の私たち全員でもある。『ぼくはあと何回、満月を見るだろう』でも触れられているが、この曲は11拍子という比較的珍しい拍子が取り入れられている。「「3・11」をきっかけに誕生したオーケストラだから、追悼の意味も込めて、どうしても11という数字にこだわりたかった」（同前）。拍子とはすなわち、時間の分割である。11拍子によって、音楽もこちらに傾いてくる。時間芸術としての音楽への関心は、具体的な日付を持った悲劇と繋がっている。ただ、11拍子というのは普段はあまり使われることがなく、リズムを摑むのはそう簡単ではない。だから、この曲を演奏する子どもたちに対して、「ちょっと申し訳ない気持ちにもな」ったと述懐している（同前）。この曲を作曲したとき、彼の第二の大病、不治の病となる直腸ガンはまだ判明していなかった。

「時間は幻想である」――『TIME』

題名からしても、「いま時間が傾いて」と『TIME』が、テーマ的に連関していることは確かなことだろう。時期的にも重なっている。過去と現在とが混じり合いながら展開する夢幻能の影響を受けて作られた『TIME』では、舞踏家の田中泯と笙奏者の宮田まゆみがパフォーマンスを繰り広げる。水が張られた舞台の背後にあるスクリーンには、気象システムや都市などが映し出され、「夢の世界」が展開していく。

> 泯さんは水場を渡るためのまっすぐな道を作ろうと挑戦し続け、人類を象徴する。対して宮田さんは、笙を持ちながらいとも簡単に水場を渡り、自然を象徴する。ストーリーがあってないような作品なので結末を明かすと、泯さん演じる人類はどうにかして水、つまり自然を征服しようと試みるものの、最後には大洪水に呑み込まれ、死んでしまいます。ぼくは人類と自然にまつわる神話を描いてみたかったのでした。（同前）

『TIME』は、文字通り「時間」を中心に据えているが、テーマとしては、彼の近年の最大の関心事である「人類と自然にまつわる」問題、すなわちエコロジーを扱っている。前掲書で彼は、続けてこう述べる。

武満徹さんは『遠い呼び声の彼方へ』所収の「時間の園丁」で、「無限の時間に連らなるような、音楽の庭をひとつだけ造りたい。自然には充分の敬意をはらって、しかも、謎と暗喩に充ちた、時間の庭園を築く」と書いています。要するに、彼は無限の時間のような音楽を作ろうとしたわけですが、ぼくが『TIME』に込めたのは、武満さんとは似て非なる「時間は幻想である」というメッセージでした。『TIME』というタイトルを掲げ、あえて時間の否定に挑戦してみた。（同前）

学生時代には敵視したことさえあった武満徹という作曲家への評価を、坂本龍一はほどなく全面的に変更し、先行する日本の作曲家、いわば思想家でもあるような作曲家として、深い敬意を持って接してきた。だが、ここで彼は、武満と自分の違いを強調している。武満が生きた時間と彼が生きていた時間は、重なる部分はあっても色々な意味で異なっており、それはそれぞれの時間論、音楽観、世界観に影響を与えることにもなった。端的に言って坂本龍一は、武満徹のように「無限の時間」を前提とすることはできなかった。無限とは、概念上にしか想定し得ないものである。「今」から直線的に延びていく時間に限りがないという信憑は、要するに何となくそう思い込んでいるだけのことであり、物理学的な厳密さに照らすなら、確かなこととは到底言いえない。なるほど、音楽史を振りかえってみれば、非常に長い曲が幾つも存在している。その最たるものは、ジョン・ケージの「Organ²/ASLSP」だろう。ASLSPとは「As Slow as Possible」の略であり、譜面の解釈によって無限に演奏が可能とされている。ドイツのハルバーシュタットにある聖ブキャルディ廃教会では、六三九年以上かかるとされる自動演奏が二〇〇一年に開始されている。だが、それはやはりコンセプチュアルな、観念的な営み／試みと呼ぶべきだろう。実際には、すべての音楽、あらゆる曲は、有限の時間の中で奏でられ、聴かれるのであり、そうであるしかない。

それだけでなく、「人類と自然」について真摯に考えるなら、気候変動や地球環境という点で、今や無限の時間が人類に残されているとは到底言えまい。そもそも、ひとりの人間が持てる時間は長くてもせいぜい一〇〇年ほどに過ぎない。それは明確に有限である。「ASLSP」を最後まで聴ける生命体はこの星には存在しない。武満徹は一九九六年に六五歳で亡くなった。武満の人生の時間は坂本龍一よりも短かったのだ。

だが坂本龍一は、時間の有限性の表現（ちなみにジョン・ケージは、時間の有限性の表現についても追究した）には向かわなかった。そうではなく、彼は時間の裏をかこうと考えた。そこで出て来たのが「時間は幻想である」という考えであり、その道具が「夢」である。「では、なぜ「夢の世界」を描いたのか。それは、夢では時間というものの特性が破壊されるからです」（同前）。夢の時間、それは夢幻劇である能という形式とも繋がる。夢には主観的な（複数形の）時間が畳み込まれている。無限への志向とは別の仕方で、私たちが時間と呼んでいる何かを、いわば解きほぐすこと。

二冊目の自伝によると、『TIME』が「シアターピース」である以上、現実の時間軸において上演されるしかないということに、彼は矛盾を感じてもいたようだ。だがしかし、そこで「有限性の否定」に向かおうとすると、またもや「無限という観念」を招き寄せざるを得ない。これはパラドックスである。だからこそ、どこまでいっても「無限の不可能」であるしかない時間芸術に踏みとどまり、試行を続けるしかない。

二〇二二年四月、この年の二月に始まったロシアによる軍事侵攻によって甚大な被害を被ったウクライナへのベネフィット・コンピレーションに参加し、ウクライナのヴァイオリニスト、イリア・ボンダレンコと「Piece for Illia」を共同制作した。破壊された建物の瓦礫の前でヴァイオリンを弾くボンダレンコの姿は、YouTubeで全世界に拡散された。

『新潮』二〇二二年七月号から、『ぼくはあと何回、満月を見るだろう』の連載が始まった。聞き手は『音楽は自由にする』の時と同じく編集者の鈴木正文である。二冊目の「自伝」が「遺著」になるかもしれないということを、彼は意識していたに違いない。だが、連載の最終回が掲載された『新潮』二三年二月号が発売されたこの年の一月、彼は生きていた。本として出版されたのは没後になったが、坂本龍一は自分の後半生を振り返りつつ「ガンと生きる」(同書)日々を語ったこの連載を、自ら読み終えることができた。

二〇二二年一一月、コンピレーション・アルバム『A Tribute to Ryuichi Sakamoto —To the Moon and Back』がリリースされた。アルヴァ・ノト、デヴィッド・シルヴィアン、コーネリアス、フェネス、大友良英、ヒドゥル・グドナドッティルといった長年の友人やコラボレイターに加えて、ザ・シネマティック・オーケストラ、サンダーキャットなど、総勢一三のアーティストが坂本龍一の曲を「リモデル」(この語は彼が、イベント「グレン・グールド・ギャザリング」で提示したものだ)したアルバムである。これに前後して、同年一二月一一日に坂本龍一のソロ・ピアノ・コンサートがオンライン配信されること、翌二三年一月一七日、彼の七一回目の誕生日にニュー・アルバム『12』

がリリースされることが発表された。

二年前の配信ライブは好評だったが、本人としては幾つかの点で不満が残った。そこで今回は、困難な状況の中、できる限り万全の準備をして演奏と撮影に臨んだ。収録は二〇二二年九月から、体の状態を見ながら断続的に行われた。スタッフだけでも総勢三〇名ほどになる大所帯で、4Kカメラを三台用いて撮影することにした。「この形式での演奏を皆さんに見てもらうのは今度こそ最後の機会になるだろうという気持ちで、緊張しつつ一日あたり数曲ずつを丁寧に収録していきました」（『ぼくはあと何回、満月を見るだろう』）。この言葉からも、彼がこの配信ライブをどれだけ重視していたかが分かる。

彼の最後の「Playing the Piano」は、一二月一一日の日本時間深夜零時から、世界約三〇カ国に向けて有料配信された。ＹＭＯの「東風」の初ピアノ・ソロ・ヴァージョンもあれば、有名曲、代表曲、即興的なアレンジの曲もある中、『12』収録の新曲「20220302 - sarabande」も演奏された。ストリーミング・ライブとはいえ、こだわり抜いた音響／録音と、陰影に富んだモノクローム の映像によって、一級の芸術品と呼ぶべき仕上がりとなった。その中で、「Merry Christmas Mr.Lawrence」が後日、YouTubeにアップされており、現在も視聴することができる。配信で披露されたのは一三曲だったが、全二〇曲の長編コンサート映画『Ryuichi Sakamoto | Opus』として（こちらのプロジェクトの方が先だった）新たに編集され、二〇二三年秋の東京国際映画祭でプレミア上映された。監督は、坂本龍一の子息にして注目の映像作家、空音央である。

「Ryuichi Sakamoto Playing the Piano 2022」の配信後、続けてニューアルバム『12』の全曲スト

リーミング配信が行われた。だが私はそれを聴かなかった。最初はＣＤで聴きたいと思ったのだ。

最後に残してくれた歌、『12』

二〇二三年一月一七日、坂本龍一の生前最後になったアルバム『12』がリリースされた。「全12曲となったのは偶然ですが、この数字は近年ぼくがこだわり続けてきた「時間」という概念を象徴していますね。一年は12ヶ月ですし、時計のインデックスも12。さらに東洋には十二支というものもある。ぼくたちは普段10進法を使って生活していますが、どうも時間を認識するときだけは12進法が取られるようです」（『ぼくはあと何回、満月を見るだろう』）。

ここで彼は「時間」概念について、「近年こだわり続けてきた」と述べているが、実のところ、もっと遡ることができる。たとえば二〇〇七年、浅田彰がモデレーターを務めたＹＣＡＭでのアーティスト・トークで彼は、「25年ぐらい前からずうっと」「時間」のことが気になっていたと述べている（四三三頁参照）。四半世紀前というと一九八二年だから、「い・け・な・いルージュマジック」をリリースした年である。この年、彼は大森荘蔵との対談本『音を視る、時を聴く』を出している。同書では音楽と哲学を出発点として「時間」が論じられていた。そこから数えたとしても、四〇年以上にわたって「時間」について考え続けてきたとするなら、音楽家としての彼の本質の一つがそこにあると考えざるを得ない。

「20210310」「20211130」といった曲名は、録音された年月日である。ただし、「Playing the Piano 2022」でも演奏された「20220302 - sarabande」にだけは、バロック音楽の三拍子の舞曲を指す「サラバンド」という副題が付されている（これは「20220302」という曲がもう一つあるからだろうが、アルバム中、最も「作曲」された曲に聴こえることも事実である）。ピアノとシンセサイザー、フィールドレコーディングだけで、まるで日記のように綴られた、響きと、そして調べによる音のスケッチ。そう、このアルバムには、『CHASM』『out of noise』『async』と次第に遠ざかってきた「調べ」への回帰の予感のようなものが刻印されていると私には思われる。

それから、これは極めて重要なことだと思うが、『12』では、何曲かで坂本龍一の息の音が聞こえる。スタジオとは異なるラフな環境で録音されたがゆえだが、彼は自分の呼吸を音楽の一部として残したのだ。それは思いのほか規則的で、まるで拍子のように機能している曲もある（実は呼吸音を模した音響のレイヤーだという）。『12』を聴く者は、私は、痛ましい想いでそれを耳にしながら、彼からの思いがけない贈りもののように、まぎれもない恩寵のように、言葉も旋律も持ってはいないが、彼が最後に残してくれた歌のように感じている。

二〇二三年三月二八日午前四時三二分、坂本龍一は永眠した。七一歳だった。その死はしばらくのあいだ伏せられ、四月二日に全世界に公表された。「はじめに」にも記した通り、私はそれをスマートフォンのニュースで知った。驚きはなかった。私を含む多くの人々にとって、ある意味で「喪の仕事」は、もっと前に始まっていたからだ。三〇年以上前に、親友を喪った彼が言っていたように、ひとは時として「やるべきことが全部、大体終わった」と思えてからようやく、悲嘆の段階に入るのかもしれない。だからこうして、坂本龍一の、坂本さんの人生を自分なりに辿り直す旅の終わりが近づいてきて、私は今、彼の死を個人的に悼む準備が整い始めたのを感じている。

「ダムタイプ｜2022 : remap」、そして都知事宛ての手紙

だが、まだ悲しむわけにはいかない。あと幾つか記しておくべきことがある。

二〇二三年の二月下旬から五月上旬にかけて、東京のアーティゾン美術館で「ダムタイプ｜2022 : remap」展が開催された。日本館選出アーティストとして参加した第五九回ヴェネチア・ビエンナーレで発表した「２０２２」というインスタレーション作品をアップデートした展覧会だった。二一年の『LIFE』公演の後、坂本龍一はダムタイプのメンバーになっていた。ダムタイプは、メンバー各自が個人的なアーティスト活動も行う出入り自由の流動的なグループだが、彼はＹＭＯ以来の所属バンドのように考えていた。そして、「せっかく参加するならと、(…)積極的にアイディアを提供」し、「コンセプト段階」から関わっていった(同前)。

一九五六年に完成したヴェネチアビエンナーレ日本館(設計は建築家の吉阪隆正(よしざかたかまさ))の中央上下には穴が穿(うが)たれている。二〇二二年の展示では、その穴を、中心を貫くボイド(何もない空間)と捉え、その近傍に設置されたレーザーライトから発せられた光を、正方形の空間の東西南北の方角にそれ

ぞれ配された、高速で回転するミラーによって反射し、壁面に赤色の文字が映し出されるという仕掛けになっている。たとえば、「What is the Earth?」「What is an Ocean?」「What is a Mountain?」といった文字が、時に重なり合いながら、映し出されては消えていく。これらの短文はいずれも、一八五〇年代のアメリカの小学校で使用された地理の教科書からの引用だが、それらを読み上げる肉声が、回転式のスピーカーから再生されるようになっている。このアイデアは坂本龍一によるもので、人工音声で読み上げるという実験を、メンバーの一人である濱哲史(はまさとし)がしていたところ、彼がデヴィッド・シルヴィアンやカヒミ・カリィらに声をかけて、四一個のセンテンスをひとつずつ録音したサウンドファイルを届けてくれたという。それ以外にも、彼のディレクションによる世界各地のフィールド・レコーディング音源が用いられている。「全体としてサウンド・アートという印象を与える作品かもしれません」(同前)。

「ダムタイプ|2022: remap」は、ヴェネツィア・ビエンナーレでの展示を、ほぼそのまま再現したものになっていた。アーティゾン美術館では、ヴェネツィアと同時期にミュンヘンの美術館で開催されていたダムタイプの回顧展で発表された過去作「Playback」の、坂本龍一のアイデアによるアップデート・ヴァージョンも展示された。それ自体がオブジェのような一六台の特注ターンテーブルに、このためにレコーディング~プレスされた一六枚の透明ビニールのレコード盤が載せられ、コンピュータ制御で再生されるというインスタレーションで、今回は坂本龍一の依頼で、カールステン・ニコライ、ジャキス・モレレンバウム、アピチャッポン・ウィーラセタクンらが録音した世界一六都市のフィールドレコーディングが使用されていた。「ダムタイプ|2022: remap」は、

会期中に坂本龍一が亡くなったことで、結果として追悼展示になってしまった。

二〇二三年七月末から翌二四年一月頭にかけて、中国四川省成都に新しくオープンした成都木木美術館（人民公園館）で、没後初の大規模な展覧会「Ryuichi Sakamoto：SOUND AND TIME」が開催された。成都木木美術館は、その名称からもわかるように、北京で彼の個展を二一年に開催した「木木芸術社区（M WOODS HUTONG）」と同系列の美術館である（『ぼくはあと何回、満月を見るだろう』には、M WOODSのオーナー夫妻との馴れ初めも記されている）。高谷史郎、真鍋大度、Zakkubalan（空音央＋アルバート・トーレン）、アピチャッポン・ウィーラセタクンの四組との共同作品を中心とした展示だった。また、二〇二三年一二月から二四年三月まで、高谷、真鍋、アルヴァ・ノトとの共作や、李禹煥、毛利悠子らの作品などが展示された「坂本龍一トリビュート展 音楽／アート／メディア」がNTTインターコミュニケーション・センター（ICC）で開催された。

社会に対する彼の最後の提言として、多くの追悼記事で取り上げられたのが、明治神宮外苑の再開発の見直しを求めて小池百合子東京都知事らに送った書簡である。二〇二三年二月に東京都に認可された再開発事業では、ホテル付きの野球場と屋根付きラグビー場などを建設するため、同地域の樹木一九〇四本のうち七四三本が伐採される予定になっていた。「小池百合子様／突然のお手紙、失礼します。／私は音楽家の坂本龍一です。／神宮外苑の再開発について私の考えをお伝えしたく筆を執りました。／どうかご一読ください。」と始まる手紙の一部を抜粋しておく。


率直に言って、目の前の経済的利益のために先人が100年をかけて守り育ててきた貴重な神宮の樹々を犠牲にすべきではありません。

これらの樹々はどんな人にも恩恵をもたらしますが、開発によって恩恵を得るのは一握りの富裕層にしか過ぎません。この樹々は一度失ったら二度と取り戻すことができない自然です。

東京新聞社の取材に書面で答えた坂本龍一は、「あの美しい場所を守るために何もしなかったのでは禍根を残すと思いました。後悔しないように陳情の手紙を出すことにしたのです」と述べている（「東京新聞」二〇二三年三月一八日）。だが、「あなたのリーダーシップに期待します」と結ばれた、この真摯な手紙を受け取った小池都知事は、民間事業であることを理由に許認可の責任を明言しない従来の姿勢を崩さず、「（再開発の意義などが）坂本さんや都民の方に伝わるよう（職員に）情報発信をあらためて指示した」と述べ、取り合わなかった（「東京新聞」二〇二三年三月一八日六時更新 https://www.tokyo-np.co.jp/article/238684）。だがその後、東京都は事業者に対し樹木保全の具体案を示すように指示し、伐採の開始は二〇二四年一月以降に延期され、現在も始まっていない（二〇二四年三月二日現在）。亡くなるわずか一カ月前に、「後悔しないように」と書き送った彼の手紙は、おそらくは役に立ったのだ。

二〇二三年四月、徳島県神山町に「テクノロジー×デザインで、人間の未来を考える学校」、神山まるごと高専が開校した。同校の校歌「KAMIYAMA」は作詞がUA、作曲が坂本龍一、編曲が網守将平。時期的にみても限りなく彼の最後の作曲作品に近い、儚くも凜とした美しさに満ちた名曲である。

二〇二四年三月二八日、坂本龍一の一周忌に当たる日から、東京の新国立劇場で『TIME』の日本初演が開幕する。東京公演は四月中旬まで続き、四月末から京都ロームシアターにも巡演する予定である。空音央監督の映画『Ryuichi Sakamoto | Opus』も、二〇二四年五月に正式に劇場公開されることが決まった。二〇二四年一二月から東京都現代美術館で日本初の大規模な個展も予定されている。他にもきっと、彼が遺してくれたもの、彼が生きた時間から掘り出されてくるもの、新たに発見されるものなどが、まだまだ登場するに違いない。私はその全部を楽しみにしている。

外へ、外へ、外へ

では、ここであらためて問うてみたい。
坂本龍一とは、いかなる存在だったのか?

　ぼくはもともと計画性がまったくない人間で、今回は北アルプスを登ったから次は南アルプスを登ろうとか、そんなふうにキャリアを俯瞰して先の動きを決めることは一切なかった。40年間、ただ気の向くままに、その都度、ひとつ前とは全然違う仕事をしてきたと言ってもいいでしょう。性格的に明日のことも考えない、よく言えば「今」を生きるタイプの人間ですから。

（『ぼくはあと何回、満月を見るだろう』）

だがしかし、そんな「「今」を生きるタイプの人間」が、自らの最期を目前にして、一部の人間どもの私利私欲のために木々が倒されることに敢然と抗議する手紙をしたためたのである。自然と環境と地球というこの星の未来を案じて、数えきれないほどの、自分にやれることを次から次へと只管（ひたすら）やってのけたのである。それはつまり、どういうことなのか？

坂本龍一は、アクティヴィストとしての数々の活動において、自分の圧倒的な知名度と、こう言ってよければ、紛れもない権威性を、明らかに利用していたと私は思う。彼は「世界のサカモト」と呼ばれることに、いや、事実としてそうであるということに、何の自負も満足も感じてはいなかっただろう。だが、それと同時に彼は、間違いなく「世界のサカモト」を最大限に活用した。自分が発言することで、自ら動くことで、他の何者でもない人間であったなら相手にもしないような強大な権力や財力を持った誰かを動かすことがしばしば可能になるということを、彼はよくわかっていた。この意味で、坂本さんは「坂本龍一」を利用していた。それはアクティヴィストとして極めて有能だったということである。だから彼は時として、自らの名前を使わせることにも躊躇（ためら）わなかった。賛同者に「坂本龍一」という名前があるだけで、何かが違ってくる場合があるということを、彼は知悉し、社会が、世界が、良くない方向に進むことを多少とも防ぎ、良き未来へと歩むことに多少とも貢献できるのなら、よろこんで「世界のサカモト」を差し出した。もちろん、それでも力が及ばないことは、たくさんあったに違いない。だがそれでも彼は、やれるだけのことはとにかくやろうとしたのだ。

では、そのようなエネルギーは、いったいどこから来たのか？　私は前章で、高橋幸宏と坂本龍一をある角度から対照させてみた。彼の社会活動への傾注の出発点、少なくともそのひとつは、自分が居なくなった後の時間も生きていく、この地球で、この世界で、いずれかの社会で、どうしたって生きていかざるを得ない、子どもの誕生だったのではないかと、そんな仮定を述べておいた。

子を持たなかった高橋幸宏は、だからこそ世界中の子どもが自分の子どもと等価になると考えた。同じく子を持つことのなかった私には、この考え方はよくわかるような気がする。ならば、自分の子の（自分が亡き後の）幸福を願うことが世界への責任の意志に繋がるというのは、要するにエゴイズムなのか？ 悪しき独善的な功利主義なのだろうか？ 率直に言おう。私はたぶんそうなのだと思う。だがしかし、この思弁は、次のように続けられる。それで何が悪いのか？ それは「自分が死んだ後の世界は存在しないのと同じだ」などと考えるよりは、はるかにましである。それに、自分の子どもだけが助かればいい、幸福であればいい、というのと、戦争や災禍、自然や環境の問題は、スケールが違う。そして、何よりも、彼の行動は、明らかに度を超していた。いったい彼が、どれだけの時間を、労力を、才能を、この世界の悪化を食い止めるために使ったのか、はかりしれない。私だって、もしも子どもを持っていたならば、自分が死んだ後のために、何かをしておかなくてはと考えただろう。だが、私には間違いなく、彼のようなことは絶対にできなかった。彼がしたようなことは、彼以外の誰にも不可能だった。それは彼が「世界のサカモト」だったからではなく（「世界の誰某」だからといって、誰もが彼のように振る舞うわけではない）、要するに彼が彼だったからなのだ。

このことは、あの「アウターナショナル」とも関係している。坂本龍一はアウター、すなわち

「外」に憑かれた男だった。デビュー作『千のナイフ』の最後に据えられ、YMOのレパートリーにもなった「THE END OF ASIA」は「アジアの果て（極東）」と「アジア的なるものの終焉」というダブルミーニングだが、では、アジアの果てとは日本のこと（だけ）なのか？　イエロー・マジックとは、極東の島国ニッポンをテクノロジー賛美とオリエンタリズムによって神秘化するということだった。だが「アジアの果て」を、こちらから見た「果て」という意味に取ることもできるのではないだろうか？　坂本龍一は『ラストエンペラー』の音楽を作るまで、中国のことをあまり知らなかったし、ほとんど興味もなかった（毛沢東主義を除いて）。だからそれは、想像上の「アジア」の、想像上の「果て」ということになる。彼は存在しない「アジアの果て」の音楽を創り出した。それは「ここ」である日本の、東京のどこかから、外へ、外へ、外へと向かおうとする音楽的想像力の賜物（たまもの）だったのだ。

『B-2 UNIT』に収録されている「thatness and thereness」は心理学の用語から採られたとされているが、直訳すれば「あれ性とそこ性」である。なぜ、「thisness and hereness」＝「これ性とここ性」ではないのか？　ここにもすでに「外」への扉が開いていたのだと私は思う。「アウターナショナル」も同じだ。インではなくアウト。彼の「時間＝TIME」との格闘も、いわば「時間の外（out of time）」を夢見ようとしたからに他ならない。彼はその時々の「今」を現在進行形で生きながら、つまりこの世の全ての人間（存在）と同じく「現在＝今」に繋ぎとめられながら、常に「今の外」を志向していた。そして、ひとりの人間にとって最も明白な「今の外」、現在形の外部とは、自分の死後の時間ではないだろうか？

音楽と満月

「自分ができてしまうことと、ほんとにやりたいことというのが、どうも一致しない場合が多い」と坂本龍一は語っていた（「sitesakamoto」内、一九九八年一〇月五日の日記）。『戦場のメリークリスマス』も「エナジー・フロウ」も、その他沢山の美しい旋律も皆、すぐに簡単に書けてしまうのだと。それは彼の天才の証以外の何ものでもなく、事もなげなその態度は、他者からは不遜に映るかもしれない。だが、だとしたら彼が、そうしたメロディを繰り返し繰り返し、何度も何度も、何十年にもわたって弾き続けたのは、どうしてだったのか？

それは単なるサービスだったのか？　人々が求めるものは結局それなのだからとなかば諦め、なかば開き直っていたのか？　そんなわけはない、と私は思う。彼が最後に弾いた『戦場のメリークリスマス』のテーマ、あの演奏、あの映像、あの表情、あの姿が、サービスや諦念であるはずがない。彼は全身全霊、自らが生み出した音楽に向き合っていた。「その曲が好きなのかどうかさえ、自分ではよくわかりません」（同前）と彼は言っていた。彼がそれを弾いている様子を見れば、彼のピアノの調べと響きを聴けば、彼がその曲を大切に思い、慈しみ、愛していたことは誰にでもわかる。坂本龍一は、彼が書いた曲、奏でた音楽、残した演奏の総和であり、それ以上である。「できてしまうことと、ほんとにやりたいこと」の区別など、まったく重要ではない。彼がやったことの全てが、彼そのものなのだ。

坂本龍一は「教授」ではなく、「教授」と呼ばれた男である。私は最初から、このことを殊更に強調してきた。彼はむしろ、生涯一貫してアカデミズムとは相容れない存在だったとさえ言える。だがもちろん、彼は「教授」以上の存在だった。彼に教わったことが、いったいどれだけあることだろう。それは音楽だけではない。芸術や文化にかんすることだけでもない。知識や教養、スコラに属することだけでもない。他者との関係、社会との関わり、世界への態度、生きること、そして、死ぬことも。教えを授けるつもりなど、彼にはなかっただろう。だが私たちは彼から学んだのだ。

さて、思いのほか長い旅となった、「「教授」と呼ばれた男」をめぐるこの物語も、そろそろ終幕である。私はやっと、坂本さんの死を悲しむことができそうだ。

最後にあとひとつだけ。第五九回ヴェネチア・ビエンナーレ日本館の展示およびアーティゾン美術館の帰国展の公式図録『ダムタイプ―２０２２』に、二〇二二年二月に京都で行われた坂本龍一と高谷史郎の対談が採録されている。その中の彼の発言を、敢えて文脈抜きに引用する。

坂本　実際の月を見るのもいいんですけど、障子越しの月明かりのほうが風情があったりしますよね。そこに風が吹いたり、虫が鳴いたり。でもそれは障子越しで見えない。最初に僕たちが一緒に作った作品《LIFE-fluid, invisible, inaudible...》（２００７）も、〝見えない〟とか、〝聞こえない〟とか、言葉にすると否定的になってしまうんですが、見えないからこそ、想像力で見える。聞こえないからこそ、想像力で聞

（「対話：坂本龍一＋高谷史郎」『ダムタイプ｜２０２２』）

こえる。

この話は、どうしたってポール・ボウルズの「ぼくはあと何回、満月を見るだろう」を思い出させる。だが、坂本さんはここで、実際の月よりも、月明かりのほうが、見えない月のほうが、月を想像することのほうが、時には「風情」があると言っている。

「はじめに」でも触れたが、『ぼくはあと何回、満月を見るだろう』にはインタビュアーの鈴木正文による「著者に代わってのあとがき」が付されていて、後書きとしてはかなり長いその文章の中に、坂本さんが死の直前までつけていた「日記」の抜粋が引かれている。そのうちの一日。

（20230316）音楽　満月

鈴木氏も書いているが、二〇二三年三月の満月は七日である。「あとがき」には、その日の「日記」は載っていない。音楽と満月。彼は、坂本さんは、坂本龍一は、この日に何を聴き、何を見たのだろうか？

たぶん私たちは、すでにその答えを知っている。

おわりに――坂本龍一と私

二〇二四年二月二四日、冷たい雨が降り続いていた昨日までとは打って変わって綺麗に晴れ渡った午前の陽光のなかで、私は今、坂本龍一作曲の交響曲「いま時間が傾いて」を聴いている。演奏は東北ユースオーケストラと坂本龍一。アルバム『The Best of Tohoku Youth Orchestra 2013~2023』の末尾に置かれている。リルケの詩句から題名が採られたこの曲に、坂本龍一が、坂本さんが込めたものを自分なりにどうにか探り当てようと、耳と感覚と想像力を働かせながら、同時に私は、まもなく書き終えようとしているこの本のことを考えている。

本書が書かれることになった経緯は「はじめに」で述べたのでここでは繰り返さない。『「教授」と呼ばれた男――坂本龍一とその時代』の「はじめに」から第二章までは、二〇二三年の七月中旬から一二月末にかけて筑摩書房の「ｗｅｂちくま」に連載された。第三章以降は（二本のインタビューなどの再録を除き）書き下ろしである。

思いのほか厚い本になってしまった。いや、それは最初からわかっていたはずだ。坂本龍一の七一年の生涯は、豊かで、こみ入っていて、汲めども尽きせぬ泉のようである。彼の作品と活動を辿りながら、書きたいと思ったこと、書いておくべきかもしれないと考えたことの全部を書いていたならば、この本はもっと長くなっていただろう。おそらく今もまだ書き終わっていないに違いない。書き進める際にはトピックの取捨選択が非常に重要だった。今でも、やはり触れておくべきだったのかもしれないと思うことや、もっと言葉を費やしておきたかったと思うことは沢山ある。しかし、いずれにせよ全てを書き尽くすことはできないのだから、私のこの「坂本龍一論」を、思い切って読者に向けて差し出すことにしよう。

「はじめに」にも書いたことだが、本書はいわゆる「評伝」ではない。坂本龍一というひとりの人物の生まれてから亡くなるまでが扱われているが、私は「伝記」のつもりでこれを書いたのではなかった。伝記を著すためには、独自の調査が必須である。私は、そのような作業はほとんどできなかったし、はじめからするつもりもなかった。それは自分の役割ではないと思っていた。私がしたかったのは、坂本龍一の音楽を聴き（直し）ながら、彼の言葉を読み（直し）ながら、彼の行動を振り返りながら、ひたすら考えることである。

あらゆる音楽、あらゆる表現、あらゆる言説には、それがこの世に誕生した時と場所がある。音楽に限らず、全ての芸術文化は、それぞれの日付と地図を持っている。つまりそこには、時代背景や社会情勢、世界のありようが、さまざまな形で刻印されている。坂本龍一について考えることは、必然的に、彼が生きた時間について考えることである。私は坂本さんのちょうど一回り年下、同じ辰年である。イエロー・マジック・オーケストラを実家のテレビで観たとき、私は一五歳だった。あれから長い長い時が流れた。坂本さんの人生を辿る旅は、私自身の人生を辿り直す旅でもあった。

そしてそれは、日本の、世界の、この数十年を辿り直す旅にもなった。「坂本龍一とその時代」と副題を付したゆえんである。

これは正直に述べるが、執筆は大変だった。「ｗｅｂちくま」での連載は月二度の更新、毎回一万数千字の分量――ウェブの連載としてはかなり多い――だったが、当初の予定よりもどんどん内容が膨らんでいき、ウェブに載せるのはＹＭＯの「散開」までとして、連載後半の二カ月は同時並行で続きの書き下ろしを進める必要が生じた。今から思うとなんという見込み違いだったのかと自分に呆れるしかないが、私は当初、連載だけで全て書き終えることができると算段していたのである。あまりにも甘かった。しかしそれは他でもない、坂本さんが、掛け値なしに超人と呼ぶしかないほど、膨大な数と種類の仕事に挑み、成し遂げ、遺してくれたからである。私自身、これまで知らずにいたことが沢山あったし、あれはそういう次第だったのかと驚いたり、勝手に思い込んでいた出来事への認識を正されたりした。

だが、数々の発見や気づき、認識の深まりは、幾たびとなく記述を停滞させることになった。二〇二三年三月二八日というひとつの終着点まで、あと何年。坂本さんがこの時に何歳ということは、あと何年。私が本書を書き進めていく現在と、そこに書かれている坂本龍一の過去との隔たりは、少しずつ縮まっていった。だが何度も、そこには無限の距離があるように感じられた。自分はこれをけっして書き終えることができないのではないかという怖れに、幾度も襲われた。フリーランスの身の上ゆえ、生きてゆくために他にも色々とやらねばならないことはあり、どうしてもこの仕事に完全にかかり切りになることもできなかったので、余計に心配だった。

最後の数週間は他の依頼を断って集中して臨んだものの、あれもこれもとあれかこれかのせめぎ合いが自分のなかで繰り返し勃発し、前に戻って書き直したり書き加えたりといった、今の自分が滅多にやらない行きつ戻りつの執筆が続いた。四六時中書いていても、なかなかゴールは見えてこなかった。その頃は夢のなかでも書いていて、しまいには夢も見なくなった。

しかしそれでも、ついに終章まで行き着き、書いている今と、書かれている今が、こうして重なり合った。過去の一点や特定の出来事に私を引き留めようとしたのも、私をここまで導いてくれたのも、坂本龍一だったのだと思う。これも「はじめに」に書いたが、私はこの本を、誰よりもまず、坂本さんに読んでほしかった。彼がいなくならなければ、私が本書を書くことはなかったのかもしれないのだから、おかしなことを言っていると自分でも思うが、これは正直な気持ちだ。今、「教授」と呼ばれた男についての私の本をいよいよ本当に書き終えようとしている今、なおさらそう思う。坂本さん、私はこれを、あなたに読んでもらいたい。あなたに届けたい。そして、感想を聞いてみたい。佐々木君、これは実はね、とか、この話はちょっと違うなあ、などと、あの屈託のない口ぶりで、鋭く、だが穏やかに指摘してもらいたい。

しかしそれにしても、書きそびれたこと、書けなかったことへの心残りは多々ある。たとえばデヴィッド・シルヴィアンとの長い友情については、幾つかの事実に触れる程度しか述べられなかった。他のミュージシャンとのさまざまな関わりについても、名前を挙げるだけになってしまったり、名前を出すことができなかった人たちもいる。大森荘蔵との『音を視る、時を聴く』（一九八二年／二〇〇七年）、吉本隆明との『音楽機械論』（一九八六年／二〇〇九年）の対談二冊は、若き日の坂本龍一の「音楽の／と哲学」を知るうえで極めて重要な文献だが、いずれも題名を記すのみに留まり、内容を詳しく掘り下げることはできなかった。それを言うなら、浅田彰と並ぶ「ニューアカ（デミズム）」の雄、中沢新一との共著『縄文聖地巡礼』（二〇一〇年／新版二〇二三年）のこと、福岡伸一との対談本『音楽と生命』（二〇二三年）に刻印された坂本龍一の生命論・生命観についても、多少は言葉を費やしておきたかった。だがもちろん、こんなことを言い出したらきりがない。これらのこと、そして本書に書かれることのなかった他のテーマやトピックにかんしては、私ではない誰かが書くことだろう。

没後、数々の雑誌が坂本龍一追悼の記事・特集を掲載した。私はそれらにもなるべく目を通した。読むほどに書きたいことは増殖していったが、それと同時に「自分が」書くべきことのフォーカスは定められていったとも思う。私は私にやれる限りのことを、与えられた条件と制約のなかで、あくせくしながら何とかやり遂げたに過ぎない。それでも本書は、私のそれなりに長い物書きとしての人生において、ひとりの人物を対象とした、ひとつながりの、もっとも大きな著作になった。このことは、読者には関係のないごく私的な事実とはいえ、やはり感慨深い。私は今後、ジャンルを問わず、誰かについて、このような本を書くことは、おそらく二度とないだろう。

編集を担当されたのは、筑摩書房の石島裕之氏である。これも「はじめに」に書いておいたが、石島氏とはその昔『未知との遭遇』（二〇一一年／完全版二〇一六年）を一緒に作った仲である。同書は私にとって非常に思い入れのある本であり、それだけに今回、ぜひ坂本龍一論を、と久々に声を掛けてもらって嬉しかった。「ｗｅｂちくま」の連載から書き下ろし、現在進行中の単行本の制作まで、本書は、ここには書けないさまざまな困難に見舞われたが、そのたびに石島氏は驚くべき判断力と行動力を発揮して、ひとつずつハードルを乗り越えていった。その胆力と情熱は、彼が私と同世代で、坂本龍一の歩みにリアルタイムで立ち会ってきたということも大きかったのではないかと思う。何ごとにつけ細心さに欠ける自覚のある私としては、石島氏からの指摘やアドバイスは非常に有り難かった。石島さん、まだ終わってませんが、本当にお疲れさまです。

「ｗｅｂちくま」連載時には記していなかったが、空里香氏（ＫＡＢ）には当初からファクトチェックをお願いしていた。空氏は非常にご多忙であるにもかかわらず、全ての原稿を丁寧に読み、細かい事実の誤りや、こちらの思い違いなどを逐一ご指摘くださった。のみならず、知られざる貴重なエピソードなどもご教示いただいた。坂本龍一の最も身近な「同志」であった空さんの協力によって記述の精度が大幅に増したことはまちがいない。もちろん内容にかんする全ての責任は著者の私にあるが、ここに謝意を述べておきたい。ありがとうございました。

本書のブックデザインは、石島氏の発案で水戸部功氏にお願いした。以前からぜひ一度ご依頼したいと思っていたので、これも僥倖であった。当然ながらまだ実物は手にしていないのだが、ご覧の通り（！）、シンプルだがすこぶるスタイリッシュな装丁を施していただいた。このたびはお世話になりました。

ウェブ連載では、ＳＮＳの感想に大いに励まされた。面白い、続きを読みたいという声がなければ、本書の進み行きはもっと遅くなっていただろう。私の書きものには珍しく、口頭で「読んでます」と言われることも多かった。もちろん、そのたびに坂本龍一という存在の巨大さを再認識させられたのだが。分量としては連載よりもはるかに多い後半の書き下ろしが、「ｗｅｂちくま」の時と同様の印象を読者に与えることを願っている（ウェブ連載分も改稿されている）。そうなるように最大限努力したつもりだ。私は「坂本龍一」が主人公の、一編の物語を書いた気持ちである。「教授」と呼ばれた男の、めくるめく波乱万丈な冒険物語。読まれる通り、彼の「冒険」は、勝利や栄光ばかりではなかった。だが、彼は間違いなく、冒険譚の主役にふさわしい人物だった。だがそれは、彼が「世界のサカモト」だったからではない。このことを私は本書に書いたつもりだ。

> 人は様々な可能性を抱いてこの世に生れて来る。彼は科学者にもなれたろう、軍人にもなれたろう、小説家にもなれたろう、然し彼は彼以外のものにはなれなかった。これは驚く可き事実である。この事実を換言すれば、人は種々な真実を発見する事は出来るが、発見した真実をすべて所有する事は出来ない、或る人の大脳皮質には種々の真実が観念として棲息するであろうが、彼の全身を血球と共に循る真実は唯一つあるのみだという事である。雲が雨を作り雨が雲を作る様に、環境は人を作り人は環境を作る、斯く言わば弁証法的に統一された事実に、世の所謂宿命の真の意味があるとすれば、血球と共に循る一真実とはその人の宿命の異名である。或る人の真の性格といい、芸術家の独創性といい又異ったものを指すのではないのである。この人間存在の厳然たる真実は、あらゆる最上芸術家は身を以って制作するという単純な強力な一理由によって、彼の作品に移入され、彼の作品の性格を拵えている。
>
> （小林秀雄「様々なる意匠」）

本文中にも引用した、小林秀雄の有名な一節である。音楽家として一生を送った彼は、他の何かにもなれたかもしれない。だが彼は彼以外にはなれなかった。坂本龍一は「坂本龍一」以外にはなれなかった。だが、坂本龍一と「坂本龍一」は、いつも完全にイコールというわけではなかった。誰よりも坂本さん自身がそれをよくわかっていた。このことも、私はこの本に書いたつもりである。

と、ここまで書いてから用事があって外出し、帰ってきたら、夜になっていた。偶然にも（本当に偶然なのだ）今夜は満月である。しかも今年いちばん地球から遠くにある満月、アメリカの農事暦で「スノームーン」と呼ばれる満月だという。夜空を見上げてみると、確かに満月だ。今夜、この満月を見る人のなかに、坂本さんはいない。私はこれから、あと何回、満月を見るだろうか？

いつからか、自分の本に献辞を添えることが多くなっていた。だが本書にそれは不要だろう。私はこのあと、すでに何度も聴いたＣＤをもう一度再生し、時間が傾いてくるのを待つ。

佐々木敦

佐々木 敦（ささき・あつし）
1964年、愛知県生まれ。思考家／批評家／文筆家。音楽レーベルHEADZ主宰。映画美学校言語表現コース「ことばの学校」主任講師。芸術文化のさまざまな分野で活動。著書に『増補新版　ニッポンの思想』（ちくま文庫）、『増補・決定版　ニッポンの音楽』（扶桑社文庫）、『ニッポンの文学』（講談社現代新書）、『未知との遭遇【完全版】』（星海社新書）、『映画よさようなら』（フィルムアート社）、『反＝恋愛映画論』（児玉美月との共著、Pヴァイン）、『批評王――終わりなき思考のレッスン』（工作舎）、『ゴダール原論』『これは小説ではない』（いずれも新潮社）、『新しい小説のために』『それを小説と呼ぶ』（いずれも講談社）、『あなたは今、この文章を読んでいる。』（慶應義塾大学出版会）、『私は小説である』（幻戯書房）、『この映画を視ているのは誰か?』（作品社）、小説『半睡』（書肆侃侃房）など多数。

「教授」と呼ばれた男
――坂本龍一とその時代

2024年4月10日　初版第1刷発行
2024年5月20日　初版第2刷発行

著者　佐々木 敦
装丁　水戸部 功
発行者　喜入冬子
発行所　株式会社筑摩書房
〒111-8755　東京都台東区蔵前2-5-3
電話番号 03-5687-2601（代表）

印刷　株式会社精興社
製本　牧製本印刷株式会社

ISBN978-4-480-87415-3　C0073

JASRAC 出 2401500-402